中国法治论坛

CHINA FORUM ON THE RULE OF LAW

中国法治论坛
CHINA FORUM ON THE RULE OF LAW

商法规范的解释与适用

Chinese Commercial Law: Interpretation and Application

主 编／陈 洁

社会科学文献出版社
SOCIAL SCIENCES ACADEMIC PRESS (CHINA)

总　序

　　故宫北侧，景山东麓，一座静谧的院落。蕴藉当年新文化运动的历史辉煌与典雅的土地上，流淌着中国法律理论的潺潺清泉，燃烧着法治思想的不息火焰。多年来，尤其是 1978 年中国改革开放以来，一代代法律学者在这里辛勤劳作，各领风骚，用他们的心血和智慧，谱写了许多可以载入史册的不朽篇章。

　　为了记载和激扬法治学问，推动法治，继往开来，中国社会科学院法学研究所设立"中国法治论坛"系列丛书。一方面，重新出版最近 20 余年来有重要文献价值的论文集，如始于 20 世纪 70 年代末的关于人治与法治、法律面前人人平等、起草新宪法以及法律阶级性等问题的专项讨论，90 年代初以来关于人权、市场经济法律体系、依法治国、司法改革、WTO 与中国法、环境保护、反酷刑、死刑存废等问题的专项讨论；另一方面，陆续编辑出版今后有足够学术含量和价值、比较成熟的国际国内相关研究项目和会议的论文集。

　　法律乃人类秩序规则。法治乃当世共通理念。"中国法治论坛"不限于讨论中国的法律问题，也并非由中国社会科学院的学者独自担当。我们期望，这个论坛能够成为海内外学者、专家和广大读者、听众共同拥有的一个阐解法意、砥砺学问的场所，一片芳草茵茵、百花盛开的园地。

夏　勇

2003 年 6 月 6 日

Preface to China Forum on the Rule of Law

To the north of the Forbidden City and east of Jingshan Hill lays a peaceful courtyard. It is the seat of the Institute of Law of Chinese Academy of Social Sciences, the most prestigious national institute in China devoted to legal research and legal education. On this small piece of land, rich in historical splendor and elegance of the New Culture Movement of 1919, flows an inexhaustible spring of Chinese legal theory and rages an inextinguishable flame of the ideal of the rule of law. Since several decades ago, especially since the "reform and opening up" in 1978, generations of Chinese legal scholars have been working diligently on this small piece of land and, with their wisdom and painstaking efforts, composed many immortal masterpieces of law that will go down in history.

China Forum on the Rule of Law is a series of books published by the Institute of Law with a view to carrying on the past and opening a new way for the future in the research of the rule of law and promoting the development of the rule of law in China. In this series, we will, on the one hand, republish papers published in China in the past 20 years which are of great historical significance, such as those relating to the discussions since late 1970s on the rule of man and the rule of law, the equality of everyone before the law, the drafting of the new Constitution, and the class nature of thelaw and those relating to debates since early 1990s on human rights, the legal system under the market economy, ruling the country in accordance with the law, judicial reform, WTO and China, environmental protection, eradication of torture, and abolition of the death penalty. On the other hand, we will edit and publish papers from future research projects and academic seminars, both in China and abroad, which are relatively mature and of sufficiently high academic value.

The law is the norms of order for all mankind and the rule of law a universal ideal of all peoples in the contemporary world. China Forum on the Rule of Law is not limited to the discussion of the legal issues in China, nor will it be monopolized by scholars of the Institute of Law. We sincerely hope that it will be able to provide an opportunity for scholars, experts, as well as readers to freely express their ideas and exchange their views on legal issues, a forum for a hundred schools of thoughts to contend, and a garden for a hundred flowers to bloom.

Xia Yong

6 June 2003

目　录

私法规范文本解释过程中的价值判断

邹海林*

【内容摘要】法律解释是解释主体基于价值判断选择解释对象和运用解释方法的结果。法律解释之价值判断围绕具体的案件事实以及与具体的案件事实直接相关的法律文本展开。在私法领域，对事实文本予以解释并赋予其法律上的意义，要比解释相应的私法规范的法律文本更有价值。因为价值判断的主观认识，法律解释的结论总是相对的。文义解释是法律解释的起点，在一系列的法律解释方法中居于绝对优先地位，尊重法律文本的文义，自身就是价值判断的产物。法律文本未经由文义解释，不能作论理解释。论理解释对于澄清因为文义解释而产生的歧义具有意义，但其并不单纯为消除文义解释的"歧义"而被利用。论理解释的诸方法究竟应当在什么场合使用，并不取决于论理解释诸方法的使用有无先后位序，而取决于法律文本解释者的价值判断。论理解释方法对于调节法律文本解释的文义偏差的作用也是相对的。

【关键词】私法规范　法律文本　法律解释　价值判断　文义解释　论理解释

一　导语

私法规范的文本解释，是指有关私法规范的文本的用语、结构及其意义的理解或者理解活动。按照阐释者及其目的的不同，私法规范的文本解释可以区分为立法解释、司法解释、个案解释以及学理解释等。在我国的司法实务上，私法规范的文本解释，仅以个案解释与司法解释为限。个案

---

* 中国社会科学院法学研究所研究员、法学研究所商法研究室主任。

解释与司法解释均为法官对于私法规范文本的理解。再者，法官理解私法规范文本的目的在于适用法律。如此，个案解释和司法解释在解释的目的、效果以及内容方面，在绝大多数情形下与作为方法论的"法律解释"是相通的，可以置于相同的语境下进行分析和讨论。因此，在本文的语境下，私法规范的文本解释，仅以法官对私法规范的文本之用语、结构及其意义所作的理解为限。

法律解释，在更多的意义上还包括法律论证、法律推理等法律方法，在我国的司法实践中被不断检验。在我国的法律理论和司法实务两个层面，人们已经从不同的角度透视和演绎法律适用过程中的法律解释活动，无非是要实现写在纸上的法律文本与现实中的案件事实的成功对接，使法律文本发挥其应有的效用。"法律解释既是理解、应用法律，把一般的法律转换为具体法律的过程，也是帮助人们理解法律意义的过程，同时也是多角度运用法律的方法与技能的展现。"① 但是，私法规范的文本解释，作为法律解释的组成部分，历经各种尝试仍没有形成定规，甚至在许多情形下，私法规范的文本解释还是混乱的。"在法律解释这一领域中，当今仍然存在大量的不确定性和混乱状态"。② 但有一点不容人们忽视，法律解释是因为适用法律规范的文本而发生。欠缺对法律规范的文本解释，无法实现抽象的法律规范与具体的案件事实的结合，法官也就无法作出可被社会接受的裁决。毋庸置疑，对法律规范的文本所为阐释或说明，是法律适用的前提条件和必要过程。单就法官对私法规范文本的理解而言，仅仅因为法官所处的地位不同这样一项因素，解释结论就会有差异。例如，法官基于设想的案件事实对文本的理解，与法官基于具体的案件事实对文本的理解，可能会存在不同的结论。之所以会出现如此的局面，原因可能只有一个，即法官在理解法律文本时，其立足点、解释方法以及论理过程存在价值判断的差异。

二　法律解释过程中的价值判断要素

法律解释是对客观存在的法律文本的主观认识，而主观认识都是以解释主体的价值观作为导向的。不存在没有任何价值观指引的法律解释。法

---

① 陈金钊：《案例指导制度下的法律解释及其意义》，《苏州大学学报》2011 年第 4 期。
② 〔美〕E. 博登海默：《法理学：法律哲学与法律方法》，邓正来译，中国政法大学出版社，2004，第 552 页。

律解释是解释主体基于价值判断选择解释对象和运用解释方法的结果。法官在解释法律文本时，首先要对具体的案件事实进行价值判断，以明确具体的案件事实究竟应当产生何种法律上的意义，并以此为基础"找到"可以适用的法律文本。价值判断如同解释活动，都是一种思维的逻辑或路径，同具方法论上的意义，但价值判断更加靠前，先有价值判断后有解释活动；价值判断决定着法律解释的路径。法律解释之价值判断的首要问题，是要回答法律规范文本解释的正当理由何在这一基本问题。这个问题具体可以区分为两个方面：其一，为何要解释法律文本？其二，应当选择什么样的法律文本予以解释？

假定有如下案件事实：保险公司收到投保人的保险要求并收取保险费，在保险公司核保期间，发生保险事故；投保人和保险公司有关保险合同的成立没有其他的意思表示；被保险人要求保险公司给付保险金，保险公司认为保险合同不成立，拒绝给付保险金。上述案件事实涉及的法律问题在于：保险公司应否给付保险金？而要回答这个问题，则必须回答如下的问题：保险合同是否成立？上述案件事实是否具有保险合同成立的法律意义，在法律上有何依据，首先应当"寻找"可以适用的法律文本，并对该法律文本的内容加以阐释。

为何要解释法律文本？这似乎不是问题。凡是法律，在适用时，均须进行解释。法律只有经由解释，方能适用；法律用语的含义，需要阐明；不确定的法律概念或概括条款，需要具体化；法律规范之间的冲突，更须加以调和。① 法律解释不是为解释文本而解释文本，是因为具体案件的事实需要"找法"作为依据而展开的。"法律解释最重要的主体是法官等法律人，以法官为代表的法律人其主要工作是司法，即把法律贯彻到司法活动中，他既要根据法律处理案件，又要根据现实情况理解法律。"② 解释法律的过程，就是说明和阐述法律规范而将之适用于具体案件事实的过程。如果没有具体案件事实的发生，或者连设定的案件事实都不存在，仅依照法律规范的文本，对法律文本的意思予以阐述或说明，不构成法律解释。例如教科书或论文对法律文本的内涵所为描述。法律解释是为了法律适用而对法律文本进行说明的活动，应以具体的案件事实为必要。

---

① 参见王泽鉴《民法思维》，北京大学出版社，2009，第166~167页。
② 陈金钊等：《法律解释学》，中国政法大学出版社，2006，第3页。

依照上述案件事实，可以适用的法律文本有《保险法》第 13 条。[①] 该条所用文字浅显易懂，表述的内容极其简单，难道还要解释才能阐明其含义？但恰恰就是这样一个文字通俗、内容简单、理解上看似不会有困难的法律文本，在面对前述具体的案件事实时，不经解释是无法说明其具体意思的。就《保险法》第 13 条而言，其文字用语通俗且意思完整，然而其中的"提出保险要求"和"同意承保"的含义如何，直接影响对案件事实的评价。前述案件事实的存在，要求法官在适用《保险法》第 13 条时，必须对"提出保险要求"和"同意承保"的含义予以解释。"提出保险要求"和"同意承保"与其说是法律术语，倒不如说是对保险合同订立过程的通俗描述，通俗描述的具体含义往往是不确定的，解释的空间相应较广。只有经过解释，将"提出保险要求"和"同意承保"的具体含义确定下来，法官才能用含义确定的法律文本去评价前述案件事实，并作出能被社会接受的裁决。这也说明，没有具体的案件事实，法律文本内容的阐述不具有法律适用的任何意义，没有本文语境下的"法律解释"的价值。正是在这个意义上，具体的案件事实提出了解释法律文本的内在需求。

具体的案件事实引导出私法规范的文本解释。但需要引起注意的是，文本解释并不以文本的内容不确定、文本内容冲突或者文本所用文字存在歧义作为条件，更不能将文字通俗、内容简单的法律文本排除在解释之外。凡是法律文本，在面对具体案件事实时，均要进行解释。有学者认为，如果仅于法律文字"模糊"、"不确定"或"相互矛盾"时，才需要解释法律文本，那是一种误解；全部的法律文本原则上可以并且应当进行解释。法律文本应当解释并非其本身的缺陷，只要它们是以象征性符号语言来表达的，解释就是始终必要的。[②] 当然，"任何法律规范一旦遇到案件事实，就有解释的必要，只不过本身就存在语意不清、相互矛盾等问题的法律规范更需解释而已"。[③] 这里要格外强调的是，为何要解释法律文本，不是因为法律文本具有抽象和概括性而需要解释，法律解释的立足点在于具体的案件事实的发生。具体的案件事实，可以是具体发生的个案事实，也可以是预先设定的一种或一类案件事实。不论法律解释的主体如何，作为法律解释立足点的具体案件事实应当是相同的或者同类型的。

---

① 《保险法》第 13 条规定："投保人提出保险要求，经保险人同意承保，保险合同成立。"

② 参见〔德〕卡尔·拉伦茨《法学方法论》，陈爱娥译，商务印书馆，2003，第 85～86 页。

③ 袁春湘：《法律解释的解释》，《法律适用》2008 年第 8 期。

选择什么样的法律文本进行解释？这不是一个"寻找"待解释的法律文本的简单推理问题，而是一个经由价值判断选择或确定能够适用于具体的案件事实的法律文本的定性问题。具体的案件事实为法律解释的立足点，能够适用于具体的案件事实的法律文本，以与具体的案件事实直接相关的法律文本为限。"法律解释之主要任务在确定，该法律规定对某特定之法律事实是否有意义，从而一个法律规定应相对于一个待裁判或处理的事实加以阐明，并具体化。"① 法律解释具有与具体的案件事实相关联的显著特征。在这个意义上，具体的案件事实直接限定了待解释的法律文本范围。法律解释以具体的案件事实为出发点，选择合适的法律文本用于解释，尤为重要。如以前述案件事实为具体的保险合同的成立问题，与保险合同的成立相关的法律文本为《保险法》第13条，因为《保险法》第13条具有规范和调节保险合同成立的法律效用，解释《保险法》第13条并将之适用于前述具体案件事实，在价值判断上不失为合理的选择。法律文本与具体的案件事实相关联，并非泛指或一般所称具有某种程度的联系，而是特指与案件事实直接相关。与案件事实直接相关的法律文本，应当从法律文本的效用与案件事实结合方面进行价值判断；当案件事实能够落在法律文本的效用范围内，才有必要解释该法律文本。因此，在私法领域，法律解释应当以与案件事实直接相关的私法规范文本为限。与案件事实直接相关的私法规范文本，在法渊上主要有立法机关制定的成文法（含立法解释）文本、一般法律原则、习惯以及最高法院的司法解释文本②等。

这里有必要提及一个已经成为历史但仍存争议的案件。1996年12月，中国福建国际经济技术合作公司（中福公司）与中国工商银行福州市闽都支行（闽都支行）签订了借款金额为4210万元的借款合同。贷款到期后，中福公司未能偿还贷款。1998年7月21日，闽都支行和中福公司签订了《还款协议书》，约定：中福公司分期偿还贷款；福建九州集团股份有限公司（九州公司）和福建省中福实业股份有限公司（中福实业）作为还款保

---

① 黄茂荣：《法学方法与现代民法》，中国政法大学出版社，2001，第252页。

② 最高法院的司法解释，一定程度上实践了方法论意义上的法律解释，但其所实践的法律解释方法在多数情形下是不完整的，论理和假定的成分更多一些。司法解释主要以预先设定或选取的某一或某类案件事实为出发点，与具体的案件事实并无直接的关联，与法律解释具有明显的不同，不能相提并论。在我国，司法解释似乎已经发展成为一种类似立法解释的制度，解释结论多具抽象性，使得司法解释相当程度上已经沦为对法律规范的普适性解释。因此，在我国的法律实践中，不能以司法解释替代法官在裁判案件时所必须进行的法律解释。

证人承担连带责任。九州公司和中福实业均在《还款协议书》上签名并加盖公司印章。中福实业是一家上市公司，被担保的中福公司为中福实业的控股股东。中福实业提供担保时，有中福实业董事会关于提供担保的决议文件，但中福实业公司章程第80条规定，董事"除经公司章程规定或者股东大会在知情的情况下批准，不得同本公司订立合同或者进行交易"，"不得以公司资产为本公司的股东或者其他个人债务提供担保"。闵都支行在与中福公司商谈担保事宜时，曾收到中福公司提交的包含有中福实业公司章程等文件。1999年12月，闵都支行向法院起诉，请求判令中福公司偿还贷款本金和利息，中福实业和九州公司承担连带责任。中福实业辩称，公司的保证行为违反《公司法》第60条第3款和第214条第3款的规定，应属无效。"中福实业担保案"[①]的事实，是否具有中福实业为其母公司提供的保证无效之法律意义？这取决于《公司法》和《担保法》的相关规定对于案件事实所能给予的评价。依照上列案件事实，我国《公司法》或《担保法》是否有规范公司为股东提供担保的法律文本？若有此等法律文本，其含义如何？当人们将目光落在《公司法》第60条第3款[②]上时，似乎找到了待解释的法律文本。

《公司法》第60条第3款的内容确实涵盖了"中福实业担保案"的部分案件事实，即中福实业董事会通过决议，为母公司向银行提供了借款的保证担保。但该条款对于"以公司资产为本公司的股东"提供的担保是否有效，没有明确，甚至没有给出相应的指引。《公司法》第60条第3款与"中福实业担保案"具有表面上的相关性，法官似乎有必要对之予以解释。针对"中福实业担保案"，审法院和最高人民法院对《公司法》第60条第3款分别作出了相应的解释，尽管其解释结论完全不同。[③]此外，基于相类似的设定案件事实，最高人民法院以司法解释规定："董事、经理违反《中华人民共和国公司法》第六十条的规定，以公司资产为本公司的股东或者其他个人债务提供担保的，担保合同无效。除债权人知道或者应当知道

---

① 有关本案的案件事实，统称为"中福实业担保案"。参见福建省高级人民法院［1999］闵经初字第39号民事判决。

② 《公司法》第60条第3款规定："董事、经理不得以公司资产为本公司的股东或者其他个人债务提供担保。"在本文中，未有明确的说明，《公司法》仅指1999年修正的《公司法》。

③ 参见曹士兵《公司为其股东提供担保的法律效力分析——从法律适用到利益衡量》，载奚晓明主编《中国民商审判》（2002年第1卷），法律出版社，2002，第295～296页。

的外，债务人、担保人应当对债权人的损失承担连带赔偿责任。"① 以"中福实业担保案"作为设定的事实，学者也从不同角度对《公司法》第60条第3款作出了众说纷纭的解释。② 在相同的案件事实面前，为何会出现对《公司法》第60条第3款如此众多的解释结论，值得深思。

《公司法》第60条第3款应否适用于"中福实业担保案"，这是对该法律文本予以解释的先决条件。也就是说，要解释该法律文本，首先应当对该法律文本与案件事实的直接相关性作出价值判断。该法律文本规定的内容，确实涵盖了"中福实业担保案"的部分案件事实，但并不表明该法律文本与"中福实业担保案"有直接相关性。我们应当注意到，《公司法》第60条第3款的文义内容，禁止公司董事以公司名义向公司股东提供担保，目的在于规范董事的行为，这仅仅表明该条款的功能在于调整公司董事与公司的关系。该条款在立法结构上位于《公司法》第2章第2节组织机构部分，其功能被限定于公司的内部治理。再者，对于董事违反《公司法》第60条第3款，《公司法》为公司因此而发生的损害已经提供了相应的救济，即董事违反该规定，给公司造成损害的，应当承担赔偿责任，③ 这是立法者为落实《公司法》第60条第3款的应有功能而对董事行为的否定评价。因此，《公司法》第60条第3款没有调整公司与第三人的关系的任何效用。另外，在《公司法》第60条第3款的内容构成上，立法者没有对公司为其股东提供担保的有效与否作出任何安排，这也不是立法技术上的疏忽或遗漏。④ "中福实业担保案"的事实焦点，是公司与债权人的保证合同是否有效的问题，而非董事的行为是否违反法律的问题，这使得《公司法》第60条第3款与"中福实业担保案"没有直接相关性，法官在裁判"中福

① 最高人民法院2001年12月发布的《关于适用〈中华人民共和国担保法〉若干问题的解释》第4条。
② 对于公司为其股东提供的担保，有认为无效的，参见曹士兵《公司为其股东提供担保的法律效力分析——从法律适用到利益衡量》，载奚晓明主编《中国民商审判》（2002年第1卷），法律出版社，2002，第293~303页。有认为应当区别担保的提供有无公司章程的依据或公司授权而确定其效力的，参见陈洁《上市公司关联担保相关问题研究》，载邹海林主编《金融担保法的理论与实践》，社会科学文献出版社，2004，第231~254页。有认为有效的，参见高圣平《民法解释方法在"中福实业公司担保案"中的运用》，《法学家》2004年第4期；周道《从〈公司法〉第60条第3款说起——公司为股东或个人债务担保的效力论》，载邹海林主编《金融担保法的理论与实践》，第271~292页。
③ 参见《公司法》第63条和第214条第3款。
④ 对于公司为股东提供担保是否有效的事项，我国《公司法》至今都没有作出规定。参见《公司法》（2005年）第16条。

实业担保案"时没有必要解释该法律文本的含义。如何选择待解释的法律文本，是价值判断的结果，而非形式上的逻辑推论。如果这样的价值判断成立，则一审法院裁判理由应当是可以接受的：中福实业据以抗辩所援引的《公司法》第60条第3款和第214条是规范公司内部董事、经理的，不能作为公司对外要求免责的抗辩事由。

选择与案件事实直接相关的待解释法律文本，其范围究竟如何？已如前述，待解释的法律文本自然包括成文法（含立法解释）文本、一般法律原则、习惯以及最高法院的司法解释文本。但无论如何不能回避如下的问题：当私法规范法律文本保持沉默时，待解释的法律文本在哪里？有学者提出，"法律文本不再被视为忠实注解的对象，而仅仅被看作解决问题所不容回避的因素，或者，更恰当的说法是，法律文本为法官克服疑难案件提供了一种不充足的但却是必须使用的资源（法官没有放弃使用这种资源的权利，否则判决将被视为没有法律依据），短缺的那一部分仍需由法官自己去筹备"。① 更有学者进一步明确，"当没有具体法律时，法成为解决问题的直接依据，发现这种法就是一种法律创造或续造的工作。在现实生活中，没有成文法规定的社会关系不断出现。在我国，各种服务合同关系几乎没有法律规定。如旅游服务、住宿服务、驻车合同、老年公寓服务、电信服务合同等缺少法律规定，但调整这些社会关系的法规范在当事人间逐渐形成。如驻车合同，一辆小汽车停在某一停车场，停车场管理人收费，汽车使用人交费，停车期间汽车被损坏甚至丢失，停车场承担什么责任，这些规则随驻车合同的产生而形成，解决此类纠纷，就应依形成的合理规则为依据，这就是社会中的法"。② 在以上论述中，学者已经注意到对当事人交易的意思表示（合同）或事实文本的解释，将事实文本当作"社会中的法"，经法官发现并予以解释。在私法领域，意思自治原则使得当事人交易的意思表示，在形式上已经具备了法律解释的"文本"的价值，在内容上也具有替代法律解释对象——私法规范法律文本的功效。私法规范的法律文本具有私法属性，其主体构成为任意性规范，当事人的意思自治具有取代私法规范法律文本的效力，在发生争议时，私法规范的文本解释相当程度上将转化为对当事人意思表示的解释，案件事实（事实文本）俨然成为法律解释的主要方面，当事人的意思表示的有无、以言辞所表达的

① 桑本谦：《法律解释的困境》，《法学研究》2004年第5期。
② 刘士国：《"法"与"法律"的区别与民法解释》，《法制与社会发展》2004年第6期。

当事人的意图、当事人所用言辞以及意思表示的目的或效果等，将成为法官适用法律裁断争议的主要依据。因此，在这个意义上，对事实文本予以解释并赋予其法律上的意义，要比解释相应的私法规范的法律文本更有价值。

当然，事实文本的解释，应当在法律文本已经建构的制度体系的框架内进行。法官在审理案件时，如何能够发现这些"法"，仍应当以事实文本所处的法律制度体系框架下的一般原则或概括规定作为基础。例如，保证保险作为保险公司开展的一项业务，我国法律对于涉及保证保险的规范内容没有任何规定，① 曾引发了保证保险是否为"保险"的争议。当发生涉及保证保险性质的争议时，摆在法官面前的只有"保证保险合同"以及当事人围绕该合同已经从事的行为，可以统称为"保证保险事实文本"。"保证保险事实文本"是否具有保险的法律意义，可以并应当选择《保险法》的一般规定或原则作为法律解释的文本，通过对一般规定或原则的解释，能够确立保险应当具有的法律特征和内容构成。同时将"保证保险事实文本"放置于前述法律解释的结论中进行解释，若"保证保险事实文本"具有保险应当具有的法律特征和内容构成，保证保险在性质上则属于保险而非保证。

"在案件事实面前，裁判案件的法官一方面搜寻所要适用的法律，也即找法的过程，另一方面要辨别待处理的案件事实是否有意义以及有何意义，从而决定是否适用，也就是说案件事实引起了解释，解释法律又要围绕案件事实，法律解释就是在法律与事实之间交互阐释而追求裁判规范的过程。所以，法律解释要解释的是法律规范，但离不开对法律事实的解释，后者是在认定案件事实的基础上探寻案件事实的法律意义，依照法律规范的标准进行衡量，某一事实产生了哪几种关系，变更或者消灭了什么样的法律关系，这样才能将事实与法律结合在一起，从而得出案件的判决结果。"② 当我们在讨论事实文本的解释时，无论如何都会存在限定事实文本解释的法律文本，哪怕该法律文本是一般规定或原则，抑或是法观念或生活常识。有学者认为，法律解释不是脱离解释对象的单纯的逻辑推理，而是裁判案

---

① 在 2009 年我国《保险法》修订之前，《保险法》对"保证保险"只字未提，当然不可能存在规范保证保险内容的具体法律文本；事实上，现今除《保险法》第 95 条使用了"保证保险"这一法律术语并将保证保险作为财产保险的一种法律行为外，规范保证保险内容的具体法律文本仍然缺位。

② 袁春湘：《法律解释的解释》，《法律适用》2008 年第 8 期。

件的法官对法律的理解、解释和适用的司法审判活动，民事法律具有私法的性质，民事审判领域的法律解释方法要符合所适用法律的基本原则、基本理念、价值取向等。意思自治、公平自愿、等价有偿、诚实信用、禁止权利滥用等原则和理念，必须贯彻于解释民事法律的活动中，否则会与民事法律的解释的目标南辕北辙。在很多情况下，民事法律解释的目标就是发掘并阐释这些原则、理念和价值。① 当事人交易的意思表示不具有抽象性和普适性，但其内容若符合私法的一般规定或一般的法观念或生活常识、社会准则，便应当给予事实文本（如当事人进行交易的合同）以法律上的意义，这是私法规范的文本解释的一个非常重要的方面。

　　理想主义的法律解释总是在寻求对法律文本的"唯一正解"。事实上，这不过是一种奢望，如果待解释的法律文本有缺陷或不完整，"唯一正解"的法律解释根本就不可能存在，解释结论复数化就十分正常了。特别是，法律解释的价值判断，是对于法律文本的客观存在之主观认识，因为法官的价值观、案件事实与法律文本的关系、法律解释方法运用等方面的价值判断不同，要通过法律解释使得法律文本的意思确定并具体化，这样的解释结论总是相对的，也就不存在所谓的法律文本的"唯一正解"；即便立足于相同的案件事实，选择的法律文本与案件事实具有直接相关性，也是如此。"进入法律视野的案件事实发生后，具体事实千差万别。其能否符合法律规定的事实构成，即事实的法律意义，需要通过对法律规定的事实构成和案件事实进行互动性的解释，从中找到法律规定中事实构成的现实基础和案件事实的法律根据。这个过程就包含在事实认定中，案件事实通过法律的过滤，法律经过事实的选择。这个过程很难严格区分法律文本与事实之间的先后顺序。"② 因为这个，法律解释应当容忍如下事实的存在：法官在裁判案件时，就相同或相近的案件事实，对同一法律文本作出了不同的解释。

三　文本解释的价值判断基础：尊重文义

　　法律解释的方法，向来就有文义解释与论理解释之分。文义解释是指根据法律的文句确定法律的内涵，而论理解释是指不拘泥条文的文句，而从理论上阐明法律的涵义，也就是从立法精神和立法目的上来判断立法者

---

① 参见袁春湘《法律解释的解释》，《法律适用》2008 年第 8 期。

② 孙日华：《法律解释的成本——兼论法律解释权的配置》，《河北法学》2010 年第 3 期。

的意思。① 在这里，不能将文义解释仅理解为按照法律文本的语句（由术语或概念、标点符号、修辞语法组成）阐述法律文本的内容或意思，而应当理解为一种按照法律文本的段落、上下文以及法律文本在制度体系中的位置，以法律文本的语句应有的含义来理解法律文本的方法。所以，法律文本的文义解释，并非机械地再现法律文本的语句含义，而是基于法律文本的语句诠释法律文本内容的一种富有技术含量和智慧的理解活动。与文义解释相对应的解释方法，则为论理解释，包括体系解释、历史解释、目的解释、比较法解释等方法，甚至还包括利益衡量等价值判断工具的使用。

法律解释的对象是法律文本，而法律文本必由语句组成。法律文本的语句含义构成法律解释的起点与界限，对法律文本的解释也就必须从其文义出发，并受其文义的限制。尊重法律文本的文义，自身就是价值判断的产物。故对法律文本的文义，不能作随意或任意阐述。尊重文义，就是要在文本解释的全过程贯彻文义解释。让我们来看看《保险法》第 13 条的文义解释。该法律文本的内容是完整的，仅仅是"提出保险要求"和"同意承保"为不确定的概念，需要解释。按照通常的理解，"提出保险要求"，是投保人要求订立保险合同的意思表示（如填写投保单，签名后并交付给保险人的事实）；同意承保，是保险人接受投保人的保险要求的行为（如核保后，将接受投保人的保险要求的决定通知投保人的事实）。"提出保险要求"和"同意承保"与我国《合同法》规定的"要约"和"承诺"是否是相同内容的不同表述？要约和承诺作为法律术语，其含义特定。将"提出保险要求"等同于要约，"同意承保"等同于承诺，在很大程度上可能限缩"提出保险要求"和"同意承保"的应有含义。《保险法》第 13 条中这两个不确定概念，若将其置于《合同法》关于合同成立的"要约"与"承诺"的制度体系中，因为二者在制度设计上存在不小的差距，似乎也难以获得澄清。尤其是，"同意承保"的通俗化，使得其文义更广，不宜限定于保险人通知投保人接受其保险要求的事实，还应包括更广泛的事实，如保险人收取保险费等。②

正如法律文本中的语句和法律文本的段落、上下文之间不是孤立的一样，文义解释也不能孤立地针对法律文本中的语句，或者在隔离状态下对法律文本予以解释。法律文本的语句以及法律文本都是在特定场景下具有

---

① 参见周枏《罗马法原论》（下），商务印书馆，1994，第 93 页。
② 参见《最高人民法院关于适用〈中华人民共和国保险法〉若干问题的解释（二）》第 4 条。

特定的含义的，这个场景或者是法律文本的语句在法律文本中所处的位置，或者是法律文本自身在法律制度体系中所处的位置。文义解释脱离法律文本存在的特定场景，解释结论的可接受性将大大降低。法律文本不单纯是一个条文的问题，而是由众多条文组成的制度体系；文义解释也不是仅仅解释文本中的语言文字的含义，而是要探究位于制度体系中的法律文本的真实意义。文义解释的最起码要求是，在同一法律或法律文本中，对于使用的相同术语或概念，也当作相同的理解；非有正当理由，不能作不同解释。① 这就是说，文义解释是在法律文本体系和制度体系中完成的。

文义解释是法律文本解释的基础，法律文本的解释不能超出法律文本的可能或应有文义。例如，《公司法》使用了一个特有法律概念"股东"，围绕"股东"这一概念，公司法就股东的地位之取得、权利和义务都作出了相应的规定。但在现实生活中，公司的股东可能并没有实际出资，股东和实际出资者发生了分离，一个公司的实际出资者是否具有公司法上的"股东"地位？这取决于对"股东"的应有含义之解释。最高人民法院的司法解释使用了一个子概念"名义股东"来理解公司法上的"股东"概念，在某些情形下，"名义股东"就是股东；② 但在某些情形下，"名义股东"可能又不是"股东"，而承认实际出资者的股东地位。③ 实际上，"名义股东"并非公司法上的概念或制度构成，相对于公司的实际出资者而言，有"名义股东"之说，但对公司而言，不存在所谓的"名义股东"。在股东和实际出资者发生分离的情形下，若将实际出资者解释为公司的"股东"，超出了公司法规定的"股东"的应有含义。④

再如，我国《物权法》第 202 条规定："抵押权人应当在主债权诉讼时效期间行使抵押权；未行使的，人民法院不予保护。"从该条规定的内容看，涉及两个方面：其一，该条前半段规定了抵押权行使的期间；其二，该条后半段规定法院不保护逾期行使抵押权的主张。文义解释可否将该条

---

① 梁慧星：《民法解释学》，中国政法大学出版社，1995，第 215 页。

② 参见《最高人民法院关于适用〈中华人民共和国公司法〉若干问题的规定（三）》第 27 条第 1 款。

③ 参见《最高人民法院关于适用〈中华人民共和国公司法〉若干问题的规定（三）》第 26 条第 1 款。

④ 至于"名义股东"和实际出资者之间的法律问题，并非公司法上的问题；他们之间所发生的关系（事实文本）应当适用合同法的相关规范予以解释。但是，《最高人民法院关于适用〈中华人民共和国公司法〉若干问题的规定（三）》第 26 条第 1 款以"善意取得"对待"名义股东"处分公司股权的行为，将实际出资者当作公司的"股东"，尤其值得斟酌。

文的应有文义阐述清楚并具体化？有学者认为，"第 202 条前半句中两个关键性的法律概念分别为'主债权诉讼时效期间'与'行使抵押权'，其含义均不能孤立地理解，而需要依据体系解释进一步明确。前者应根据《民法通则》第 135 条与第 137 条对于诉讼时效的规定确认，即主合同债权中约定履行期限届满后的两年即为本条中所谓的'主债权诉讼时效期间'。后者也不能按照日常用语的含义随意解释，因为'行使抵押权'作为一法律概念，《物权法》在第 195 条中对其已有明确界定，即只有当债权人与抵押人达成实现抵押权的协议，或者请求人民法院拍卖、变卖抵押财产时，才能构成'行使抵押权'的行为。其他的如在司法程序之外向抵押人主张抵押权等行为与本条规定并不相符，不能成为停止抵押期间计算的理由。这里已经可以看到借助体系解释来澄清文本含义的重要性。总体而言，以文义解释为主导，以体系解释为辅助，已可明确 202 条前半句的规范意旨，实践中也并无多少争议"。"问题主要出现在第 202 条后半句的解释上，即抵押期间届满后的效力应如何确定？'法院不予保护'的用语看似明确，实则模糊，因其未能说明'法院不予保护'的理由及依据何在。对此理论界与实务界形成了两种截然相反的观点。一种认为 202 条规定的抵押期间为诉讼时效，抵押权人丧失的是抵押权受人民法院保护的权利即胜诉权，或抵押人享有时效抗辩权，而抵押权本身并没有消灭。另一种观点认为抵押期间为除斥期间或存续期间，该期间经过将导致抵押权的消灭，法院当然不予保护。"① 以上观点格外注重《物权法》第 202 条的文义解释，并将该法条前段所使用的语句置于物权法的相关制度体系中，对相同的概念作出了相同的理解，基本上符合文义解释的价值判断；但其有关该法条后段"不予保护"的"理解"，却以该条未能说明"法院不予保护"的理由及依据而认为"法院不予保护"用语不清，故其在事实上并没有对之作"文义解释"。将清楚的法律用语按照"模糊"的用语对待，等同于不作文义解释，这不符合文义解释的价值判断。《物权法》第 202 条后段之文义，并非不清楚。我国私法规范（尤其是最高人民法院的司法解释）经常会使用"法院不予保护"或"法院不予支持"的用语。"不予保护"或"不予支持"若有具体的场景或条件的限制，意思清楚明白，并没有模糊之处；《物权法》第 202 条后段所称"人民法院不予保护"，亦有其条件，即在抵押权行使的期间，抵押权人

---

① 孙超、杨留强：《法律解释方法在民法中的应用分析——以〈物权法〉第 202 条为对象》，《湖北社会科学》2010 年第 9 期。

律文本的意图，非经论理解释，估计无法求得妥当的解释答案。在这个意义上，论理解释方法对于澄清因为文义解释而产生的法律文本的歧义，具有十分积极的意义。但是，我们同时也应当注意到，任何法律解释的结论，不应超出法律文本的可能或应有文义。当法律文本所使用的语言文字，不借助于法律体系中的其他法律文本，本身就无法得出符合法律文本意图的解释结论时，自然应当借助于体系解释或意图解释等其他解释方法以阐明其文义。论理解释不单纯为消除文义解释的"歧义"而存在。因此，法律文本的文义解释，即使没有解释结论或者无法得出复数解释结论，论理解释也会派上用场。例如，在破产程序中，就重整计划的表决，已经组成出资人组，出席会议的过半数出资人同意接受重整计划草案，是否有通过重整计划草案的法律上的意义？《企业破产法》第86条规定："各表决组均通过重整计划草案时，重整计划即为通过。"其中的"各表决组均通过"为何意？仅以该法律条文的用语和句法，显然无法对之作出符合法律文本意图的解释；"各表决组均通过"的可能文义，只能依赖于《企业破产法》的其他规范文本予以阐明。针对前述具体案件事实，"各表决组"所称"表决组"，应当包括《企业破产法》第85条第2款所称"出资人组"；"通过"应当依照《企业破产法》第84条第2款阐述其意思为，出席会议的出资人组的出资人过半数同意重整计划草案，并且其所代表的出资额占该组出资总额的三分之二以上。以上例证表明，法律文本的文义解释，在许多场景下还须借助于论理解释。

另外，我国改革开放以来，司法解释在我国民商事法律制度和体系建构方面发挥了巨大的作用。从1979年到2011年，最高人民法院以"意见""规定""解释""纪要"等形式做出的各种民商事司法解释有469件，几乎到了"无法不解释"的地步。① 司法解释具有阐释或者明确私法规范的文本内容的作用，对于统一下级法院裁判案件适用法律有积极的效果。司法解释文本，在内容上也具有一定的可操作性。法官在审理具体案件时，当具体的案件事实与司法解释文本所针对的设定案件事实相同或近似时，往往直接引用司法解释文本，方便地实现法律规范和具体案件事实的结合。但这并不表明，法官无须对司法解释文本进行解释，也不表明司法解释就准确地表达了法律文本的文义，这仅仅表明面对较为简单的案件事实时，法官有可能省略了"法律解释"的具体过程。司法解释已经发展为一种类似

---

① 参见柳经纬《当代中国私法进程中的民商事司法解释》，《法学家》2012年第2期。

于"造法"的制度，司法解释的内容与具体的案件事实脱离，这与方法论意义上的法律解释具有本质的不同，不可相提并论。① 在我国私法规范不再严重缺位的当下，过多的司法解释，会增加法律文本内容的解释的复杂程度或使法律文本的内容更加不确定，② 或者会制造出商事交易的制度性风险，③ 最严重的后果莫过于妨碍法官在裁判具体案件时忽视运用法律解释方法，形成"令人担忧"的法官对司法解释的"路径依赖"局面。④

这里再举一个例子。1998 年 11 月 30 日，原中国建设银行福建省分行电力支行（以下简称建行电力支行）与中福实业公司签订借款合同，约定由建行电力支行向中福实业公司贷款 4000 万元。同日，建行电力支行与运盛（福建）实业股份有限公司（以下简称运盛实业公司）签订《保证合同》，由运盛实业公司为上述借款提供连带责任保证。合同签订后，建行电力支行依约放贷。贷款期限届满后，中福实业公司尚欠借款本金 4000 万元及利息，运盛实业公司也未履行其保证责任。建行电力支行诉称，中福实业公司尚欠借款本金 4000 万元及利息，要求中福实业公司履行还款义务，运盛实业公司承担连带清偿责任。福建省高级人民法院审理认为，《担保法》司法解释第 4 条所指的是董事、经理以公司财产提供担保的情形，一般表现为担保合同是以公司名义签订的，公司加盖公章，而不是指董事、经理以个人身份提供担保。本案两被告均是上市公司，中福实业公司是运盛实业公司的股东，建行电力支行作为缔约一方，对此情况理应知道。本案《保证合同》违反《担保法》司法解释第 4 条规定，合同无效，对此合同无效的后果，因债权人亦存在过错，担保人承担民事责任的部分，不应

---

① 但也有学者将裁判解释与司法解释等同。参见张彩凤、金云舟《制定法上的舞者——关于司法解释的另类解读》，《中国人民公安大学学报》（社会科学版）2008 年第 1 期。

② 法院在审理具体案件，涉及适用相关司法解释形成的"规范"时，因其具有抽象性，法官仍要进行"解释"，必会出现"抽象解释的重复再解释"现象，人为增加法律解释的成本。参见孙日华《法律解释的成本——兼论法律解释权的配置》，《河北法学》2010 年第 3 期。

③ 最高人民法院 2001 年 12 月发布的《关于适用〈中华人民共和国担保法〉若干问题的解释》第 4 条，以司法解释建构"以公司资产为本公司的股东或个人债务提供的担保无效"规则，曾经引起了金融界的巨大担忧。金融界将该规则喻为"一颗潜伏已久的'炸弹'"。《中国民商审判》（2002 年第 1 卷）围绕最高人民法院有关"中福实业担保案"适用该司法解释规则的终审判决的案例评析，再度使金融界震惊："'炸弹'不仅没有被拆除，而且危险还在扩大。"参见《最高法院一本新书　危及银行 2700 亿资产安全》，《财经时报》2002 年 11 月 29 日。

④ 参见杨涛《当心陷入司法解释的"路径依赖"》，《法治与社会》2007 年第 10 期。

超过债务人不能清偿部分的二分之一。①

　　福建省高级人民法院在审理"运盛实业担保案"时，面对公司为其股东提供的担保，不仅没有秉承其在审理"中福实业担保案"时所持法律解释立场，而且忽视了应有的法律解释，直接适用《担保法》的司法解释第4条作出判决。《担保法》的司法解释第4条规定："董事、经理违反《中华人民共和国公司法》第六十条的规定，以公司资产为本公司的股东或者其他个人债务提供担保的，担保合同无效。除债权人知道或者应当知道的外，债务人、担保人应当对债权人的损失承担连带赔偿责任。"法院在适用该司法解释时，必须对"董事、经理违反《中华人民共和国公司法》第六十条的规定"的应有含义进行解释。福建省高级人民法院因为有了司法解释的"路径依赖"，更因为其在"中福实业担保案"中解释《公司法》第60条第3款的立场被最高人民法院的终审判决否定，在"运盛实业担保案"中小心翼翼地沿着最高人民法院司法解释的"思路"作出判决。然而，最高人民法院在"运盛实业担保案"的终审判决中认为：根据《担保法》一般规定，担保行为符合公司章程规定的，经过董事会批准的，以公司名义为其他单位和个人出具的担保应当认定为有效。运盛实业公司与中福实业公司双方是互保单位，运盛实业公司为中福实业公司提供4000万元的担保，是一种对等的互利性经营行为，有利于公司经营及维护股东利益。运盛实业公司为中福实业公司借款4000万元提供担保是公司的有效担保行为。"原审法院认定事实清楚，但对公司法第六十条第三款、《担保法解释》的理解有误，属于适用法律不当，本院予以纠正。"② 从这个案件中可以总结的经验是：司法解释本身不能代替法律文本的文义解释；法官在审理具体案件时，要避免以司法解释文本代替法律文本的文义解释；不论司法解释文本是否清楚，法官都应当对法律文本进行文义解释，甚至对司法解释的文本予以再解释，以实践法律解释在审判活动中的应有功能。

四　文本解释结论的正当性：论理解释方法的介入

　　私法规范文本解释的基础是尊重法律文本的文义。但是，法律文本的文义是否具有正当性，并能将之与具体的案件事实结合，却又离不开论理解释方法的应用。论理解释所要关注的问题在于"稳定"文本解释的结论，

---

① 参见福建省高级人民法院［2003］闽经初字第7号民事判决。
② 参见中华人民共和国最高人民法院［2003］民二终字第199号民事判决。

也就是说为法律文本的"文义解释"提供令人信服的理由。事实上，法律文本的解释，或多或少都有论理解释方法的介入。在法律文本的文义解释之外，论理解释是必不可少的。

学术上对论理解释诸方法的研究，总是试图列出它们的位阶，但也只能称其有个大致的规律。梁慧星先生认为，在作论理解释时，应先运用体系解释和法意解释方法，确定法律意旨；如仍不能完全澄清疑义，则进一步作目的解释，并以合宪性解释审核其是否符合宪法之基本价值判断。通过上述方法仍不能得出解释结论时，可进一步作比较解释或社会学解释。经解释存在相互抵触的结果时，通过利益衡量或价值判断，从中选出最具社会妥当性的解释结果作为解释结论。所有的解释都不能无视法律条文的文义，解释结论不得超出文义解释可能得出的范围，但下述情形应为例外：法条文义与法之真意及立法目的相冲突；相反于法学、经济学及社会学之基本原理；相反于依法治国及民主思想；将使社会经济地位之弱者较之强者遭受更为不利之结果。① 更有学者归纳认为："法律解释学最重要的学术贡献，是为司法实践提供了一份包含各种解释方法的清单，罗列在这份清单上的解释方法大致包括文义解释、上下文解释、体系解释、法意解释、目的解释、比较法解释和社会学解释等等。""法律解释学在探索解释方法元规则方面的努力虽然不是很成功，但也并非一事无成，学者们就适用各种法律解释方法的先后排序已经形成一个大致的共识。比较一致的观点是：语义解释（即文义解释——编者注）具有严格的优先性，若语义解释的条件得到满足，它就优先于其他解释方法而被采用；只有具备足够的理由对语义解释的结果表示怀疑时，才有条件考虑上下文解释和体系解释；当这些解释结果都不能明显成立的时候，才可以考虑法意解释和目的解释；而比较法解释和社会学解释则通常被看作是最后的选择。"② 不论怎样对法律解释的诸方法进行排序，排序本身不具有任何方法论上的意义或价值，论理解释的应用也不可能按照排序的逻辑在法律解释活动中展开。但是，作为法律解释起点的文义解释，在一系列的法律解释方法中居于绝对优先地位，则是不容置疑的。

法律文本的文义解释，居于所有的解释方法之前，也是社会生活常识的总结。"对解释方法的先后排序做仔细考察就会发现，排在前面的解释方

---

① 参见梁慧星《民法解释学》，中国政法大学出版社，1995，第245~246页。
② 桑本谦：《法律解释的困境》，《法学研究》2004年第5期。

法相对简单，由于只需考虑较少的解释因素，所以耗费的信息成本也较低，解释透明度较大，解释结果也较容易预测；排序越是靠后的解释方法越复杂，解释需要考虑的因素越多，因此耗费的信息成本也越高昂，解释透明度越低，解释结果也越难以预测。不难发现，在法学家对各种解释方法排序的背后隐含着一种逻辑，即尽量使用简单的解释方法，除非简单的解释方法不能获得令人满意的解释结果。这种逻辑无非是一种类似于'杀鸡不用宰牛刀'的生活常识。除此之外，稍稍具备法学理论知识的人还能从中发现另外一种逻辑，即尽量从法律文本的范围内完成解释活动，并尽量使解释结果清晰可靠、一目了然。这种逻辑从属于一种有限度的'形式合理性'，具体说来，它体现着对法律稳定性和可预测性的追求，对司法自主性和法律方法纯粹性的维护，对法治理念和法律权威的认同，以及对司法能动性和自由裁量权的戒备。排序在后一种逻辑里体现出它的专业水准。然而，正如许多学者已经发现的，解释方法的排序逻辑虽然在某种程度上体现了司法对形式合理性的追求，但它最终还是不能对疑难案件的判决提供方法论指导。显而易见，排序本身并不能回答在何种情况下后位的解释方法可以取代前位的解释方法。"① 总体而言，论理解释诸方法不能与文义解释同等对待，论理解释诸方法的使用，永远是辅助性的。

论理解释的诸方法究竟应当在什么场合使用，并不取决于论理解释诸方法的使用有无先后，而取决于法律文本解释者的价值判断。有学者指出，通过确定法律解释方法的位序，可以在一定程度上保持法律适用结论的稳定，但这种稳定不能从根本上消除法律的不确定性。首先，传统法律解释学所提出的各种解释方法，表面上看起来是前呼后应的，必要时是可以互为补充的，其实，它们恰恰是相互矛盾的。或者毋宁说，案件之所以疑难，正是由于解释者们对法律采取了不同的解释方法，从而得出相互矛盾的解释结论。各种解释方法之间的重叠、空缺和其他矛盾，根本不可能通过排序来解决，排序仅仅是掩盖各解释方法之间的矛盾而已。其次，每一种解释方法都有其合理性，谈不上绝对的优劣。② "对同一种解释方法，解释者会有不同的认识并采取不同的运用方式，从而产生不同的解释观点。同时，它也可能使不同解释方法之间的关系不确定，即在同一个法律问题上可能

---

① 桑本谦：《法律解释的困境》，《法学研究》2004 年第 5 期。
② 参见苏力《解释的难题：对几种法律文本解释方法的追问》，载梁治平主编《法律解释问题》，法律出版社，1998，第 40 页。

存在几种可适用的解释方法，它们产生不同的解释观点，而对于它们的运用顺序，由于人们在解释的目标和实体价值上存在分歧，也难以达成共识。"① 在阐述法律文本的可能文义过程中，围绕法律文本的效用确有必要使用论理解释的，可以使用论理解释。论理解释诸方法具有调节法律文本之文义解释偏差的工具意义。

体系解释，是基于法律文本在法律体系上的地位，以相互关联的法律文本为一个整体，阐释和说明法律文本的可能文义的方法。"通过解释来消解法律的不义，厘清规则的意义或者调整规则间的冲突，都是在法律的框架内运作的。"② 体系解释在本质上仍然是文义解释，只不过在解释法律文本的含义时，引入了对法律文本在法律制度体系上的地位的价值判断。例如，《道路交通安全法》第 76 条所称"机动车发生交通事故造成人身伤亡、财产损失的，由保险公司在机动车第三者责任强制保险责任限额范围内予以赔偿"究竟具有何种含义，仅仅依照该条所用语言文辞根本无法解释出令人信服的结论，该条文的真实含义与《道路交通安全法》第 17 条③的规定和《保险法》第 65 条第 4 款④的规定密切相关，只有结合前述相关法律文本，将《道路交通安全法》第 76 条放置于"强制责任保险"的制度体系中，才能合理解释保险公司在发生机动车交通事故时所应当承担的赔偿责任。"我们还必须清楚，体系解释的任务主要是通过厘清解释的依据，来消除价值对立、文明冲突，以实现法律的目的，而不是排除立法的基本价值与目的，仅仅在其他法律中寻找相关的文字。所以，解释者首先要搞清楚把什么样的价值作为解释的坐标。"⑤ 文义解释限定了法律文本的解释基点，体系解释则对文义解释提出了更高的要求，体系解释在很大程度上具有阻止"望文生义"的解释结论的积极功效。首先，如果有必要，体系解释可以实现法律文本的文义扩张或者限缩。例如，我国《公司法》第 60 条第 3

---

① 张志铭：《法律解释操作分析》，中国政法大学出版社，1999，第 62 页。

② 胡玉鸿：《尊重法律：司法解释的首要原则》，《华东政法大学学报》2010 年第 1 期。

③ 《道路交通安全法》第 17 条规定："国家实行机动车第三者责任强制保险制度，设立道路交通事故社会救助基金。具体办法由国务院规定。"

④ 《保险法》第 65 条第 4 款规定："责任保险是指以被保险人对第三者依法应负的赔偿责任为保险标的的保险。"

⑤ 陈金钊：《拯救被误解、误用的法律——案说法律发现方法及技术》，《法律适用》2011 年第 2 期。

款规定的"董事"，经体系解释，应当扩张其文义而包括"董事会"。① 再者，法律文本的目的也可以常借助于体系解释得以明确，以体系中的法律文本之目的，可以更好地探究法律文本的可能文义。

历史解释（又称法意解释），以探求立法者制定法律文本时所为价值判断或实践目的，推断立法者的意思而阐述法律文本的文义。按理说，历史解释最能反映法律文本的可能文义，但问题在于立法者在制定法律时的价值判断或实践目的究竟应当如何确定，使得历史解释总会受到批评。

有学者认为，法意解释强调法律解释必须以法律、法条的立法者原意为基准，但是，立法者的原意并非僵硬、公式化的。因为法律本身是特定权力结构的产物，法律的形式和内容都是由各利益集团经过讨价还价之后达成某种均衡，并非某个立法者的独立意志；法律在实施、运作过程中面对不断变化的形势，会不断转换其调整方向与力度，过去的需要不见得必定是当下的需要；解释者通过对立法资料、立法史以及立法者个人情况的研究，实际上并不能真正达到与立法者的"精神贯通"，不同的解释者会根据其不同的解释要求找到不同的解释资料；即使承认立法者在立法时有其一定程度的原意，也不能想当然地假定他（们）会一直坚持这种原意而丝毫不加改变。② 历史解释的立足点含有法律文本"过去"的因素，解释结论难免会有相当的局限性。③ 历史解释的方法会因为法律文本所处的历史环境的变迁，使得解释结论或许与变化后的社会价值观相悖。

不论是否发生立法者的意图与客观现实不相容的情形，私法规范的文本解释都不应固守立法者在制定法律时所表达的意思，因为立法者制定法律时所表达的意思应当假定为准确地体现在了既定的法律文本的体系中，而不体现于待解释的私法规范的"立法文献"中；何况，在我国现阶段，

① 中华人民共和国最高人民法院［2000］经终字第 186 号民事判决中有如下的一段话："法律已明文禁止公司董事以公司财产为股东提供担保，则董事在以公司财产为股东提供担保上无决定权。董事会作为公司董事集体行使权力的法人机关，当现行法律对董事会对股东提供担保无授权性规定，公司章程或股东大会对董事会无授权时，董事会也必然因法律对各个董事的禁止性规定而无权作出以公司财产对股东提供担保的决定。因此，《中华人民共和国公司法》第六十条第三款的禁止性规定既针对公司董事，也针对公司董事会。"

② 参见苏力《解释的难题：对几种法律文本解释方法的追问》，载梁治平主编《法律解释问题》，法律出版社，1998，第 40 页。

③ 有学者认为，历史解释应当依照社会现有的观念对立法者制定法律时的意思进行评估，立法者的意思应当是现代化和客观化的意思。参见杨仁寿《法学方法论》，中国政法大学出版社，1999，第 123 页。

试图从立法文献中找到立法者制定法律时的真正意图，更是一件不大可能实现的工作。例如，《道路交通安全法》第76条①被学者和司法实务做了多重解释。该条的立法者的意图究竟为何，少有人真的进行了探究；但有一点比较清楚，立法者确有通过该条强化保险公司对交通事故受害人的救济责任的意图。我国的司法实务正是沿着意图解释的思路，使得保险公司几乎承担了向交通事故受害人不附加任何条件的"赔偿"义务。实际上，《道路交通安全法》第76条的文本含义，依照该条文的语词以及所谓立法者的意图，无法阐述清楚；第76条的文本含义若不借助于《保险法》有关责任保险的制度体系以及交通事故责任的制度构成，更无法阐述清楚。因此，当我们面对私法规范文本进行意图解释时，恐怕首先应当完成法律文本的体系解释。在这个意义上，体系解释相比较于意图解释，应当居于更加优先的地位。"法律的解释应该是一种整体性的阐释，是根据法律整体所体现的法律目的或意图而进行的解释。这样，法律解释一方面可克服法律因其本身的局限性而产生的不确定和避免任意解释的主观性；另一方面，它又可吸纳社会中的变化因素，实现法律目的与特定的社会目的的一致，从而避免法律的成文化、法典化所可能带来的法律规则的僵化、滞后。"② 在此情形下，目的解释、比较法解释或社会学解释可能也是不错的替代解释方法。私法规范的文本解释，在借助论理解释方法时，不能一味地强调某种解释方法的优越地位。

一般认为，目的解释是以法律文本的目的阐述法律文本的解释疑义的方法。在历史上，目的解释曾经具有超越文义解释的基本功用，"对法规之目的所应予以的关注和追求，应当超过对法规刻板措辞的关注和追求，因为法规措辞所指称的事物实超出了这些语词的能指范围，而这些事物的扩展范围恰恰与该法规制定者的意图相一致；因此，解释议会法规的最好办法，就是根据其目的而不是根据其词语对之进行解释"。但如此的法律解释方法在19世纪后被彻底摧毁，"法官的职责仅仅在于确定议会在其法规中所表述的内容并将法规语词适用于他所受理的案件"，"法规的真实含义是同其语词的明确含义所传达给法官的那种意义相一致的，而且法官应当尽

---

① 《道路交通安全法》第76条规定："机动车发生交通事故造成人身伤亡、财产损失的，由保险公司在机动车第三者责任强制保险责任限额范围内予以赔偿。超过责任限额的部分，按照下列规定承担赔偿责任：……"

② 沈敏荣：《我国法律解释中的五大悖论》，《政法论坛》（中国政法大学学报）2000年第4期。

可能地给予法规所使用的语词的字面含义以充分的效力"。① 法律文本均有其目的，立法者制定的法律，应当反映目的，故法律文本的解释通常并不解释其目的。法律文义不能以文义解释和论理解释的其他方法消除解释疑义的，目的解释将发挥某种决定性的作用。

不论法律目的在法律中是否有规定，目的解释所要探究的目的，被区分为两种：法律的整体目的和个别规范目的。② 整体目的是抽象的，而个别规范目的往往是具体的，和法律文本的效用有一定程度的关联，解释法律文本，原则上应以法律文本的具体目的作为调节解释结论偏差的基准。法律文本的目的，有明文规定的，也有没有明文规定但可以从法律文本的内容中轻易导出的，更有依照价值判断按照"逆推法"找出的。不论确定法律文本的目的之方式有何差异，目的解释都是将法律文本的可能文义按照法律文本的目的进行评价，以确定法律文本的文义。

目的解释在私法规范的文本解释过程中经常会被用到。例如，我国《民法通则》第23条规定："公民有下列情形之一的，利害关系人可以向人民法院申请宣告他死亡：（一）下落不明满四年的；（二）因意外事故下落不明，从事故发生之日起满二年的。"对此，最高人民法院司法解释认为："申请宣告死亡的利害关系人的顺序是：（一）配偶；（二）父母、子女；（三）兄弟姐妹、祖父母、外祖父母、孙子女、外孙子女；（四）其他有民事权利义务关系的人。申请撤销死亡宣告不受上列顺序限制。"③ 有学者认为，最高人民法院的意见是否正确，应当依照《民法通则》第23条宣告死亡制度的规范目的予以衡量。宣告死亡制度的立法目的不是要保护被宣告死亡人的利益，而在于保护其利害关系人的利益。又利害关系人不分是其配偶、子女、父母抑或其债权人、债务人，在地位上一律平等，不应有先后之分。在法院宣告死亡后，其遗产之继承、债务之清偿，均有法律规定，而与由何人提出宣告死亡之申请无关。最高人民法院意见将利害关系人分成不同顺位，前顺位的利害关系人不提出申请，其他顺位的利害关系人无权提出申请，若不申请之人有不正当目的，其他利害关系人的权益将受损害。这违背民法设立死亡宣告制度之立法目的，最高人民法院的意见不能

① 参见〔美〕E. 博登海默《法理学：法律哲学与法律方法》，邓正来译，中国政法大学出版社，2004，第549～551页。
② 参见梁慧星《民法解释学》，中国政法大学出版社，1995，第227页。
③ 《最高人民法院关于贯彻执行〈中华人民共和国民法通则〉若干问题的意见（试行）》第25条。

说是正确的解释。①

应当注意的是，法律文本的目的与私法规范的效果之间并非总是对应的关系。以法律文本的目的探究法律文本的文义，在许多情形下都是走不通的。例如，《公司法》有保护股东利益的基本目的，以至成就了具有保护股东利益的诸多制度：董事责任的强化、派生诉讼、累计投票权等。如此看来，法律文本的一个目的，会对应法律文本在体系上的多重效果。但是，法律文本的一个目的也有可能并不产生在人们的生活观念中预期的那种效果。例如，我国《物权法》第 202 条有促使抵押权人及时行使抵押权的目的，但是否产生"逾抵押权行使期间"的抵押权消灭的效果，立法者没有作出任何选择。再如，《公司法》（2005 年）处处体现出保护中小股东利益、限制关联交易的立法目的，第 16 条规定了限制公司担保的具体制度，但并没有规定公司违反相关规定所提供的担保或从事的关联交易无效。因此，我们在进行法律文本的解释时，很难说立法者的某个目的，就是要赋予法律文本某种确定的"效果"；如果是这样的话，为何立法者不直接将因其目的而产生的某种特定法律效果写进"文本"中？在理论上，有不少疑问都将这个现象指向立法者的疏忽或遗漏。其实不然。曾有学者这样指出，试图通过使用当时的立法准备资料来探究立法目的，这种努力过程就会充满陷阱和圈套，那些试图发现统一的立法意图的工作，在很大的程度上来看只不过是一种虚幻的徒劳无益的工作。②

私法规范的目的作为法律欲实现的"基本价值判断"，相当程度上支配着文本解释的方向和文义解释的边界，故所有的解释绝不能与法律规范的目的相违背。前述最高法院有关死亡宣告申请人顺位之解释意见，被批评为违反民法设立死亡宣告制度之立法目的。但若仔细分析，最高人民法院有关死亡宣告申请人顺位之解释意见，并不违反民法设立死亡宣告制度的目的。宣告死亡制度的立法目的确实在于保护被宣告死亡人的利害关系人的利益。利害关系人不分是其配偶、子女、父母抑或其债权人、债务人，在地位上应当一律平等，不应有先后之分；但在法院宣告死亡后，其遗产之继承、债务之清偿虽无差别，但被宣告死亡人的配偶、子女、父母因为身份关系而享有的人身利益，毕竟不同于其他利害关系人，因为其他利害

---

① 参见梁慧星《民法解释学》，中国政法大学出版社，1995，第 229～230 页。
② 〔美〕E. 博登海默：《法理学：法律哲学与法律方法》，邓正来译，中国政法大学出版社，2004，第 557 页。

关系人申请死亡宣告，必消灭被宣告死亡人的配偶、子女、父母的人身利益。被宣告死亡人的配偶、子女、父母的人身利益与其他利害关系人所享有的利益位阶明显不同，配偶、子女应有受优先保护的必要，最高人民法院的解释意见将利害关系人分成不同顺位，有其合理性。如果前顺位的利害关系人基于不法目的而不提出申请，依照民法规定的禁止权利滥用的原则，其他顺位的利害关系人自可以提出申请。① 因此，最高人民法院有关死亡宣告申请人的顺位的解释意见，照顾和平衡了利害关系人享有的不同利益，足以实践死亡宣告制度的目的。

事实上，当法律文本没有规定立法目的，或者从法律文本中不能"轻易导出"立法目的时，就立法目的进行的探究，往往是立法论的思维逻辑。也就是说，学者会经常预设一个立法目的，法律就应当"如何"加以规定，但立法者又偏偏没有这么规定，并在法律文本中留下了"漏洞"。例如，有学者在解释《物权法》第 202 条的立法目的时，通过利益衡量和经济分析导出"抵押权的消灭"的立法目的，并认为"特别在法律颁布时间较短、社会未有重大变革的情况下，立法目的与法律的规范目的大致是同一的。我国立法机关虽没有颁布立法理由书的惯例，但仍可从参与立法的官员或学者的有关著述中窥得其立法目的。在一本较为权威的《物权法》法条释义书中写道，'第 202 条规定的主要考虑是，随着市场经济的快速运转，如果允许抵押权一直存续，可能会使抵押权人怠于行使抵押权，不利于发挥抵押财产的经济效用，制约经济的发展。因此规定抵押权的存续期间，能够促使抵押权人积极行使权利，促进经济的发展'。可见，此立法目的是能够支持上述通过经济分析得出的法规目的的"。② 上述有关《物权法》第 202 条规定的立法目的的论理分析，伴有利益衡量和经济分析的支撑，还有某些作者的观点作依据，似乎该条文的立法目的确定无疑。但我们也会发现，上述论述是先有预设的立法目的，再去论理该立法目的合理性；从法律文本中根本无法直接导出该目的，以及从法律起草的资料中也找不到该立法目的。因此，上述论点所称的"目的解释"无异于立法论的思考方法，而非法律解释。"民商审判中的法律解释，应避免采取立法论的立场。学术研究者往往从立法论的立场出发对法律进行解释，解释者可以完全从其价

---

① 最高人民法院有关死亡宣告申请人顺位的解释意见，只是对《民法通则》第 23 条规定的"利害关系人"所作的"司法解释"，法官在裁判案件时还应当对司法解释文本进行法律解释。

② 孙超、杨留强：《法律解释方法在民法中的应用分析——以〈物权法〉第 202 条为对象》，《湖北社会科学》2010 年第 9 期。

值观以及一定的法学原理出发，不受或少受既有法律体系、立法政策等因素的制约。但在民商审判中进行裁判解释，则必须摒弃理想主义成分，要按照一定的方法和规则，围绕立法目的、背景，以及规范文义、法律体系等进行解释，不能仅凭一家之言，妄下判断。"①

如果我们不再固守法律解释求得"唯一正解"的观念，在论理解释过程中就有"挖掘"比较法解释或利益衡量的资源之必要性。

比较法解释将域外立法和判例学说作为解释因素，探究法律文本的具体文义。我国的私法规范多为借鉴域外法的产物，法律解释得以引入的比较法资源，相对较为丰富。"作为我国当今法律体系建构起始的改革开放，彻底改变了除基本政治经济制度之外的社会生活方式。以我国改革开放之前的社会生活经验为参照系，改革之后的社会生活经验几乎是全新的经验，其中的立法实践也几乎是全新的社会实践，尤其是呈现出快速进展和急速变化的社会转型与立法实践的紧密关联。……我国法律体系中的市场经济立法具有两个明显特征：一是紧密跟随经济体制转型的引导，二是短时期内极高密度的立法。建构一个具体法律所需要的立法理念、学说依据、适用场合、假定情形、制度样板、规范技术、形成机制、效果预测等，均需要长时间的经验收集与整理、理论推演与验证。短短 32 年间生成的我国社会生活经验包括法律制定与实施的经验，以及对这些经验进行收集、梳理、分析的法学理论研究成果，不可能为具有庞大规范数量的法律体系建构提供足够的立法材料。可以说，在我国体系庞大、内容复杂的法律体系建构过程中，立法所需要的具有当代性的本土资源远未达到自给自足的程度。因此，以引进和借鉴为目的的'比较法的研究多于本土资源的挖掘'，不仅是丰富我国法学理论来源、充实法学研究内容的必然之举，也是适应我国法治实践、满足立法需要的必要之举。"② 在学理上，解释法律文本引入比较法解释的因素，其合理成分相对较高，也获得普遍认同。但是，在法律文本的适用上，比较法解释多少会显得力不从心，域外法律资源在多大程度上能够支持我国私法规范的文本解释，在司法实践中是少有尝试的。将比较法因素植入法律文本的解释而使得解释结论正当并产生个案的约束力，在价值判断上往往也是有风险的。尤其是，如果我们对域外法律资源的理解和借鉴发生了误读或误用，在解释法律文本时，将我国既有的私法规范文本与

---

① 刘贵祥：《再谈民商事裁判尺度之统一》，《法律适用》2012 年第 5 期。
② 陈甦：《体系前研究到体系后研究的范式转型》，《法学研究》2011 年第 5 期。

特定的域外法律资源相联系，在法律解释上等于犯了方法论上的错误。[①]

法律解释涉及具体案件的当事人的利益，进行利益衡量似乎无可厚非。杨仁寿先生认为，利益衡量是指法官在适用法律时，应自命为立法者的"思想助手"，不仅应尊重法条的文字，还应兼顾立法者的意旨。对立法者疏未虑及之处，应运用其智慧，自动审察各种利益，加以衡量。[②] 法律解释的利益衡量，价值判断的成分更重，而不像文义解释那样受到法律文本的限制，利益衡量往往是法律文本的文义外因素。"利益衡量系法官处理具体案件之一种价值判断，一种裁判的结论，而非导出此项结论之方法。"[③] 例如，保险合同订立时投保人所为"投保声明"有无证明"保险人就免除责任的条款已为明确说明"的法律上的意义？《保险法》第 17 条第 2 款[④]所称"明确说明"的具体含义如何？"投保声明"是否在保险人明确说明的文义范围内？因为该法律文本还有太多的不确定概念，使用文义解释并结合体系解释、历史解释和目的解释，似乎都难以澄清"明确说明"的具体含义，"投保声明"更非保险人的"明确说明"所能包含。但若借助于利益衡量，在订立保险合同时，因为保险人明确说明或未明确说明，均可以列出保险人和投保人（含被保险人）的"得"与"失"。权衡其相互间的利益得失，大致会有如下的结果：保险人未明确说明的，投保人获得了本不应当获得的利益，保险人原本可控的风险变成不可控的风险，二者之间的利益严重失衡。关于保险人的明确说明义务，有两个疑问在我国保险法以及审判实务上始终难以明确，即保险人应当明确说明的事项或范围和明确说明的认定标准。最高人民法院《关于适用〈中华人民共和国保险法〉若干问题的解释（二）》对合同中"免除保险人责任的条款"作了限缩解释；[⑤] 将保险合同中

[①]　有关比较法解释的误用，参见常敏《保险合同可争议制度研究》，《环球法律评论》2012 年第 2 期。

[②]　参见杨仁寿《法学方法论》，中国政法大学出版社，1999，第 175 页。

[③]　杨仁寿：《法学方法论》，中国政法大学出版社，1999，第 176 页。

[④]　《保险法》第 17 条第 2 款规定："对保险合同中免除保险人责任的条款，保险人在订立合同时应当在投保单、保险单或者其他保险凭证上作出足以引起投保人注意的提示，并对该条款的内容以书面或者口头形式向投保人作出明确说明；未作提示或者明确说明的，该条款不产生效力。"

[⑤]　最高人民法院《关于适用〈中华人民共和国保险法〉若干问题的解释（二）》第 9 条规定："保险人提供的格式合同文本中的责任免除条款、免赔额、免赔率、比例赔付或者给付等免除或者减轻保险人责任的条款，可以认定为保险法第十七条第二款规定的'免除保险人责任的条款'。保险人因投保人、被保险人违反法定或者约定义务，享有解除合同权利的条款，不属于保险法第十七条第二款规定的'免除保险人责任的条款'。"

约定的"法律、行政法规规定保险人不承担保险责任的事由"作出了有条件的排除，① 因为这些事项作为责任免除条款的组成部分，被保险人以保险人未明确说明而主张该条款不生效的，违反法律的强制性规定或有悖于社会公共利益，此等条款是否生效也不取决于保险人是否对之有明确说明；对明确说明的认定标准，作出了较为清楚的解释②，为防止实践中认定保险人的明确说明时出现偏差，以保险人承担明确说明义务的举证责任的方式将前述明确说明的认定标准予以固定③，从程序上确保法院认定保险人履行明确说明义务的统一尺度。"投保声明"具有平衡保险人和投保人之间的利益之效果，赋予其证成保险人已尽"明确说明"义务的法律上之意义，将极大地缓解因为《保险法》第17条的"不严谨"规定形成的保险人和投保人之间的巨大利益冲突，符合《保险法》第17条第2款之文义和立法目的。④ 法律文本解释的利益衡量，引入了法律文本的文义外因素进行衡量，目的在于增强私法规范的文本解释的合理性，利用个案中的利益衡量结果证成文本解释结论更加合理。这里应当注意区别，法律文本解释的利益衡量，不同于法律文本制定时立法者对法律所约束的冲突利益进行的衡量：立法时的利益衡量在于平衡抽象的利益；而在具体案件的裁判时，法官所要衡量的利益仅限于当事人的利益及其冲突，即因为相同的法律事实产生的并受相同的法律文本约束的当事人利益。

"中福实业担保案"的主审法官就该案的判决有如下的阐述：最高人民法院的终审判决的裁判思路权衡了债权人保护和中小股东利益保护的利益，

---

① 最高人民法院《关于适用〈中华人民共和国保险法〉若干问题的解释（二）》第10条规定："保险人将法律、行政法规中的禁止性规定情形作为保险合同免责条款的免责事由，保险人对该条款作出提示后，投保人、被保险人或者受益人以保险人未履行明确说明义务为由主张该条款不生效的，人民法院不予支持。"

② 最高人民法院《关于适用〈中华人民共和国保险法〉若干问题的解释（二）》第11条第2款规定："保险人对保险合同中有关免除保险人责任条款的概念、内容及其法律后果以书面或者口头形式向投保人作出常人能够理解的解释说明的，人民法院应当认定保险人履行了保险法第十七条第二款规定的明确说明义务。"第12条规定："通过网络、电话等方式订立的保险合同，保险人以网页、音频、视频等形式对免除保险人责任条款予以提示和明确说明的，人民法院可以认定其履行了提示和明确说明义务。"

③ 最高人民法院《关于适用〈中华人民共和国保险法〉若干问题的解释（二）》第13条规定："保险人对其履行了明确说明义务负举证责任。投保人对保险人履行了符合本解释第十一条第二款要求的明确说明义务在相关文书上签字、盖章或者以其他形式予以确认的，应当认定保险人履行了该项义务。但另有证据证明保险人未履行明确说明义务的除外。"

④ 参见邹海林《统一保险案件裁判尺度的重要举措》，《人民法院报》2013年6月19日。

所有的利益只有在相互比较和衡量中才能存在，任何利益都不会绝对优先，债权也不例外。"在利益衡量上，中小股东权益的保护在公司担保问题上被置于较之债权保护更为重要的地位，这不能不说是我国证券市场经历了风风雨雨后的理性选择。原证券管理委员会发布的61号文，最高人民法院的司法解释和裁决的'中福实业公司担保案'，从价值取向上明确了对中小股东权益的保护，从监管的角度和法律适用的角度，传达了在利益衡量上对中小股东权益的眷顾的理念。"① 针对前述"中福实业担保案"的利益衡量论，人们感觉到该案的判决结果借助利益衡量来完成时，法律解释已经超出了《公司法》第60条第3款的文义。无怪乎有学者认为，该案件判决的主审法官以利益衡量轻易地突破了法律规定，把《公司法》第60条第3款从对董事、股东个人行为的限制解释为对公司行为的限制，把《公司法》第214条所规定的违反第60条的法律后果从担保合同的解除解释为担保合同的无效，呈现出"法官解释突破法律规定"这样一种"司法能动主义"的"无序"状态。② 有关"中福实业担保案"裁决的利益衡量论，至少有两点值得检讨。其一，利益衡量不能适用于法律文本解释结论清楚的场合，即使在法律文本存有疑义但各种法律解释或漏洞补充方法穷尽之前，也不能适用利益衡量。事实上，如本文前述，《公司法》第60条第3款的应有文义边界清楚，对于"中福实业担保案"的确没有适用利益衡量的余地。有学者认为，"在'中福实业公司担保案'担保行为的效力问题上，《公司法》第60条第3款规定的意义可得以明确，没有必要借助于利益衡量解释"。③ 其二，利益衡量所关涉的利益或冲突，应当以个案中当事人的利益为限，尤其不能以抽象利益与个案中的具体利益进行衡量。在"中福实业担保案"中，《公司法》第60条第3款所约束的利益，限于董事、股东和公司之间，在层级上为公司内部关系的利益；而案件事实所呈现的利益则是公司和债权人之间的利益，并不在《公司法》第60条第3款的约束范围内，在层级上为公司的外部利益。这两种利益不具有可衡量性，无法经衡量得出谁的利益更应当受到保护的判断；何况，公司的中小股东的利益并未加入到"中福实业担保案"的诉讼中，应受保护的中小股东的利益是抽

---

① 参见曹士兵《公司为其股东提供担保的法律效力分析——从法律适用到利益衡量》，载奚晓明主编《中国民商审判》（2002年第1卷），法律出版社，2002，第301~302页。

② 参见李仕春《案例指导制度的另一条思路——司法能动主义在中国的有限适用》，《法学》2009年第6期。

③ 高圣平：《民法解释方法在"中福实业公司担保案"中的运用》，《法学家》2004年第4期。

象的利益，无法与诉讼中的债权人的具体利益进行衡量。

总而言之，对于论理解释在私法规范的文本解释活动中具有的作用，应当在价值判断的语境中加以理解，论理解释方法的运用必不可少，但其在调节法律文本解释的文义偏差方面所发挥的作用，永远是相对的。

商法规范解释与适用的法律问题研究

——从商法规范适用困境与出路的视角切入

范 健[*]

【内容摘要】 随着社会经济的发展，在商事活动领域不断出现新的交易形式和类型，而目前我国的商法规范有着成文法的滞后性和与生俱来的不稳定性，因此商法规范在解释与适用上面临"无法可依"和"有法难依"的困境，笔者在分析其面临的困境与造成困境的缘由的基础上，提出引入商事思维作为化解商法规范解释与适用困境的合理出路，并简略分析《商法通则》制定的必要性。

【关键词】 商法规范　困境与出路　商事思维

引言

虽然近几年我国商事立法已经取得了显著的进步，并逐步形成了法律渊源众多、形式多样的商法规范体系，但是深入梳理、分析目前庞大的商法规范体系背后的法律网，我们不难发现其面临着巨大的困境，无论是规范本身具有的滞后、繁杂、不稳定、无体系等问题，还是规范背后的法律解释与适用面临民法思维的冲击、规范之间的矛盾等困境，都导致了商法规范无法适应我国快速发展的社会经济生活。举个简单的例子，中国首例私募股权基金对赌协议无效案件，即苏州工业园区海富投资有限公司诉甘

---

　* 南京大学法学院教授、博士生导师。本文写作过程中，研究生王有惠帮助搜集整理了资料。

肃世恒有色资源再利用有限公司不履行对赌协议补偿投资案件,① 就从一个侧面反映了目前商法规范与新型交易模式之间的冲突。为了解决这类冲突,本文试图从商法规范解释与适用面临的"无法可依""有法难依"的困境入手,深入分析其现象与本质,并在此基础上,提出引入商法思维作为化解商法规范解释与适用困境的合理出路。

二 商法规范解释与适用面临的困境

(一)"无法可依"的困境——商事行为探索社会生活新领域

长期以来,大陆法将权利客体限定在有体物上,其法律逻辑在于:只有能够占有的、看得见摸得着的物才能被所有,才能成为物权客体。《德国民法典》第 90 条规定,法律意义上的物,仅指有体的标的。《日本民法典》第 95 条规定,本法所称的物,为有体物。这种传统的民法规则是人类社会在长期的低水平、重拥有的农业社会不断演进中形成的,因此它的设定前提很简单,就是直接拥有有体物,然后通过使用有体物满足自身的需求。

随着社会经济的发展,新的变化、新的规则不断地出现,而传统的民法规则却选择了保守的态度,企图通过理论上的不断扩张,以求能吸收所有新出现的事物,但是遗憾的是,这种做法最终失败了。因为现代社会,人们对物权需求已经从拥有转向流转,已经不再为了拥有物而拥有物,而是在不断的交换中实现一种增值。因此实践中,人们为了实际需要,通过拟制的方式,在客观世界的资源和财富之上创设出传统社会不存在也难以想象的,但是现实生活却实实在在需要的一种财产,这种财产也有一定的有体物基础,例如股权,它也是建立在股东本身投入公司的资产之上的,但是其性质却有别于所有的传统民法权利。最初对于股权性质的研究,我国学术界往往被传统物权理论所禁锢,以实体化思维来研究股权的性质,并提出了双重所有权之一种或者债权和社员权等等说法,这是一种僵化的、落后的理论思维误区。目前,随着对股权认识的不断深入,学术界已经基本走出这种思维误区,将股权当成一种新型的权益进行规范。

① 2007 年 10 月,苏州工业园区海富投资有限公司与甘肃世恒有色资源再利用有限公司签订了投资协议。海富投资以现金 2000 万元入股,占甘肃世恒 3.85% 的股份。双方的对赌条款约定,甘肃世恒 2008 年净利润不应低于 3000 万元,否则甘肃世恒或其关联企业需向海富投资提供补偿,金额为:(1 - 2008 年实际净利润/3000 万元)×2000 万元,而 2008 年甘肃世恒实际净利润仅有 2.68 万元,据此计算需补偿海富投资 1998 万元。而甘肃世恒不肯履行约定,于是海富投资将之告上法庭。法院一审、二审均判决该协议无效。

传统民法理论以严谨、体系著称，这也不可避免地带来了它的弊端——僵硬、保守。当面对不断出现的新型商事权利类型时，民法的"有体物理论"无法从容应对商事领域出现的这种"权利离心性"现象，因而商事活动面临"无法可依"的困境。主要表现在以下两方面。

1. 权利远离有体物

所谓权利远离有体物是指与传统的权利与产生权利的有体物是紧密相连的不同，这种新型的商事权利本身并没有与具有使用价值的有体物发生直接作用，而是借助一些复杂的内部构造和多重环节，将这种权利与有价值的有体物建立起法律上的关系。其结果导致权利在不断地远离有体物。例如资产证券化，从绝对值角度来看，手中的证券并不具有使用价值，但是追根溯源总能找到具有使用价值的有体物作为该证券的价值基础。然而在现实的很多情况下，证券的权利价值已经与基础性的有体物的价值分离，而成为一种"独立的财产"。出现这种权利的复杂性自然需要相对应的商法规范对其进行明确规范，但是目前我国在立法层面的脚步还未能跟上这种日新月异的新型权益需求，这也是我国商法规范面临的"无法可依"的困境之一。

2. 权利远离民法

权利远离有体物，是从权利的性质角度进行阐释的，而权利远离民法，则是从权利救济角度进行表述，二者是相辅相成的。由于社会经济生活的不断变化，商事行为也在不断地发展，出现了许多新型的商事权利，由此带来了传统的民事诉讼法无法进行救济的尴尬局面，换言之，就是权利救济上面临"无法可依"的困境。例如电子商务领域，随着互联网的发展，越来越多的商事交易是通过电子商务进行的，当出现争议时，如何救济就成为一个重要的问题。由于互联网交易不同于面对面交易，它具有虚拟性、不确定性以及距离性等特点，因此在证据收集、诉讼开展等方面都面临很大的困难。而目前我国无论是立法领域还是司法领域都未对此有明确的规定。

（二）"有法难依"的困境——商法规范与生俱来的不稳定性

1. 商法规范繁杂、缺少体系化

虽然近几年来，我国立法机关为了规范实践中不断出现的新型商事交易形式，已经制定了公司法、证券法、保险法、破产法、票据法、海商法等单行商事法，但是如此众多的商法规范却缺少一种体系化的联系，导致彼此之间孤立、界限明显，甚至出现矛盾之处。例如我国目前关于商事登记的法律法规就有《企业法人登记管理条例》《公司登记管理条例》《合伙企业登记管理办法》《个人独资企业登记管理办法》《农民专业合作社登记管理条例》《企业名称登记管理规定》《企业法人法定代表人登记管理规定》等，造成了立法上的不统一，也造成一种法律资源的浪费。

理论界不少学者认为，商法规范这种繁杂、缺少体系化的特点是与生俱来的。按照德国著名的法社会学家马克斯·韦伯的观点，形式理性（所谓法的形式理性，主要是指由理智控制的法律规则的系统化、科学化以及法律制定与适用过程的形式化）① 是法所追求的最高层次的合理性，即逻辑形式的合理性。他认为，从理论上讲，法律发展的最后阶段是专业法学家在文献和形式逻辑培训的基础上进行的系统立法，这种专业性、逻辑性和系统性，使立法与司法的技术趋向合理。② 艾伦·沃森认为，这种形式理性仅有可能出现在大陆法系的民法典中，尤其是在《德国民法典》中才得到了最充分的体现。③ 由此可知，相比于民法体系，学者们普遍认为商法规范缺少法的形式理性。

我国学者李永军就曾明确地对商法典的形式理性做出这样的评价：大陆法系各国的商法典，在形式理性上远远不如民法典完美，所以，在大陆法系中令人赞叹的是其他法典而非商法典；商法典无论在措辞还是在规范质量上，都远远不及民法典；大陆法系商法典的影响远远不如民法典，而体系化的程度也难望民法典之项背。造成这种结局的原因可以归结为传统与理性的不协调。从商法典形成的历史因素来看，商事规则本来就是民法的"弃儿"，商法典是对游离于民法之外的"散兵游勇"的收容，故其内在联系性远远不如民法。例如，保险行为、票据行为、破产清算、期货买卖行为、证券买卖行为之间的差异性远远大于共同性，其共同适用的原则难以抽象出来。④ 学者叶林也认为，商法本是源于贸易的发展，是一种"经验主义的法律"，无须刻意追求商法的体系性、自洽性和排他性。⑤

深入分析商法和民法立法技术上的不同，我们可以发现，民法典的立法技术讲究从上位到下位的逻辑关系，而商事立法是一种自下而上的立法

---

① 黄金荣：《法的形式理性论》，《比较法研究》2000 年第 3 期。

② 〔德〕马克斯·韦伯：《经济与社会》（下卷），林荣远译，商务印书馆，1997，第 201 页。

③ 〔美〕艾伦·沃森：《民法法系的演变及形成》，李静冰等译，中国政法大学出版社，1992，第 29 页。

④ 李永军：《论商法的传统与理性基础》，《法制与社会发展》2002 年第 6 期。

⑤ 叶林：《商行为的性质》，《清华法学》2008 年第 4 期。

逻辑。于是，在现代大陆法系各国的民法典中都有总则的规定，将贯穿整个法典的基本内容提纲挈领般地先行规定出来，仿佛是"提取公因式"。用这种设立总则的方法，可以提高法典的逻辑完整性和内含的经济性。① 我国目前尚未制定商法典，各商事法律规范缺少一种逻辑完整性和内在联系。这也是商事规范作为规范社会经济生活的法规，是一种存在先于本质的规范，具有具体实用性，无法像民法那样将基本内容先行规定出来所与生俱来的。

另外，除了商事立法是自下而上的逻辑关系，导致商法的形式理性严重不足，目前大陆商法体系主要分为两条线——商主体法和商行为法，而商法的这两类制度总是相互定义，模糊不清，导致商法适用上的杂乱和不合逻辑，这也是目前商法规范适用与解释面临困境的根源之一。有学者就认为，德国或法国等国出现的这种商人、商行为定义不清，《商法典》适用上混乱难解的情况，根源于商行为与商人概念的相互定义方式。而指望通过商人和商行为概念的互相定义，从而构建理论严密的商法体系，是违背商法的历史发展规律的。②

2. **商法规范变化快、救济难**

法律作为上层建筑，必然受到经济基础以及其他上层建筑的影响，因此任何法律规范的形成和发展都离不开经济、政治、文化、地域等各个方面因素的作用，当然商法规则受到的影响无疑是更大的，它表现为影响范围广，而且反映迅捷。这跟商法规范作为一种与社会经济生活密切相关联的操作性法律规范是分不开的。商法与民法不同，民法从诞生之日起，就肩负着个人权利对抗国家权力的使命，因此民法是以权利作为基础进行体系建构，与自由、平等等人类社会基本价值理念紧密相连。而商法在中世纪诞生之初，就是由当时的商人阶层自发形成的以营利为目的的一种操作性规范。由此决定了商法只有规范商人行为的功能，无法上升到整个社会的价值理念层面。有学者认为，商法带有中性的一面，与社会深层次变革并无必然的联系，而只是对社会经济生活作出迅速的反映。所以，商法并不以权利为语言，而仅表现为一系列严谨的、务实的操作规程，其目的为追求交易的效益与安全。③ 因此，随着科学技术的进步，商法作为操作性规

① 关涛：《民法典的形式理性》，《法制与社会发展》2003 年第 5 期。

② 钟向春：《商法规范结构的新构造》，《商事法论集》2008 年第 2 期。

③ 樊涛：《商事关系的特质与法律规制——兼论我国的商事立法模式》，《甘肃政法学院学报》2009 年第 6 期。

范，为了适应整个交易的方式的革新，必然需要进行不断的变化，从而使自己能更好地完成追求交易效益与安全的任务。

所以，当我们放眼整个商事活动发展的历史长河时，会发现商人为了追求更高更便捷的商业利益，不断地设计出新的交易模式，而这些模式无法纳入现有法律规范的范畴，为了解决这些新问题，一般需要制定和修改商事法律法规。例如德国现行商法典是 1897 年公布，1900 年生效的，相比于同样是 1900 年生效的《德国民法典》，《德国商法典》中间经过几十次的修改，其中还发生两次较大的变动，第一次是在 1937 年，将股份公司和两合公司从第 2 编中分离出来，以单行法的形式颁布。第二次是在 1985 年，欧共体为协调各成员公司结算方式颁布了《结算指令法》，为贯彻该指令法，德国商法典的有关条文重新归类，增加了一编，即现在的第 3 编"商事簿记"，原来第 1 编中具有相应内容的条文被撤销。

二战之后，随着全球经济一体化和各国之间的贸易往来逐渐活跃起来，各国对于民法典的制定或修订相对较少，相反在商事领域，许多国家为了应对经济的迅猛发展，都出台了许许多多的商事法规以及商法典，比如美国在 1952 年由美国统一州法委员会和美国法学会联合组织制定并对外正式公布了《统一商法典》。此外美国在 1999 年 11 月通过的《金融服务现代化法》，整合了美国数量庞杂的金融法规体系。英国在 2000 年 6 月 14 日，将信用合作社法、保险公司法、金融服务法、建筑融资协会法、银行法、互助协会法等金融法规整合，出台了《金融服务与市场法》。日本、韩国也都相应地出台并修订了一些单行商事法规。

中国虽然没有商法典，但是单行商事法规仍然不少，而且由于商事交易中不断出现新的法律问题，这是立法者无法事先预料到的，因此商事法律法规的修订频率较之其他法律要高，例如我国 1993 年出台了《公司法》，2005 年进行修改，增加了许多市场经济发展过程中产生的新的法律制度，而且还出台了多个司法解释进行完善。再比如《证券法》，1998 年 12 月通过后，在 2004 年、2005 年又两次进行修订。可见为了适应金融资本市场的蓬勃发展，应对市场经济发展过程中不断出现的新问题，商事法律法规的修订变得尤为频繁。频繁修改商事法律法规带来的弊端也是很明显的，直接的后果就是导致商法规范"朝令夕改"，减弱商法规范的权威性，而且频繁修改从侧面反映出商法规范无法及时跟上社会经济生活变化的步伐，一直处于追赶者的地位，造成我们在面对社会新问题、新现象时，无法通过商法规范进行权利救济的"有法难依"困境。

三　化解商法规范解释与适用困境的合理出路

想要化解上述困境，首先要认识到商法规范的独立性问题。无论是在形式上还是在实质上强调民商分立问题，都需要看到商法较之民法具有其独立性。纵观世界各国商事立法的发展趋势，让商法成为一个有特定的规范对象和适用范围的法律体系和法律思维是近年来理论界和实务界关注的重点。

一方面，我们应该肯定民法与商法的关系是一般法与特别法的关系，假如否定了这一基本的理论基础，那么势必将一些民法已经明确规定的一般问题，诸如诚信原则、合同制度也要由商法作出规定，这样无疑造成了立法资源的严重浪费。

另一方面，我们还应当坚持商法的特殊性与独立性。江平教授曾指出，认识民法和商法的关系必须坚持两点论：一是民商融合的趋势；二是民法和商法仍有划分的必要，就像公法和私法确有划分的必要那样。[1] 商法之所以不同于民法，首先是因为商法具有特定的调整对象——商事法律关系。商事法律关系不同于民事法律关系，表现在：自治性、营利性、注重交易效率、严格的法律责任等方面。

面对民法与商法的特殊关系，我国实务界的做法一方面加紧开展民法典的起草工作，另一方面相继出台公司法、保险法和海商法等重要的商事单行法律，初步构建我国的商事法律体系，由于我国目前尚未制定商事法律的一般性规定，如《商法通则》《商法典》等，在面对数量众多的商法规范时，容易陷入先入为主，运用民法思维去解释或适用商法规范，或者在商法具体规则未明确的情况下，引用民法的一般性原则进行规范的困境。解决这些问题，需要在厘清商法规范形式和实质内容的基础上，培养一种商法思维，使之成为商法规范解释与适用困境化解的合理出路。

（一）商法思维突破民法思维——以"商法自治"为路径进行探寻

从商法的起源来看，商法最早来自商人的自治规则。中世纪的商人阶层为了摆脱当时的封建法和教会法对商事活动的限制，形成自己的商事习惯规则，并建立了"灰脚法庭"[2] 以及后来大量的商事法庭[3]。商人们通过

---

[1]　江平：《中国民法典制定的宏观思考》，《法学》2002 年第 2 期。

[2]　〔比〕亨利·皮朗：《中世纪欧洲经济社会史》，乐文译，上海人民出版社，2001，第 47 页。

[3]　朱志俊：《法国商事审判的两大特色》，《人民法院报》2011 年 6 月 17 日。

熟悉自己的商人阶层进行陪审的方式，运用商人之间形成的商事交易习惯和商事规范进行商事纠纷的处理，从而有了商人自治的传统。相对于民法，现代商事活动错综复杂、新的交易形式不断涌现、新的交易工具不断出现，商事法律规范往往跟不上商事活动的发展，在调整商事活动时显得有心无力，使得商事活动有可能也有必要借助商人自治规范加以约束。因此在商法规范解释与适用上充分发挥商法自治规范功能，将有利于及时协调、处理商事纠纷，从而提高商事活动效率。

此外，在商法规范的解释与适用上要特别注意避免陷入民法思维的旋涡。在目前大民事格局的情况下，有的审判机关常常不自觉地代替商人作出商业判断。在判断合同约定是否公平上，在决定承担违约责任上，经常把商人当成一个普通的民事主体对待。如违约金的约定，《合同法司法解释（二）》第 29 条第 2 款规定，违约金超过损失的 30% 的，法院可以认定为违约金过高，从而将其降低到 30% 以内，这就使得当事人之间基于自身风险考虑而自愿设立的违约金条款往往被不当干预。有的法官认为违约金约定太高就显失公平。如果是民事合同，违约金显然不能约定过高，否则，就有失公平。但是商人之间违约金是否约定过高是应该由他们自己判断的，有些时候商人出于经济利益的考虑，约定高违约金并不违反商业习惯，也不违背双方的真实意思，法院靠直观感觉是无法发现背后的商业意图的。需要看到的是，商事纠纷与民事纠纷还存在其他差异，比如在仍有可能实际履行时的违约救济措施主要是赔偿损失还是实际履行，商事裁判偏向于支持赔偿损失的主张，而民事裁判更偏向采取实际履行的救济措施。因此，针对我国商事审判现状，在商法规范的解释与适用上引入商法思维显得尤为重要。

（二）商事思维突破民法思维——以经济思维与法律思维结合为分析点

韩国在 2012 年修改《公司法》的时候，规定了大股东可以驱逐小股东的做法，这与传统的民法思维有一定的偏差，可是这种偏差是商事领域特有的，是商事活动特殊性决定的，有其存在的价值和必要。在普通法国家中，尤其是在美国的公司中，经常发生一种针对少数股东（minority shareholders）并被理论界称为"排挤"的行动。这里的少数股东是指没有公司支配权的股东。"排除少数股东"并不限于多数股东对该企业投资的继续，还包括要求少数股东强制性退出公司，以及从公司的支配权中强制性排除的场合（也包括将表决权股转换为非表决权股）。① 在大陆法系国家，如德国，《股份有限公司法》修改之后规定，"持股95%以上的大股东可以通过股东大会决议的方式排除剩余的少数股东"。韩国新修改的《公司法》也规定，"持有公司发行股份总数95%以上的股东（控股股东）为了达到经营上的目的，在必要的时候可以向其他股东请求出让持有的股份。控股股东请求卖出时事先需经股东大会决议"。

从情理上讲，如果控股股东在拥有大部分股份的时候，可以通过股东大会决议将少数股东排挤出公司，这对少数股东显然是有失公平的。从法律上讲，依据传统的民法思维，我们现在探讨的阶段都还停留在如何对中小股东进行保护，如中小股东的知情权制度等。然而考察世界各国的公司法变化，特别是经济发达国家的公司法，我们不难发现控股股东排挤少数股东制度已经被美国各州的制定法和判例法所认可并被许多大陆法系国家所引进，说明这个制度有其自身的价值和必要。从商事领域特有的思维出发，控股股东排挤少数股东可以提高公司控制的效率以及降低交易成本，从而提高经济效益。

这种制度对我国来说具有一定的借鉴意义。我国新《证券法》第97条规定："收购期限届满，被收购公司股权分布不符合上市条件的，该上市公司的股票应当由证券交易所依法终止上市交易；其余仍持有被收购公司股票的股东，有权向收购人以收购要约的同等条件出售其股票，收购人应当收购。"从立法目的上看，这个规定是从保护中小股东出发，赋予中小股东出售股票的权利，同时也给控股股东设定购买股票的义务。而"排挤"制度规定的是控股股东有权向小股东提出购买持有的股份而小股东不得拒绝。很显然，前一种是有利于中小股东，而后一种是从控股股东的角度出发。这两种不同的保护理念体现了不同的价值追求，即在公司治理中是要选择公平还是要选择效率，这个已经不单单是法律问题，还涉及经济问题。目前我国经济处于转型的关键时期，商事交易中公司股权变动和公司并购情况越来越常见，如果我们一味地局限于中小股东保护的问题，只能是故步自封，提高收购成本，减少并购的进行并降低了收购的效率。因为要知道保护是永远没有边界的，所以为了不让善良的出发点阻碍社会的发展，我们应该摆脱僵化的法律思维，理性地选择效率优先兼顾公平，为中小股东

---

① 赵万一、吴晓峰：《美国法上的排挤式公司合并及对我国的借鉴意义》，《西南民族大学学报》（人文社科版）2005年第7期。

利益的保护划定界限，这样才不会造成社会成本的无谓增加、社会财富的无谓浪费，才有利于我国股权结构的调整、公司治理结构的完善，从而提高资本市场的效率，促进整个市场经济的发展。因此在商法规范的适用上，这种经济思维与法律思维的结合是很有借鉴作用的。

（三）商法思维突破民法思维——将行政规章作为商法规范的有力武器

在商法规范的解释与适用上还要重视规章的参照适用与技术性规范的合理运用。通常，商事裁判判决无法执行，究其原委，是因为法院并没有参考行政规章办案，简单地以行政规章不能作为商事判决的依据为由否定其适用价值，然而在很多情形下，行政规章对于商事活动有着重要作用，尤其现阶段我国完善的法律体系并未完全形成，行政规章有时甚至起着法律规范的作用，因此需要尊重并考虑有关规定，避免判决与行政规章发生冲突导致判决不能执行，最后成为"一纸空文"。此外，商事活动为了实现自身的目的，如交易简便迅捷、交易安全等，必然带有独特的技术规范，如外观主义、公示主义等，与传统民法理念有很大的差别。在商法规范的解释与适用上，要注意这些技术性规范背后的精神，实行相适应的科学裁判规则。

（四）《商法通则》制定的必要性

博登海默曾指出："真正伟大的法律制度是这样一些法律制度，它们的特征是将僵硬性与灵活性予以某种具体的、反论的结合，在这些法律制度的原则、具体制度和技术中，它们将稳固的连续性的效能同发展变化的利益联系起来，从而在不利的情形下也可以具有长期存在和避免灾难的能力。"[①] 一方面，要求商法规范及时跟上时代的脚步，能够应对所有现实生活中不断出现的新的社会现象；另一方面，法律与生俱来的滞后性并没有在商法规范上得到根本性的改善，换言之，商法规范依然是遵循一般法律轨迹，在规范社会现象的作用上总是处于滞后状态。二者的相互作用的结果就是要求商法规范制定一般性的、稳定性的规则。

正如前文所述，目前我国已经制定了公司法、证券法、保险法、破产法、票据法、海商法等单行商事法，但是如此众多的商法规范缺少一种体系化的联系，导致彼此之间相互孤立、界限明显，甚至出现矛盾之处。正

---

① 〔美〕E. 博登海默：《法理学—法哲学及其方法》，邓正来、姬敬武译，华夏出版社，1987，第293页。

如一个人需要大脑来指挥四肢进行活动一样，商事领域急需一部统领性的法律来协调目前商法规范领域遇到的诸多问题。因此，制定《商法通则》能有效地推进我国商事法制建设，加强单行法规与社会多样经济生活之间的联系，有利于解决目前商法规范解释与适用面临的法律困境，符合我国商事法律制度体系化、科学化的理性要求。

四　结论

当我们面对数量众多、体系繁杂的商法规范时，当我们面对不断出现传统民法规范并未涉及的领域时，当我们面对即使如此多的商法规范仍无法满足社会经济生活中不断出现的新型交易模式要求的困境时，我们能做的是既不用固化的、陈旧的法律观念束缚自己，也不盲目地、毫无计划地全盘接受，而是要认清这些经济现象背后的实质，跳出现有的法律框架，用一种商法特有的思维去考虑新型商事权利背后的法律关系和风险防范问题。唯有这样，我们才能有效地、正确地规范那些复杂的商事活动，使商法规范发挥更大的法律功效。

目的解释在商事裁判中的应用

——以公司法规范的解释为视角

陈　洁[*]

【内容摘要】 商事活动和商事规范的特性使商事裁判对目的解释具有内在的特殊需求。然而，我国的商事司法实践表明，目的解释在商事个案裁判中的适用困难重重。本文通过对我国商事审判中具体适用目的解释存在问题的分析，对如何避免目的解释的忽视和误用、恰当处理目的解释与文义解释的冲突以及目的解释的适用限制等提出建议，以期有助于提高我国商事审判的质量，促进我国商事司法的发展。

【关键词】 商法规范　商事裁判　目的解释　适用条件　适用限制

　　法律规范的正确适用有赖于科学合理的法律解释。作为法律解释的一个重要方法，甚至可以说是最核心的一种方法，目的解释就是以法律规范的正确适用为目标，通过寻求法律的目的来确定法律文本的真实含义，从而为客观的法律规则向司法判决的转换提供逻辑思维的桥梁。

　　有关法律解释的方法，包括目的解释法的论著可谓汗牛充栋。依笔者所阅，理论界与实务界对目的解释方法的认识尽管或宏观或微观、或理论或实务、或深奥或浅显，但大致的看法却是颇为一致的。主流的观点认为，目的解释似一把双刃剑，它能在一定程度上缓解法律文本与法律价值的紧张关系，但是，法律的权威性及其意义的固定性则可能在解释中受到威胁。因此，为了既维护严格法治，又使法律呈现出灵活的价值选择，就必须有条件地应用目的解释方法。[①]

---

　　* 中国社会科学院法学研究所研究员、法学研究所商法研究室副主任。

　　① 陈金钊：《目的解释方法及其意义》，《法律科学》2004 年第 5 期。

对上述观点，笔者亦表赞成。然而，鉴于各部门法的立法目的、规范理念、体系结构、行为范式以及目标模式等的重大差异，过往的研究多从哲学以及法理学的视角对法律解释方法，包括目的解释方法进行一般法解释学意义上的探讨，而极少（除刑法领域外）从部门法的个体差异，尤其是部门法的体系结构、法律规范的特点深入研究目的解释在某一具体领域抑或某一类型法律规范中的特殊适用，致使法律解释方法，包括目的解释法的研究长期逡巡不前，相应的，其研究成果对各部门法域的可操作的指导功能也就相对有限。

基于以上思考，笔者以为，针对商事活动和商事规范的特性，深入研究商事领域对目的解释的特殊需求，认真探讨目的解释方法在商事裁判中的具体适用，充分发挥目的解释作为补充文义解释的最佳手段的作用，有助于切实提高我国商事审判的质量，促进我国商事司法的发展。

一　商法规范的特质对目的解释法的内在需求

商法是市场交易行为的基本准则，也是市场经济内在需求的外化规则。全球经济在从农业社会、工业社会、贸易社会至金融社会的演进历程中，商法展现了其自主发展与时俱进的品格。商法开放的体系在使其具有永不衰竭的生机与活力的同时，其根植于商事关系和商事活动的特殊性对商法的制定者和司法者提出了更高的要求，也使目的解释在商事司法领域大有可为。

与其他解释方法相较，目的解释是运用法律的目的来确定法律文本的真实含义，其最根本的特征就是解释者不能局限于法律文本所表现出的字面含义，而是要到法律条文的背后去探寻立法者制定该条文要达到的目的。这种透过现象看本质的方法不仅契合了商事法律规范的内在需求，而且彰显了目的解释在商事裁判中的特殊价值。

（一）商事现象的活跃性与商法规范形式化的冲突需要目的解释加以协调

商事现象的活跃性与商事立法滞后性之间的矛盾是商事法域永恒的难题。在市场机制体制环境下，社会经济生活愈来愈呈现多样性、复杂性和易变性，而作为上层建筑的商事法律必须随社会生活、经济基础的发展变化而快速地调整变化。但法律的形式化在法律规范层面的表现就是对法律规范文字的严格性、刚性和不变性的倚重。法律形式化特征实质上体现出来的是通过语言将大千世界各种复杂的社会关系概括进法律关系的范畴，并在司法过程中进行严格的形式化的逻辑运算，从而排除模糊而不确定的伦理在司法中的作用，排除司法中的法官专断现象，实现审判结果的可计算性和可预测性。法律规范越明确，它的灵活性越小，法官自由裁量权就越小，也就越发难以适应市场发展的需求。[1]

灵活多变的商事实践与刚性的法律规范之间的矛盾无疑需要法律解释的介入。市场经济活动中，由利益驱动机制带来的整个商事活动及其规则的多样、易变，客观上需要商事裁判人员对市场活动中的商业运营手段、经济关系结构以及市场运行机制等予以充分了解，[2] 同时顺应商事活动规律，在商事现象的活跃性与商法规范形式化的冲突中通过对具体商事制度中价值基点的灵活把握，力求在动态中保持商法制度的功能协调与价值平衡，从而保障商事关系当事人的利益均衡。在这样的司法裁判过程中，面对商法规则无法同步随形势发展快速更新有关规定的常态，法官往往通过引入法律目的的考量因素，进而通过对立法目的的追寻克服法律规范的封闭性，将规则与自由裁量权结合起来，以克服形式法学的僵化性。据此，如果说商法规范的文字表述是"纸上的死法"，只有符合商事实践需要的诠释才是"生活中的活法"，那么纸上的"死"与生活中的"活"的重要转换器就是目的解释。申言之，一方面，商法发展性的最重要也最直接的表现就是各国商事法律的修改频率；另一方面，具体个案中的与时俱进就有赖于目的解释。

（二）商法的兼容性与商法规范文义的不确定性需要目的解释加以识别

商法作为私法规范，"意思自治"决定了商法中必然有大量的任意性规范。然而，国家对商事活动的管理与干预同时决定了商法中也有很多的强制性规定，例如商业登记、企业破产的清偿秩序以及保险中的某些法定保险等。由此，商法呈现了兼有任意法与强制法性质的兼容性特征。然而，由于法律规范文义的不确定性，实践中对于判定一条规范是强行法还是任意法，常常有不同的理解。例如，"应当"一词是法律文本中出现最多的高频词，实务中法官也常常依靠"应当"来判断商法规范的性质，但"应当"一词不等同于"必须"，二者在功能上是有所差别的。以《公司法》第42

---

① 郭忠：《法律规范特征的两面性》，《浙江社会科学》2012 年第 6 期。
② 陈甦：《司法解释的建构理念分析》，《法学研究》2012 年第 2 期，第 8 页。

条规定为例，该条第 1 款规定："召开股东会会议，应当于会议召开十五日前通知全体股东；但是，公司章程另有规定或者全体股东另有约定的除外。"本条款使用了通常意义上表示强制性质的"应当"，但是通过"但书"形式更为明显地表示本规则是任意性的法律规范。因此，对于法律文本中类似"应当"的法律解释，不能单纯地依靠文义解释，而需要借助目的解释等多种解释方法才能准确界定商法规范的性质。

如果从更深的意义上去思考商法规范的定性问题，尽管在法律解释的一般情形下，文义解释要高于目的解释，但在定性研究的时候，目的解释要优于文义解释，在解释的效果上，目的解释应该是第一位的。究其因，尽管法律本质上是行为规范，但立法者是要利用法律规范去追求某些目的，而这些目的未必在文义中完全表现出来。与文义解释相较，目的解释能够透过商事活动纷繁复杂的形态以及法律规范文义诸多的"模棱两可"，从立法者的价值取向探求和阐释法律意旨之所在，从而避免类似将《公司法》的条文简单地分解为强行性规范和任意性规范的平面思维模式。可以说，正是目的解释不拘泥于文义而探求立法真义的特点，使目的解释能够把握商事立法目的，指导商事司法实践活动，尤其是在法律条文存在某种程度的欠缺时，更能彰显其指导作用。

（三）商法目的的多元性需要目的解释发挥利益平衡功能

任何法律价值都有其两面性。在商事领域，从宏观角度而言，效率与公平的冲突是永恒的矛盾；就微观角度而言，当交易一方的安全得到完全保障时，交易相对方的投资自由就势必受到限制。从法律目的实现的角度分析，法律规范的两面性特征也是不言自明的。一方面，法律规范在促进某些目的实现的同时，另一方面却阻碍某些目的的实现；法律规范一些目的的过度实现，就可能危及另外一些目的的顺利实现。①

商法规则是在市场自由交易和政府规制之间生存壮大的。市场交易追求经济效率，而政府规制则要求交易安全和克服外部性。两种目标的差异决定了法律规则和法律制度的价值取向的多元。以我国《公司法》为例，我国《公司法》就有多重立法目的，其中保护公司、股东和债权人的合法权益是一个重要内容。然而，公司、股东和公司债权人之间的利益关系非常复杂，既具有一致性，也具有矛盾性。当三者之间的利益产生矛盾时，立法司法如何对之进行保护势必涉及利益平衡的问题。所以，有学者指出，

---

① 郭忠：《法律规范特征的两面性》，《浙江社会科学》2012 年第 6 期。

私法的核心任务并不是保护权利的问题，而是一个利益的协调平衡问题。权利保护是一个静态、平面的问题，而权利的协调平衡则是一个动态、立体的问题。①

面对法律规范的两面性以及商法规范目的的多元性，如何通过各种法律或非法律的手段予以弥补，或通过法官的衡平去实现法律的目的以及当事人利益的动态平衡，目的解释无疑是一个不可或缺的工具。通常意义下，司法审判活动本质上就是一种利益调整机制，法院根据立法调整现实中发生的具体利益纠纷，使其符合立法所确定的利益关系模型。然而，在法律含义模糊且目的多元情形下，法官就有必要在审理具体案件中，运用目的解释等方法在自由裁量权的范围内自主地调整具体利益关系。不过，这种调整是个案中法官对当事人之间的利益关系进行的具体个别的调整，而不是司法解释中对从同类案或同类事中抽象出来的利益关系进行的一般性的利益调整。但正是这种个案的利益调整，由于不同法官调整利益关系的价值取向、方法选择有所不同，利益调整结果的弹性较大，可能导致类似的案件审判结果的差异很大。这种差异，既体现了法律文本内容转化为现实秩序过程中的实施弹性，同时也体现了目的解释在利益平衡实现机制中的重要功能。

（四）商法立法技术的复杂性需要目的解释发挥价值导向功能

由所调整的社会关系及功能作用所决定，民法条款绝大多数偏重于理性规范，因此民法规范更注重概念和逻辑，是理性主义支配下的一般行为规则。商法则不同，它最初属于"商人法"，而后虽然由"商人法"发展成为"商行为法"，但"商行为"的专门性就决定了"商行为法"内容包含大量的技术规范。② 这些技术性规范，虽然属于广义上的民法规范，却根植于商事关系和商事活动的特殊性。③ 因而商法规范更关注实践的应用，体现了浓厚的经验法则的特点。

由于商事规则包罗万象，操作规则烦琐复杂，法典即使再详尽，也无法涵盖所有内容。因此，我国立法传统上倾向于概括、原则的立法特色在商事领域殊为突出，从而留给适用者较大的自由裁量余地，也为目的解释的适用提供了广阔的空间。当法官无法运用文本主义方法从含义概括的规

---

① 刘康复：《〈公司法〉立法目的之反思与理论重构》，《西南政法大学学报》2009 年第 2 期。

② 夏雅丽、丁学军：《论商法的特征及基本原则》，《西北大学学报》（哲学社会科学版）2002 年第 2 期。

③ 叶林：《商法理念与商事审判》，《法律适用》2007 年第 9 期。

范中发现适当的解释结论时，法官就必须通过目的解释把握立法的目的，明白规范的界限，最终获得法律规范确切的含义。

此外，我国商法渊源众多，我国的商事法律除了法律、法规及司法解释等国家层面的立法以外，还有大量的各种行政机关发布的通知、规定等等。商法渊源的复杂性以及规则的不确定性，在很大程度上损害了理性社会的交易预期，[①] 也给商事裁判造成困扰。面对这种困扰，就需要目的解释发挥价值导向功能，在众多的规则中发现立法的价值取向。正如有学者指出，"所谓价值取向性，谓法律解释并非形式逻辑的操作，而是一种价值判断；但此种价值判断并非脱离法律的独立的价值判断，而是以已经成为法律之基础的内在价值判断为其依据。"[②] 目的解释正是利用法律解释的手段尽力使现有法律的规范内容清晰、利益处置得当，以便于司法审判实践中充分有效地应用法律。

二   我国商事司法解释与个案裁判在法律解释方法论上的背离分析：目的解释的困境

（一）商事司法解释与个案裁判在法律解释方法论上的背离

在我国现有的司法体制下，法院所作的法律解释主要包括两个方面：一是由最高人民法院对法律文本进行直接的、具有普遍拘束力的司法解释；另一则是各级法院在司法审判过程中对具体案件中的法律运用进行解释，这是一种个案裁判的解释。

司法解释作为法律文本的一种延伸表达方式，解释者的解释动机、价值偏好、重点预设、方法选择和表述特点等，在很大程度上决定了一个司法解释以怎样特定的内容出现。从我国目前的司法解释形成机制看，"司法解释的'立法化'或'泛立法化'现象已经成为我国司法解释的一个基本特征和普遍趋势"。[③] 商事领域，我国绝大部分的司法解释都不是在具体案件的审判实践过程中通过经验总结做出的，而是最高人民法院基于推理主动发布的抽象性司法解释。[④] "在抽象解释的情况下……解释者很容易以法律创制者的眼光看问题，从而使它在主观和客观上都不太会囿于法律文本

---

① 蒋大兴：《商行为的法律适用》，《扬州大学学报》（人文社会科学版）2011 年第 2 期。
② 梁慧星：《法解释方法论的基本问题》，《中外法学》1993 年第 1 期。
③ 袁明圣：《司法解释"立法化"现象探微》，《法商研究》2003 年第 2 期。
④ 陈甦：《司法解释的建构理念分析》，《法学研究》2012 年第 2 期。

的约束。"① 事实上，在这种文本定向的司法解释中，从解释方法看，解释制定者主要运用目的论限缩、目的论扩张与权衡方法，通过对立法精神的扩张性理解大胆"造法"，力图克服成文法局限。② 对立法精神的扩张性解读有两种情形：一是有文本依据的扩张性解读；二是没有文本依据的扩张性解读。我国的商事司法解释中，没有文本依据的扩张性解读并非鲜见。例如，我国《公司法》并未对"发起人"概念作出明确解释，而且有限责任公司的相关规定中也未涉及发起人的义务和责任问题。但《公司法司法解释（三）》结合《公司法》规定的发起人的义务，提炼出界定公司发起人应当具备的三项法定条件："为设立公司而签署公司章程""向公司认购出资或者股份""履行公司设立职责"。而在言及有限责任公司时，《公司法司法解释（三）》将发起人概念进行扩展，认为"公司法对有限责任公司设立时股东的要求与股份有限公司发起人一致，因而将有限责任公司设立时的股东也纳入发起人的范畴"。③ 这种对发起人的定义方式因为与《公司法司法解释（三）》强调公司资本制度、加强对债权人保护的价值取向显然是冲突的，因而广受批评。④

　　与司法解释的大胆造法迥异，商事个案审判中，法官对采用目的解释方法的态度普遍趋于保守。通常情况下，在对《公司法》诸多规范进行解释时，大多数法官包括多数学者似乎更偏好单纯地采用语义解释的方法，诸如仅仅根据法条中所包含的"不得""必须"等用语，断定该规范为强制性规范等。⑤ 即便是在商事立法存在漏洞的情况下，在问题定向的解释中，法官们也都尽量谋求谨慎，不轻易越雷池，不进行明显的造法和法律背后价值的考虑。

　　为什么在制定司法解释时积极"造法"，但在具体法律适用时却趋于保守，这种背离现象背后的缘由是什么？有学者针对行政审判领域的这种背离现象，认为"实质的一面，是最高人民法院的法官交织着法律正义思维

① 张志铭：《法律解释》，载夏勇主编《法理讲义》，北京大学出版社，2010，第735页。
② 我国最高人民法院发布的三个《关于适用〈中华人民共和国公司法〉若干问题的规定》的司法解释其实都体现了这种思路。
③ 参见奚晓明主编《最高人民法院关于公司法解释（三）、清算纪要理解与适用》，人民法院出版社，2011，第21～22页。
④ 郭雳：《论我国公司资本制度的最新发展》，《法商研究》2012年第4期。
⑤ 参见曹士兵《我国新公司法关于公司担保能力的规定评述》，《法律适用》2006年第6期。

与政策思维的双重复杂思想"。① 但就商法领域而言，笔者以为，商事纠纷事实的复杂性与立法的技术性，致使法官如何实现规范与事实的结合成为难点。从法律解释方法角度分析，由于目的解释形成机制是解释者主导下的一个能动过程，针对文本的目的解释容易，而真正落实到具体案例中，目的解释的适用实际上存在诸多困难。

（二）个案裁判中目的解释的困境

具体案件中适用目的解释的困境主要有三。

1. "目的解释"中的"目的"是什么？

目的解释是要"探求立法者于制定法律时所作的价值判断及其所欲实现的目的，以推知立法者的意思"。② 王泽鉴先生也指出，任何法律，均有其立法目的，解释法律应以贯彻、实践立法旨趣为其基本任务。然而，究竟什么是立法目的，"目的解释"中的"目的"究竟是什么，学者间见解纷呈。这些见解归纳起来就是三个方面的分歧。③

（1）立法目的是个别法律条文之目的还是整体法律之目的？针对特定事项的具体法律条文有其个别目的，而法律条文所属的整个法律又有其整体目的。那么，在特定案件中，解释者应将个别目的还是整体目的作为裁判之标准？

（2）立法目的是立法者针对特定事项之具体目的还是法律之终极抽象的目的？从一般意义上说，法律的具体目的与抽象目的之间应该是一致的，具体目的可以反映抽象目的，抽象目的则通过具体目的得以体现出来。然而个案裁判中，由于解释者的利益立场不同或法哲学观相异，他们对法律条文的含义在理解上就可能产生分歧，这时就会出现法律的具体目的与抽象目的不一致的情形。那么，在特定案件中，解释者应依具体目的还是抽象目的作为裁判之标准？

（3）立法目的是立法者之主观目的还是法律之客观目的？在目的解释方法中，主观说与客观说由来已久。德国学者根据解释者所探求的是立法者制定法律规范时的主观意旨还是存在于法律规范内的客观意旨，把法解释分为主观目的解释与客观目的解释。作为法解释目标的法律意旨，究竟应是立法者制定法律规范时的主观意思，抑或应是存在于法律规范的客观

---

① 王旭：《解释技术、实践逻辑与公共理性》，载葛洪义主编《法律方法与法律思维》第 6 辑，法律出版社，2010。

② 参见梁慧星《民法解释学》，中国政法大学出版社，1995，第 219 页。

③ 刘国：《目的解释之真谛》，《浙江社会科学》2012 年第 1 期。

意思，对此法解释学者从来意见纷纷，并形成主观解释论与客观解释论的对立。

在这样的分歧面前，究竟什么是目的解释应当寻求的立法目的本身就存在极大的不确定性。我国现有的研究对上述几对目的之间的关系问题尚欠缺专门的系统性探讨，相当多的学者在谈到目的解释方法时一般都从宽泛的意义上指称法律的目的，然而法律目的的复杂性决定了目的解释可从多种意义上去理解，而选择不同的目的会对案件有决定性影响，甚至可能产生截然相反的判决结果。可以说，由于理论上缺乏对法律"目的"的根本性认识，尤其缺乏对特定情况下究竟以何种法律目的为核心的清晰的认识，致使实践中对目的解释的运用显得笼统模糊或不够深入而无法令人信服。①

2. 从哪里去寻找真正的"目的"？

如果说立法史和立法过程中的有关资料，诸如立法草案、审议记录、立法理由书等乃法意解释的主要依据，那么，寻求目的解释中立法目的的途径要相对宽泛。综观现行立法实践，立法目的的取得途径主要如下。②

（1）在法律文本的开头或"总则"中去寻求规范的立法目的。在开篇"总则"中规定立法目的的做法在我国商事法律中甚为普遍。尤其近些年来的商事立法，大多明确规定了立法的目的，从而使立法目的趋向明确化、稳定化。

（2）从立法相关资料中去寻找立法目的。当法律文本的立法目的不甚清晰时，最常用的办法便是从立法相关资料中去寻找立法目的。这些立法资料，主要包括法律起草机关的说明、法律委员会的审查报告、法制工作委员会的报告等。此外，也可以借助立法的外部辅助资料。例如，一部法律颁布后，参与立法的人大常委会委员和工作人员编写的"法条释义"或者法律起草部门、权威人士在法律颁布后发表的解释性文章、答记者问等。这些相关资料往往会涉及立法的目的、依据、内容要点的说明等。

（3）从法律的具体条款中去推导出立法目的。当法律文本及相关资料对立法目的未予明确规定时，还需要法律的解释者从法律的具体条款乃至整个法律的立法精神中去寻求立法目的之所在。

不过，即便有了上述寻求立法目的的基本路径，"立法目的"究竟蕴含

---

① 刘国：《目的解释之真谛》，《浙江社会科学》2012 年第 1 期。

② 张燕玲、白帮武：《简论目的解释及其应用》，《东岳论丛》2005 年第 3 期。

于何处并如何识别依旧困难重重。因为对于一部法律的立法目的，不同的人可以有不同的认知与选择，尤其在立法本身目的不清或不科学时，立法目的的把握更是困难。例如，我国《公司法》第167条规定，公司分配当年税后利润时，应当提取利润的10%列入公司法定公积金。公司法定公积金累计额为公司注册资本的50%以上的，可以不再提取。由此法条推知，立法的理想模式是公司（股东）是以150%的注册资本数额对债权人作出保证。但《公司法》第169条又规定："公司的公积金用于弥补公司的亏损、扩大公司生产经营或者转为增加公司资本。……法定公积金转为资本时，所留存的该项公积金不得少于转增前公司注册资本的百分之二十五。"换言之，公司不能将其全部法定公积金用于转增资本，该条第2款的立法用意究竟是什么，实难揣摩。再如，《公司法》第143条对公司股份回购作了规定，但股份回购中为什么要限定职工股不超过5%，为什么公司的库存股一定要在10天、6个月和一年中转出去或者注销呢？这样的立法目的是要强调职工民主和职工保护呢还是在限制他们的权利？在类似这些情形下，司法者在裁判公司法案件的过程中，如何寻求文本以及文本之外真正的立法目的，使之能符合立法本意，从而有助于《公司法》的准确适用实非易事。

3. 法官有适用目的解释这样的法律技艺吗？

从表面上看，目的解释是从法律文本中寻求立法目的，其实，对法律规范含义的解释是离不开法律事实问题的，对法律规范含义的解释只有结合法律事实，才能得出一个合理的判决理由。正如陈金钊教授所言，法律者的重要任务就是要描述清楚一般的法律与事实间的逻辑关系。从解释的场景来看，不是法律文本需要解释，而是法律与欲调整的案件事实遭遇时才凸显出解释的必要性。法律解释的目的不仅在于说明法律条文（文本）的意义，更重要的是要解释说明待处理案件中法律的意义是什么。[①] 这样的一个事实与规范结合的过程实际上是需要法官很高的法律技艺的司法能动过程。

实践中，商事活动极为复杂，商事法律事实的复杂性也就需要更高的司法技术性要求。客观而言，如果缺乏对商事活动的观察、对商业惯例的了解以及对行业特点及其形成历史的考察，即使有再强的推理演绎能力，也不能真正理解商事法律的某些规定。而在我国目前的司法体制下，相当多的司法审判人员对市场活动中的商业运营手段、经济关系结构以及市场

---

① 谢晖、陈金钊：《法理学》，高等教育出版社，2005，第419页。

运行机制缺乏充分了解，对审判实践中面临的大量陌生的商业活动及其法律结构也无法予以清晰说明。① 与此同时，由立法目的的多样性所导致的目的解释方法的复杂性，给解释者带来了更大的难度和无尽的困扰。

毋庸讳言，目的解释的困境暴露了我国长期以来商事审判实践中的薄弱环节。面对复杂的法律目的与多变的疑难案件，要在庞大的商法体系和丰富的商业实践中充分发挥目的解释的效能，从根本上说，只能寄希望于通过长期司法实践来推进司法审判人员的能力提高与经验积累。

三 目的解释具体适用中存在的问题探讨

（一）目的解释法的基本运用模式

有学者指出，我国司法实践中目的解释法一般有三种运用模式。②

第一种，为了对抗法律文本的字面原意而从立法目的中寻求文本的真实含义。当解释者认为法律文本的含义不清或者其含义与立法目的不相符合时，便运用立法目的加以解释。这是目的解释法的核心内容，也是最常使用、较为容易接受的一种模式。这种模式称为"温和型"。

第二种，法官最大程度地发挥其自由裁量权，甚至完全抛开法律文本，而以自己对立法目的的理解来确定法律规范的含义，有时甚至增加一些法律中原本没有的内容。这种解释实际上就是"法官立法"，因此称为"极端型"模式。

第三种，解释者对于已经存在的法律规范不是机械、静态地理解其含义，而是本着"与时俱进"的原则，以动态的眼光考察其含义，适应社会、经济、文化的发展而不断充实新的内容、摒弃陈旧的内容。这种模式称为"动态型"。

客观而言，目的解释法的这三种模式在不同国家、不同历史时期有不同程度的表现。但在我国目前的商事法制环境下，这三种模式或单一，或结合，在具体的商事审判活动中呈现了不同程度的忽视或误用目的解释的特征。

（二）实践中适用目的解释存在的问题：以"中福实业担保案"为例

在具体审判实践中，在运用目的解释上主要存在哪些问题呢？笔者以

---

① 陈甦：《司法解释的建构理念分析》，《法学研究》2012 年第 2 期。

② 蒋惠岭：《目的解释法的理论及适用》，《法律适用》2002 年第 5 期。

"中福实业担保案"为例试加分析。

1996 年 12 月，中国福建国际经济技术合作公司（中福公司）与中国工商银行福州市闽都支行（闽都支行）签订了借款金额为 4210 万元的借款合同。贷款到期后，中福公司未能偿还贷款。1998 年 7 月 21 日，闽都支行和中福公司签订了《还款协议书》，约定：中福公司分期偿还贷款；福建九州集团股份有限公司（九州公司）和福建省中福实业股份有限公司（中福实业）作为还款保证人承担连带责任。九州公司和中福实业均在《还款协议书》上签名并加盖公司印章。中福实业是一家上市公司，被担保的中福公司为中福实业的控股股东。中福实业提供担保时，有中福实业董事会关于提供担保的决议文件，但中福实业公司章程第 80 条规定董事"除经公司章程规定或者股东大会在知情的情况下批准，不得同本公司订立合同或者进行交易"，"不得以公司资产为本公司的股东或者其他个人债务提供担保"。闽都支行在与中福公司商谈担保事宜时，曾收到中福公司提交的包含有中福实业公司章程等文件。1999 年 12 月，闽都支行向法院起诉，请求判令中福公司偿还贷款本金和利息，中福实业和九州公司承担连带责任。中福实业辩称，公司的保证行为违反《公司法》第 60 条第 3 款和第 214 条第 3 款的规定，应属无效。① 一审裁判结果是：各方当事人自愿签订《还款协议书》及《保证合同书》，不违反法律，应确认有效。中福公司偿还闽都支行贷款本金及利息，中福实业公司、九州公司对中福公司的还款义务承担连带责任。对于中福实业公司的答辩，一审法院认为，因本案的保证系经董事会研究的公司行为，而《公司法》第 60 条、214 条的规范对象主要是公司内部董事、经理的行为，故无上述规范的适用余地。终审判决时，最高人民法院改判保证合同无效，中福实业公司向债权人承担债务人中福公司不能清偿债务部分二分之一的赔偿责任。终审判决的理由是：第一，《公司法》第 60 条第 3 款对公司董事、经理以本公司财产为股东提供担保作了禁止性规定，中福实业公司的公司章程亦规定，公司董事非经公司章程或股东大会批准，不得以本公司资产为公司股东提供担保，因此，中福实业公司以赵裕昌为首的五名董事通过形成董事会决议的形式，代表中福实业公司为大股东中福公司提供连带责任保证的行为，因同时违反法律的强制性

---

① 参见福建省高级人民法院［1999］闽经初字第 39 号民事判决。

规定和中福实业公司章程的授权限制而无效，保证合同亦随之无效。①

　　针对"中福实业担保案"，一审法院和最高人民法院对《公司法》第60条第3款分别作出了相应的解释，但其解释结论完全不同。不仅不同层级的法院对该条法律的解释不同，学者们对《公司法》第60条第3款作出的解释也意见不一。为什么在相同的案件事实面前，面对一条文义并不复杂的法条，这么多的学者和法官陷入了思路不清、法理未明的窘境，实在令人深思。鉴于该案终审判决在论证《公司法》第60条第3款的可适用性时，诉诸了法律目的，故笔者从目的解释的适用角度分析，终审判决对《公司法》第60条第3款的解释存在的几个问题。

　　1. 对规范调整对象的认识不清

　　立法者在制定法律规范时，首先要考虑规范的调整对象，其次才是规范的性质。调整对象体现了立法目的，而规范的性质反映了立法的价值取向。因此，只有首先弄清规范的调整对象，探究规范的性质才具有现实的意义。②

　　在文义上，《公司法》第60条第3款的语词含义相当清晰，即董事、经理不得以公司资产为本公司的股东或者其他个人债务提供担保。换言之，董事、经理的权力范围不包括以公司资产为本公司的股东或者其他个人债务提供担保，其目的旨在限制董事、经理的越权行为，而非公司权利能力。但最高法院的终审裁决却不顾该条文义的确定性，将该条视为对公司对外担保或投资行为的规范，进而将违反该条的法律效果指向公司对外担保或投资行为的效力。从对"董事、经理"行为的规范扩大到对整个公司行为的规范，最高法院的解释在实质性地扩大法律规范调整对象的范围的同时，表明其对规范调整对象的认识不清。

　　2. 对规范调整范围的界定未加明察

　　在立法结构上，该条款位于"有限责任公司的设立和组织机构"章"组织机构"节，而不似"转投资限制"（公司权利能力的限制）规定于"总则"章，且我国《公司法》第59条至第63条均是规定对董事、经理、监事的个人行为的。依体系化的解释方法，该条款的目的在于规范董事的行为，从法律关系视角来说，该条款的功能在于调整公司董事与公司的关

---

①　参见曹士兵《公司为其股东提供担保的法律效力分析——从法律适用到利益衡量》，载奚晓明主编《中国民商审判》（2002年第1卷），法律出版社，2002，第294~296页。

②　钱玉林：《公司法第16条的规范意义》，《法学研究》2011年第6期。

系，换言之，其功能应被限定于公司的内部治理，而非公司与第三人之间的外部法律关系。但最高人民法院的裁决罔顾案件事实所呈现的是公司和债权人之间的利益，并不在《公司法》第 60 条第 3 款的约束范围内，径自把该条对公司内部关系的调整范围扩大到对外部关系的调整，显然违背了立法调整范围的界定。

3. 对规范调整的目的大加突破

最高人民法院的判决理由认为，将董事会纳入《公司法》第 60 条第 3 款规制范围，"这符合我国公司法规范公司关联交易、限制大股东操纵公司并防止损害中小股东利益的立法宗旨"。而有关"规范公司关联交易、限制大股东操纵公司并防止损害中小股东利益的立法宗旨"并非来源于《公司法》，而是出自《中国证券监督管理委员会关于上市公司为他人提供担保有关问题的通知》和《中国证券监督管理委员会、国务院国有资产监督管理委员会关于规范上市公司与关联方资金往来及上市公司对外担保若干问题的通知》。① 由于我国《公司法》和《担保法》并未明文禁止公司对外提供担保，依照私法行为"法无明文禁止即为自由"之原理，立法者若未通过明确的禁止性规范来表达其禁止意图，该意图即应解释为不存在。② 从法理上说，证监会两个规范性文件与法律抵触而不能作为司法裁决的参考依据，但最高人民法院以上述文件的强制性规定为据，主张"中福实业公司担保案"的董事会决议应在此"立法宗旨"规制范围之内，故判定上市公司为其股东或者其他个人债务提供担保的担保合同无效，明显缺乏法律依据。

由上可见，最高人民法院的裁决是错误地用《公司法》第 60 条第 3 款去阐明无直接关联的法律事实，并不合法律意旨地对规范加以解释。无怪乎有学者认为，该案件判决的主审法官把《公司法》第 60 条第 3 款从对董事、股东个人行为的限制解释为对公司行为的限制，把《公司法》第 214 条所规定的违反第 60 条的法律后果从担保合同的解除解释为担保合同的无效，呈现出"法官解释突破法律规定"这样一种"司法能动主义"的"无序"状态。③

---

① 高圣平：《民法解释方法在"中福实业公司担保案"中的运用》，《法学家》2004 年第 4 期。

② 参见方流芳《关于公司行为能力的几个法律问题》，《比较法研究》1994 年第 3、4 期，第 347~348 页。

③ 参见李仕春《案例指导制度的另一条思路——司法能动主义在中国的有限适用》，《法学》2009 年第 6 期。

四　对目的解释适用限制的几点建议

上述"中福实业担保案"裁决中所呈现出的"法官解释突破法律规定"的"司法能动主义"的"无序"状态表明，包括目的解释在内的论理解释使法律解释具有更宽广的开放性和灵活性，无疑有助于克服法律的僵化性，但同时也使规则意义上的法制时刻处在危险之中。如果法官对成文法的目的或各种实体价值采取任意的态度，无限制地依靠司法直觉和司法能动主义，就会在法律解释和适用中陷入对目的解释的误用，这也必然严重破坏法治。[①] 为此，对目的解释的适用限制值得深思。

目的解释的适用条件是什么？张志铭先生的观点很具有启示意义：（1）关于法律最终目的的证据没有歧义；（2）这种目的从法律的表面看是清楚的；（3）没有令人信服的证据证明立法者有意选择克减法律目的充分实现的实施性语言；（4）法律语言与选定的解释比任何其他解释都更为一致。[②]

将上述目的解释的适用条件运用到商事审判实践中，笔者以为，要重视以下几个限制。

首先，目的解释不能随意突破法律文本的字面含义。

一般来说，只有在法律条款的含义通过文义解释不能反映立法意图时才可适用目的解释。例如，当法律文本的含义和生活实践产生很大的偏离，如果依文义解释会出现荒唐的、令人难以接受的甚至违背法律的诸多价值目标的结果时，当然要适用目的解释。再如，由于立法起草者工作的失误，出现法条规定表述不完整、有关键字词遗漏等情况，使得文义解释下的含义和立法目的有冲突时，也要适用目的解释法。而通过目的解释，主要是使法律文本内容更为清晰准确地反映立法宗旨或立法精神。同时，在遵循法律本意的前提下，进一步细化延展法律条文内容，扩张或限缩条文字面含义，以增强法律条文表述的准确性，减少法律的理解偏差和实施弹性。总而言之，目的解释并没有解除法官遵守法律文本的义务。目的解释法的确赋予法官相当大的自由裁量权，但这并不意味着法官可以为所欲为。法官仍然要以法律文本为出发点，最后还要回到法律文本上来。否则，势必导致司法擅断主义。

[①]　张志铭：《法律解释操作分析》，中国政法大学出版社，1999，第196页。

[②]　张志铭：《法律解释操作分析》，中国政法大学出版社，1999，第137页。

其次，目的解释必须综合考虑法律文本的主、客观目的。

有学者指出，解释者只有在把握整体法秩序之目的的前提下，在个别目的与整体目的之循环互动中，理解法律的具体目的与抽象的终极目的之间的关系，同时根据法律伦理性原则去理解法律规定的客观意涵，以使之"适合事理"，才能真正把握目的解释方法之真谛。①

实践中，如何合理处理几个立法目的相冲突的情况颇为常见。对此，应区分法律文件对立法目的表述是否清晰作相应处理。在文本表述不清且多个目的之间存在冲突时，就需要完全靠法官来理解各项目的的关系以及它们与具体条款的关系，将立法目的具体化（甚至具体到每一个条文、用词），确定其解释观点所依靠的立法目的，赋予法律条文符合该目的的含义。至于实践中经常出现文义解释的结果和目的解释的结果不一致的情况，要特别强调从制度依据层面把握和阐释立法目的。当法条含义不足以实现或超出立法目的的需要时，应当扩张或限缩法条语义的含义范围，以求与成文法的目的相契合。

再次，鉴于目的解释必然具有的主观性特征，应当赋予目的解释一定的论证负担。

鉴于目的解释的主观性特征，为了避免损害法律条文的稳定性与法官解释的恣意，有学者建议，应当赋予目的解释一定的论证负担，即目的解释的结论虽然效力优先，但必须承担相应的证明义务。这些论证主要包括：（1）证明自己的结论更能促进法律的妥当性、正义性；（2）证明自己的结论没有超出可能的文义，不违背法律的基本原则及理念；（3）证明文义解释、历史解释、体系解释的结论不合理，或者可能导致某种实质的不公平。如此，通过上述论证负担的限制，就能避免目的解释因妥当性而损害安定性，因灵活性而成为恣意。②

---

① 刘国：《目的解释之真谛》，《浙江社会科学》2012 年第 1 期。
② 苏彩霞：《刑法解释方法的位阶与运用》，《中国法学》2008 年第 5 期。

谨慎对待商法解释论话语体系中的理论援用

曾 洋[*]

【内容摘要】 由于商法缺乏独立、完整的解释论话语体系，实务中在对商事规则进行解释时，学者以及法官们很自然地援引、借用其他部门法的理论或规范来解释商法中的问题，或者援用商法内部的某一单行部门法相对成熟的理论来解释其他商事部门法的问题。尽管不同的法律部门、法学学科事实上具有共通性，但不同的法律部门因其主体特征、行为范式以及规范理念、目标模式等皆存有差异，故理论援用应慎重对待。

【关键词】 商法解释论　商事部门法　理论援用

立法日臻完善的今天，解释论蓬勃发展，各部门法域概莫能外，商法亦应如此。但是，商事法律制度的理论构建并不尽如人意，不论是基础理论的整体构建还是具体部门法的理论建设，均亟须完善，尤其是缺乏自身独立、完整的商法解释论话语体系，以至于在规则检讨、裁判解说方面甚至构建相关的法教义学框架时，都或多或少存在力不从心的感觉。于是，对商事规则进行解释的时候，"拿来主义"下意识地成为主流思维，学者以及法官们很自然地援引、借用其他部门法的理论或规范来解释商法中的问题，或者援用商法内部的某一单行部门法相对成熟的理论来解释其他商事部门法的问题。虽然应当承认，不同的法律部门、法学学科事实上是具有共通性的，理论的交叉借用本无可厚非，但我们更应关注的是，不同的法律部门因其主体特征、行为范式以及规范理念、目标模式等皆存有差异，

---

* 南京大学法学院副教授。

故理论援用应慎重对待。

一　民法理论和规范并不是商法的当然的解释论基础

民法和商法的关系也许是众多法律部门或法学学科之间最令人纠结的关系。采用"民商合一"还是"民商分立"的立法模式？民商事法律制度到底应分别包含哪些单行法？商事审判是否应当独立？尽管这些问题及其间诸多细节的争论延绵不断，但现状却已相对确定。赵旭东教授指出"我国立法机关采取的民法典辅以商事单行法的立法模式，应当值得肯定"，①对应的司法实践是，2000 年最高人民法院决定在我国法院实行大民事审判格局，其中各级法院的民二庭是以审理商事纠纷——包括公司、保险、证券、期货、票据、破产、担保纠纷和企业之间的合同纠纷为主的审判庭，涉外民商事案件和海商法律纠纷由专门的法院（庭）审理，② 这与传统商法包含的单行法范围基本一致，即一般认为商事法律制度包括公司法、保险法、证券期货法、票据法、破产法、海商法等部门法。③ 据此，我们隐隐看见了大民法架构下的商事单行部门法的立法和司法格局，尽管立法并没有说这些商事单行部门法是民法的特别法，但在学理和裁判中的商法解释却"明白无误、理所当然"甚至是"不假思索"地直接以民法理论和规范为其解释论基础和裁判依据，然而，忽视商法自身特点的民法理论借用和民事规则援引，将给商法理论的生成与发展以及商事纠纷的处理造成全方位的不良影响。

（一）以传统民法理论解释商法的实例举要及缺陷分析

1. "禁止流质契约"在商法解释中的不当适用

流质契约（Fluidity Contract）又称为"流押契约""流抵契约""抵押物代偿条款"，是指当事人双方在设立担保物权时约定，当债务人不履行债务时，由债权人取得担保物所有权的合同。现今的流质之禁止涵盖抵押和质押担保形式，④ 我国《物权法》和《担保法》均对流质契约（条款）采

① 赵旭东：《〈商法通则〉立法的法理基础与现实根据》，《吉林大学社会科学学报》2008 年第 2 期，第 79 页。
② 参见李后龙《商法思维与商事审判》，《南京社会科学》2004 年第 11 期。
③ 商事单行部门法到底有哪些一直存在争论，例如商事担保法、商事合同法、商事信托法是否应包括在内。本文暂搁置争议，以传统商事单行部门法为讨论范围。
④ 传统的表述包括"流质"和"绝押"以及"流当"、"绝当"等形式。

取绝对禁止的态度,①即使担保物的价格与债权额相当,仍为无效。而且,流质契约不一定在担保物权设定时签订,在担保合同成立后被担保债权到期前签订的,以直接转移担保财产所有权为内容的合同,都能构成流质契约。

尽管禁止流质契约的合理性一直受到质疑,②但因该种约定不利于双方当事人利益的实现与平衡,而受到多数国家民事立法例的禁止。但是,是否可以援引民事立法禁止流质条款而直截了当地禁止商事交易行为中发生的流质约定?理论界对此多持反对意见。

禁止流质契约反衬出立法者关注民生的价值取向,虽然该约定限制了私法自治,但展示了高度关注财产安全的民法思想,③但是,对更为崇尚私法自治和契约自由的商事法律制度来说,流质契约的禁止显然不利于保护商事债权人的合法权益。试想,当两个经营者之间形成担保并就担保物达成一致且约定流质,但债务人违约时,债权人却只能采取《担保法》允许的担保物权实现方式选择进行拍卖、变卖或者折价抵偿,而且实践中被迫申请法院拍卖又最为多见,其周期长、成本高有目共睹,对商事活动而言,"时间就是金钱、效率就是生命",当流质条款禁止理论理所当然地应用于商事借贷纠纷处理及其说理解释或规则适用时,我们如何面对商人视为生命的"效率"诉求?简单地借用民法的流质禁止理论和条款解释商事担保中对担保物的处置,将民生型担保行为和商事经营型担保混为一谈,在相关商事立法缺失的情况下,正是反映了商行为被简单地以民法观念、规则和理论进行解释的无奈!

2. 民法理论影响下的商事票据无因性特征几近丧失

《票据法》是典型的商事单行法,在票据法中,票据无因性作为一项基本原则,几近公理而为各国所共同遵守。④票据无因性是指票据已经开立,票据关系即脱离票据产生的基础关系而独立存在,但我国《票据法》立法之初,即已在一定程度上忽视了票据无因性这个商业票据的基本特征,该

---

① 参见《物权法》第186条和第211条、《担保法》第40条和第66条及《担保法司法解释》第57条的规定。

② 参见王明锁《禁止流质约款之合理性反思》,《法律科学》2006年第1期,第126~130页。

③ 叶林:《商法理念与商事审判》,《法律适用》2007年第9期,第17页。

④ 殷志刚:《〈中华人民共和国票据法〉第10条存废之探讨》,《法商研究》2013年第2期,第131页。

法第 10 条规定："票据的签发、取得和转让，应当遵循诚实信用的原则，具有真实的交易关系和债权债务关系。票据的取得，必须给付对价，即应当给付票据双方当事人认可的相对应的代价。"该条因被认为与票据无因性原则相悖，在《票据法》颁布之初，即受到众多学者的批评，[①] 乃至引发该条存废之争。

理论之争在司法实践中早有反映，票据立法当年，"交通银行中山支行诉中国成套设备进出口公司武汉分公司经营处和中国人民建设银行海口市分行等银行承兑汇票纠纷再审案"中，原审法院根据《银行结算办法》第 14 条第 1 款第 3 项的规定，[②] 将票据行为作有因性解释，判定票据无效。但是，最高人民法院根据票据法原理认为，票据性质是无因性的，原审法院的判决以原因关系无效作为票据行为无效的理由缺乏法律根据，认为《银行结算办法》第 14 条第 1 款第 3 项虽然规定签发商业汇票必须以合法的商品交易为基础，但这并不是对汇票效力的规定，因此违反该条规定签发的票据因符合票据无因性原理而有效。[③]

尽管最高人民法院对票据无因性的解释作了巨大的努力，2000 年 11 月《最高人民法院关于审理票据纠纷案件若干问题的规定》以第 14 条确认了票据无因性，2007 年，最高人民法院在《风神轮胎股份有限公司与中信银行股份有限公司天津分行、河北宝硕股份有限公司借款担保合同纠纷案》中，指出《票据法》第 10 条"应属管理性法条，基础关系欠缺并不当然导致票据行为无效"。[④] 但遗憾的是，由于《票据法》第 10 条的不恰当表述，前案一审中票据有因性观点仍在实践中占据一定程度的主导地位，究其原因，是票据立法时无因性特征被民法强调的平等交易、交易安全观念所取代。"票据法草案"提交全国人民代表大会常务委员会审议、进一步征求意见时，许多部门、地方和金融机构提出，票据当事人在签发票据或取得票据时，应当具有真实的商品交易关系或债权债务关系，取得票据的人应当

---

① 参见谢怀栻《评新公布的我国票据法》，《法学研究》1995 年第 6 期；蒋大兴《〈票据法〉的立法缺陷及其完善》，《河北法学》1996 年第 4 期。

② 《票据法》第 10 条通常被认为是该规定的延续，反映了《票据法》上对无因性规定的缺陷。

③ 《交通银行中山支行诉中国成套设备进出口公司武汉分公司经营处和中国人民建设银行海口市分行等银行承兑汇票纠纷再审案》，《中华人民共和国最高人民法院公报》1995 年第 1 期。

④ 《风神轮胎股份有限公司与中信银行股份有限公司天津分行、河北宝硕股份有限公司借款担保合同纠纷案》，《中华人民共和国最高人民法院公报》2008 年第 2 期。

给付相对应的代价。目前票据使用中的一个突出问题是，有些当事人签发票据没有真实的经济关系，利用票据进行欺骗活动。从此，"签发票据时无真实交易关系即属于欺诈"的观点成为商事票据无因性挥之不去的噩梦。

支付只是票据的功能之一，商业票据的魅力更在于其具备背书流通和融资担保等功能，如果一味强调其应以"真实交易关系"为基础，反之则可能遭遇拒付，则除了直接支付之外的其他票据功能将会丧失，说得严重一点，这将会"危及票据制度本身的存在"。①

事实上，票据立法在无因性问题上的犹疑，正是反映了民法观念的强大及其对商事立法的入侵。当商事票据仅作为直接交易对手之间的支付手段时，它就只是一份类似于记载支付内容的格式合同，在难以查明其真实交易基础的前提下，惮于可能的拒付，将没有其他商人敢于接受商业票据的背书转让或融资担保。实践中持这种观点的判决屡见不鲜，更有甚者，部分大学的法学院以"通识教育"之名已经停开票据法课程，他们培养的学生将来不管是做法官还是律师或者从事研究工作，面对票据法的理论和实践将不再具备商事票据无因性的系统思维素养。在这个问题上，强势的民法理论几近完胜！

（二）民法理论和规则在商法解释中的援用应被赋予新的内涵

过多地讨论商法或者商事单行法是不是属于民法的特别法并无太大的意义，因为商法及其部门单行法本身具有独立品格是有目共睹的，叶林教授指出，漠视商事关系和商事活动的特性，漠视既存商事活动对法律发展的诉求，实为某种主观主义法学，这无疑是将智者的研究转变为狭隘的学术利益之争。更可怕的是，这种主观主义法学或者狭隘的利益之争，最终将损害对社会关系的有效调整。② 我们并不反对理论的交叉援用，在一个宽容的开放的学术共同体中，理论的相互借鉴和促进无疑更有益于各部门法的茁壮成长，最终将推动法律科学的整体发展，而且，民法理论的深厚积淀推动了商法研究的进步，这一点毋庸置疑。但通过前文的分析，我们可以发现，商法的特点决定了在援用民法理论时应有所扬弃，僵化的吸收借鉴，只会产生错误的结论，民法理论和规则在商法解释中的援用应被赋予新的内涵。

---

① 殷志刚：《〈中华人民共和国票据法〉第 10 条存废之探讨》，《法商研究》2013 年第 2 期，第 135 页。

② 叶林：《商法理念与商事审判》，《法律适用》2007 年第 9 期，第 17 页。

　　社会发展催生了商事行为，其与民事行为的分界亦将越来越清晰。19世纪是契约的世纪，[①] 也是意思自治原则发展和变革的世纪，其时，自由资本主义发展到鼎盛时期，自14世纪萌芽至19世纪确立，经历了长达五个世纪的民法之意思自治原则，由于与社会倡导的"契约自由"理论相吻合，得到了法学家的赞同并在司法审判中充分体现；也正是在这一时期，自由资本主义经济彻底战胜了封建经济，理性哲学替代了经院哲学，与此同步的是代表理性主义和自由主义的法学打败了封建专制法学，完成了"从身份到契约"的转化过程，当时盛行的个人主义与自由主义等法哲学观念，培育了"私法自治"的理念，"契约法是19世纪私法发展的核心……法律关系越来越多地受到个人意思自治的支配"，[②] 然而，及至19世纪中期以后，由于个人权利的极端化导致了种种弊端，契约自由开始让位于社会福利和对一个更公平的工作和生活水准的维护，法律越来越倾向于以各种利害关系为基础，而不是以孤立的个人权利为基础，意思自治原则受到限制。"契约和上帝一样，已经死了"，[③] 于是，个人本位让位于社会本位，合同自由让位于合同正义。

　　理论的变迁和规则的进步，具有丰富的社会生活基础，民商不分的时代已经渐渐远去，处于变革期的今天，我们需要仔细甄别看似相同的行为，其主体身份、行为目标等方面的差异所导致的截然不同的结果，民法理论和规则对商事行为的解释和适用不应再是"理所当然"，比如前文所述的"禁止流质条款"就已不符合商事效率原则。其实，这样的例子还有很多，比如当前问题十分突出的民间借贷问题，其规范固守于借贷利率"最高不得超过银行同类贷款利率的四倍（包含利率本数）"，则"不宜适用于经营性质的民间借贷关系"。[④] 如果区分民事借贷和商事借贷的差异，将商事借贷利率界定为"不高于当地近阶段社会平均利润率（或其n倍）"则更具有现实意义。[⑤]

　　商事法律规范的缺失，其根本原因是理论准备的不足，而其中对民法

[①] 〔美〕伯纳德·施瓦茨：《美国法律史》，王军等译，法律出版社，2007，第66页。

[②] 〔美〕伯纳德·施瓦茨：《美国法律史》，王军等译，法律出版社，2007，第67页。

[③] 〔美〕格兰特·吉尔莫：《契约的死亡》，曹士兵、姚建宗、吴巍译，中国法制出版社，2005，第1页。

[④] 王建文：《中国商事司法实践中的法律适用：困境与出路》，《现代法学》2010年第5期。

[⑤] 笔者在主持江苏省法学会2012年重点项目"民间融资法律问题研究"时，认为民间借贷的乱象，一个重要的原因在于利率规范的不合理，并提出上述区分民商借贷，对利率进行区别规范的观点。

理论难以突破的原因又是非常复杂的。叶林教授认为，"主观主义法学或者狭隘的利益之争，最终将损害对社会关系的有效调整"。[①] 徐学鹿教授则指出：个人本位主义这一民法的核心理论将导致霸权主义的价值观。[②] 如何在现有理论体系和法律制度下构建商法自身的解释论话语体系，学界进行了广泛的讨论，本文认为，在民商事法律制度尚难以截然分开的现今阶段，适当借用传统民法的理论和规则是一个恰当之举，但必须融入商事规范的自身血液，在商法解释中的理论援用应赋予其新的内涵，使得这种解释中的理论援用符合商事主体的身份及其行为特征，符合商事法律制度自身的逻辑。

二 商法解释论体系应关注商事单行法的个体差异

不论从商主体还是商行为等角度考察，商事法律制度及其单行商事部门法都具有清晰的共性特征，这也使得商法解释论话语体系的统一构建成为可能。但是，商业领域的发展和创新又使得商法必须是一个开放的体系，面对新型的市场及其主体和行为的变化，理论及规则的滞后将成为常态，但法律问题和商事纠纷不会等待理论的成熟及规则的完善，实践中难免会出现既有商事部门法理论的惯性理解和适用。面对新生事物，我们应当保持一个谦卑的态度，谨慎对待现有理论对新行为、新现象的解释和应用，反之，则可能导致错误的结论，如若就此形成法律规范，将给法律实践带来很多困难。这方面的问题也有很多，本文略举两例进行说明、探讨。

（一）"信义关系理论"应恰当定位

信义义务源自英美财产法中的信托义务和罗马法中的善良家父义务（bonus paterfamilias），[③] 我国香港学者何美欢教授将"fiduciary"一词译为"信义"，而将"fiduciary duty"一词译为"信义义务"，[④] 这一译法被广泛使用。但即便在英美法系国家，历史地看，信义法并不是作为一个单独的法律领域而存在，[⑤] 只要某种特定关系存在，信义义务就可以存在于多种不

① 叶林：《商法理念与商事审判》，《法律适用》2007年第9期，第17页。
② 参见徐学鹿《商法的范式变革——析资本经营与营利》，《法学杂志》2013年第2期。
③ 范世乾：《信义义务的概念》，《湖北大学学报》（哲学社会科学版）2012年第1期。
④ 参见何美欢《香港代理法》（上），北京大学出版社，1996，第一章、第十五章。台湾地区学者似更乐于使用"信赖"一词。
⑤ 黄爱学：《论美国法上的证券交易信义理论及制度发展》，《法治研究》2012年第6期，第71页。

同性质的法律关系中，诸如财产法、信托法、公司法等，并在相关主体间形成信义关系（fiduciary relationship）。不过，"公司这种经营组织形式为信义义务的适用和发展提供了丰富的土壤"，① 可以认为，目前信义关系理论（或其信义义务理论、信义原则）已在公司法理论中拥有牢固的地位。

公司治理语境中的"信义义务的内容……包括忠实（loyalty）义务、注意（care）义务和坦白（candor）义务"。② 所谓"忠实"就是不得有损公司利益，它也常指不得篡夺公司机会；所谓"注意"就是在做出经营决策时应本着足够的善意，尽到合理的谨慎；所谓"坦白"就是不得利用信息（包括隐瞒信息）误导公司及股东。

在这三项信义义务内容之中，坦白义务通常被认为与证券法的充分披露义务相关，但严格来说二者有一定区别。坦白义务原意是董事之间应该信息共享，不得利用自己已经知道但其他董事尚不得而知的信息去误导其他董事履行职务或管理公司，而且该信息与未来的经营决策相关，该经营决策又涉及是否报告股东予以批准某项交易。③ 但是，由于信义关系内容之一的坦白义务与信息披露义务的相似性，信义关系理论被惯性适用于证券法领域。

信义关系理论被扩张解释应用于其他商事单行部门法的典型表现是以此构建内幕交易主体识别标准。1980 年美国联邦最高法院审理 *Chiarella v. United States* 内幕交易案④首次依据该理论识别内幕交易主体，该案观点在 1983 年联邦最高法院审理的 *Dirks v. SEC* 案⑤中得到重申，至 1997 年联邦最高法院审理 *United States v. O'Hagan* 案⑥进一步以"私取理论"（misappropriation theory，亦译为"盗用理论"或"不当取用理论"等）作为裁判依据，将信义关系延伸至公司外部的信息领受人（即受密者，tippee）⑦。在信义关系理论及其延

---

① Deborah A. Demott, "Beyond Metaphor: An Analysis of Fiduciary Obligation," *Duke Law Journal*, Nov., 1988, p. 915.

② Lee Polson, Esq., "Development of Corporate Governance in the Context of 'Full Disclosure' in the United States," *United States-Mexico Law Journal*, Spring, 2002, p. 140.

③ Lee Polson, Esq., "Development of Corporate Governance in the Context of 'Full Disclosure' in the United States," *United States-Mexico Law Journal*, Spring, 2002, p. 140.

④ *Chiarella v. United States*, 445 U. S. 222 (1980).

⑤ *Dirks v. SEC*, 463 U. S. 646 (1983).

⑥ *United States v. O'Hagan*, 521 U. S. 642 (1997).

⑦ 信息泄露理论（Tipper-Tippee Theory）是"私取理论"的另一面，该理论及其消息领受人（或称受密者，tippee）在 Dirks 案中即已提出，但未作为 Dirks 案的裁判依据。

伸的私取理论支撑下的内幕交易主体识别标准是"信义关系人标准",即确定内幕交易主体的前提是该主体属于公司的信义关系人或者继受了信义关系且违背了信义义务。

上市公司也是公司,所以在解释上市公司法律问题时,既有的公司法理论的惯性理解和适用成为普遍现象。但是,产生于封闭公司理论、原应用于公司内部治理且主体主要限于公司董事、监事(或有)及高级管理人员的信义关系理论,是否可以扩展至公司内部人与股东(包括"现有"股东和"未来"股东)之间?对此,Aldave 教授指出,"在通常情况下,作为证券交易当事人的某特定股东是在对其交易对方的董事、管理人员或支配股东产生信赖的前提下才进行交易,但这种认识不过是虚构而已。实际上,根据普通法上的多数说,董事或其他人即使对公司负有信义义务但对股东却无此义务"。[1]

所以,信义关系理论虽然具有很强的弹性,但该理论应用于内幕交易主体识别却具有很大的局限性,以至于不得不对其作过多的目的性很强但缺乏逻辑的扩张——比如将信义关系毫无节制地扩展至股东之间甚至潜在股东之间,完全无视股东追求自身利益最大化的基本诉求。该理论更多地表现为一种"法律文化宣示"或某种"法律伦理操守",在公司法观念的生成及发展过程中,"信义关系理论"具体化为公司董事、经理对公司及股东的诚实守信和谨慎注意义务,本质上反映的是公司内部治理要求,尽管其源于封闭型公司且同样适用于公众公司及上市公司的内部治理,但不应赋予该理论无限的统治力,应让"信义关系理论"回归公司内部治理规范,欲延伸至公开集中交易的现代证券市场交易者之间,在理论上难以自圆其说。

(二)现有理论和规则需顺应发展而有所改变

商业是一个生机勃勃、充满了创新和发展的行业,商事法律制度应当顺应这个潮流,商法领域创新的例子有很多。例如:信用交易颠覆了传统的单向交易方式,投资者可以先融券卖出然后再买入平仓;金融衍生品的高风险复杂结构需要重新建立以"投资者适当性制度"为核心的风险自负规则;商业银行和保险行业致力于开发新型的理财产品,引发了跨部门法的"金融消费者"概念及规范的热烈讨论。凡此种种,不胜枚举。先有创

---

[1] Barbara B. Aldave, "Misappropriation: A General Liability for Trading on Non Public Information", 13 *Hofstra L. Rev.* 101 (1984), p. 104.

新，然后才有理论和制度的完善，这是事物发展的自然规律，那么，创新已然开始，理论和规则还没有跟上，既有理论——尤其是本部门法的原有理论和规则将首先得到适用，但是，这样的新事物采用老办法的思维，在商法领域往往会犯错误。下文以证券法领域传统的"公开或戒绝交易规则"为例来阐明这个问题。

1909 年美国联邦最高法院审理 *Strong v. Repide* 案①时适用了"公开或戒绝交易规则"（Disclose or Abstain Rule）。② 认为股权交易中的公司内部人 Repide（系该公司总经理和控股股东）向公司另一股东 Strong 购买公司股份时隐瞒了有利于公司的非公开重大信息（即内幕信息），而被裁定构成"欺诈"。该案的特点是：（1）股权交易的一方是公司的内部人，即其后美国法关于内幕交易主体划分类型中的传统内幕人（traditional insider）；（2）当时的证券电子交易系统并不发达，股权交易方式是面对面交易（face-to-face transaction）。

1961 年 SEC 裁定处理了 *Cady, Roberts & Co.* 案，③ 该案并非法院判决案件，但该案裁定的重要贡献之一就是首次在针对集中交易市场的裁定中引入原应用于普通商品交易纠纷后（通过前述 *Repide* 案）延伸至面对面证券交易中内幕信息知情人应遵守的"公开或戒绝交易规则"。1968 年第二巡回法院在审理 *SEC v. Texas Gulf Sulphur Co.* 案④时重申"公开或禁止交易规则"并形成判例。*Cady, Roberts & Co.* 案和 *SEC v. Texas Gulf Sulphur Co.* 案后，该规则成为美国处理内幕交易案件的基本规则，几乎每个案件的审理都在讨论行为人是否违反该规则。

但是，证券市场经历了由"面对面交易"到"公开集中交易"的模式演进，相关理论及其规则都随之发生了深刻的变化。1933 年以来，随着美国《证券法》和《证券交易法》的颁行，其所确立的"完全公开主义"（full disclosure philosophy）的证券立法哲学被各国（地区）证券立法所接受，建立了"公开、公平、公正"的三公原则，并以强制信息披露规则予以实现。在这样的现代证券市场，"公开或戒绝交易规则"应当受到质疑。

"公开或戒绝交易规则"运用于面对面股权交易当中且针对特定的内部

---

① *Strong* v. *Repide*, 213, U. S. 419 (1909).

② Disclose or Abstain Rule 另有译著：公开或禁止交易规则、披露或弃绝交易、公开或拒绝交易规则、公布消息否则禁止买卖、戒绝交易否则公开规则等。

③ In re *Cady*, *Roberts & Co.*, 40 SEC 907 (1961).

④ *SEC* v. *Texas Gulf Sulphur* Co., 401 F 2d (2d Cir. 1968).

人，并无不合理之处，犹如普通商品交易中生产者向消费者提供完整的产品说明以及产品质量保证。但是，到了电子化集中交易的现代证券市场中，"公开或戒绝交易规则"的内涵应加以变化和发展。因为与面对面证券交易形式中的信息披露不同的是，在集中交易的证券市场，除公司本身外，任何人——即便是董事、总经理等内部人——都不再具有主动披露信息的法律上的能力，这种情形之下，"公开或戒绝交易规则"应修正为"沉默且禁绝交易"，即任何人知悉内幕信息，只能保持沉默并等待信息公开，如若交易，则可能构成内幕交易。信息披露义务是任何一部证券法都只赋予上市公司本身的法定义务，而且，即便是公司自身亦不可以借此信息从事交易，而是只能依照法律规定的条件和程序进行公开，否则也违反法律强制性规定。即，现代证券市场对"公开或戒绝交易规则"作如下解读才是正确的：信息应依法公开，公开前任何人都不得借此进行交易，所有知情人（包括公司自身）都只能保持沉默并等待信息的公开，除非其交易获得法定的豁免。

市场形态发生了变化，交易模式也与过去迥然不同，理论和规则怎能不作相应的改变呢？创新是商业市场的活力之源，创新也必然是商法的生命力所在！所以，即使是本部门法领域内的理论和规则，也应与时俱进地适应新情况、新问题而进行应有的修正。

结　语

所谓法解释论者，狭义上系指确定法律规范意义内容之作业，而广义之解释论，则指前者并漏洞填补和价值补充。为解决具体案件，必须获得作为大前提的法律规范，这种获得作为判决大前提的法律规范的作业，亦即广义的法律解释。[①] 法解释论是一个开放的学术体系，解释方法、解释逻辑并非哪个部门法所独有。从解释论之广狭两义来看，法律解释虽然以案件裁判为直接服务目标，以规范适用为主要任务，但有关法律解释的方法和内容完全可以为立法所采纳，当然前提是该解释超越了现行立法，二者本是同根同源。所以，商法解释论既以现行商事部门法的正确适用为目标，也应兼顾商事立法的完善和发展。

规则未定，理论先行。商法尤其是商事单行部门法建设成绩斐然，但规范制定并非可以高枕无忧。如前文所述，商事担保、商事借贷、商业票

---

① 杨仁寿：《法学方法论》，台湾三民书局股份有限公司，1987，第119页。

据等等诸多问题的商事立法依然缺失或存在缺陷，而商法解释论话语体系的建设更显苍白，原因非常复杂，"商法独立性"争议依旧是主要障碍，所谓"师出无名"——不具有独立性的法何来理论体系和制度构建？民商两法的关系仍旧是绕不过去的阻滞。但是，不需要言必称民法的强势，民法本身也是一个开放的体系，民法理论的深厚积淀正是商法发展的基础和源泉，在理论上尽快发现、建立商法的特质才是正道。

任何一种行为规范，都在具体的社会生活中生发并经受实践中的大浪淘沙，最终适者生存。人类社会的历史告诉我们一个基本的经济发展脉络：从自给自足到可以简单地物品交换，人们只是立足于生存；当产品逐渐丰富，简单的商品经济得以形成，但这个历史阶段的生产经营和该类主体自身的生活并未有明显的分界；不过，当有限责任制度及其相应的组织形态正式出现时，生活资料和经营性财产分离，民商即得以分离，商人独立、商行为独立、商业伦理道德也逐步区别于通常的生活伦理道德，创新、竞争发展成为商业市场和商事规范的主题，效率成为主导的规范目标，商法的独立性毫无疑义！

所以，本文认为，当有限责任制度建立的时候，商法就已脱离了民法而独立存在，应当以此为起点构建商法解释论基础，并在广义解释的范畴内，逐步补充商事单行法并完善商事法律制度的整体构建。而目前的特定阶段，我们更需要注意的是在商法解释中对民法相关理论和规则的谨慎援引和借用，始终致力于探索商法的特异性并形成和完善商法解释的理论逻辑。

现代商法的基本思维

徐强胜[*]

【内容摘要】 现代商法是关于作为商人的企业的组织与营业之法。因此，首先，企业组织的稳定及内部相应关系的理顺是企业法的基本思维，二者须同时兼顾。其次，相对于第三人而言，企业的经营行为具有专业性与知识性，亦即，企业须基于其专业性与知识性而负有更多的义务与责任。同时，企业的营利性目的要求尊重商事领域中的私法自治，保障交易安全，促进交易便捷。

【关键词】 现代商法　商人　法律思维

一　问题的提出

随着我国社会主义市场经济的深入发展，关于如何规范并解决企业的组织及营业行为，已经成为整个社会发展的非常重要的问题。其实，这是一个商法及关于商法的法律思维问题。由于我国没有经历正常的资本主义过程，而是在新中国改革开放中引入市场经济，而引入市场经济主要是为了解放个人及企业组织，因此，我国法律及相应思维是强调个人及企业组织权利的思维，同时也是一个尊重并强化个人及企业权利的过程。毫无疑问，这个思维及过程大大促进了我国市场经济的发展，在过去的改革发展中是符合其本身发展需要的。但随着我国社会主义市场经济的全面深入，企业所处的已经不再是过去那种受到各种行政干扰和政企不分的时代，它们已经壮大为社会发展的中坚力量，甚至成为了能够左右社会发展的势力。

那么，在这种情况下，如何解决企业内及企业经营中的纠纷，显然需

---

* 河南财经政法大学法学院教授。

要新的法律思维。这种法律思维不能再囿于传统的民法中强调权利的思维，而须采用企业组织自身的稳定及其对消费者和其他人及社会负责的态度的责任思维。这种思维，就是现代商法的思维。

二　以调整商人（企业）组织与行为为己任的现代商法

源于中世纪商人法的现代商法，尽管随着商品经济的全面深入社会而不再是关于商人特权的法律，但它仍然是关于商人组织与行为的法律规范。也就是说，与民法相比，商法调整的是具有商人身份的商事主体的组织和行为的。从这个意义上讲，商法是关于商人的组织及营业之法。

首先，商法是关于企业组织之法。现代商人的表现形式已经由传统的商个人转化为各种各样的企业组织，如独资企业、合伙企业和公司企业等形式。企业本非法律概念，但随着企业对于社会的价值和意义愈发重要，其已经成为法律上的重要概念。德国学者认为，对企业进行定义的目的应该是确认一个基本概念，并将该概念作为企业法制度的一个基本原则；在涉及具体法律时，它既可以作广义的解释，也可以作狭义的解释。因此，从这一意义出发，在法律上可以将企业定义为：企业是由数个成员和一定数量的资产按照法律规定设立的组织，它按照经济规则运作，生产商品或者提供服务；它还通过市场向社会公众提供产品，满足社会公众对产品的需求；此外，它通过获取的利润来满足投资者、职工和管理者的利益需求和其他需要。[①] 也就是说，企业是通过为实现自身利益的各利害关系人的行为而形成的平台。[②]

其次，商法是关于商人营业之法。从商法产生那一天起，其就是关于商人的经营行为之法。一般情况下，商人的商行为具有营利性。但这并非说，商人的商行为具有必然的营利性，商人基于经营需要而为的行为，如捐赠、购买办公用品等，都应被视为商行为而受商法调整。传统商行为包括商事买卖、商事行纪、商事居间、商事代理、商事运输、商事仓储、商事票据、商事担保、商事保险、海商等。随着新的商业活动的不断产生和发展，更多的新的商事行为也在不断产生和发展，如商事信托、商事期货、商事融资租赁、商事证券交易、商事信息咨询以及商事银行交易、商事投

---

① 〔德〕托马斯·莱塞尔、吕迪格·法伊尔：《德国资合公司法》（第3版），高旭军等译，法律出版社，2005，第28～29页。

② 〔日〕落合诚一：《公司法概论》，吴婷等译，法律出版社，2011，第5页。

资基金运作、电信经营及网络运营等。

尽管我国没有专门的商法典，立法体例采民商合一，法院也以行为为标准来划分所谓的商事案件，但从我国最高人民法院及各级人民法院相应民商事裁决趋势中可以看出，对于以企业一方参与的经营性法律关系，其裁判思维是强调作为商人一方的企业参与的交往是不同于普通人的民事交往的。因此，从这个意义来看，在我国，商法也应该是关于企业组织与行为之法。如此判断，不仅符合世界各国关于商法的认识与实践，也符合我国目前及未来经济发展中提高企业自身素质、建立和谐社会的需求。

总之，商法主要是调整具有商人身份的企业组织与行为的法律，商法的有关原则、制度设计和规定，基本上都是围绕着如何保护和规范商人的商行为进行的。相应司法适用中，有关法律规范和商业惯例的应用与解释，也均与此相关。

三　以企业组织团体稳定并保障相关利益人
合法权益为处理企业纠纷的出发点

学界普遍认为，现代企业组织法的一个重要角色是以企业的财产进行了所谓的"分割"，即一个企业组织的债权人可以依此对抗该企业组织的私有财产的所有人和其受益人，从而获得对企业财产的优先权。该角色被认为是企业组织法的根本功能。[①] 这是企业作为一个相对独立于投资人的组织而在以自己的名义对外从事活动时必须考虑的问题，因为这时的企业须以相对独立的财产为后盾。所以，从这个角度来看，企业法是财产法。但是，当我们从企业组织内部来看待企业法时，其功能更多的是维系围绕着企业组织而产生的一系列当事人之间的关系组合而已，即以相互间的契约关系为纽带维系企业的生存及发展。那么，从这个角度而言，很难不认为企业法是合同法，只不过这种合同是统一于企业组织法律关系之中的具有模板性质的合同而已。

因此，在一定意义上，企业组织的组成及运作，其实是一个个的人的行为而不是其他。企业组织关系下的各个利益相关者，都会各自考虑自身的经济利害而为努力实现自己的利益而行事，那么，以预测为前提的对利害关系进行妥当调整的法律规范——企业组织法的立法及解释，必须以了

---

① Henry Hansmann, Reinier Kraakman, "The Essential Role of Organizational Law," *The Yale Law Journal*, Vol. 110, Dev., 2000, p. 393.

解利害相关方的利害状况为前提。① 也就是说，企业组织不过是围绕企业组织的各种各样的利害相关人为实现其各自利益而形成的平台。

同时，也正是作为这些不同利益关系人的共同利益的平台，企业组织才具有了团体的价值与功能。因为，企业须首先以企业利益最大化为目标，这是实现企业所有关系人利益的基础。那么，这就要求所有利益相关者包括股东在内的人均须以维护或至少不违背企业利益为己任。而要维护和实现企业整体利益，显然也要求相关利益人相互之间必须尊重。在一个互不尊重的企业中，是没有所谓企业利益存在的。

前者，即企业是一系列当事人之间的关系组合，要求须尊重这些当事人之间的意思自治，这在相应企业法中主要体现为任意性规范。后者，即企业的团体性，要求当事人共同维护企业利益并相互理解支持，这在企业法中则主要体现为强制性规范。

在审理涉及企业法适用问题的商事案件过程中，要尊重企业章程的规定和股东之间的约定，准确识别企业法规范的性质。首先，对不违反企业法禁止性规范的企业内部约定，应当依法认定有效。在南京安盛财务顾问有限公司诉祝鹃股东会决议罚款纠纷案②中，法院认为，公司章程关于股东会对股东处以罚款的规定，系公司全体股东所预设的对违反公司章程股东的一种制裁措施，符合公司的整体利益，体现了有限公司的人合性特征，不违反公司法的禁止性规定，应合法有效。其次，对于涉及企业整体利益和其他关系人利益之情事，则尽管相应法律规范可能并非效力性规范，而仅为管理性规范或其他，如果违反它们也是不能轻易获得法律认可的，否则将危及企业作为团体的稳定性及整体发展。换言之，不能以单纯调整交易行为的合同法的思维理解和判断企业法中以维护团体稳定和保障其发展为宗旨的强制性规范。如《公司法》第72条规定了有限责任公司的股权转让的条件和程序，它既是对股东的规定，也是对欲受让股权的第三人的要求，该规定是必须得到遵守的。在一定意义上说，当欲受让股权的第三人希望通过受让股权而成为某个公司的股东时，公司法的规定和公司章程的要求就出现在其面前，其有义务了解这些规定和要求，也有义务按照这些规定和要求受让股权，从而也能够有权要求公司及时在股东名册上变更股东并进而在工商管理机关进行变更登记。如果说该规定仅是对于股东的规

---

① 〔日〕落合诚一：《公司法概论》，吴婷等译，法律出版社，2011，第24页。
② 《中华人民共和国最高人民法院公报》2012年第10期，第43~48页。

定，而非对欲受让股权的第三人的要求的话，就必然意味着欲转让股权的股东也可以不遵守该规定。显然，这不是该法律规定的本意，因为，其结果将损害其他股东的利益从而伤及公司整体的稳定和利益。再次，对于既是法律明确规定的，又允许投资人通过章程加以约定的法律规范，也须放在整个企业法作为团体法的视野下予以考察和认识。如《公司法》第16条关于公司对外担保的规定，它一方面规定了公司对外提供担保必须经过股东会或董事会决议，另一方面又规定其是通过股东会还是董事会决议则交由公司章程规定。该规定的对外效力如何并不取决于公司某个具体的担保行为和公司章程如何规定，而取决于该规定的组织性规范的价值与意义。亦即，因为对外担保对于公司而言纯为一种负担，且其后果会严重危及公司的经营甚至存续，所以，该规定是为了维护公司整体的利益与稳定的组织性规范，而非简单的行为规范。因此，凡是违反该规定的对外担保均为无效，这里不存在被担保人的善意与否问题。

可以说，作为团体法的企业法是调整企业组织与行为的法律规范，它以调整并稳定企业内部组织关系为主要内容，以保护所有相关利益人的利益为己任。由此形成不同于其他法律，特别是不同于以单纯调整交易关系为己任的合同法的团体法思维。不同的法律思维意味着研究分析相应法律规范和解决社会实践问题时的出发点及方法的不同。团体法思维要求在设计企业法律制度、分析企业法律规范、适用企业法律条文时须以团体法的性质和要求为出发点，以团体稳定和相关主体关系、利益的协调为中心进行，从而维持企业的存续并保障企业的整体发展，保护相关利益人。

四　基于商人的身份以交互性思维处理有关商事经营关系

商事经营关系是指商人在营业过程中对外所发生的以交易为主要内容的法律关系，即商人与商人之间或商人与非商人之间因经营交易而产生的权利义务关系。换言之，这里的权利义务关系是源于经营交易并规范经营交易的。而任何交易，都是一个相互之间讨价还价的过程。在这个过程中，当事人表面上都是平等的，似乎都可以根据自己的意愿和要求相互之间讨价还价。但事实上，商事交易的各方，特别是在仅一方为商人的商事关系中，由于其各自地位、知识及相关信息的掌握都是不对称的，所以，在他们之间并不存在所谓真正的自由还价过程。如果说他们之间在各方面的力量都是一样的，那么，法律就没有必要规范他们的交易了。即使是在商人之间，买和卖之间也都存在着一定程度的不对称，更遑论在商人与非商人之间的交易关系了。

所以，尽管现代经济与法律理论都以自由和平等学说为基础，但平等的意义已经转入交互性的意义。① 所谓交互性是指对于交易的当事人，根据其在交易中实际的力量如何而确定权利与义务。对于力量较大者或处于优势者，一般更多地限定其权利，加重其义务；对于力量较弱者或处于劣势者，则更多地扩大其权利，减少其义务。通过这种交互性的权利义务配置，使当事人之间尽量减少因各自地位和能力、知识的不同而导致的不平等，以实现真正的平等。可以说，交互性其实就是国家对社会上较弱方的一种照顾，即在进行每一类交易的时候，国家的物质力量，总是被动员起来去限制一个阶级或阶层的经济力量，从而扩大相反阶级或阶层的经济力量。因此，交互性是对于人的一种善恶的官方评估。②

在当事人均为商人的经营关系中，一般来说，其相互之间的力量是相对均衡的，无论是知识、能力还是精于计算上。因而，权利义务的交互性并不突出，而更多的是一般意义上的权利义务的平等性。在一定意义上，权利的保护对于商人是多余的，而其义务，则基本上都是一样的。也就是说，凡是商人，都要在商事交往中承担相互差不多的义务和责任，其不能享有普通人的某些权利，如《德国民法典》第 343 条规定，如果违约金过高，当事人一方可以要求减少到适当数额，但《德国商法典》第 348 条规定，商人在其营业中约定的违约金，不得依《德国民法典》第 343 条的规定减少。而且，商人不仅在某些情形下不能享有普通人的权利，常常还要承担更高要求的责任，如《德国商法典》第 347 条第 2 款规定，《德国民法典》关于债务人在一定情形下只对重大过失负责任或只对其通常在自己事务上应尽之注意负责的规定，不因此而受影响。也就是说，商人不仅要对重大过失负责，也要对一般过失负责。

不过，尽管同为商人，但不同经营领域的商人在其各自的经营领域中都具有非该领域商人更多的优势。因此，这时也需要运用交互性理论与方法处理他们之间的纠纷，从而达到公平合理地处理问题的结果。在苏州阳光置业有限公司、新地中心酒店诉苏州文化国际旅行社有限公司新区塔园

---

① 〔美〕约翰·R. 康芒斯：《资本主义的法律基础》，寿勉成译，商务印书馆，2003，第 166 页。

② 〔美〕约翰·R. 康芒斯：《资本主义的法律基础》，寿勉成译，商务印书馆，2003，第 167 页。

路营业部、苏州文化国际旅行社有限公司委托合同纠纷案①中，法院指出："旅游公司借用星级酒店 POS 机进行刷卡，并在星级酒店获得银行刷卡预付款项后与星级酒店进行结算，在款项的收取和结算上与星级酒店形成委托合同关系。由于星级酒店与银行就境外信用卡 POS 机刷卡签有特约商户协议，对境外银行卡的受理条件、操作流程、风险防范和控制有专门的约定，并对酒店刷卡人员进行了专业的培训，因此星级酒店在有关境外信用卡的刷卡业务上具有一般商事主体不具备的专业知识和风险防控能力。星级酒店在受委托操作 POS 机刷卡时，特别是受理如无卡无密这种风险较高的境外信用卡刷卡业务时，应进行认真核查，负有审慎和风险告知的义务。否则即构成重大过失，应对完成委托事务过程中造成的损害承担相应的赔偿责任。"也就是说，由于星级酒店在有关境外信用卡的刷卡业务上具有更多的智识、经验和专业等，其须在相应商业活动中为此负有更多的注意义务并承担更重的责任。

在当事人一方为商人、另一方为非商人的商事关系中，双方各自的身份与地位决定了他们之间权利义务的交互性。也正因如此，各国纷纷制定了在商事关系中处于弱势的消费者的特殊保护法律，即消费者保护法。不仅如此，各国还专门制定了其他各种各样的法律来保护消费者，如产品质量责任法、金融消费法、隐私法等，并因而形成了不同于传统商法的法域。不过，尽管如此，当我们仍然从商人商行为的角度看待时，相应的法律关系仍为商事关系。② 在这种商事关系中，不仅需要法律明确规定作为商人一方更多的义务与责任，如根据《德国商法典》第 362 条规定，对于商业交易中的要约，商人有不迟延答复的义务，但非商人则无。而且，也需要在司法实践中以商人基于其地位和身份而应该负有更多义务和责任的原则或观念处理相应纠纷。如英国法院在一起金融隐私权保护的案子中指出，银行对金融隐私权保护的范围不限于客户的账户本身，而且包括了银行因其与客户关系的存在而获得的任何信息，并且这一金融隐私权的保护义务不

---

① 《中华人民共和国最高人民法院公报》2012 年第 8 期，第 28 页。

② 也就是说，在这种法律关系中，如果我们从消费者保护角度看，其是一种消费者保护法律关系，其重点在于突出消费者的权利及保护；如果我们从一般交易角度看，则其是一种商事交易法律关系，其重点在于强调作为商人的一方的企业的义务与责任。不同的角度，意味着看待和解决问题的思路和方法的不同。

因客户结清账户或停止使用账户而终止。①

我国采民商合一立法体例，同时也有大量的专门保护消费者的单行商事立法，如消费者权益保护法、产品责任法、食品安全法等。应该说，这些立法体现了相应商事关系中权利义务的交互性。而且，在一般民商立法中，也规定了作为商人的企业的更多的责任，特别是新颁布的《侵权责任法》中就有一些关于企业的责任规定，如明确了经营者的安全保障义务、规定了网络提供者的责任等。但从整体而言，我国相应立法中对作为商人的企业的义务与责任的规定仍然不够，特别是在民商一般法的规定中，过于将企业等同于普通人了。受此影响，司法实践中也简单地以所谓平等原则（其实仅是形式上的平等）处理企业与普通人的交易纠纷，结果导致一系列很值得商榷的判决或决定，如近年来不断出现的银行卡事件，客户的银行卡在自己手中，结果钱却被他人异地取走，司法判决竟然认为客户自己也有责任，银行责任很小甚至没有责任。轰动全国的"许霆案"更是让一个普通人因银行的过失导致错误而获刑。这种做法不仅伤害了普通民众，且使作为商人的企业更加不负责任。

不过，我国法院正努力改变这种现象，越来越看到作为商人的一方应当承担更多的义务与责任。在杨珺诉东台市东盛房地产开发有限公司商品房销售合同纠纷案②中，法院认为，房地产开发商应当保证其所出售的房屋符合法律规定或者合同约定的质量。其出售的房屋存在质量缺陷的，应当承担相应的修复义务。虽然房屋从设计施工到竣工均经有关行政管理部门审核批准，但不能据此否定房屋存在质量缺陷的客观事实。同时，由于房屋质量缺陷具有隐蔽性，买受人在使用过程中才得以发现，房地产开发商不能以订立合同时所拥有的信息优势来免除其保证房屋质量的法定责任。在梅州市梅江区农村信用合作联社江南信用社诉罗苑玲储蓄合同纠纷案③中，法院明确指出，银行作为专业金融机构，对于关乎储户切身利益的内部业务规定，负有告知储户的义务。如银行未向储户履行告知义务，当双方对于储蓄合同相关内容的理解产生分歧时，应当按照一般社会生活常识和普遍认知对合同相关内容作出解释，不能片面依照银行内部业务规定解释合同内容。

---

① E. P. Ellinger, E. Lomnicka and R. J. A. Hooley, *Modern Banking Law*, Oxford University Press, incorporated, 2002, p. 137.
② 《中华人民共和国最高人民法院公报》2010 年第 11 期，第 38 页。
③ 《中华人民共和国最高人民法院公报》2011 年第 1 期，第 37 页。

总之，我国应该在一般民商立法中确立作为商人的企业的更多的责任，使其在经营中能够更加诚信并明确自己的社会责任。在司法实践中，则应该树立基于其商人的专业性、知识性与职业性而应承担更多义务和责任的交互性法律思维，从而更好地处理相应商事经营纠纷。

五　尊重商事领域中的私法自治，保障
交易安全，促进交易便捷

商人总是在不断地为营利和节约成本而进行着各种各样的创新，他们的智识、经验和精力等远远优于普通民众，其行为具有计算性、连续性、知识性与专业性。因此，商法给予了企业更多的自治，而不能够像对待普通人那样还试图有点"保姆式的保护"。基于此，现代商法扩大了私法自治的范围，允许企业更多地按照自己的约定处理相关事务和纠纷，如减少对企业交易的形式要求，允许企业不受禁止约定管辖法院的规定，鼓励商人更多地将纠纷提交至具有民间性质的仲裁机构，商事习惯和惯例成为解决其交往中纠纷的基本规则等。

首先，商事领域中要充分尊重当事人合同自由权利和企业的自治权利。特别是对市场经济发展过程中因商人创新而出现的新类型合同以及传统合同形式中新类型条款的约定，除非符合合同无效的法定情形，否则不能轻易否定合同效力，从而鼓励并维护交易的稳定性，最大限度地促进社会财富流转。

最高人民法院在中国工商银行股份有限公司哈尔滨开发区支行与中国光大银行股份有限公司哈尔滨道外支行、黑龙江长兴投资有限公司借款合同纠纷上诉案[①]中指出，虽然目前我国有关法律、行政法规等尚未对以公路等不动产收益权出质的质押权究竟是以交付权利凭证还是以依法办理出质登记作为取得权利的要件作出明确规定，但是，不论是以交付权利凭证还是以依法办理出质登记作为公路收费权质押权取得的要件，因当事人在签订质押合同后既交付了质押权利凭证又依法办理了出质登记手续，应认定质押有效。也就是说，在该案中，尽管我国法律、行政法规当时并未对不动产收益权能否质押作出规定，但法院基于尊重自治、鼓励交易、促进财富流转等精神，确认了它的有效性。

---

① 奚晓明总主编、最高人民法院民事审判第二庭编、宋晓明主编《最高人民法院商事审判裁判规范与案例指导》（2010 年卷），法律出版社，2010，第 170～177 页。

其次，正确认识《合同法》中的强制性规定，不能随意认定合同无效。过去，我国没有商法传统，没有关于商法及商人行为的特殊认识，再加上对《合同法》第52条中所谓"强制性规定"及其他规定的理解混乱，导致在商事领域动辄宣布交易无效，从而严重损害了交易安全和效率。为更好地规范这个问题，最高人民法院出台了一系列司法解释作出说明。

《最高人民法院关于适用〈合同法〉若干问题的解释（二）》第14条明确规定："合同法第五十二条第（五）项规定的'强制性规定'，是指效力性强制性规定。"也就是说，只有效力性的强制性规定，才能决定合同有效或无效。

《最高人民法院〈关于审理外商投资企业纠纷案件若干问题的规定〉（一）》第1条明确规定："当事人在外商投资企业设立、变更等过程中订立的合同，依法律、行政法规的规定应当经外商投资企业审批机关批准后才生效的，自批准之日起生效；未经批准的，人民法院应当认定该合同未生效。当事人请求确认该合同无效的，人民法院不予支持。前款所述合同因未经批准而被认定未生效的，不影响合同中当事人履行报批义务条款及因该报批义务而设定的相关条款的效力。"根据该规定，未经行政审批的合同仅是未生效，而非无效，从而改变了过去那种关于《合同法》第44条规定的合同没有经过审批是否无效的争议认识。

《最高人民法院关于审理买卖合同纠纷案件适用法律问题的解释》第3条规定："当事人一方以出卖人在缔约时对标的物没有所有权或者处分权为由主张合同无效的，人民法院不予支持。出卖人因未取得所有权或者处分权致使标的物所有权不能转移，买受人要求出卖人承担违约责任或者要求解除合同并主张损害赔偿的，人民法院应予支持。"

这三个司法解释尽管并非明确针对所谓商人行为的，但实践中产生的纠纷大多甚至基本上都是关于商人（企业）之间争议的问题。可以说，这些司法解释确立了商事领域中不轻易认定合同无效的原则，顺应了社会经济发展中企业创新和提高效率的需要，是商法思维在社会经济活动中的重要体现。

再次，企业之间的交易形式自由。私法自治不仅体现为合同内容的自由，还体现为合同形式的自由。特别是在商事领域，商人交易的长期性、职业性与计算性决定了其交易形式可以不拘一格。

《最高人民法院关于审理买卖合同纠纷案件适用法律问题的解释》第1条规定："当事人之间没有书面合同，一方以送货单、收货单、结算单、发票等主张存在买卖合同关系的，人民法院应当结合当事人之间的交易方式、交易习惯以及其他相关证据，对买卖合同是否成立作出认定。对账确认函、债权确认书等函件、凭证没有记载债权人名称，买卖合同当事人一方以此证明存在买卖合同关系的，人民法院应予支持，但有相反证据足以推翻的除外。"

最后，尊重商事交易规则和惯例。商人交易的长期性决定了商事交易习惯在商事领域的重要价值。《德国商法典》第346条规定："在商人之间，在行为和不行为的意义和效力方面，应注意在商业往来中适用的习惯和惯例。"《日本商法典》第1条更是明确规定："关于商事，本法无规定者，适用商习惯法，无商习惯法者，适用民法典。"

基于商事交易实践中对商事交易习惯的高度依赖，我国《合同法》第61条已经赋予交易习惯以补充合同条款的一般解释性功能的效力。相应的司法解释不断地提到交易习惯，如《最高人民法院关于审理买卖合同纠纷案件适用法律问题的解释》第8条第2款规定："合同约定或者当事人之间习惯以普通发票作为付款凭证，买受人以普通发票证明已经履行付款义务的，人民法院应予支持……"第17条第1款规定："人民法院具体认定合同法第一百五十八条第二款规定的'合理期间'时，应当综合当事人之间的交易性质、交易目的、交易方式、交易习惯、标的物的种类、数量、性质、安装和使用情况、瑕疵的性质、买受人应尽的合理注意义务、检验方法和难易程度、买受人或者检验人所处的具体环境、自身技能以及其他合理因素，依据诚实信用原则进行判断。"

因此，商事交易习惯可谓民商事审判的法律渊源之一。在上海振华港口机械有限公司诉美国联合包裹运送服务公司国际航空货物运输合同标书快递延误赔偿纠纷案[①]中，法院指出，承运人接受客户所需投递的标书后，应迅速、及时、安全地将其送达指定地点。但承运人未按照行业惯例于接受当天送往机场报关，以致标书在当地滞留两天半，属于延误，应当承担相应的民事责任。

同时，在确定当事人权利义务和责任时，应当尊重并重视一些行业组织的章程、会计师协会和交易所等中介机构的业务规则，并可以将其作为审理商事案件时的重要参考依据。

总之，商人在商事交往中的一个基本要求就是交易能够迅捷并安全可

①　《中华人民共和国最高人民法院公报》1996年第1期，第28～32页。

靠，因此，与传统民法规范相比，作为企业交易之法的商法特别注重对交易便捷和交易安全的促进和保护。为促进交易便捷，商法确立了合同定型化、权利证券化、交易手续和方式简便化等制度。为保障交易安全，商法规定了公示主义、外观主义、严格责任主义等规则。公示主义要求企业应将其与交易相对人关系密切的重大事项进行公告、登记、公示、文件备案等，如企业的登记、上市公司信息披露等制度；权利外观主义规则则将当事人的信赖外观行为推定为真实意思表示的行为，如代理法中的表见代理制度；严格责任主义则对交易当事人的义务和责任予以严格的要求，以确保交易的安全、诚信与公平，如企业责任的连带规则。可以说，商法的根本是促进交易效率并保障交易安全，二者是相辅相成的。可以说，没有效率的交易安全，是不符合市场规律的；没有安全的交易效率，市场行为将是无序的。商事司法实践要善于把握和处理市场交易效率与交易安全之间的矛盾，既要促使交易行为便捷，提高交易效率，又要保障交易关系稳定，确保交易安全。[1]

在新疆亚坤商贸有限公司与新疆精河康瑞棉花加工有限公司买卖合同纠纷案[2]中，买受人以出卖人少交货且与合同约定质量不符而要求解除合同。最高人民法院为此指出，买卖合同中，出卖方少交货及与合同约定质量不符部分货物的价值不高，且未因此实质剥夺买受方再次转售从而获取利润的机会，并不影响买受方合同目的的实现，故买受方关于合同目的不能实现的理由不能成立。对于货物因质量减等所造成的违约损失，是可以依据双方签订合同时的货物等级差价，通过出卖方以现金补偿的方式予以救济的。在双方的买卖合同已经履行完毕，买受方也已将货物全部转售出的事实的基础上，出卖方不适当履行合同的行为仅构成一般违约，并不构成根本违约，并不影响买受方的合同目的的实现，不构成《合同法》第94条关于解除合同的法定条件。

实践中，买卖合同中的卖方少交货或交的货物不符合质量要求是比较常见的事情，这是企业经营中必然会遇到的风险。所以，买卖双方需要在合同中对此予以约定来防范，但约定并非意味着必须按照约定去做，而毋宁说是通过约定明确责任而采取相应的手段。而相应手段的采取取决于这

---

① 奚晓明：《积极推进三项重点工作　保障经济发展方式转变　能动回应经济社会发展对商事审判工作的新要求——在全国法院商事审判工作会议上的讲话》，载奚晓明主编、最高人民法院民事审判第二庭编《商事审判指导》（2010 年第 3 辑），人民法院出版社，2010。

② 《中华人民共和国最高人民法院公报》2006 年第 11 期，第 17～24 页。

种风险能否通过相应救济得以平衡，绝非一定通过解除合同这种极端的方法，否则将有损于交易安全。

所以，正如最高人民法院副院长奚晓明指出的那样，实践中，针对商事交易中所呈现出的交易主体的职业化、交易的营利性、交易特征定型化等不同于传统民事纠纷的特点，应自觉坚持以商法的司法理念和商事交易的特有规则来处理商业交易中的纠纷。司法机构特别是法院商事审判部门应更加注重对交易安全和交易秩序的保护、更加注重对企业稳定的维护、更加注重对市场主体的交易行为营利性特点的尊重、更加注重对保障市场交易便捷的交易规则和交易惯例的尊重。在选择救济措施时，慎用裁判合同无效及强制当事人返还财产等手段，选择以损害赔偿、金钱补偿等手段提高市场资源配置的效率。①

六　结语

由于我国没有商法传统，立法采民商合一体例，如何认识商法及商法思维并不统一。不过，近年来，在理论界及最高人民法院和各级人民法院的努力下，相应的商法认识及基本的法律思维已经初步形成。可以说，上述商法思维将对规范作为现代商人的企业的组织与行为、强化企业责任、保护消费者、促进社会和谐、保证社会主义市场经济的健康发展，具有重大价值与意义。

---

① 奚晓明：《积极推进三项重点工作　保障经济发展方式转变　能动回应经济社会发展对商事审判工作的新要求——在全国法院商事审判工作会议上的讲话》，载奚晓明主编、最高人民法院民事审判第二庭编《商事审判指导》（2010 年第 3 辑），人民法院出版社，2010。

论商事领域的"软法"之治

——兼谈"软法"对解释、适用商事立法的意义

季奎明[*]

【内容摘要】软法是一种不依靠国家强制力实现的社会约束体系，最重要的效力来源是利益导向机制，在商事领域亦具有较强的适应力。从类型上看，国家、次国家共同体、超国家共同体乃至私人经济组织都可能制定商事软法。依托多样化的形式渊源，商事软法可以发挥"前法律""后法律""与法律并行"等不同层次的功能，进而对国家商事立法的解释、适用产生影响。

【关键词】软法 形式 功能 商事立法

　　商事法是调整市场运行机制之法。一般所谓之商事法规范是指由国家立法机关制定或认可的，对商事主体与商事交易行为予以调整的规则体系，这些法律文件可以依托国家强制力来实施，因此是市场经济重要的制度保障。然而，市场经济本身是一个不断演进的动态过程，在效益导向下不停地创造着新的经济工具、新的细分市场与新的交易方式，而高昂的修法成本使得商事规范的制定工作几乎总是滞后于经济现实。

　　在复杂、多元和速变的当代社会中，软法因公共治理的兴起而大规模涌现，成为公共治理的主要依据之一。德国法社会学家卢曼（Luhmann）提出的"系统论"结合当代社会及其规范的特质，从学理上揭示了软法对社会关系调整的必要性和适当性。[①] 虽然，软法的概念最早是在公法领域被关

---

　　* 华东政法大学经济法学院讲师。

　　① 参见翟小波《"软法"概念何以成立？——卢曼系统论视野内的软法》，《郑州大学学报》（哲学社会科学版）2007年第3期。

注并得到发展的，但软法调整的现象在商事活动中同样也大量存在，例如章程、规约、行业标准、示范法等法律文本并不鲜见。那么，软法之治能否成为缓和国家立法机关所订立的商事规范与快速发展的社会经济需求之间紧张关系的一种可能方案呢？

一 软法的特征及其效力来源

人们通常在三种意义上使用软法的概念：第一，形式较"硬"但实效较"软"的法，即符合法规范的标准制式要求，但罚则不够严厉，或者在现实生活中较少受到重视，执行也明显不力的法；第二，指实效可能较"硬"，但形式较"软"的法，即这种类型的法规范往往发挥着较强的社会调控作用，但不具有法规范的标准制式，通常并非立法机关所制定，有些即便是立法机关制定的，也未规定明确的行为模式或相应的消极法律后果；第三，指道德、民俗、宗教教义、政策、法理、潜规则等不是法的"法"，这些社会规范虽然也有与法规范相类似的功能，可以被概括为"准法""类法"，但它们从根本上说并不是法。① 本文仅在第二种意义上使用软法的概念。

（一）软法的特征

"软法"是相对于国家立法机关制定的具有标准制式的法规范而言的一个术语，概括地讲，就是不具有法律约束力但可能产生实际效果的行为规则。② 具体而言，软法是以文件形式确定的不具有法律约束力但是可能具有某些间接法律影响的行为规则，这些规则以产生实际的效果为目标或者可能产生实际的效果。③ 据此，可以从三个方面来认识软法的本质特征。④

第一，软法是一种行为规则，但软法与广义的规范之间是有界限的，一般意义上的道德、潜规则、法理、政策或行政命令通常不属于软法，一

---

① 参见江必新《论软法效力：兼论法律效力之本源》，《中外法学》2011年第6期。作者所谓之"制式"，系指合乎标准和规格的样式；"制式的法"，即来源权威、要素齐整、样式标准的法律规范；"非制式的法"则是对非立法机关制定的规范文件，或者构成要素欠缺、样式不够典型的规范文件的统称。

② See Snyder: *Soft Law and Institutional Practice in the European Community*, The Construction of Europe, Kluwer Academic Publishers, 1994, p. 198.

③ Linda Senden: "Soft Law, Self-regulation and Co-regulation in European Law: Where Do They Meet?", *Electronic Journal of Comparative Law*, Vol. 9, Jan. 2005.

④ 参见罗豪才、毕洪海《通过软法的治理》，《法学家》2006年第1期；姜明安《软法的兴起与软法之治》，《中国法学》2006年第2期。

味扩大软法外延的"泛软法主义"可能会严重损害法治的权威，助长专制，进而导致人们价值观念与社会秩序的混乱。

第二，软法之"软"仅在于其不具有国家强制力，而并非没有任何约束力。它一般不是由国家制定的，而是由社会共同体的成员自愿达成协议，每个成员理应自觉遵守，一旦违反，除了遭到舆论的谴责、共同体的制裁外，常以民间调解或仲裁的方式处理。

第三，制定软法的主体是多元化的，虽然国家正式立法机关也可能制定一些没有法律责任条款的不以国家强制力保障实施的法律规范，但软法的主要制定者是非国家的社会共同体，包括诸如 UN（联合国）、WTO（世贸组织）、ILO（国际劳工组织）、WIPO（世界知识产权组织）、EU（欧盟）、ASEAN（东盟）等超国家共同体，以及像国家律师协会、医师协会、注册会计师协会、居民委员会这样的次国家共同体，乃至以企业为代表的私人组织。

（二）软法效力的来源

软法既然无国家强制力作为保障，那何以具有约束力呢？一种较有说服力的学说指出，软法效力的本源是利益导向机制：利益是人们通过社会关系表现出来的不同需要，理性人作出行为选择时需要进行利益衡量，[①] 如果人们认为违反一个法规范所获得的利益大于遵守该法规范的利益，即便这个法规范是有强制力的（分析实证主义学派观点）、正当的（自然法学派观点）、有实际约束力的（社会法学派观点）或者是得到社会成员认同的（现实主义法学派观点），也未必能得到遵行。所以，法规范对人的行为的约束力主要是依靠利益引导来完成的。就这点而言，软法与国家立法机关所制定的那些"硬法"并无不同，进而也佐证了不少学者所支持的"软法亦法"之观点。当然，认为"软法亦法"，实际上是扩张了法的外延，仍然存在着很大的争议，但是如果我们从描述性的限定意义上来使用软法这一概念，那么软法又确实和硬法一样都是通过利益导向机制形成约束性效果的。大部分软法不是由国家立法机关制定的，其实施也不依赖国家强制力的保障，主要依靠成员自觉，共同体的制度约束，社会舆论等，而成员为什么会自觉、共同体的制度为何有约束力、社会舆论又何以能起作用呢？究其根本，是因为背后的物质或精神利益影响了其行为的动因及选择，成员自觉、共同体的制度约束、社会舆论所产生的动力、阻力或压力都需要

---

① 参见《马克思恩格斯全集》（第 1 卷），人民出版社，1995，第 8 页。

融入利益导向机制才能发挥作用。因此可以认为，凡是具备利益导向机制的软法规范，不管形式多软，都可以形成作用于社会的现实约束力；反之，凡是不具备利益导向机制的规范，不管其形式多硬，也都无实际效力可言。① 举例来说，在欧洲治理研究所收录公布的三百多个公司治理准则中，大部分确立了"自愿披露＋市场压力"的机制，虽然这些准则不能通过司法强制力来予以执行，披露与否和披露的程度由公司自主决定，但如果公司不按照准则的要求执行，相关经济组织就会实施公开批评、舆论谴责等手段，乃至发起会员的联合抵制，而投资者在获悉情况后同样可能采取不购买该公司股票的行动，② 这样的软法规范虽然不具有法律的拘束力，但是会在客观上影响当事人在经济交往中的资质、能力或机会，从而在后果上与当事人所追求的利益导向相悖，因此可以起到震慑行为人的效果。

二　"软法"在商事领域的适应力

"软法"的概念与机制主要形成于公共治理的公法领域，那么实现商事领域的"软法"之治是否具有可能性与必要性呢？这个前提性的问题需要首先阐明。

（一）软法倚靠的利益导向机制与商事活动的营利性相契合

商事主体通过商事活动追求赢利，这是现代社会经济发展的重要动力之一，而商事规范正是认可并保障这种营利活动的制度规则。前文已经论证，无论是硬法还是软法，其约束力的根本来源是利益导向机制，而软法因为缺乏国家强制力的支持，显得更为依赖利益导向机制。在不同的法域中，这种驱动当事人行为的利益可以是精神或物质利益、经济或政治利益等各种形式，尤以经济利益最为司空见惯、影响深入。商事活动的营利性在本质上正体现为当事人根据自身对收益与风险的权衡作出或者不作出一定的法律行为，这令依托经济利益导向机制的软法对商事活动产生调整效力成为可能。

由于商事主体与商事行为都具有明显的营利性，软法得以借助经济利益导向机制发挥制度供给的功能。首先，软法能够表达利益，即通过权利义务的设定对市场中的利益关系加以选择，对特定的利益予以肯认或否定；

---

① 参见江必新《论软法效力：兼论法律效力之本源》，《中外法学》2011 年第 6 期。

② 参见邓小梅《经济领域中的软法规律性初探》，《武汉大学学报》（哲学社会科学版）2011 年第 6 期。

其次，软法能够平衡利益，即对市场中各种利益的重要程度作出评估或衡量，然后为协调利益冲突提供标准；再次，软法能够重整利益，即对市场中现实存在的不合理的利益格局进行重新塑造，使之趋于合理。

（二）软法可以减少技术性的商事规范在适用上的困难

大部分的商事规范并不像伦理性规范那样是对自然形成的公理或者社会约定俗成的基本评价标准的反映，而是立法专家根据一个国家或地区在特定时期的实际经济状况所制定的法律规则，兼有实体性与程序性的内容，因此被归入技术性规范的范畴。这种技术性的特征使得很多的商事规范与日常生活中的是非准则、行为规范毫无关联乃至背道而驰，不易为当事人所熟悉、理解，有时国家立法中虽隐含其意却未明文规定，致其效果受限，比如票据法中的票据无因性。另一些技术性规范看似明确，实则过于原则化，连司法机关也难以直接适用，例如公司法中的董事注意义务。通过《统一汇票本票法》《OECD 公司治理原则》这样的软法，硬法中未阐明的规则得以明确化，硬法中有待解释的规则得以精细化。

此外，技术性规范一般因时因地因人而具有合理性，通常缺少普遍的、绝对的正当性。因预期的规范与社会现实之间差别较大，立法的进程可能本身就产生过激烈争论，技术性的硬法可能会引发一些意识形态或思想观念方面的抵制。软法的制定多采用共同体全体成员参与、共同协商的方式，有利于实现在代议制立法模式下被忽略的那些市场主体在一定范围和限度内的公平、正义之理想，降低社会成本，提升制度的整体正当性。[①] 随着当事人主体意识的增强，商事规范借由软法形式而得到自觉遵守或适用的情形也将更多地出现，例如行业自律、市场主体自律的发展。

（三）软法可以缓解剧变的社会经济关系与不足的法律供给之间的矛盾

从主观的角度上看，由于现代社会在经济和科技方面的迅猛发展，各种经济交往关系越来越呈现多样性、复杂性的特点，而立法者的认识能力总是有限的，往往导致立法机关制定出来的法律跟不上社会经济发展的脚步，难以应对不断出现的新问题。从客观的角度上看，硬法出于自身稳定性的需要，同样不能频繁地予以修改、补充，且立法、修法的成本很高，我国立法机关的现行运作机制也决定了立法供给基本不可能满足人们对法

---

① Orly Lobel, "The New Deal: The Fall of Regulation and the Rise of Governance in Contemporary Legal Thought," 89 Minnesota Law Review, 2004.

律的需求。① 然而，我国仍处于社会转型期，政府明确将加快转变经济发展方式列为核心工作目标，在政府逐步转变其职能，将更多的权力还给市场后，无法想象一个错漏不堪的制度体系会带来怎样的严重后果。商事领域的软法恰恰因其内容的灵活性和制定、修改程序的简便性为解决或缓和这种矛盾提供了可能。运用软法有利于克服硬法适应经济发展迟缓、僵硬的弊端，提高商事规范对社会变化的适应力，填补市场活动中的许多制度空白。

（四）软法可以满足经济全球化背景下对国际统一商事规则的需求

重视资源的市场配置，最大限度地调动商主体在商事活动中的积极性，是当今各国共同的政策导向。特别是 20 世纪中期以后，随着经济全球化成为世界经济发展的一个强劲趋势，各国之间的经济、贸易交流进一步增多，如果没有相对统一的国际规则，不可避免地会产生许多摩擦、争议、纠纷。但法律规则的制定涉及国家的主权，即使有某个国家的法律特别公正，别的国家也不会同意将该国的法律自然适用于国际商事关系的调整。在这种情况下，只有通过经济共同体内部的协商，才能达成成员都能接受的规则，最典型的例子莫过于 WTO 的规则。② 毫无疑问，经济全球化为国际软法在商事领域的广泛和快速发展提供了巨大的空间，而软法又使商法中的技术性规范逐渐逾越了一国的界限，得到更大范围的认同和趋于统一的适用。通过软法的路径来寻求超越政治、地理边界的统一商事规范已经成为必然的选择。

三　软法在商事领域的存在形式

既然软法在商事领域具有适用的可能与必要，要实现软法之治就必然要对相关软法的外延予以进一步的界定。以制定主体作为区分标准的话，软法主要有以下四种存在形式。

（一）国家制定的商事软法

国家立法机关制定的法律规范一般属于硬法，但正如前文所述，区分硬法与软法的主要标准是该规范的执行是否依靠国家强制力，因而国家立法机关制定的商事法律中也会存在一些欠缺法律责任机制保障的条款，比

---

① 任何立法都要经过较为缜密的前期调研、论证方能进入真正的立法程序。在正式审议时，作为我国立法机关的全国人大每年开一次会，会期一般不超过两周，通常只能制定一部（最多两部）法律；全国人大常委会每两个月开一次会，每次会期不超过十天，通常只能制定或修订两至三部法律。但是，即便是这样的密度，已经给财政、交通等方面带来了很大的压力，立法、修法的成本之高可见一斑。

② 参见姜明安《软法的兴起与软法之治》，《中国法学》2006 年第 2 期。

如《公司法》第 5 条规定："公司从事经营活动，必须遵守法律、行政法规，遵守社会公德、商业道德，诚实守信，接受政府和社会公众的监督，承担社会责任。"其中对于公司社会责任的承担进行了原则性的规定，但并未确立违反该规定时应当对公司科以何种法律责任，令社会责任的实现更多地依靠商业伦理而不是国家强制力。但这类"软法"并不是本文重点讨论的软法，从性质上说，这些商事规范都毫无争议地属于狭义的"法律"，要克服形式"硬"、效力"软"的弊端，理论与实务界都需要更多地从解释与适用的角度进行探讨，而且此种软法规范的解释与适用往往还可能同下文所要阐述的几种软法形成关联。

国家制定的商事软法，最典型的当属行政机关制定的不具有执行力的规范文件，这些规范不是对特定时间、特定事件的具体行政指令，而是具有一定普遍适用性的规范性文件。其形式大抵可以区分为两类：一是行政机关（或执政党）订立的较为宏观的指导原则或公共政策，常以纲要、规划、意见等形式出现，比如《国民经济和社会发展第十二个五年规划纲要》、国务院《关于促进企业兼并重组的意见》等；二是行政机关对较为具体的经济事务订立示范性或解释性的指南、准则、标准、操作备忘录、通知等，例如财政部的《企业会计准则应用指南》、证监会的《保荐人尽职调查工作准则》与《关于规范基金管理公司设立及股权处置有关问题的通知》等。不管冠以什么样的名称，行政机关制定的与经济事务有关的软法都不具有具体的强制执行力的保障，属于政府推出的经济伦理守则，是这类规范制定主体的权威性、制定与推行程序的公开性令其对于市场主体具有一定客观上的拘束力。

（二）次国家共同体制定的商事软法

随着"从统治到治理"（from government to governance）的理念越来越受到重视，人们对于包括经济关系在内的社会事务的管理方式有了不同的认识："统治"体系中的权威表现形式是命令与控制，通过国家公共部门自上而下地对制度和规则进行垄断性的设定来实现，这种法律只能是硬法；而"治理"意图确立的是多重权威，制度和规则并非全部来源于拥有公共权力的机关，还可以依靠在灵活、自愿的水平网络中形成的软法。① 因此，次国家经济共同体所制定的软法同样是主要甚至最核心的调整商事关系的

---

① Ulrika Morth, *Soft Law in Governance and Regulation：An Interdisciplinary Analysis*, Edward Elgar, 2004, p. 1.

软法形式。

所谓次国家经济共同体，最为典型的形式就是中介组织。依据我国法律，现有的中介组织大多是报经政府或者政府职能部门审批、备案之后经登记而成立的非营利性法人，包括中介自律组织与中介服务组织。行业协会和交易所是影响力最大的中介自律组织，这些机构订立的自治规则、组织章程、自律公约、业务指引、示范性法律文本等均属软法，如上海证券交易所的《股票上市规则》与《交易规则》、保险业协会的《保险中介机构自律公约》与《交强险承保、理赔实务规程要点》、证券业协会的《证券公司投资者适当性制度指引》与《证券公司金融衍生品柜台交易业务规范》等。此外，中介服务组织也可以根据实际需要来颁行具有一定约束力的软法，像中国证券登记结算有限责任公司发布的《结算参与人管理规则》就对证券交易的结算具有直接的影响。

如果说中介组织是有形的次国家经济共同体，其制定的规范性文件是成文的软法，那么是否可以将交易习惯看作无形的行业联合体默示达成的软法呢？所谓交易习惯，乃当事人在交易中普遍知悉并且愿意遵守的一种非正式制度，未必形成文字表述，因而交易习惯能否归入软法的范畴仍有疑义。但是本文认为，无论有无文字表述，只要交易习惯能在产生争议时得到确认，包括双方当事人自行认定、一方当事人举证、市场调查、行业协会证明、参照法院或仲裁庭的先例等途径，并且违反该习惯会给行为人带来不利的后果，就应当被纳入软法的范围，进而作为次国家经济共同体以默示方式认可的特殊商事软法。

（三）超国家共同体制定的商事软法

在超出一个政治国家的国际层面上，商事软法同样是存在的。需要指出的是，像《建立世界贸易组织协定》《联合国国际货物销售合同公约》《解决国家与他国国民间投资争端公约》这样的国际条约对缔约国具有约束力，可以直接成为缔约国的法律渊源，因此属于一种硬法。国际法意义上的软法，从订立的主体来看，大致包括两类：（1）国家之间签署的不具有法律约束效力的文件，常以声明、协议、宣言、换文、决议、指南、通知等形态出现；（2）国际组织订立的非强制性法律规范，例如联合国国际贸易法委员会的《电子商业示范法》、经济合作与发展组织（OECD）的《公司治理原则》、巴塞尔银行委员会的《巴塞尔新资本协议》、国际交换及衍生性金融商品协会（ISDA）的《金融衍生品交易主协议及其补充协议》、国际标准化组织（ISO）制定的系列管理标准等。就内容而言，超国家共同体制定的商事软法也有宏观和具体之分。在经济全球化和区域经济一体化的步伐日益加快的今天，这些软法对我们的影响将会越来越大。①

（四）私人经济组织制定的商事软法

以企业为代表的私人经济组织在经济交往过程中除了遵循上述各类规范外，也会根据自身的实际情况制定一些章程、规则、指南、标准等具有内部约束力的规范性文件，这些文件对于该经济组织内部当然具有效力。但是，很多情况下，此类规范对企业以外利益相关者的权利义务也会产生影响。比如，国家电网公司所制定的《履行社会责任指南》，对公司内部管理决策目标的形成、员工待遇的保障等具有约束力，假设国家电网公司对基础网络施工方提出了严格的安全生产要求，对原材料供应商确立一个绿色的环保标准，那么这些主体也就被动加入到了承担社会责任的体系中，使企业所制定的软法对利益相关者同样构成一定的拘束。所以，不宜将私人经济组织制定的商事软法只看作约束组织内部关系的规范性文件，其在相关的经济关系中也具有相当的适用力。

四　在商事领域实现软法之治的路径与限度

充分认识到商事软法的存在及其运行的价值，并非要以软法来取代硬法，硬法和软法并不是必须对立的两种规范。恰恰相反，在许多社会关系的调整中，软法和硬法是作为有意识构设的结果而同时出现的，软法和硬法的并存使得二者在实现共同目标时相互产生作用。

如果从功能主义的视角出发，将法律限定在硬法的狭义范围内，有学者将软法的功能概括为三种："前法律功能"（a pre-law function）、"后法律功能"（a post-law function）以及"与法律并行功能"（a para-law function）。② "前法律功能"是指软法着眼于未来硬法的制定，是硬法形成之前的阶段；"后法律功能"是冀望软法能成为硬法的临时替代品，发挥解释或决策参考的作用；"与法律并行的功能"则要求软法在硬法效力不及或效率不高的场合与硬法形成补充。以上这三类关系也勾勒出了在软硬法互动的背景下实现软法之治的基本路径。在区分商事软法存在形式的基础上，下文尝试对不同软法的主要功能及其局限进行初步的梳理。

---

① 参见程信和《硬法、软法与经济法》，《甘肃社会科学》2007 年第 4 期。

② Linda Senden: "Soft Law, Self-regulation and Co-regulation in European Law: Where Do They Meet?" *Electronic Journal of Comparative Law*, Vol. 9, Jan. 2005.

（一）"前法律功能"的软法

发挥"前法律功能"的软法其主要价值在于确立未来硬法制定的理念与基本框架，常表现为预备性、资料性、宣示性的规范文件。国家行政机关制定的宏观的指导原则或公共政策，以及超国家共同体制定的宏观软法即属于"前法律功能"的软法，难以直接适用到具体的商事关系中。然而，特别值得讨论的问题是，作为商事软法的指导原则、公共政策是否可以对某些国家立法的解释与适用产生实质性的影响，即能否在商事司法中体现"前法律功能"软法的价值取向？笔者认为，应当对此采取一种审慎的态度。国家立法机关所制定的商事规范本身蕴含着一定的理念，我国改革开放尤其是加入 WTO 以来的商事司法活动也积累形成了一定的传统，有学者专门撰文将商法的理念概括为"强化私法自治、经营自由、保护营利、加重责任"，[①] 而那些指导原则、公共政策所倡导的理念未必与之契合。

当"前法律功能"的软法之利益导向与某些国家商事立法相近，如果硬法缺乏一种明确无疑的解释方式，借由软法的内容来帮助解释、适用硬法似乎具有正当性与可行性。但是，对利益导向相似性的判断本身就隐含着巨大的风险，可能为泛化的错误解释提供借口，指导原则或公共政策毕竟不同于法律原则。因此，这种形式的软法不宜被直接当作解释或适用法律的依据。

当"前法律功能"的软法之利益导向与国家商事立法明显不同时，选择商法作为一个推行公共政策的领域就显得更不合适。诚然，中国仍处于经济与社会的转型时期，利益主体多元化，社会矛盾突出，稳定往往被当作压倒一切的大事。我们也无法否认，法律制度经常在一定程度上成为公共政策的延续，但这是就立法而言，公共政策在立法中的渗透已经令法律规则淡化乃至偏离原来的目标。如果不对这种状况有所警醒，甚至进一步将司法体制作为推行公共政策的辅助工具，司法的独立性便会受到影响，正义将不再成为法院所追求的唯一目标。商事立法在本质上依然是私法，它的基本立场应当是对商人实施营利性活动的促进，切不可在所谓"司法的社会效果"的诱导下，用泛道德主义的态度去过分强调那些"社会保障性"的公共政策，进而忽略了商事规范本来最重要的精神气质。[②] 所以，

---

① 参见王建文《论商法理念的内涵及其适用价值》，《南京大学学报》（哲学．人文科学．社会科学版）2009 年第 1 期。

② 参见蒋大兴《公司法的观念与解释 II——裁判思维 & 解释伦理》，法律出版社，2009，第106～110 页。

"前法律功能"的软法不宜发挥解释商事硬法的效用,这种软法在更多的意义上只是为了寻求普遍的认同,以便在将来的立法活动中被吸收、被"硬化"。

(二)"后法律功能"的软法

软法的"后法律功能"是指对硬法中空泛或存有漏洞的规范进行解释,从而提高该商事规范的明确性与可执行性。国家行政机关针对具体经济事务订立的指南、准则、标准、通知等文件,以及次国家共同体、超国家共同体、私人经济组织制定的各种形式的商事软法,如果与硬法具有同一规范对象,则都可以归入"后法律功能"体系。此类软法运行机制的本质是法官发挥司法能动性,通过解释商事硬法的途径赋予软法责任以强制性。在这种路径下,要使"后法律"的解释不致硬法的价值目标发生异化,就需要回答软法是否在任何情况下都具有解释力,以及借助多种软法形式所得出的解释结论不同时如何解决冲突的问题。

软法规范之所以"软",是因为在一些重要的制式要素上有所欠缺,尽管这种欠缺不能在质的层面影响软法效力的内容,却能在量的层面影响软法效力的程度。制式欠缺情形的不同,导致软法效力强弱有别,从而形成软法整体上的效力渐变梯度。① 为了研究法律规范的效力梯度,国外有学者专门定义了三个变量——责任、精确性、授权:责任是规则或承诺对法律主体的约束力度;精确性指规则对其所要求、委任或者规定的法律行为进行清晰界定的程度;授权则是指是否存在一个第三方主体,有权执行、解释和适用规则并据此解决争端,以及第三方主体权力的大小。② 将对三个变量的评价综合起来方能得出关于某个法律规范效力梯度的向量。三个变量都高的无疑是制式齐备的硬法,而仅在精确性一项上有所欠缺的就是需要解释的硬法,可以作为参照的软法理应在精确性上高于待解释的硬法,这才构成软法解释力的来源。如果多种软法(尤其是不同主体制定的软法)的精确性都高于规范同一法律关系的硬法,本文认为应当按照如下方式来选择更合适的软法作为解释硬法的依据:责任约束力更高的优先适用,因为约束力是规范得以实践的根本基础;约束力相近的,再考虑授权的程度,较大的授权能提升软法的执行力,甚至通过授权解释来进一步提升总体精

---

① 参见江必新《论软法效力:兼论法律效力之本源》,《中外法学》2011年第6期。

② Kenneth W. Abbott et al. , "The Concept of Legalization," *International Organization*, Vol. 54, 2000.

确性；只有在责任约束力和授权程度均相仿的情况下，才对软法在文义精确性上进行比较。

借助软法推动硬法解释的同时也存在一个不容忽视的危险，即缺乏约束的司法能动可能导致对商事活动个性化经济目标的侵害，毕竟"商人才是自己利益的法官"。对于没有"法官造法"传统的我国，这种可能更具有现实性，因而需要对法官的自由裁量予以约束和限制。[①] 软法对硬法解释的影响是有规则、有限度的，这种过程相当复杂，需要在理论上不断总结，实践中扩大认同。为了避免司法能动可能带来的混乱，最高人民法院可以及时通过司法解释的形式，将一些司法实践中已经严谨论证的有针对性的软法内容"硬"化，进而减小实务中的不确定性。

（三）"与法律并行功能"的软法

软法还具有第三种功能，被形象地比喻为"与法律并行"，是对硬法没有涉及或缺乏调整效力的社会关系予以规制，从而对硬法形成补充。我国商事立法中存在大量授权式条款，准许适用其他法律规范的规定对法律事实作出裁判，立法的表达句式为"……参照……的有关规定"、"……适用……的有关规定"或者"……依照……的有关规定"。对将要适用的法律关系而言，此类条文及其所指向的援引规范都属于不完全规范，需要二者结合起来一并适用方能完整。倘若授权式条款所指向的援引规范属于软法，那么这种软法就是在发挥"与法律并行功能"，通常因硬法过于细致的直接规定缺乏效率而引发。基于立法的授权而参照软法，可看作硬法效力的延伸，因此这种"并行"并无争议，但也并非软法最典型的"并行"模式。更重要的是，硬法对某些社会关系未作任何规定，而软法中存在较为完备的规范体系，软法通过自身的运行机制形成非强制的拘束力自不待言，可为了不违背民法一般条款所确立的"法官不得拒绝裁判"原则，软法是否能够作为司法裁判的依据呢？

在本质上，这是一个类推适用的问题。虽然商法在法域归属上属于私法，但其法律规范具有明显的多重属性，私法规范与公法规范、组织法规范与行为法规范、强行法规范与任意法规范、实体法规范与程序法规范兼收并蓄，并非都可以采用从软法到硬法的类推。一般而言，不能直接类推的有以下几种情形：第一，有公法属性的商事规范不能从软法中类推，例如商事主体登记的法律规范、商事主体营业许可和涉及行政审批的法律规

---

① 参见蒋建湘《企业社会责任的法律化》，《中国法学》2010 年第 5 期。

范、商行为监管的法律规范、违法商行为的公法责任机制等；第二，强制性的商事规范不得从软法中类推，所谓的强制性规范通常包括主体或客体类型的法定主义、行为要式的法定主义、条件或地位的法定主义、程序的法定主义等，以及与公共利益紧密相关的一些事项；第三，商事规范中的特别规范不得从软法中类推，这些特别规定具有针对特定事项的专属性，不具有普遍的拘束力，类推必然使其适用范围扩大化，违背订立规范的本意。除了充分考察类推的"相似性"前提外，法院的判决还要注意符合逻辑推理。①

综上所述，商事领域中软法与硬法的融合便可以用下图来予以归纳。软法之治实际上是一种贯通国家立法与非强制性规范的社会治理路径，对商业经济的快速发展具有很高的适应力与契合度，值得我国关注、采行。

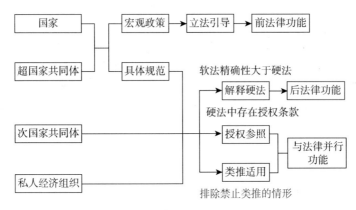

---

①　参见郭富青《论商法类推适用的依据、范围和正当性》，《甘肃政法学院学报》2012 年第 5 期。

我国商法渊源制度的解析与重构

樊　涛[*]

【内容摘要】 商法渊源具有自治性、多元性及民法补充性。我国的商法渊源制度主要包括：商成文法、商事习惯法、商事自治法、商事判例及商事政策等。我国的商法渊源制度过于复杂，严重损害了交易安全。为有效地调整商事关系，我国应依《立法法》之规定，重塑我国的商法渊源制度。同时，必须在立法上确认"非正式商法渊源"的应有效力。

【关键词】 商法渊源　非正式商法渊源　商事司法

一　商法渊源的特质

法的渊源，是指那些具有法的效力作用和意义的法的外在表现形式。[①] 商法渊源是指具有法的效力作用和意义的商法规范借以表现的形式，商法渊源是对商行为具有约束力的法律规范，是商事交易活动和商事司法的重要法律依据。商法渊源制度具有以下特点。

1. 自治性

民法是从理性与理论的观点出发的，它所探讨的是能够创立权利的过程是什么样的过程。因此，民法渊源在形式上始终以法律（《民法典》）为主，即民法的渊源为"立法渊源"。与此相对，商法的本质就是要根据商业世界的需要，顺应并改革其原则、规则、程序和文件，要便利而不是阻碍商业的发展。为此，商法不仅需要作为法律调整手段的自治（像所有的法律行为那样，需要意思决定的自主意义上的自治），更重要的是需要规范创

---

[*]　河南大学法学院副教授。
① 张文显：《法理学》，法律出版社，1997，第77页。

制（法律渊源）上的自治。离开了规范创制上的自治，商法便被宣告了的死刑。商法渊源创制上的自治，解释了商法的起源、商法的现状，并指示着商法的未来。① 从整体来看，法律在商法中所起的作用远不如在民法中那么重要。在商法里，真正的商法规范很少来自立法者，而更多的情况是，立法者仅仅是对商人们自行发明并得到长期合同实践改进的种种规则加以规范。

2. 多元性

商法渊源的多元性是指在成文法之外，尚有非成文的商法渊源存在。民法面对的人类基本需求，较诸商法面对的商业世界的需求，变数要小得多，再加上民事立法者受理性主义影响，认为人类的认识能力是至上的、绝对的，立法者能预料未来一切可能发生的社会关系并加以规定，制定法不可能存在漏洞，从而导致在法源上，民法在形式上始终以制定法（《民法典》）为主，包括少量的习惯法和判例法。与此相对的是，商事生活的复杂性及商法调整方法的多样性决定了商法渊源的多元性。概括起来，各国的商法渊源主要体现为：商事制定法、商事习惯法、商事判例、商事自治法、国际商事条约和公约、国际商事惯例、商事政策等。承认商法渊源的多元性是对商事交易秩序需要多种调整方式的尊重以及对商事成文法自身存在调整方式弊病应予以克服的深刻认识的结果。因此，对于商法渊源制度的构建，应尽量从宽，以免错失提供解决商事法律关系之任何依据。

3. 民法补充性

关于民法和商法的关系，无论民商分立抑或民商合一，大陆法系通说认为："民法是一般法，商法是特别法。"为了维护私法体系的统一性，避免不必要的重复，商法仅对商事领域中的特殊问题或者有特殊要求的事项加以规定，与民法共通的规则则规定于民法。所以，商法并非商事活动的完整的、自成一体的规则，事实上是民法的特别法，商法仅具有补充或者修正民法上一般规定的功能，须与民法相结合才能够适用。商事司法中，商法规范在法官审理商事案件时，很少被单独适用。例如，德国法官在适用《德国商法典》第 348 条之前，必须要判断究竟是否有一个有效的违约金约定存在，而这种判断应依赖民法规范。同理，在买卖标的物瑕疵的场合，法官首先要根据《德国民法典》判断各构成要件是否成立，才能依据

---

① 张谷：《商法，这只寄居蟹——兼论商法独立性及其特点》，载高鸿钧主编《清华法治论衡》（第 6 辑），清华大学出版社，2005，第 21 页。

《德国商法典》第 377 条提出损失赔偿请求。① 可以说，几乎任何一起商事案件，都可能涉及民法规定的适用。

二　我国的商法渊源制度

我国现行商法渊源的体系是多层次的，处在最上位的是作为一般私法的民法中关于商事关系的法律规定，之下是作为特别私法的商事单行法，再往下是配合商事单行法实施的行政法规、规章、司法解释②、商事习惯法、商事自治法、商事判例、商事政策等。③

（一）商事习惯法

商事习惯法是法律上的习惯，即由国家对商习惯赋予法律效力而形成的行为规范，因此具有法律约束力，当事人进行商事活动时必须遵守。早期的商法主要由商习惯构成。中世纪时期，地中海沿岸的一些城市商业贸易和海上运输业比较发达，在广泛的商业交往过程中，逐步形成了商业活动中的一些习惯规则。这些习惯规则最初由商人组成的商业团体根据商业活动的习惯，通过订立自治规则的形式表现出来，这些自治规则即是当时的商习惯法。这些商习惯法仅适用于商人团体内部。商习惯在中世纪时是调整商事关系的基本规则，但是，随着欧洲资本主义国家先后开展大规模的商事立法活动，商事习惯逐步被商成文法所取代。客观地说，由于制定法本身具有不可克服的局限性，再加上商事交易方式不断变化，导致商成文法不足以解决所有的问题，因此商事习惯法仍然有补充适用的余地。有些国家的商成文法明确规定商习惯法可以作为商法的渊源，如《日本商法典》第 1 条规定："关于商事，本法无规定者，适用商习惯法，无商习惯法者，适用民法典。"

交易习惯是指不违反法律、行政法规的强制性规定，在交易行为当地或者某一领域、某一行业通常采用并为交易双方订立合同时所知道或者应当知道的做法，或者当事人双方经常使用的习惯做法。④ 交易习惯作为一种社会规则，不仅可以扮演对交易方式及行为补充解释的角色，在当事人发生争议时，也可以有助于法官查清事实，明断是非，以维护正常的交易秩

① 〔德〕C. W. 卡纳里斯：《德国商法》，杨继译，法律出版社，2006，第 7 页。
② 限于篇幅，主要是笔者能力不足，本文对商事司法解释未予涉及。
③ 国际商事条约和公约、国际商事惯例、国际统一协议与国际标准合同等一般均得到了当今世界各国的普遍承认，其含义也较为确定，因而本文不再论述。
④ 《最高人民法院关于适用〈中华人民共和国合同法〉若干问题的解释（二）》第 7 条。

序与交易安全。交易习惯与商习惯法的区别在于，交易习惯作为一种事实上的习惯，只有在当事人约定适用时才发生拘束力，而商习惯法则具有法律拘束力，当事人不得违反。关于交易习惯的性质存有争议，主要是交易习惯是规范还是事实，如果是事实，则由当事人"谁主张谁举证"；如果是法律问题，则属法院查明的事项，因为"法院谙知法律"。我国《合同法》司法解释明确规定，对于交易习惯，由提出主张的一方当事人承担举证责任。因此，我国立法上把交易习惯作为事实看待。

交易习惯的效力具有相对性。交易习惯具有某些法律规范特征并不意味着交易习惯当然具有法律效力。这是因为，交易习惯毕竟是商业共同体的商业活动而非公权力机关的立法或司法活动的产物，换言之，交易习惯是源于商业共同体内部的内生性产物，而非源于商业共同体外部的外生性产物。由于商业共同体及其成员并不具有任何造法的权威性，显然，由其制定的交易习惯的约束力也不可能具备法律属性。因此，交易习惯仅仅适用于商人之间，对于普通的民事主体并不具有约束力。如果合同双方均为商人，合同默示遵从习惯，则交易习惯对双方均具有约束力，即使在合同中没有注明遵守交易习惯。如果合同的当事人仅有一方是商人，作为商人的该方当事人不得主张强制另一方当事人接受对其不利的交易习惯，除非经另一方当事人明确接受。如果某一商人对属于另一行业的其他商人主张强制适用纯属其本行业的习惯，情况也大体相同。①

关于商习惯法的法渊地位，有不同观点，如"制定法先于习惯法适用，在商事纠纷的处理中，只要制定法有规定，就应适用制定法的规定，仅在制定法没有规定的情形下才适用习惯法"，②"在现代商法中，商习惯法在某些商业活动中仍然发挥重要作用，商习惯法作为商成文法的补充，是商法的渊源之一，商习惯法处于优先于商成文法适用的地位"。③ 对此问题，法国的民法典和商法典采取了不同的立场，从而导致法官在对待商事习惯时可能采取与对待民事习惯不同的态度。在民事实践中，如果产生争议的一方当事人寻求法律的帮助，那么这种法律规则就会得到法官的适用，即使它与民事习惯相冲突。但是在商法领域却存在着例外，法国法庭的好几个判例已经承认了与制定法相冲突的习惯的效力。这就意味着，在商法领域，

① 〔法〕伊夫·局荣：《法国商法》，罗结珍等译，法律出版社，2004，第25~26页。
② 王保树：《商法总论》，清华大学出版社，2007，第66页。
③ 魏振瀛、徐学鹿主编《北京大学法学百科全书》（民法学 商法学），北京大学出版社，2004，第813页。

法的废止与规范替代不仅在理论上是成立的，而且也被司法实践所采纳和运用。① 在日本，当习惯法与制定法产生冲突时，商事习惯法居于商事制定法之后、民法之前，而民法方面也依民事制定法、民事习惯法的顺序适用。

在我国的司法实践中，商事交易习惯主要仍是作为经验法则和事实判断因素而存在，而并非一种有确定效力的法律渊源。原因在于，一方面，当前，我国缺少从事交易习惯的调查与收集的专门机构，致使法官在审判过程中无从掌握各地的交易习惯，也没有确定交易习惯的甄别机制，对于多大范围内多少人普遍认可和遵守习惯才构成交易习惯没有统一标准，法官对于交易习惯的认识，仅仅停留在感性认识层次上，不能将其进行系统归纳、总结和抽象升华并运用到审判实践中。此外，交易习惯的民族性、地域性、行业性等归类与划分机制缺乏，也造成审判中难以发挥交易习惯的应有作用。另一方面，法官在裁判中必须严格适用国家法，尽管法官可能在审判中适当吸收道德、情理、习惯等，但是出于其职责和规避风险的本能，通常会倾向于选择严格适法。② 否则，一旦一方当事人拒不承认交易习惯的效力，使案件进入上诉或法律再审程序，交易习惯作为解决纠纷依据的正当性、合法性和有效性可能会受到质疑。同时，我国立法对于交易习惯举证、质证也缺乏规定，导致在程序上无章可循，也缺乏运用交易习惯作为裁判规范的认定标准。因此，相对于司法裁判而言，交易习惯作为社会规范更适宜在商事仲裁、协商和调解程序中由当事人自主和自愿适用。

（二）商自治法

商自治法是指商人们为了调整与商事活动密切相关的各种社会关系，以及对商事活动实行自治自律而在国家法律体系之外自行制定（约定）的，或者在长期商事活动中自发形成的社会规范的总称。③ 具体形式主要有：公司章程、交易所业务规则、商业行会规约、商事组织预先订立的格式合同条款等。作为商法早期形态的中世纪商人法就是独立于国家之外的商自治法。商法作为市场交易的准则，从一开始就并非国家立法的产物，而是表现为一种自治的规范。在商法的规则中，"无需法律的秩序"之观念应当占有相当的地位，

---

① 王林敏：《论司法中的规范替代》，载葛洪义主编《法律方法与法律思维》（第6辑），法律出版社，2011，第63页。

② 范愉：《民间社会规范在基层司法中的应用》，《山东大学学报》（哲学社会科学版）2008年第1期，第19页。

③ 董淳锷：《商事自治规范司法适用的类型研究》，《中山大学学报》（社会科学版）2011年第6期，第172页。

商法的规范应当更多地来源于对于商事自治规范的认可，而非立法者的主观建构。因此，商事自治法是商法作为私法，适用私法自治的必然结果。

关于商自治法的性质一直存有争议，主要有"事实说"和"规范说"两种。"经常使用的各种法人的章程、内部规章、格式合同等，它们仅对通过它们的人或者参加人具有强制力，因为它们所依据的是对其内容的自愿服从。它们与规范性文件的主要区别在于，这种'局部性'文件与合同一样，不是立法者制定的文件，也未作为公权力文件在享有颁布规范性文件权限的国家机关得到批准，而只是民事法律关系参加者自己通过的。这种文件在私法调整机制里起着法律事实的作用，而不是法律规范的作用。"[1]"对于商会章程、商会内部公约、行业标准以及行业纠纷解决规则等这些成文性的自治规范，由于一直以来各国的立法者都很少赋予其法律渊源的地位，因此在实践中它们一般被视为事实问题，由当事人加以举证。"[2]"显然，这种商事自治规则在某种程度上起到了国家监管规范的作用，具有明显的规范意义上的约束力，实质上已经具备了法律渊源的功能。"[3]"现实生活中的公司章程、证券交易所的业务规程等，一般是根据商法、公司法或者证券交易法的相关规定制作的，无疑可以作为商事自治法形成商法的渊源之一。"[4] 笔者认为，无论将商自治法作为事实或者作为法律渊源，其目的均是一致的，即都在于实现商事关系的有效调整。

商自治法的效力具有"效力相对性"，即商自治法的约束效力仅仅及于其成员，其不能对成员以外的其他主体产生约束力。因此，格式合同虽然在当事人之间产生了法，但它不能给第三人设定义务，合同中的规定仅适用于合同当事人；企业章程及业务所规则适用于个特定的多数人，即有关的成员，因此在这个意义上章程及业务所规则是法律规范。例如我国《公司法》第 11 条规定："设定公司必须依法制定公司章程。公司章程对公司、股东、董事、监事、高级管理人员具有约束力。"因此解决公司内部纠纷的时候就可以适用公司章程。如果解决公司与债权人的纠纷，由于公司章程对公司债权人没有约束力，因而不能适用。[5]

---

[1] 〔俄〕E. A. 苏哈诺夫：《俄罗斯民法》（第 1 册），黄道秀译，中国政法大学出版社，2011，第 58 页。

[2] 周林彬主编《商法与企业经营》，北京大学出版社，2010，第 504 页。

[3] 范键、王建文：《商法总论》，法律出版社，2011，第 118 页

[4] 吴建赋：《现代日本商法研究》，人民出版社，2003，第 51 页。

[5] 王保树：《尊重商法的特殊思维》，《扬州大学学报》（人文社会科学版）2011 年第 2 期。

　　在我国，最为突出的问题是，商事审判中法官对援引商自治规范作为判决依据这一做法的态度普遍趋于保守。通常情况下，即便是商事立法存在漏洞，不少法官还是认为，应当通过援引法律基本原则、一般条款或者类推适用民法规范的方法来作出判决。很多法官认为，商事自治规范的适用功能主要应该体现为证明案件事实、作为调解的依据或者辅助判决说理，而不是直接作为判决依据。从实践来看，导致上述问题的原因主要是：一方面，在立法层面上，我国立法并未将商自治法确认为一种具有法律效力的商法渊源；另一方面，在司法层面上，法官必须严格适用国家法，出于其职责和规避风险的考虑，很多法官已经潜意识地形成了优先适用国家法甚至排斥非正式商法渊源的思维定式。

　　笔者认为，商自治法本质上是依托于商人自治的，一旦脱离自治、自愿和协商，完全依附于国家法（国家立法及司法），商人就会失去其生命力和灵活性。在自治领域内，国家的功能必然是有限的，国家可以为商自治法规范的制定进行监督和制约，可以在司法中为商自治法的适用提供原则性指导，但不能取代商自治法的自治功能。因此，商事自治规范在现代社会仍有其合理存在的空间。就我国商法实践而言，存在着大量的商自治规范，对于商事活动的规范和商法的发展起到了很重要的作用。因此，为有效地调整商事关系，一方面，在立法的层面上，必须承认商自治法作为商法渊源的应有效力，从而在相当程度上提高商事关系参加者的行为预期和司法者判决的妥适性；另一方面，为防止商自治规范失范现象的发生，需要在司法层面上对商自治规范进行效力的审查。需要强调的是，法官在审查商自治规范的效力时，应保持必要的谦抑和充分的克制，保持高度谨慎保守的立场，慎用司法"否决权"，不能轻易认定商自治法无效。从理论上讲，商自治法是否合法合理，是一个专业性、政策性、市场性很强的商业判断，确需判断，宜交给相关的商会或行业组织审查。同时，商自治规则性质上属于商事法律规范，在其效力判断中，不应受制于传统民法的理论和观点，以之评判某一规则整体性的法律效力或者具体条文之合法性。如在评判国债回购业务规则法律效力时，不宜简单和首先运用传统民法中的买卖合同和抵押担保制度。① 因此，商事法官应当尽量尊重"商业判断原则"，并避免司法的"过分能动"，必须理性地看待民事审判与商事审判的

---

① 徐明、卢文道：《证券交易所业务规则法律效力与司法审查》，载张育军、徐明主编《证券法苑》（第2卷），法律出版社，2010，第271页。

差异，尊重商自治规范应有的效力。

（三）商事成文法

在我国，商事成文法是指不同国家机关根据法定职权和程序制定的规范性法律文件，包括商事法律、商事行政法规、商事司法解释、商事地方性法规和商事行政规章中的商法规范等。商成文法较之商习惯法、商判例法等法律渊源，具有明确、统一、易于了解和掌握等特点，因而更符合现代商事活动的要求，成为现代商法最主要的表现形式。大陆法系国家基于其法律传统形成的以商法典和民法典为核心，以众多的单行商事法律和法规为补充的商成文法体系，构成了商法的主要表现形式。在以判例法为主的英美法系国家，自19世纪末以来，也开始重视商成文法的制定工作，颁布了大量的商事单行法律，使商成文法成为取代商判例法的最重要的商法表现形式。

我国属于大陆法系，商成文法是我国商法适用中的主要的商法渊源。同时，我国一直采用民商合一体制，诸多商事规范均被置于民法规范中，例如企业法人、个体工商户、承包经营户、联营等被置于《民法通则》中，商事留置权、企业抵押等被置于《物权法》中，行纪合同及融资租赁合同等商事合同被置入《合同法》中等。我国现行的商成文法渊源体系是多层次的：处在最上位的是作为一般私法的民法中关于商事关系的法律规定，例如《民法通则》《合同法》《物权法》《侵权责任法》等；之下是作为特别私法的商事单行法，例如：《公司法》《合伙企业法》《保险法》等，再往下是配合商事单行法实施的行政法规，例如《个体户条例》《外资企业法实施细则》；最后是部委规章，例如《企业年度检验办法》《上市公司治理准则》《首次公开发行股票并上市管理办法》等。

关于我国商法的渊源，我国民商法学界的主流观点以及我国立法机关的立法指导思想是维持民法在商法渊源中的核心作用和基本地位，以单行商法为主干来构建。但是，由于《民法通则》制定的特殊历史时期以及我国经济体制改革的渐进性，《民法通则》对商法的基本问题进行的一般性概括非常欠缺，例如商人、商行为、商事代理、商事担保、商事侵权、营业转让等商事基本规则均未作规定，从而导致实践中的商事纠纷"无法可依"。同时，受"重农抑商"思想的制约，有些条款明显具有"抑商"的性质，例如《民法通则》第42条规定"企业法人应当在核准登记的经营范围内从事经营"，《民法通则》第91条规定"合同一方将合同的权利、义务全部或者部分转让给第三人的，应当取得合同另一方的同意，并不得牟利"。

上述条款显然严重侵犯了企业的营业自由。

商事基本法的缺失和《民法通则》的缺陷，在给商事法律的发展带来消极影响的同时，对单行商法的制定和完善也造成不利影响，具体体现为我国的单行商法体系杂乱。例如，关于商主体的立法，我国现行商主体的立法存有两种模式，既存有以出资者的责任形式为标准的商主体立法，包括《公司法》《合伙企业法》《个人独资企业法》等，又存有以所有制、投资来源等各种因素为标准的企业法，如对国有企业、集体企业、私营企业、外资企业等分别立法。这种状况虽然有一定的现实和历史必要性，但客观上使同类商主体享有不同的法律地位，造成商主体地位不平等和市场歧视。这就是说，我国现行商主体赖以生存的商法环境是各不相同的。商主体因公有、私有、内资、外资这些身份因素存在差别待遇。关于商行为的立法，我国表现为商事单行法的模式，但是，单行的商行为立法仅仅考虑了它所调整的具体的个别领域的要求，缺少着眼于调整共性商事关系的一般性规则，即抽象商行为制度。由于缺乏抽象商行为制度，因此商业实践中出现的尚未有单行法调整的营利行为只能求助于民事法律，然而无论是《民法通则》中的民事行为制度，还是《合同法》总则部分的规定，均无调整商行为的特殊规则，从而导致我国的基本民事规范不可避免地与调整具体商行为的《票据法》《证券法》《信托法》《期货交易管理条例》等之间出现不和谐甚至冲突的情形。从性质上讲，对于传统民法，商事交易是始料未及的，传统民法尤其是合同法规则无法有效地适用于商事交易，例如，显失公平制度主要用于规制一般民事主体之间的合同、经营者与消费者之间的合同（体现为单方商行为），一般不适用于商事主体之间的合同（体现为双方商行为）；《侵权责任法》中建立在有体物基础上的返还原物、恢复原状、停止侵害等民事责任承担方式，并不适用于解决证券纠纷中的民事责任承担问题，证券纠纷的民事责任承担方式应当主要是支付违约金和赔偿损失；对于金融衍生品交易来说，如果不存在缔约过程中的欺诈或信息披露瑕疵，法律上很难简单地以一方在衍生品合约下的损失直接推论衍生品合约本身不公平，更不宜以情势变更原则直接推翻当事人之间对风险的分配方案等。因此，由于商事交易法不断地出现传统民法中不存在的私法上的问题，故商事交易领域已大大超越了民法典的基本框架。商事司法实践中，法院或者仲裁机构经常面对这样的问题：在涉及商事交易规则不充分的情况下，能否直接补充适用民事规范？该问题是关系商法法律适用的关键，也直指民法与商法的关系这一理论的核心。笔者认为，民法作为私法的一般法，民法规则的规定同样适用于商事交易活动以外的私法关系。因此，民法规范中的制度和概念能否同商事活动中的法律问题发生关联，需要实施选择区别或变更的作业。①

关于部委规章的法渊地位，在民法中，由于各项原则都更为确定，所以行政渊源（部委规章）的作用总的说来已经基本消失。民法领域中的制定法只有国家制定法一种，那些由国家赋予立法权的公法团体所制定的规章，是公法的渊源，但不是私法的渊源。② 但是，部委规章在商事领域却施加着突出的影响，特别是新兴的商事领域。原因在于，为追求交易安全快捷与交易秩序的稳定，各国的商事立法均在运用民法的基本调整方法的基础上，辅以公法规范贯彻国家干预原则，此乃商法的公法性。同时，现在法典编撰以便宜性为根本原则，因此商事立法往往结合公法性规范，以充分发挥集合优势进行商事关系的综合调整。特别是我国，由于商事立法不够稳定，运用部委规章调整商事关系的情况更为突出，而且该种状况仍在持续发展。从理论上讲，部委规章能否作为商法的渊源，在我国存在不同的观点，反对部委规章作为商法渊源的主要理由是，"民事法律法规关系到公民和企业的民事权利的享有和负担，关系到市场规则的统一，依其性质不应由行政部门和地方政府规定"，③ "部门规章、地方性法规、地方规章往往是站在局部的利益角度看待问题，自觉不自觉地维护本部门、本地区的利益，并不能妥当、正确地平衡社会、国家、他人与自己的利益冲突。按立法权限划分，对涉及比较重大的民事权利义务关系的事项，规章、地方性法规无权予以规定"。④ 与理论界形成对照的是，我国的法院对于部委规章则采取了肯定的态度，"商事审判中不应机械排除政府规章的运用，纷繁复杂的商事关系并非仅仅由商法来调整，很多商事关系都是由政府规章调整。商事审判中不应简单以缺乏法律、行政法规的规定为由否定规章的适用。那些依照商事法律、法规基本原则和精神作出的政府规章，应当作为商事审判的重要参考，必要时可以参照适用。比如公司法、证券法等法律、行政法规没有规定上市公司股权分置改革中相关股东会议决议的表决程序和方式，而中国证监会以部门规章的形式对其进行的规范，法院在审理相

---

① 〔日〕北川善太郎：《市场经济社会中民法典与商业交易服务法的系统设计》，载季卫东主编《交大法学》（第1卷），法律出版社，2011，第38页。

② 〔德〕卡尔·拉伦茨：《德国民法通论》，王晓晔等译，法律出版社，2003，第20页。

③ 梁慧星：《民法总论》，法律出版社，2001，第25~30页。

④ 吴庆宝：《法律判断与裁判方法》，中国民主法制出版社，2009，第169页。

关问题时应当对其予以适用。再如，证券法没有明确规定操纵市场行为的要件，作为证券监管部门的中国证监会对此颁布的部门规章就应当成为法院认定该行为的依据。①

（四）商判例法与商事政策

商事判例是指法院或仲裁机构在处理商事纠纷活动中形成的判例，是商法的渊源之一。商判例法在大陆法系和英美法系国家的地位不同。在英美法系国家，商判例法是商法最重要的渊源。从 19 世纪末期开始，英国、美国等相继制定了一系列商成文法，商成文法的地位和作用得到加强。在大陆法系国家，基于其成文法的法律传统，商判例法仅是成文法的补充。②客观上讲，由于商法所固有的发展性与变动性，成文商事立法不可能完全满足调整商事交易实践活动的需要，因而势必需要借助于更为灵活的法律适用方法，这就使商事裁判客观上确实对其后发生的相同或者类似案件产生了明显的指导作用。从某种意义上讲，商判例法在大陆法系国家越来越发挥着重要作用。

具体到我国，建立案件指导制度是当下中国司法改革一项重要议题，2010 年 11 月 26 日最高人民法院发布了《关于案例指导工作的规定》，2011年 12 月 20 日最高人民法院发布了第一批 4 个指导性案例。③ 中国法院的案例指导制度是指为统一法律适用，由最高人民法院按照一定程序在全国各审级法院生效判决中选取编发的并在今后的裁判中具有"应当参照"效力的案例的制度。案例指导制度是一种有创新的制度，但不是一种新的"造法"制度，它在本质上仍是一种法律适用的制度。因此，我们实行的案例指导制度，是以制定法为主，案例指导为辅，在不影响制定法作为主要法律渊源的前提下，借鉴判例法的一些具体做法。它是一种能够体现中国特色的并顺应世界两大法系逐渐融合发展大趋势的制度变革举措。④ 尽管指导性案例最基本的价值功能在于适用法律而不是创制法律，此点不同于普通法系国家的"遵循先例"制度，但是，最高人民法院《关于案例指导工作的规定》第 7 条规定"最高人民法院发布的指导性案例，各级人民法院审

---

① 宋晓明、杜军：《商事诉讼形势之应对与审判制度完善的思考》，载奚晓明主编《商事审判指导》（2010 年第 2 辑），人民法院出版社，2010，第 18 ~ 19 页。

② 参见魏振瀛、徐学鹿主编《北京大学法学百科全书》（民法学　商法学），北京大学出版社，2004，第 808 页。

③ 《人民法院报》2011 年 12 月 21 日。

④ 刘作翔、徐景合：《案例指导制度的理论基础》，《法学研究》2006 年第 3 期，第 29 页。

判类似案例时应当参照",这首先表明我国的指导性案例确实对其他案件的审判具有某种程度的拘束力,同时也说明,这一拘束力本身并非具有作为裁判依据的功能。指导性案例的拘束力性质,决定了其所创设的应当作为裁判性的规则,一般不可以直接援引作为裁判的依据。但由于裁判在社会生活中的特殊地位,这些规则仍然产生了行为规范的作用,实际上约束着民商事主体的行为并可以在经立法确认后正式上升为民商事规范。①

商业政策是一个政党和一个政府在一定时期为完成一定的经济贸易任务,规定经济贸易关系的行为准则。社会规则系统是由多层面的规则组合而成的,而且不同的社会规则在特征上存有诸多交叉与变化。社会问题的不确定性与动态性决定了民商事规范也具有相应的复杂性与动态性。成文法为人定法,人的理性认识能力也难以周延和穷尽复杂社会生活,再加上社会变迁,新的类型不断出现,这注定成文法会存有漏洞。特别是在商事立法领域,市场上商事活动的复杂性和多变性,导致商事立法即使快速变动也难以全面及时地跟上市场实践活动的发展,进而导致商事案件审理中遇到法无明文规定的情形比较多。相对于法律而言,商事政策灵活多变,因此,把握商事立法政策,是弥补商事法律疏漏的重要手段。我国《民法通则》第6条规定:"民事活动必须遵守法律,法律没有规定的,应当遵守国家政策。"将国家政策明确规定为我国民法的渊源之一,这也是《民法通则》颁布时我国政治、经济体制的反映。因此,具有鲜明的政策性并且政策占据较大的比重正是我国商法区别于西方商法的主要特色。与此同时,我国的商事审判始终与我国的宏观经济形势休戚相关,尤其随着改革开放的不断深入,这种联系越来越密切。经济体制改革每推进一步、经济领域中每一项重大政策的出台,都必然对商事审判工作产生影响,并且在法院审理的案件中有所反映。2010年8月17日,全国法院商事审判工作会议在济南召开,会议明确要求商事审判要自觉服从于国家经济发展的大局、维护国家经济安全、保障国家经济宏观调控目标的顺利实施。

关于商业政策的法渊地位,笔者认为,仅当实在法模棱两可或未作规定的情况下,商业政策方有适用的空间。商业政策只是商事法律的辅助工具和商法适用中的补充性渊源。同时,因为商业政策灵活多变,稳定性相对较弱,法官在运用商业政策对利益进行调整时应把握必要的限制与克制,

---

① 姚辉:《民事指导性案例的方法论功能》,《国家检察官学院学报》2012年第1期,第20页。

否则，动辄运用商业政策，往往会在社会运行机制上造成障碍。例如，对地震灾区当事人给予特殊利益倾斜，损害了地震灾区之外当事人的利益，因此他们就会减少在地震灾区的投资，避免与地震灾区当事人之间的交易，其实际结果可能是，本希望对地震灾区当事人给予利益倾斜的商业政策，反而恶化了灾区的投资环境和交易安全。①

三　我国商法渊源制度的缺陷及重构

（一）我国商法渊源的缺陷

1. 我国商法的渊源太多、太复杂、太不稳定，严重损害了交易安全

在我国，商法适用存在一个最大的问题，就是对商法的法律适用过于复杂和飘摇不定，规则的不确定性，在很大程度上损害了理性社会的交易预期。② 我国的商事法律除了法律、法规及司法解释等国家层面立法以外，还有大量的各种行政机关发布的通知，③ 规范性文件、规章及不具有法律强制性的指导性指令、建议、行为规范与意见。经过企业界的"认同"，这些指令、建议、行为规范与意见也就具有约束作用。对此，理论界将它们称为"软法"，以表示其并不真正属于法律范畴，但商人（企业）却有义务遵守之。由于这一类新规则含糊不清，有可能造成"法律上的不安全"，到头来将引起法律"没有效率"，"太多的法律将扼杀法律"，"非规则化"回归到一般原则上来是必要的。④ 我国《立法法》第 8 条："下列事项只能制定法律：……七：民事基本制度⑤……"因此，根据《立法法》的规定，在我国只有全国人大及其常委会制定的法律可以直接调整基本的商事制度。

2. 我国民商立法采用民商合一体制，在主体制度上，不区分民事主体和商主体，在法律行为体系上，不区分民事行为和商行为

"混淆的立法"导致法律规则的混乱，导致"民法不当商法化"和"商法不当民法化"。例如，将仅适用于民事主体（仅限于自然人）的胁迫，扩

---

① 陈甦：《司法解释的建构理念分析》，《法学研究》2012 年第 2 期。
② 蒋大兴：《商行为的法律适用》，《扬州大学学报》（人文社会科学版）2011 年第 2 期。
③ 如国务院于 2000 年 6 月 20 日下发的《关于个人独资企业和合伙企业征收所得税问题的通知》指出：为公平税负，支持和鼓励个人投资兴办企业，促进国民经济持续、快速、健康发展，国务院决定，自 2000 年 1 月 1 日起，对个人独资企业和合伙企业停止征收企业所得税。
④ 〔法〕伊夫·局荣：《法国商法》（第 1 卷），罗结珍、赵海峰译，法律出版社，2004，第 29～30 页。
⑤ 我国奉行民商合一制度，此处的"民事基本制度"自然包括商事制度。

大适用于商人；未作区别立法的《合同法》第158条规定的"标的物的瑕疵检查和通知义务"、《物权法》第211条及第186条规定的"流质条款之禁止"、《担保法》第21条规定的"连带保证责任的推定"、《合同法》第114条规定的"违约金调整规则"、《合同法》第410条规定的"委托合同任意解约权"等。实践表明，由于规则的"整齐划一"，不分青红皂白，不加甄别地将民事行为与商行为混于一处，其缺陷是显而易见的，一方面，将严格的高标准义务强加于普通的民事主体，有失公平；另一方面，致使本应承担谨慎责任的商主体，却人为地适用了比较温和的民事规则，必然会导致商主体疏于对商业风险的评估与防范，从而给商事交易的迅捷、安全和稳定带来重大伤害。

令人欣慰的是，在我国的商事司法实践中，有的法院对于我国现行"混淆的立法"的弊端予以了纠正，"审判实践中，我们注意强化商事裁判理念的具体应用。如，在买卖合同案件审理中，许多法院对合同法第157条、158条规定的检验期间规则不予重视，对买受人超过检验期间又提出质量问题请求的予以支持。对此，我们及时予以纠正，明确指出检验期间是商法简易免责制度的具体体现，应当严格执行。再如，针对实践中颇有争议的违约金调整问题，我们提出了正确区分民事行为和商事行为的审判思路，从商主体在签订合同时应保持较普通民事主体更高的理性和注意义务，以及发挥违约金保障商事纠纷简捷快速处理考虑，确立了慎重调整商事违约金，在约定是否过高的认定、调整幅度的把握以及举证责任分配上向守约方适度倾斜的指导思想"。[①]

3. 我国现行立法仍未承认商事习惯法、商自治法、商事判例等作为商法渊源的效力，不利于商事关系的有效调整

从立法模式上看，我国采取以全国人大为主的"集权式立法"，该立法模式从形式上保证了全国法律的统一性。在商事司法层面，"以国家法、制定法为中心"以及"严格依法审判"等理念一直是商事裁判者普遍强调的理念，裁判者已经形成了优先适用制定法、国家法甚至排斥非正式商法渊源的思维定式。在目前我国法律体制下，法官无权创造法律，司法机关进行审判的依据必须是全国人大及其常委会所制定的法律以及行政机关颁布

① 山东省高级人民法院：《明确商事审判定位　树立商事裁判理念　努力开创商事审判工作新局面》，载奚晓明主编《商事审判指导》（2010年第3辑），人民法院出版社，2011，第40页。

的行政法规和规章、地方各级人大制定的地方性法规以及"两高"制定的司法解释。对于非正式商法渊源，则否定其效力。

不容忽视的是，在市场机制体制环境下，社会经济生活及运用其中的法律愈来愈呈现多样化、复杂性和易变性。在市场经济活动中，受利益驱动的商人总是千方百计创造出五花八门、样式繁多的商事规则以获取利润，由利益驱动机制带来的整个商事活动及其规则的多样、易变，客观上需要商事裁判人员对市场活动中的商业运营手段、经济关系结构以及市场运行机制等予以充分了解并予以确认。[1] 否则，武断地适用国家法审理商事纠纷，即使有再强的推理演绎能力，也不能解决大前提的妥帖性和正确性问题，从而形成了大量的远离商事交易实践的商事判决。因此，我们必须认同这样的理念，即所谓裁判无非是希冀获得一种最利于实现理性和正义的解决方法，而不是只为获得立法者的成文法律规范在其文本实现上的满足；那么，当一项正式法律文献表现出可能会产生两种解释的模棱两可性和不确定性的时候，所谓"非正式法律渊源"就显得至关重要。当制定法无法适应现实发展而出现"漏洞"，特别是当正式渊源完全不能为案件的解决提供审判依据时，依赖非正式渊源也就理所当然地成为一个强制性的途径。但是，承认非正式商法渊源的效力总是含有一定的危险性。因为法的规范被推定为正式的、明确规定的，这就远不是其他渊源所能做到的了。反过来这种状况可能产生无法解决的分歧。因此，立法以外的渊源无论在内容上还是在适用的范围上，都应该尽可能具体化和正式化。[2]

（二）　我国商法渊源制度的重构

首先，应从宏观上构建一个完整的、和谐的、富有逻辑体系的商法渊源体系，包括民法规范中增设"民商事一般规则"，立法上明确承认商事习惯法、商事自治法、商事判例、商事政策等商法渊源的效力；其次，既要使商事自治法、商事习惯法等真正发挥其自治作用，同时又要避免其垄断、侵犯消费者权益等失范的现象，这仍是完善我国商事规范的主要内容；再次，依照《立法法》的要求，清理并整合在法律与行政法规之外的其他规范性法律文件中规定的商法规范；最后，在我国的民事诉讼法中，明确规定商事习惯法、商事自治法、商事判例等非成文的商法渊源的举证、质证、采信等程序性规则。

---

[1]　陈甦：《司法解释的建构理念分析》，《法学研究》2012 年第 2 期，第 8 页。

[2]　〔俄〕E. A. 苏哈诺夫：《俄罗斯民法》（第 1 册），黄道秀译，中国政法大学出版社，2011，第 56 页。

强制清算规范扩张解释的法律解释学论证

曹兴权[*]

【内容提要】《公司法司法解释（二）》对强制清算规范进行了扩张解释，有必要对其合理性进行法律解释学论证。因基本顺应立法政策的内容与趋向，基本吻合意思自治、弱者保护、侵权责任等民法理论，顺应了市场活动运行在公司人格、诚信义务、清算过程等方面的客观规律，这些扩张解释表现出了较高程度的谦抑性。

【关键词】 法律解释　商法解释　公司强制清算　民商关系

一　问题的提出

针对《公司法》中强制清算规范在实践中的问题，最高人民法院出台了一系列文件，包括：《关于适用〈中华人民共和国公司法〉若干问题的规定（二）》（以下简称《公司法司法解释（二）》）、《关于审理公司强制清算案件工作座谈会纪要》（以下简称《座谈会纪要》）、《关于正确审理企业破产案件为维护市场经济秩序提供司法保障若干问题的意见》（以下简称《审理企业破产案件意见》）等。各地法院也根据本地实际出台了相应意见，诸如：北京市高级人民法院《关于审理公司强制清算案件操作规范（试行）》、上海市高级人民法院《关于审理公司强制清算案件及相关纠纷若干问题的解答》、广东省高级人民法院《关于规范破产清算工作若干问题的暂行规定》、广东省高级人民法院民事审判第二庭《民商事审判实践中有关疑难法

---

[*] 西南政法大学民商法学院教授。

律问题的解答》、江苏省高级人民法院《关于审理公司强制清算案件若干问题的意见（试行）》、浙江省高级人民法院民事审判第二庭《关于商事审判若干疑难问题解答》等等。

在以上文件中，《公司法司法解释（二）》最为重要。该文件对《公司法》第184条、188条提出了六大扩张性解释，具体包括：第一，关于概念。第184条将有限责任公司的股东、股份有限公司董事或股东大会确定的人员明确规定为清算组当然成员，《公司法司法解释（二）》则明确地提出了清算义务人的概念。第二，关于清算义务人的范围。第184条涉及有限责任公司的股东、股份有限公司董事或股东大会确定的人员；《公司法司法解释（二）》则增加了公司的实际控制人、股份有限公司的控股股东。第三，关于清算义务人违反清算义务行为的类型。第184条仅规定，不按期设立清算组的可以启动强制程序；《公司法司法解释（二）》则将成立清算组但故意拖延清算、违法清算可能严重损害债权人或者股东利益的情况纳入。第四，关于违反义务的法律责任。第184条仅涉及救济程序本身；《公司法司法解释（二）》则明确规定了清算义务人违反义务后的具体责任：未按期成立清算组开始清算而导致公司财产贬值、流失、毁损或者灭失的，债权人主张其在造成损失范围内对公司债务承担赔偿责任的，人民法院应予以支持；怠于履行义务导致公司主要财产、账册、重要文件等灭失以至于无法进行清算的，债权人主张其对公司债务承担连带清偿责任的，人民法院应予以支持。第五，关于保护主体。第184条仅规定债权人可申请发动强制清算程序；《公司法司法解释（二）》将该权利拓展到了股东。第六，关于和解。第188条规定，清算组在清理公司财产、编制资产负债表和财产清单后，发现公司财产不足清偿债务的，应当依法向人民法院申请宣告破产；《公司法司法解释（二）》则在强制清算中引进了破产情形发生时的协商机制。为尽可能地避免破产程序的启动，即使发现财产不足清偿债务而应当进入破产程序的，人民法院指定的清算组也可与债权人协商制作有关债务清偿方案。该方案经全体债权人确认且不损害其他利害关系人利益的，人民法院可依清算组的申请裁定予以认可。

法律本身是不完备的。因此，赋予法院对规范进行解释甚至必要时进行扩张解释的权力是符合法律原理的。刑法解释始终是理论热点，近期关于解释方法、解释路径的理论成果研究很多；民法解释的哲理分析曾经是研究热点；而商法解释的文献相对较少。关于法律规范解释的理论现象似乎表明，商法规范解释要么是一个不存在问题以至于不必讨论的命题，要么是一个太复杂而不便涉及的命题。就常识而言，答案不应当是前者。如何看待商法解释、如何解释商法，理应得到重视。基于"法无明文禁止即自由"的民商法原理、市场无穷的创造性使得法律规范永远滞后的基本判断，对商法规范进行创造性的司法解释是必要的，而扩张解释也将是商法规范解释论中的一个恒久的命题或者现象。

"在每个法律制度中，都有宽泛的和重要的领域留待法院或其他官员行使自由裁量权，以使最初含糊的标准变得明确，解决法律的不确定性，或者扩展或者限定由有效判例粗略传达的规则。"① 法院对商法规范进行解释适用是必须的。但是，法院发挥高度能动性去解释商法规范时，实质造成了变动司法权与立法权之间的配置结构。因此，我们也应当注意商法规范扩张解释的司法谦抑性，慎重对待"法官造法"。商法规范的解释活动应当遵循法律解释学涉及的各类法律解释方法，以达致解释本身的合理性。首先，只有在确保解释方法本身合理的基础上，才能实现商法规范扩张解释的司法谦抑性。梁慧星教授认为，各个解释方法之间虽然不存在"固定不变的位阶关系"，但是应有某种大致的规律可循。在文本解释与论理解释之间，有从文本到论理的顺序；在论理解释中，应遵循从体系解释和法意解释以探求法律意旨再到运用扩充解释或限缩解释或当然解释以判明法律的意义内容的顺位安排；在依然不能够澄清法律语义疑义的情况下则可进一步作目的解释；最后做合宪解释。如果经论理解释仍不能确定结论，可进一步作比较法解释或社会学解释。同时需要注意，论理解释、比较法解释或社会学解释的结果被采纳或者参考必须受到文意解释的限制，不得超出法条语义可能的范围。②

虽然运用法律解释基本方法的有关理论，能够有效剖析强制清算规范扩张解释本身的理性问题，但本文企图从另外一个角度去探讨解释的司法谦抑性，有关解释的理论则隐含在特定视角的分析中。从文本看，我们很难从《公司法》第184条文字表面中得到以上经扩张解释而得出的含义，因此论理解释是对强制清算规范进行解释时依托的主要方法。比较法解释仅仅是支撑这种解释的一种手段，在与国外相关制度的比较中我们可以得到细化此类规范的思路样本。问题是，以上六个方面的扩张解释是否超出

---

① 〔英〕哈特：《法律的概念》，张文显、郑成良等译，中国大百科全书出版社，1996，第135页。

② 梁慧星：《民法解释学》，中国政法大学出版社，1995，第244~246页。

法条语义可能的范围。如果从政策立场以及法律理论都无法推导出来，那么这些扩张解释的正当性理应受到质疑。鉴于此，本文以公司强制清算规范解释为对象，着重探讨商法规范扩张解释的政策立场以及理论路径，以对商法规范解释的合理性进行简单论证。

二　扩张解释的政策立场

扩张解释的司法谦抑性首先应当表现在解释政策目的的正当性之上。事实上，剖析解释的政策立场，也会涉及目的解释方法的使用问题。目的解释，通常被看作协调分歧的一种权威性方法，也是法律解释中运用最为广泛的一个方法。探索立法真义的目的解释，在很大程度上已经超越文本，企图从理论的角度，运用扩大与缩小、当然与反对、比较与历史等多种解释论上的具体方法，按照立法精神，结合当下社会特定需要，采取否定形式主义的法学立场，探寻符合合理政策目的下的法律规范的应然意义。因此，在解释论中目的解释也在一定程度上成为了论理解释的代名词。

在目的解释方法的理论框架中，目的仅仅是法律解释中的一个因素，仅仅是法官据以解释法律的各种因素中的一种。目的解释中的目的本身是复杂的：① 可能是个别法律条文之目的，也可能是整体法律或整个法秩序之目的；可能是具体目的，也可能是抽象的终极目的；可能是立法者的主观目的，也可能是法律的客观目的；可能是历史的目的，也可能是当下的目的。因目的本身的复杂性，目的解释方法容易被人作为合法形式掩盖非法目的的手段，故其使用自应受到一定限制。② 因此，目的解释方法的理性运用，首先在于确保目的确定过程和结果的理性。在我们看来，这个所谓目的，其实就是法律政策。"在司法解释形成过程中，要做到顺应立法政策，就应当坚持从立法本意衍生司法解释，也就是要从法律文本及其据以形成的立法精神中，寻求立法政策的准确内容。"③ 公司强制清算扩张解释的目的或者坚持的政策立场又是什么呢？

根据《公司法》第184条的规定，除分立、合并的情形外，其他各种原因导致的解散一旦发生，公司就"应当在解散事由出现之日起十五日内成立清算组，开始清算"。清算组，在有限责任公司"由股东组成"，在股

① 陈金钊：《目的解释方法及其意义》，《法律科学》2004年第5期。
② 刘国：《目的解释之真谛》，《浙江社会科学》2012年第1期。
③ 陈甦：《司法解释的建构理念分析》，《法学研究》2012年第2期。

份有限公司"由董事或者股东大会确定的人员组成"。依据法条的字面意思，成立清算组应当是公司的义务，而有限责任公司的股东、股份有限公司的董事或者股东大会确定的人员只是清算组的当然成员。在人选既定的情况下，公司应当组织这些人员召开会议、推进清算。显然，按照该表述，公司是第一责任人，有限责任公司的股东、股份有限公司的董事或者股东大会确定的人员只具有参与清算组活动的被动性义务。

在公司本身是由股东、实际控制人、股份有限公司的董事或者股东大会确定的人员控制的情形下，如果将启动清算组并且推进清算的义务施加给公司，那么这些人员将以公司人格独立的法律原理及相关规定为理由，将公司当工具使用，操纵公司对清算义务的履行而实现自己的某些非法或者不当利益。在实践中，解散公司后怠于清算、不进行清算或者违反法定程序进行清算的现象经常发生，如同一个久治不愈的顽疾。这些违背诚信的行为，严重侵蚀着我国的市场经济秩序。在特定时期，公司清算违法现象的负面效果将集中凸现，而成为整个社会关注的焦点。

强制清算规范解释意见的出台具有比较浓厚的政策意味。《公司法司法解释（二）》颁布后，最高人民法院曾经以最高人民法院民二庭负责人答记者问的方式表达了其基本立场。该负责人称：本解释起草的背景在于，"市场经济是法治经济，企业法人作为市场经济的主体，在参与市场竞争时不仅要遵循准入规则，退出市场也要有完备的规制。但是，多年来，理论界、实务界和司法界对法人解散和终止关系认识不一致，导致很多企业法人出现解散事由后，不及时清算，甚至故意借解散之机逃废债务，严重损害债权人利益。这种现象的泛滥，不仅严重扰乱了经济秩序，而且极大地破坏了法人制度。基于建立一个健康、有序的法人退出机制，保护公司债权人合法权益、统一执法尺度等目的，我们启动了该司法解释的调研和起草工作"。目的在于，"针对人民法院审理公司制企业法人解散和清算案件适用法律问题制定专门的司法解释，以统一执法尺度，指导全国审判工作"。关于强制清算，"公司解散后原则上应当自行组织清算，公司未自行清算的，基于对有关权利人利益保护以及社会经济秩序维护的考虑，公司法赋予了债权人向人民法院申请强制清算的权利"。但是，应体现出强制清算与破产清算中法院介入的区别，"在这种清算程序中人民法院介入的程度相对于破产清算而言非常有限"。为有效保护合法权益，一是将法院的介入拓展到清算的全部过程，因而"将清算组故意拖延清算，以及有其他违法清算、可能严重损害公司股东或者债权人利益的行为这两种情形均作为申请强制清算的事由（事实上系自行清算向强制清算的转化）；二是将强制清算的申请主体扩大到股东"。针对司法实践中公司解散不依法进行清算，严重损害了债权人的合法权益并危害社会经济秩序的现象突出的问题，界定了"清算义务人及其怠于履行清算义务的民事责任……旨在强化清算义务人依法清算的法律责任，建立一个健康、有序的法人退出机制"。考虑到"追求效率是公司清算的一个重要价值目标，严格而不失快捷地使已经出现解散事由的公司退出市场"，因此"在公司强制清算中设置协商机制解决债务清偿问题"，"以尽快了结清算程序，节约经济成本，同时实现破产程序下解决的公平受偿问题"。

《座谈会纪要》称，"因受国际金融危机和世界经济衰退影响，公司经营困难引发的公司强制清算案件大幅度增加"。"有必要进一步明确该类案件的审理原则，细化有关程序和实体规定，更好地规范公司退出市场行为，维护市场运行秩序，依法妥善审理公司强制清算案件，维护和促进经济社会和谐稳定。"通过《公司法司法解释（二）》及时完善公司立法中的某些问题，通过纪要的方式出台专门的工作意见，是出于两方面的考虑：首先，仅从规范实施本身来看，《公司法》第184条确实存在很多问题，诸如责任主体不清楚、责任主体义务及责任不明确、程序不明了。在涉及多重利益关系协调的公司强制清算这类新型非诉讼案件中，法院有心利用现存制度去解决现实中存在的问题时也会因现有规范无法给出明确的指引而无计可施。在明确义务主体的范围、义务内容、责任承担的构成要件、程序启动的具体条件后，面对争议时，法院有了具体的行动指南，当事人也有了明确的行动预期。其次，公司强制清算制度的有效实施，在社会整体层面有三个功能：（1）公正保护市场主体的合法权益。通过强制清算程序，有效解决各类纠纷，保护公司债权人的债权、中小股东的清算剩余分配权，避免因长期拖延清算给利害关系人造成不必要的损失，保障社会资源的有效利用。（2）坚持清算原则，有序结束公司存续期间的各种商事关系，严格执行企业退出机制。公司作为现代企业的主要类型，在参与市场竞争时，不仅要严格遵循市场准入规则，也要严格遵循市场退出规则。公司强制清算作为公司退出市场机制的重要途径之一，是公司法律制度的重要组成部分。企业僵而不死、关而不逝的情况，不仅不能够推进公司之上有关纠纷的及时解决，也不利于公司退出机制的执行。从严格意义上讲，公司被关闭后，即使不存在对外债务，也应当完结清算程序以及时到工商机关履行注销手续。否则，公司退出机制特别是企业资格的管理制度将被不当消解，市场经济秩序将被严重破坏。（3）严格依照法定程序进行清算，在坚持程序正义的基础上实现清算结果的公正、公司退出环节中的公平公正，及时协调各种复杂的利益关系，使各类主体的利益得到均衡保护和及时保护，及时消解社会中的利益矛盾和纠纷，实现法律效果和社会效果的有机统一。

公司强制清算规范扩张解释的这些政策立场，应当是合理的。《座谈会纪要》第1条的"清算程序公正原则""清算效率原则""利益均衡保护原则"也能够很好地体现这三个功能的需求。在金融危机影响的特别时刻，提出这些解释意见，虽然带有一定的政策烙印，但该类制度本身针对的是公司运行此类一般社会事务，而我国公司在运行中有关清算的纠纷和问题是常见的。最为根本的是，这些政策目的或者目的解释的目的，不是主观性的、临时性的、个别性的，而是与《公司法》的立法目的高度吻合的。《公司法》的立法目的集中体现在第1条，即为了"规范公司的组织和行为，保护公司、股东和债权人的合法权益，维护社会经济秩序，促进社会主义市场经济的发展，制定本法"。根据该条，保护公司、股东和债权人的合法权益，维护社会经济秩序，促进社会主义市场经济的发展，是《公司法》立法功能在微观、中观、宏观三个层面上的具体表现。作为《公司法》的一个重要内容，清算制度也应当体现出这三个功能。与《公司法》的表述相对照，《公司法司法解释（二）》的解释立场与《公司法》的立法目的高度吻合，其出台的时代背景与社会经济政策特定的时代特色不会弱化该类扩张解释本身的正当性。至少，如果有人将该类解释归入政策性的应景之作，那么大多数理性的人估计也是不会赞同的。判断的关键点在于，这些解释是顺应立法政策的内容与趋向的。

三　扩张解释的理论路径

扩张解释的司法谦抑性，也应当体现在解释的理论路径上。就商法规范的解释而言，涉及对基本民法理论、商事运行客观规律、法律规范逻辑本身三个方面的关注。由于篇幅限制，本文仅讨论前两个方面的内容。

（一）民法原理

民法与商法虽然在基本理念与具体制度等方面存在着很大差异，但是民商本一家、共性多于个性的基本面貌是无法改变的。建构和理解商法，离不开民法的基本理论和基本制度，更离不开民法的基本原则。具体而言，民事法律关系是解释的基础工具，权益保护特别是弱者权益保护是解释的基本政策立场，尊重私法自治是规范基础手段或评价法律效果的基本思维。

这在解释作为商法重要内容的《公司法》时，也不例外。在强制清算规范的解释中，涉及的民法理论至少包括意思自治、弱者保护、侵权责任等方面。

1. 私法的自治性

虽然存在很多强制性规范，公司法依然属于私法，公司内部活动在本质上应当遵从意思自治的基本原理。这些，已经成为公理性认识。私法特性在很大程度上影响着强制清算规范的解释。其一，扩张解释私法规范的发生概率。私法调整的是平等主体之间的关系。即使国家介入这种关系的调整，国家介入的也属于私人事务，而国家介入的目的在于保护弱者、实现公平。在保护弱者的目的得到社会广泛接受时，私法性规范即使带有强制性色彩，被扩张解释的容易程度也远远高于公法性规范。也就是说，规范调整对象的公共性色彩本身将影响规范的司法解释活动。由于涉及管理者与被管理者之间的利益协调，为实现维护社会管理秩序与保护被管理者利益的双重目标，公法性规范的刚性色彩要强得多。在刑法领域，罪行法定原理在很大程度上就会限制法院的扩张解释甚至是类推解释。对于私法规范，则是另外一种境况。强制清算规范实质地调整着公司债权人与控制公司的有关主体之间的利益关系，虽然国家有介入，但此类介入明显区别于对破产清算的介入。也即，强制清算规范在本质上依然属于私法性规范，因而法院较为便利地采用扩张性解释在很大程度上是合理的。其二，私法自治也决定了扩张解释扩张的限度。私法自治在很大程度上意味着"交易自慎重、责任自担"。也就是说，市场主体应保持最低限度的理性，在交易中采取慎重立场，在一般场合要对自己的行为和判断负责。以保护债权人和中小股东为目的的强制清算规则也应当尊重这个基本判断。《公司法司法解释（二）》引进的清算义务人区分责任机制正好体现了这一原理。清算义务人的责任不能等同于股东的责任。股东滥用公司人格，将与公司一道对债权人的债权承担连带责任；清算义务人违反的义务不是尊重公司独立的义务，因而也不得对债权人债权承担绝对的兜底责任。所以，在有限责任公司的股东、股份有限公司的董事和控股股东未在法定期限内成立清算组开始清算导致公司财产贬值、流失、毁损或者灭失的情况下，债权人主张其在造成损失范围内对公司债务承担赔偿责任的，人民法院应依法予以支持；而在怠于履行义务，导致公司主要财产、账册、重要文件等灭失而无法进行清算的情况下，债权人可主张其对公司债务承担连带清偿责任。全额连带责任与财产损失范围内的限额责任的区分，本身即体现了"交易自慎重、责任自担"的精神。其三，强制清算程序中的协商机制存在当然空间。《公司法》建立了非破产清算与破产清算的衔接机制。第 188 条规定，清算组在清理公司财产、编制资产负债表和财产清单后，发现公司财产不足以清偿债务的，应当依法向人民法院申请宣告破产。破产清算的目的在于公平保障债权人的债权。基于私法自治原理，债权人能够在法律规定的范围内处分自己的合法权益。因此在公司清算中出现破产原因时，债权人基于意思自治自行与债务人协商通过债务清偿方案的，法律应当予以尊重。公司自行清算的，只要不损害有关利害关系人的合法权利，又经全体债权人一致同意，适用协商机制的行为应该不为法律所禁止。

2. 保护弱者

倾斜性地保护弱者、追求实质公平，是现代民法的基本理念。为此，从抽象人格走向具体人格，关注具体法律关系中双方个体地位之间的非均衡，借助于国家的力量，对强势一方适当地施加特定义务，或者对弱势的一方赋予特定权利，已经成为民法发展的基本趋势。民法中的弱者保护观念要求，司法者应针对法律没有规定的情况正确把握弱者的含义，应运用公平原则依法行使自由裁量权，以尽量维护弱者的利益。

公司清算的目的在于确保债权人的债权能够得到有效清偿、股东的剩余财产分配权能够得以实现。但是，债权人债权、股东剩余财产分配权在形式上是在与公司之间的关系中存在的。如果公司不能及时地进行清算，那么这两种合法权利将难以实现。作为拟制的主体，公司运行依靠特定主体的具体行为。因此，公司实际掌控于特定主体乃公司制度的客观规律。公司法的意义就在于，让这些主体对公司的掌控限定在能够为社会容忍的范围内。在解散公司后，实际控制公司的特定主体为了自身利益完全可以不启动清算程序。此刻，债权人的债权、股东的剩余财产分配权实质上控制于控制公司的特定主体手中。相对而言，公司债权人、没有能够控制公司的股东即成为公司清算程序中的弱者。为有效保护这些弱者的利益，司法解释明确规定某些主体作为清算义务人，对这些主体施加了与清算程序有关的特定义务，对公司债权人、没有能够控制公司的股东赋予了特定的救济权。此类扩张，与民法保护弱者的理念高度吻合。

3. 侵权责任

根据《公司法司法解释（二）》第 18 条的规定，清算义务人违反清算义务的，将对债权人以及剩余财产分配权被侵犯的股东承担法律责任。此即前述第 4 种扩张。仅从司法解释的字面含义看，似乎不存在任何疑问。但是，如果需要考虑责任承担的构成要件以及举证责任的分配，那么将存在一个问题，即该类责任的性质如何？对此，理论界和司法界都存在争论。这些争议，大致有侵权责任说、拟制侵权责任说、清算责任说、法人人格否定责任说等几种观点。侵权责任说直接将清算义务人违反清算义务的法律责任归属到侵权责任，并且根据侵权责任的构成要件和举证责任分配原则去探讨这类责任的追究问题。拟制侵权责任说的主张在推论逻辑上有两种立场。一则认为，清算义务人违反清算义务后，侵犯的是债权人的债权；因我国没有承认侵犯债权的侵权责任，无法直接认定为侵权责任，至多认为是推定的侵权责任。一则认为，清算义务主体是公司，清算义务人是公司的员工，执行清算的行为乃属于职务行为；侵犯债权人利益的主体是公司而非清算义务人，公司没有按期成立清算组并组织清算的情形无法推导出清算义务人的侵权责任，至多也只能算是推定意义上的侵权责任。[①] 清算责任说认为，清算责任是法律规定的一种责任，违反义务后承担的责任当然是清算责任。[②] 法人人格否定责任说认为，公司股东违反义务没有及时使公司成立清算组开展清算导致债权人利益损害的，实质上是滥用公司独立人格，应当属于法人人格否认的情形，应让股东对公司债务承担连带责任。[③]

民事法律责任的性质认定，应当回归到有关民事责任的民法原理路径上来。在民法理论中，民事责任包括合同责任与侵权责任两大类。合同责任，针对行为人违法约定义务的情形；侵权责任，针对行为人违反法定义务的情形。清算责任说与法人人格否定责任说的观点明显违背法律原理，当然也违背关于民事法律责任类型化的基本逻辑。合同责任与侵权责任的区分逻辑在于义务的性质，所谓的清算责任是根据义务存在的领域来界定的，而法人人格否定责任是根据义务违反的具体表现来界定的；并且，法人人格否定责任也无法解释股份有限公司董事作为清算义务人承担责任的情形。

问题是，清算义务人违反清算义务而承担的限额补充责任或者连带责

---

① 朱晓喆、孙珉：《吊销公司营业执照与清算义务人之侵权责任——对有关公司法实务经验的检讨》，《上海财经大学学报》2008 年第 6 期。

② 奚晓明主编《最高人民法院关于公司法司法解释（一）、（二）理解与适用》，人民法院出版社，2008，第 361 页。

③ 臧峻月：《有限责任公司股东不进行清算的责任》，http：//www.attorney.net.cn/_d270178246.htm，2013 年 6 月 18 日访问。

任到底是合同责任还是侵权责任呢？笔者认为，从实证法的角度看，侵权责任应当区分法律意义上的与法学意义上的。区分两者的基点在于《侵权法责任法》的具体规定。《侵权责任法》第 2 条规定，"侵害民事权益，应当依照本法承担侵权责任。本法所称民事权益，包括生命权、健康权、姓名权、名誉权、荣誉权、肖像权、隐私权、婚姻自主权、监护权、所有权、用益物权、担保物权、著作权、专利权、商标专用权、发现权、股权、继承权等人身、财产权益。"根据该条的立法本意，如果被侵犯的民事权益不归属于本条第 2 款罗列的具体类型，即使可以依据民法原理追究义务主体的侵权责任，也不能够说是在追究侵权责任法上界定的侵权责任。因为，第 2 款是采用逐一罗列的方式来规定权益类型的。没有被该款明确表述的权益，就不是被《侵权责任法》保护的权益；不属于《侵权责任法》保护权益被侵犯的，相关责任当然不是《侵权责任法》界定的侵权责任。侵权责任与合同责任的本质区别在于义务违反行为针对的义务。侵权责任针对法定义务，而合同责任针对约定义务。在弱者保护理念的推动下，约定义务与法定义务的边界愈来愈模糊，合同责任法定化是民法发展的一个基本趋势。也就是说，现实中存在大量的没有被《侵权责任法》第 2 条第 2 款收编的法定义务。《公司法》以及《公司法司法解释（二）》规定的有关主体的清算义务即属于此类。既然义务来源于法律的直接规定，那么违反该义务而承担的民事责任就应当属于侵权责任的范畴。当然，由于没有被《侵权责任法》纳入，违反清算义务而承担的赔偿责任只能够得到法学理论的承认。扩张解释强制清算得到的结论，属于无法由文本解释方法推导出的结论，应当归属于论理解释的范畴。根据民事责任的基本理论，将清算义务人承担的赔偿责任按照侵权责任的原理加以建构的做法，是合乎法律原理的。

（二）商法原理

拉伦茨认为，在解释法律时应当关注法律内在的客观目的，"以法律固有的合理性来解释法律"。在拉伦茨看来，这些客观性涉及被规整领域的事物的本身结构，是立法者必须考虑但无法改变的既存状态，也涉及隐含于规整中的法伦理原则。[①] 因此，只有那些符合被规整领域的事物的本身结构、规整指涉领域的既存结构的解释才是合理的。拉伦茨关于法律解释遵守客观事理的论断对于商法规范的解释很有启示。商法起源于商业惯例，是立法者对市场中既有商业惯例按照立法程序整理和收编的结果。作为长

---

① 〔德〕卡尔·拉伦茨：《法学方法论》，陈爱娥译，商务印书馆，2003，第 210 页。

期存在于商业社会的商业惯例，是商业活动主体根据商业活动的内在规律而归纳、抽象出来的。能够经过市场竞争长期洗礼而沿袭下来的商业惯例，与市场客观规律之间应当具有高度的吻合性。因此，在一定意义上我们可以认为，商业惯例是市场客观规律的表征。在成文化的背景中思考和对待商法时，我们也应当高度关注商事惯例以及背后的市场交易客观规律。在解释商法时，需要尊重市场的一般做法，应当尊重市场的客观规律这些内在事理。这些客观规律和事理，在商法学的理论框架中表现为制度的基本原理或者线索。就强制清算规范而言，客观事理涉及公司人格、诚信义务、清算事务运行过程等方面。

1. 公司人格

公司具有独立人格，是公司制展开的起点。公司能够作为一个独立的市场主体参与市场活动，不仅独立于其他市场主体，也独立于公司股东。股东必须确保公司的独立性，是整个公司治理制度展开的线索和核心目标。公司被解散后，公司人格依然存在。作为独立的法律上的人，公司依然以自己的名义享受财产及其他权益，以自己的名义对其他主体负担义务。因此，在清算过程中，依然是公司自己去清偿对外债务，以自己的名义向股东分配剩余财产。《公司法》第184条规定的清算义务人，仅仅是公司清算组的成员，这些成员在清算组开展活动时负有参加、决策和执行义务，他们本身并不负担以自己的财产对公司债务负连带责任之义务。在这个意义上讲，公司清算人的义务只是程序性的义务，只是执行职务行为的义务。司法解释之所以让其在没有按期组成清算组开展清算活动时承担相应的民事责任，应当是基于其他法律原理或者法律逻辑。这些特定的法律原理或者逻辑，对于股东而言，可能是滥用股东权利以致使得公司失去独立性，也可能是在清算事务上一种独立的诚信义务；对于其他清算义务人而言，则是在清算事务上一种独立的诚信义务。由于法人人格的独立性是整个公司制度运行的基础，而建立在公司独立人格基础之上的股东有限责任则是维系公司制度生命力的核心基础。严格限制适用法人人格否定制度应当成为司法的一个基本立场。因此，为避免在司法实践中形成随意适用法人人格否定的思维习惯，最好避免根据法人人格否定原理来追究股东类清算义务人的民事责任。

2. 诚信义务

在特定民事法律关系中，如果一方的行为能够控制其他方，以至于其他方的利益或者命运几乎受该方主体支配，那么该方主体就应当对其他方主体承担诚信义务。这个基本的民法原理在商事制度中有着最为广泛的运用。信托关系中，信托财产管理人对信托受益人负担诚信义务；保险关系中，基于格式条款及保险产品复杂性的原因保险人对投保人负担诚信义务，基于投保人掌握保险标的的危险信息的原因投保人对保险人负担诚信义务；在公司制度中，因控制着公司，并且通过公司决定着公司债权人、公司中小股东的命运，控股股东、实际控制人、公司董事、监事、高级管理人员对公司、公司的债权人、公司的中小股东负担有特殊的诚信义务。控制与被控制关系以及控制的程度，是决定是否施加诚信义务、施加何种程度诚信义务时需要考虑的关键因素。在公司清算过程中，虽然公司被清算，但依然可能被控制在控股股东、实际控制人、公司董事、监事、高级管理人员手中。因此，针对清算事务而对这些主体施加诚信义务在理论上是可行的。

考虑到清算过程中公司的具体业务受到严格限制，公司的决策机制与决策程序与常态比较有显著的不同，监事、高级管理人员控制公司的可能性较小，他们在法律上也不享有控制公司的权力，司法解释将他们排除在清算义务人之外的做法是合理的。

在界定清算义务人的范围时将公司的实际控制人、股份有限公司的控股股东纳入，将小股东纳入受清算义务人诚信义务保护的对象。这是司法解释的一大扩张。基于存在实际控制人、控股股东控制公司的现实，这些扩张也是合理的。

3. 清算事务运行过程

《公司法》第184条规定，公司没有及时组成清算组的，债权人可申请法院启动强制清算程序。有观点由此推论，清算义务人的义务仅限于负责成立清算组，清算组一旦成立即启动清算程序，清算义务即告完成，此后由清算组负责一切清算工作。[①]

但是从清算过程看，成立清算组仅仅是清算义务人完成配合义务的第一步。运用自己的控制力，清算义务人完全有可能在清算组清算的过程中借助于其他控制行为损害清算中的公司财产，或者导致清算困难甚至难以完成。因此，司法解释将清算义务人的义务从组成清算组扩展到其他协助清算的义务。如果自行清算，清算义务人就是当然的清算人，负责清算事务的执行。在成立清算组的场合，除非有法定理由，清算义务人必须参与

---

① 王欣新：《公司法》，中国人民大学出版社，2008，第271页。

清算。基于自身清算参与人的身份，清算义务人有义务配合清算工作的顺利进行，通过提供财务会计报告、会计账簿、原始凭证、公司财产清单等方式，协助清算人进行清算。

四　进一步解释的空间及启示

充分发挥司法能动性，根据《公司法》的立法目的去对《公司法》第184 条、188 条的强制清算规范进行解释是必要的。上述六大创造性扩张解释，有助于对《公司法》第 184 条、188 条强制清算规范的理解和适用。实践中的问题也表明，继续解释的空间依然存在。诸如：根据《公司法》第184 条，有限责任公司中的所有股东都是清算义务人。需要考虑的是，这种做法的合理性有多大？是否存在继续解释的空间？在公司实践中，有限责任公司、股份有限公司的少数股东一般都是外部人，如控股股东等内部人不履行清算义务，少数股东也是受害人。因此，在修订司法解释或者裁判时，最好采取限制解释的立场，将少数股东排除在清算义务人之外。根据《公司法》第 184 条，股份有限公司的董事才属于清算义务人的范畴，而有限责任公司的董事被排除在外。董事是公司解散的当然第一知情人，由其组织清算具有职权上的便利性，可以有效防止公司财产的流失，进而保护债权人等利害关系人的利益。很多大陆法系国家的公司法就将董事规定为公司的法定清算人。因此，在修订司法解释或者裁判时，在很多场合还应当采取扩张解释的立场。

但是，我们必须同时关注司法解释本身内在的难题甚至矛盾。"司法中的所谓'解释'，就其根本来看不是一个解释的问题，而是一个判断问题。司法的根本目的并不在于搞清楚文字的含义是什么，而在于判定什么样的决定是比较好的，是社会可以接受的。"① 因此，司法解释的价值根本不在于给出了一个所谓的答案，而在于论证为什么这个答案在这个语境中是最佳的。司法审判的过程是推理的过程，司法解释要取信于社会也应当有一个推论过程。或许我们关注的不是你的解释是不是扩张解释，而是你能否向我们展示你的推理或者论证具有说服力。司法解释是否合理或者是否正当，需要论证。也正是在这个意义上讲，司法解释的精髓应当在于论证。作为理解的解释是不困难的，困难发生在向他人作出解释之际，如何进行商法规范解释的论证呢？法律解释学、民法解释学所演示的解释方法，是

---

① 苏力：《解释的难题：对几种法律文本解释方法的追问》，《中国社会科学》1997 年第 4 期。

一个重要的手段，但并不是全部。或许我们可以认为，基本民法理论及制度、商事活动的客观技术基础、法律规范逻辑本身都是应当被依赖的。在这里，我们或许还应当特别关注对民法理论及制度的依赖。因为我们总是自觉或不自觉地强调甚至过分地强调商法的特殊性。在商法理论及制度建立之初，这种先验性的理论供给是必需的。在商法理论框架及基本制度建立之后、在制度与理论需要精细化的当下，这种先验立场的理性色彩可能会减弱，甚至扰乱我们的思维。很多特殊商法制度，如果用民法基本原理去解释，其实是简单的。诸如董事是股东的还是公司的、隐名股东是否为股东、公司可否开除股东、公司越权对外担保的效力等疑难问题，在民事法律关系视野中，答案是明了的。董事是公司决策机关选举出来的，在公司法上董事是公司的人；能够担任董事的，要么是股东本人，要么是受股东委托的人，在这个特定的法律关系中董事又是股东的人。相对于公司而言，所谓的隐名股东当然不是股东，我们之所以提出这个命题是要保护他的投资权益，但这个投资权益的保护目标完全可以依赖实际出资人与显名的代理人之间的委托代理关系去实现。股东资格背后是特定独立的民事财产权利，基于财产神圣不可侵犯的原则，公司当然不能够处分个人的权益，也就无权就是否处分股东个人权益的事宜进行表决了；但是，如果股东之间要解决他们个人的事宜，诸如基于投资协议的违约责任，那么他们完全可以依赖内部的合同而采取行动，作为出资协议主体的股东完全可以在一起开会，决定是否开除严重违约的出资人。因此，股东在一起开会，开的并不一定是股东会。判断的关键是，他们此刻是以哪个法律关系主体的身份去活动的。公司越权对外担保的效力判断，如果能够转化为对方是否对公司越权知情、对方是否因为有《公司法》第 16 条的规定而负有调查义务等一般民事法律关系的问题，其实是一个简单的合同问题。

　　仁者见仁，智者见智。商法规范解释活动本身是主观解读的过程。为确保司法解释保持合理的谦抑性，有必要借助并且依靠民法理论、商法理论去开展解释活动。民法及商法基本理论框架，一方面为我们提供了展开解释活动的思维启示，另一方面也是衡量解释结果合理性的标杆。

"除名"与"失权":从概念到规范

——从《公司法司法解释(三)》第18条展开

凤建军[*]

【内容摘要】 我国《公司法司法解释(三)》有关条文被认为确立了股东资格解除规则,并设置了相应的程序规范,但此规则从目的、功能以及适用条件等角度而言,应属失权规则而非除名规则之范畴,并且从适用条件角度而言其极大地缩限了失权规则的适用空间;从适用程序角度而言,在我国公司法体系下亦存在诸多障碍。故需要从除名规则及失权规则之来源的德国民商法上对两者应有之含义,以及在德国民商法,主要是公司法上之适用进行正本清源的考察并辨析两者关系。在此基础上主要基于目的、功能之区别以及我国公司实践之现状,应当从公司法体系理性、法律规范特点等角度对除名规则与失权规则进行不同的制度设计以实现各自法律调整之目的,并完善我国公司法制。

【关键词】 除名 失权 公司法制完善

一 问题的提出:从一条司法解释说起

2011年2月16日实施的《最高人民法院关于〈中华人民共和国公司法〉若干问题的规定(三)》(以下简称《公司法司法解释(三)》)专门对人民法院在审理公司设立、出资、股权确认等纠纷时如何适用法律的问题进行了规定。其中第18条第1款规定:"有限责任公司的股东未履行出资义务或者抽逃全部出资,经公司催告缴纳或者返还,其在合理期间仍未缴纳

---

* 西北政法大学副教授,公司企业法研究中心副主任。

或者返还出资，公司以股东会决议解除该股东的股东资格，该股东请求确认该解除行为无效的，人民法院不予支持。"该条第 2 款是关于股东资格解除后相关法律后果的规定。最高人民法院民二庭负责人对《公司法司法解释（三）》的"解读"中，认为该条文"总体上确定了股东资格解除规则，并设定了相应的程序规范"。① 基于以上"解释"及"解读"，似乎可初步判断该条文以司法解释的形式填补了我国《公司法》中没有股东资格解除，即股东"除名"规则之空白。

尚且不论司法解释在此所发挥"准立法"功能的正当性问题，因其似有"越俎代庖"之嫌，但从法律解释在法律续造中的合法性角度而言，"法律解释与法官的法的续造并非本质截然不同之事，毋宁应视其为同一思考过程的不同阶段"。② "只有在立法者对需要解决的法律问题未作出规定时，法官不得（以法无规定为由）拒绝对其作出决定，而必须加以解决。"③ 因此通过法律解释而实现法律续造的合法性基础在于法的正义价值，"司法可以——按照……正义观念——合法地对实证法加以进一步续造"。④ 就我国《公司法》而言，关于股东除名规则的"漏洞"无论是基于立法者的有心还是无意，现实存在的相关案例确实使得法官必须对此进行裁判。⑤ 因此笔者认为在该问题上于《公司法》进一步修订完善以前，在《公司法司法解释（三）》中所进行的这一具有法律续造功能的司法解释是具有积极意义的。但紧随其后的一个问题是，当笔者对该条文稍加深入思考时，却又被一连串的问题所困惑，甚至使笔者得出了"该条文从股东除名规则建构的角度而言，是比较粗糙的，实践中也几乎不具有可操作性"的初步判断，为了答疑解惑以映证此判断的合理性，以为下文之研究。

二　我国学界关于股东"除名"与"失权"
概念之表述：各表其意

我国《公司法》并没有规定股东除名与失权制度，国内大多数公司法

---

① 参见《规范审理公司设立、出资、股权确认等案件——最高人民法院民二庭负责人答本报记者问》，《人民法院报》2011 年 2 月 15 日。
② 参见〔德〕卡尔·拉伦茨《法学方法论》，陈爱娥译，商务印书馆，2003，第 246 页。
③ 参见〔德〕齐佩利乌斯《法学方法论》，金振豹译，法律出版社，2009，第 121 页。
④ 参见〔德〕齐佩利乌斯《法学方法论》，金振豹译，法律出版社，2009，第 123 页。
⑤ 我国一些地方法院已经在审理股权纠纷案例中，就股东除名的纠纷进行了裁判，后文会具体提及。

学者编撰的教材或论著中也鲜有阐述。学界有学者认为："股东除名是指股东在不履行股东义务，出现法律规定的情形下，公司依照法律规定的程序，将该股东从股东名册中删除，强制其退出公司，终止其与公司和其他股东的关系，绝对丧失其在公司的股东资格的法律制度。"[①] 亦有学者从公司权利的角度认为："股东除名权可以界定为公司法所规定的为解除特定股东与公司之间法律关系而为公司所享有的一种权能。"[②] 还有学者认为："股东除名就是股东失权，是指股东未按照公司章程缴纳出资或者未按时缴纳出资情形严重时，公司通知其缴纳出资并给予其一定宽限期，如果股东拒绝缴纳出资或者宽限期届满后仍未缴纳出资的，公司将直接剥夺其股东资格的制度。"[③] 还有学者在阐述股东地位的丧失时，将"除名"与"失权"作为并列情形予以罗列，除名即"股东违反法律或者违反章程而被除名，被除名股东丧失其股东地位"，失权即"股东违反法律而被剥夺股权，如没收，该股东因其股权被剥夺而丧失其股东地位"。[④] 笔者以为如果只是基于不同角度对同一事物之不同文字表述，尚且不影响对事物本质之认识，因为至少所认识的对象是明确的，即"同一思想可以不同的形式得到表达"。[⑤] 但如果本身所认识的对象就不同时，定义的功能则显得至关重要，"作为一种文字上的启示，定义是利用一个独立的词来给出语言上的界说，它主要是一个标明界限或使一种事物与其他事物区分开来的问题"。[⑥] 因此首先厘清股东"除名"与"失权"之应有含义及相互关系便显得十分必要，其也是进行相关规则建构的基础。

三　从德国法视角对"除名"与"失权" 之考察：正本清源

笔者无意从公司法制发展的全球视角对"除名"抑或"失权"的理论及制度进行历史的、全面的考察，而仅从近现代以来德国法的视角，对两

---

① 参见刘炳荣《论有限责任公司股东除名》，《厦门大学法律评论》第 8 辑，厦门大学出版社，2004，第 426 页。

② 参见刘德学《股东除名权法律问题研究——以大陆法系国家的公司法为基础》，中国政法大学博士学位论文，2008，第 7 页。

③ 参见李建红、赵栋《股东失权的制度价值及其对中国的借鉴意义》，《政治与法律》2011年第 12 期。

④ 参见施天涛《公司法论》（第 2 版），法律出版社，2006，第 227 页。

⑤ 参见〔德〕齐佩利乌斯《法学方法论》，金振豹译，法律出版社，2009，第 18 页。

⑥ 参见〔英〕哈特《法律的概念》，张文显等译，中国大百科全书出版社，1996，第 14 页。

者的含义及相关理论与制度建构进行研究。这一视角的选择也主要源于上述两概念以德国民商法及公司法制之使用而为始创与代表，当然在对这两个概念和制度进行考察时，要理解"为什么在某一外国的法律秩序中某一问题是这样解决的而不是另一个样子，人们就必须一同考虑那些具有决定意义的规则由立法者或者法院判决怎样创制和发展的过程，以及它们在实践中是怎样贯彻执行的"。① 也只有这样才能够真正在"消化吸收"的基础上，为我国公司法制完善之借鉴。

（一）德国民法上的"除名"：合则聚，不合则散

《德国民法典》第 737 条是关于合伙关系中合伙人除名的规定，其使用的德文词语是"Ausschlus"，其相当于英文中的"Exclusion"，即"排除、排斥"之意。《德国民法典》第 723 条至第 728 条规定了合伙解散的几种情形，第 737 条关于合伙人之除名的规定其实是合伙解散的一种替代机制。该条规定，当合伙人以决议之形式开除一名合伙人时应当同时满足以下两个条件：第一，合伙协议中约定在可以解散合伙的情况下，合伙可以在其他合伙人之间继续进行；第二，被除名之合伙人自身发生了使其他合伙人有权提前解散合伙之事由，即"重大事由"。除名须经其他合伙人一致同意，并以意思表示为之。② 至于除名的法律后果，完全遵守第 738 条至 740 条关于合伙人退伙所产生之法律后果。因此考察《德国民法典》上之"除名"，可形成如下认识。

首先，民事合伙关系基本贯彻了"合则聚，不合则散"的理念。"除名"是合伙关系"解散"的一种替代机制，即在合伙关系应当解散之情形下，满足除名的适用条件时亦可选择除名。但与解散所具有的使整个合伙法律关系彻底归于消灭这一极端的消极性后果相比较而言，除名在维系合伙关系的存续上具有相当的积极意义。但在商法领域当中，除名功能之发挥、规则之设计就已经不仅仅是作为解散的一种替代机制而存在了，其对于消除商事主体内部冲突、修补人合性裂痕、维系商事主体之存续具有更为重要的意义。

其次，依照德国学界通说，合伙关系中的除名规则是任意性的，"合伙协议可以限制、排除、放宽和重新设计构建除名权。这也涉及其需要遵守

---

① 参见〔德〕K. 茨威格特、H. 克茨《比较法总论》，潘汉典等译，法律出版社，2003，第 8 页。

② 参见《德国民法典》，陈卫佐译，法律出版社，2006，第 285 页。

的程序"。① 这样的理论认识充分体现了民法意思自治的精神，同时也为在商事领域中建构除名规则留下了可变动的空间。但问题在于，在无"重大事由"的情形下，是否可以通过决议将合伙人除名？德国早期的司法判例中认为通过多数人的决议而无重大事由的除名约定是合法的，但是"新的法院判决要求在合伙的特别关系中存在客观的理由，否则这样的条款原则上是无效的"，"是一种违背善良风俗的束缚"，"应该保障合伙人的自由决定不因可能的专横的除名压力而受到限制"，② 因为其违背了《德国民法典》第 138 条"善良风俗"之规定，因此在除名规则中必须存在一定的"客观的重大事由"，通常该事由是"合伙人故意或因重大过失而违反其根据合伙协议所应负担的重要义务，或此种义务之履行成为不可能"。③

（二）德国商法上的"除名"：合则留，不合则去

《德国商法典》第 131 条、第 133 条、第 140 条以及第 161 条对人合性的公司，即无限公司和两合公司规定了股东除名规则。④ 法律条文中"除名"一语使用的是"Ausschlus"的动词形式"Ausschließung"。根据上述条文规定，股东可以通过股东决议的形式将某股东除名，但这种除名决议并不可任意为之，其必须满足两个条件：第一，在被除名股东身上发生可以导致公司解散之重大事由；第二，经其他股东提起除名之诉，并形成除名判决。因为除名对于被除名股东而言是一种严厉的极端措施，只有在其他方式不能达到令人满意效果的情形下方可使用。因此法院在作出除名判决时，既要考虑对拟被除名股东采取剥夺业务执行权和代表权这样相对温和之手段是否已经够用，⑤ 又要对"重大事由"进行审查，即是否存在"股东故意或因重大过失而违背其依公司合同负担的重大义务或此种义务的履行成为不能的情形"。通常该情形表现为："私吞公司财产、有理由相信其存

---

① 参见〔德〕格茨·怀克、克里斯蒂娜·温德比西勒《德国公司法》，殷盛译，法律出版社，2010，第 118 页。
② 参见〔德〕格茨·怀克、克里斯蒂娜·温德比西勒《德国公司法》，殷盛译，法律出版社，2010，第 119 页。
③ 参见《德国民法典》，陈卫佐译，法律出版社，2006，第 285 页。
④ 参见《德国商法典》，杜景林、卢谌译，中国政法大学出版社，2000，第 55 页。
⑤ 《德国商法典》第 117 条和第 227 条分别对业务执行权之剥夺与代表权之剥夺进行了规定，即存在重大事由时，经其他股东申请，法院可判决剥夺相关股东的上述两项权利，此处之"重大事由"是指严重违背义务或无力执行通常业务或无力对公司进行通常之代表。上述两项股东权利剥夺之判决虽不是股东除名的必然前置性程序，但是相较于股东除名而言其在效果上温和了许多。

在不诚实的行为等。"① 当然公司章程亦可对股东除名事由进行扩大、限制，甚至是完全排除，但无论公司章程如何规定，其必须是明确的，即任何股东均可依章程条款对自己行为之后果予以清楚的认识。除名的法律后果与退股相同，即股东丧失股东身份并因此而丧失其在公司中的财产份额，该份额由其他股东获得，被除名股东可请求获得其财产份额在除名之诉提起时所确定的公司财产相对应的财产价值。因此考察《德国商法典》对人合性公司股东除名规则之设计，同时结合"股东解散和股东退股"有关条款规定，亦可形成如下认识。

首先，对人合性公司而言，股东除名在适用的条件上并不像在合伙关系中那么严格，即无须在公司章程中明确记载"当出现解散事由时，公司亦可在其他股东之间继续存续"。当可归因于一名股东而导致解散事由出现时，公司可通过股东决议的形式自主决定是解散公司亦或是将该股东除名，因此股东除名并不是公司解散的替代机制。在出现"重大事由"时，解散、退股、除名为公司和股东提供了三种选择机制，其中解散的法律效果是最为消极、最不经济的，而除名对于修补因个别股东之"重大事由"而可能导致的公司人合性因素之裂痕，以及化解公司内部严重冲突或僵局从而维系公司之存续，无疑都具有十分重要的积极意义。因此可以说德国商法上的除名规则已经将民事合伙的"合则聚，不合则散"的理念转变为"合则留，不合则去"，两者之共性在于以人合性因素为存续之基础，而两者之区别亦十分清楚地表明在"散"与"去"的不同法律后果选择上。

其次，考察股东除名的法定事由，通常以"股东不履行其所负之重大义务"，或者"股东严重违反其所负之义务"而为概括，至于何谓"重大义务"或者"严重违反"则留给司法解释或学理研究予以完成。但无论如何，被除名股东义务之违反一定是对人合性公司股东之间的信任关系造成或可能造成严重破坏，或者违背公司共同利益或目的，进而使公司无法继续维持。从这个角度上讲，被除名股东义务之违反，重点并不在于义务本身的判断，而在于因义务违反对人合性因素所造成的冲击，以及给公司造成或可能造成的危害。股东除名的主要功能"并不是对过去的某个不履行行为的惩罚，而是保护公司免受现存的、持续的某种影响公司目的的因素干扰

---

① 参见〔德〕格茨·怀克、克里斯蒂娜·温德比西勒《德国公司法》，殷盛译，法律出版社，2010，第222页。

的一种预防工具"。① 但是无论从立法角度亦或司法角度而言,还是应当尽可能将引起股东除名之典型义务予以列举,以发挥立法对行为人行为所具有的指引功能,并使司法活动更加精确。因人合性公司中所有权与管理权基本合而为一由股东行使,故通常情况下可能引起股东除名之义务包括:出资义务、管理公司事务时所负法定或章程规定之义务、与公司存在利益冲突时所负之忠实义务等。②

再次,从除名效力的发生上看,《德国民法典》关于合伙人之除名规则是一种非司法性质的自治规则,除名效力的发生以向被除名人为意思表示而生效。而《德国商法典》人合性公司的股东除名规则须经股东决议通过并以司法判决之形式而发生法律效力。结合上文两相比较,德国商法降低了除名规则适用的条件,从而扩大了除名规则的适用范围,以发挥除名规则对公司的积极意义,但同时其又对除名效力发生的程序性要求作了相对严格的规定,形成此差异之根本原因,笔者以为在于商法对于民法意思自治理念之修正。

(三)"除名"规则在德国有限责任公司上之适用

1. 除名规则在德国有限责任公司法制上之确立

从成文法的角度而言,通观《德国有限责任公司法》③ 并没有类似《德国商法典》上适用于人合性公司的除名规则。但是德国有限责任公司法制,"先由学说铺陈理论基础,续经法院实例判决,逐步累积而成,帝国法院一九四二年八月十三日的判决,可说突破僵局,建立指标开创性的除名判决"。④ 上述判决直接援引德国学者 Scholz 在其论著中的观点,"当股东因其自身所存在的重大事由,导致公司无法承受该股东继续存留于公司时,则公司将该股东除名,应属于本着诚信原则及对公司忠实义务所为之必要行为。……本判决即可形成如下建议,即在公司章程未明确规定之情形下,

---

① 参见 Schone, T., Gesellschafterausschluß bei Personengesellschaften, Otto Schmidt, Colonia, 1993, p. 19.

② 对此我国《合伙企业法》第50条即采取"列举 + 概括"的立法模式,规定合伙人有下列情形之一的,经其他合伙人一致同意,可决议将其除名:"(一)未履行出资义务;(二)因故意或重大过失给合伙企业造成损失;(三)执行合伙事务时有不正当行为;(四)发生合伙协议约定的事由。"

③ 因《德国有限责任公司法》2009 年进行了修订,因此本文中关于其条文的引用以修订后的为准,具体参见 GmbHG (2009)。

④ 参见杨君仁《有限公司股东退股与除名》,神州图书出版有限公司,2000,第80页。

如某股东存在重大事由，公司应当有权将该股东除名"。① 因此德国有限责任公司适用除名规则是相关学说理论演进与法官判例造法共同推动的产物。在随后的德国司法判例中，有限责任公司适用除名规则更加明确清晰了，如果公司章程没有明文规定，法院在适用除名规则时通常应当满足：第一，除名规则的适用必须以股东自身存在重大事由为前提；第二，除名规则是最后不得已之手段，即在穷尽了其他内部救济措施也无法修补股东间之信任裂痕，或因股东违背对公司的忠实义务而使公司无法继续承受其作为股东的可能时的最后手段；第三，除名必须经股东决议作出；第四，除名须经法院之判决始生效力；第五，除名不得违背资本维持原则；第六，被除名股东应具有股份出卖请求权。②

2. 有限责任公司适用除名规则之法理基础

首先，有限责任公司为德国法所首创，其虽被归入资合性公司范畴，但其所具有的人合属性亦成为学界共识，"有限责任公司通常是由为数不多的股东组成，股东间有着相互信任关系。在这方面，至少从其典型形式上看，有限责任公司比股份公司更接近于无限公司"，"有限责任公司的股东不仅在与作为团体的公司关系上，而且在股东间的相互关系上，须履行合伙法上的诚实义务"。③ 股东之间的信任关系是公司得以设立并存续的基础，此信任关系一旦发生裂痕，公司势必陷入困境，有时股东间信任关系的破裂甚至可导致公司彻底解体的灭顶之灾。因此人合性因素裂痕之修补成为有限责任公司适用除名规则的理论基础。

其次，从有限责任公司股东出资份额转让角度而言，因为不存在类似股份公司股票转让的公开市场，股东出资份额的转让有时相当困难，再基于出资份额转让规则的设计，从而使得有限责任公司人合性因素更加得以强化，这也使得除名规则的存在具有较强的现实必要性。

再次，从有限责任公司治理的特点而言，其所有权与经营管理权并不分离，公司治理具有明显的"合伙化"特征，"股东个人财产的相当部分是与公司捆在一起的，并且他们经常在公司的业务上投入大量的时间和精力。

---

① 参见 Scholz, Ausschließung und Austritt eines Gesellschafters aus der GmbH, Otto Schmidt, Köln, 1947, p.12。

② 参见杨君仁《有限公司股东退股与除名》，神州图书出版有限公司，2000，第122页。

③ 〔德〕卡尔·拉伦茨：《德国民法通论》（上），王晓晔等译，法律出版社，2003，第190页。

他们有很强的动力对有关事项进行调查并投票反对对他们利益不利的决议"。① 由于公司机关设置的灵活性,股东亲自行使管理公司事务权利并对外代表公司的现象十分常见,因此有限责任公司无论是控制股东亦或是一般股东,对公司及其相互间负有忠实义务亦成为学说之共识。股东违反此忠实义务即有可能导致公司人合性因素的破裂,影响公司共同利益或使公司目的无法实现。相较于"鱼死网破"的公司解散制度而言,既维系公司存续,又对公司人合性裂痕予以修补的股东除名规则具有十分重要的积极意义。

3. "重大事由"的学说及司法解读

可归责于股东的"重大事由"是适用除名规则的前提,依照德国公司法学说,所谓重大事由,"即基于要被除名股东的行为或个人原因,公司连同其一起继续存在对于其他股东来说过于苛刻,也就是说继续保留其成员身份将使公司的继续存在成为不可能或者被真实的威胁到。这并不需要建立在过错的基础上"。② 因此重大事由通常可分为"股东自身存在之重大事由"与"股东行为存在之重大事由"。司法判例中基于"股东自身存在的重大事由"一般包括:(1)如年老、精神异常、长期患病卧床等由于生理因素从而影响其参与公司经营之可能,给公司运转带来严重困难;③(2)公司章程中规定,股东须具备特定之资格或身份,但事后股东丧失该资格或身份,例如:家族公司中所需的家族成员身份。④ 而基于"股东行为存在之重大事由"通常包括:(1)股东财务状况严重恶化或濒临破产;(2)股东的

---

① 〔加拿大〕布莱恩 R. 柴芬斯:《公司法:理论、结构和运作》,林华伟等译,法律出版社,2001,第 261 页。

② 〔德〕格茨·怀克、克里斯蒂娜·温德比西勒:《德国公司法》,殷盛译,法律出版社,2010,第 345 页。

③ 参见 Souflers, Ausschließung und Afbindung eines GmbH-Gesellschafters, Otto Schmidt, Köln, 1983, p. 28。

④ 我国司法实践中已经存在股东因丧失公司章程中规定之资格而被除名的案例,参见广东省佛山市中级人民法院民事判决书〔2006〕佛中法民二终字第 456 号。该判决书中针对一起股权纠纷认为:"公司章程是全体股东共同制定的有关公司组织与活动的基本规则,康思达公司章程第一章第二条明确规定其是由企业内部职工共同出资组建的有限责任公司,即限定只有该公司的职工才能成为康思达公司股东,该规定为全体股东意思自治的体现,并没有违反公司法或相关行政法规的强制性规定,且康思达公司章程对股东身份所作出的限制符合有限责任公司的'人合性'特点,且公司对除名股东所持股份的处理亦没有导致公司资本减少,从而最终维持原判,即邵某因辞职与公司解除劳动关系从而丧失股东资格。资料来源:北大法宝。

行为严重违反忠实义务，滥用股东权利对公司及其他股东利益造成严重侵害，或者股东私底下经由资本参与，以妨害于公司的方式投资其他同属竞争关系之公司者，均可视为"重大事由"。[①] 但是如果只是因个性不合、意见相左，则不能构成"重大事由"，除名规则不能成为股东恣意"排除异己"的工具。

当然公司章程亦可对"重大事由"进行事前约定，但该事由必须明确并可归责于股东个人因素或行为，而且还不得违背善良风俗、平等诚信等法律基本原则。考察德国司法判例，通常章程中所规定的除名事由主要有：财产关系不明和不正常的资金往来、有挥霍浪费的嗜好、长期重病、失去了章程中规定成为股东的前提条件、拒绝履行章程规定的合作义务、严重违反义务尤其是违反诚信义务、购股时存在欺骗公司的行为、犯罪行为、损害公司经营和违反竞争规则的行为、不正当的损害其他股东名誉的言论等。[②]

4. 股东除名决议之形成

无论章程中是否存在股东除名之规定，于公司内部而言，除名必须以股东决议的形式作成。在形成股东决议时，从程序角度而言以下两个问题是必须予以重视的：第一，被除名股东是否具有表决权？依照《德国有限责任公司法》第 47 条第 4 款之规定，股东对于减轻或免除其义务之决议，并无表决权，亦不得代理他人行使；此类表决权行使之限制，亦适用于是否与该股东订立法律行为，或者对该股东提起或消灭法律诉讼之决议。因此被除名股东并无表决权，但如果被除名股东认为决议存有瑕疵，其仍可类推适用《德国股份公司法》第 243 条关于股东决议无效或撤销之诉的规定，对其权利予以救济。第二，除名决议适用什么样的表决规则？目前德国学界有不同观点：采人数一致通过主张者认为，《德国有限责任公司法》并无除名之明文规定，因此应当类推适用《德国民法典》第 737 条以及《德国商法典》第 140 条之规定，即需其他股东一致通过方可形成股东决议。采资本简单多数通过者认为，根据《德国有限责任公司法》第 46 条和第 47 条之规定，须经股东决议之通常事项都以简单多数表决权通过即可，

---

① 参见杨君仁《有限公司股东退股与除名》，神州图书出版有限公司，2000，第 125 ~ 127 页。

② 参见〔德〕托马斯·莱赛尔、吕迪格·法伊尔《德国资合公司法》（第 3 版），高旭军等译，法律出版社，2005，第 520 页。

况且股东除名最终还有除名之诉来保障其公正性，故无绝对多数决之必要。[①] 目前，德国联邦法院及多数学者主张股东除名采资本绝对多数决原则，即须其他股东四分之三表决权通过方可形成股东决议。[②] 其原因在于，"将股东除名可说影响深远，是相当重要的事业转折点，简单多数决实难具备正当性，所以须其他股东四分之三表决权同意通过始可"。[③]

5. 除名判决的法律后果

公司形成股东除名决议后应提起除名之诉。股东除名的法律效果自何时产生？德国联邦法院基于被除名股东合法权益保护之立场，采取除名判决附生效条件的观点，认为除名判决作出后，只有向被除名股东支付其出资份额对应之价金时除名判决始生效力，但是这样的做法也被德国部分学者批评"走得太远了"。[④] 从德国司法判例角度，除名判决的法律后果主要体现在：首先对被除名股东而言，除名判决之生效意味着股东有权利请求公司以公允之市场价格收买其所持有的出资份额，只有当其获得收买股份的价金，股东资格丧失，同时其所持有的在公司中的出资份额亦随之丧失。其次对公司而言，基于资本维持原则之遵守，公司为上述收买时必须以资本金以外的财产进行，又根据《德国有限责任公司法》第19条、22条、30条、33条以及34条相关规定，公司购买自己股份或收回自己股份以注销该股份的前提条件是该股份所对应的原始出资已经足额缴付，当该股份的原始出资还未足额缴付时，股东只能将其股份转让予第三人，当然被除名股东及受让人仍对该股份所对应原始出资的欠缴部分向公司承担责任。在上述路径都无法实现的情况下，公司最终亦可通过减资程序实现股东除名与债权人利益保护之双重效果。

（四）德国公司法上的"失权"

《德国有限责任公司法》第21条至第25条，以及《德国股份公司法》第64条至第66条，分别规定了有限责任公司及股份有限公司的失权规则，法律条文中"失权"一语使用的是"Kaduzierung"，其相当于英文中的

---

① Balz, Gerhard K., Die Beendigung der Mitgliedschaft in der GmbH, Duncker & Humblot, Berlin, 1984, p. 38.

② Grunewald, Der Ausschluß aus Gesellschaft und Verein, Carl Heymanns Verlag, Köln, 1987, p. 110.

③ 参见杨君仁《有限公司股东退股与除名》，神州图书出版有限公司，2000，第132页。

④ 参见〔德〕格茨·怀克、克里斯蒂娜·温德比西勒《德国公司法》，殷盛译，法律出版社，2010，第346页。

"Forfeiture"，即"没收（财产）、丧失（权利）"之意。所谓失权，是指当股东对公司欠缴出资时，公司给予其一定期限，期限届满如该出资仍未足额缴付，则该股东之股份及已缴股款即被宣告丧失，从而使该股东资格消灭的一项法律制度。该制度主要规定在公司法的资本缴付部分，其立法本意在于确保公司基本出资（注册资本）之充实性，并间接维护公司债权人利益。失权规则所规定之适用情形具有强制性，公司不可通过章程或股东会决议而排除失权规则的适用。笔者认为从失权规则的民法渊源上看，可能应将"债务人迟延履行情形下债权人的解除权"作为其法理基础，即《德国民法典》第286条"债务人的迟延"、第323条"因未提供给付或未按合同提供给付而解约"，以及第354条"失权条款"的相关规定，① 只不过对因债务人迟延而解约的法律后果进行了更为严厉的商法改造，当然这种改造也是符合商法有关"严格责任主义"的调整方法的。②

　　具体而言，《德国有限责任公司法》第21条至25条规定，在股东迟延缴付出资情形下，公司可向该股东发出一个带有警告性质的催告通知，督促其在一定宽限期内足额缴付出资，如果期限届满仍未缴付，则该股东必须声明其丧失所认购之股份及已经缴纳的部分股款，上述权利及财产归公司所有，公司之催告和股东之声明均须以书面挂号信方式发出，且宽限期不得少于一个月。因失权而丧失股东资格者仍须对基于欠缴出资而使公司遭受的损害向公司承担责任。如果该股东存在权利前手，则所有的权利前手均须对未缴足出资承担责任，当然任何一个权利前手可因缴足上述拖欠出资从而取得该股份。如果不存在权利前手或者无法从权利前手处获得拖欠的出资款，公司可将该股份公开拍卖。当上述途径仍然不能将该股份的拖欠款补足时，其他股东负有义务依其出资比例将拖欠款完全缴足。股份有限公司的失权规则主要由《德国股份公司法》第64条至66条予以规定，其内容与有限责任公司基本相同，只是在公司催告的期限和程序上有所不同，并且如通过拍卖，公司亦不能足额获得所拖欠的出资时，该股东仍须承担责任，当然极端情况下公司亦可采取减资手段。③

---

① 德国新债法上的相关条文及其解读可参见齐晓琨《德国新旧债法比较研究：观念的转变和立法技术的提升》，法律出版社，2006。

② 此处所谓"严格责任主义"并非英美法上作为一种归责原则的"严格责任"，而是从商事立法的政策考量上，要求商事法律关系的当事人应当承担较为严格的责任。

③ 参见《德国股份公司法》，贾红梅、郑冲译，法律出版社，1999，第34～36页。

(五)"除名"与"失权"关系之辨析

正是由于通过失权规则的运用,迟延履行出资义务的股东最终丧失了股东资格,这与除名规则确实存在一定的相似之处。首先从两规则适用的条件上看,失权规则中股东"迟延履行出资义务"从其行为的客观属性上来看,基本可以算作是除名规则中股东不履行股东义务的一种表现形式;其次从两规则适用的最终法律结果上看,均是相关股东失去了股东资格。于此尚且不论国内学者对两概念及规则之间的关系如何认识,仅以两者上述相似之处是否可结论性地认为两者即为同一概念?亦或其中之一是另一个的下位概念,即失权规则是除名规则的一种特殊适用情形?基于笔者研析答案均是否定的。不可因两者存在相似之处就"并为一谈",除名规则与失权规则所具有的如下诸多不同之处足以将两者区分并分别为不同的制度设计。

第一,两规则的规范目的和功能不同。除名规则的目的和功能在于修补团体人合性因素之裂痕,将可能影响团体存续或对团体利益造成严重危害的个人因素予以消除,该制度设计应当始终以团体利益之维护为其出发点和归结点。而失权规则的目的和功能在于督促个别股东及时足额缴纳出资以确保公司基本出资的充实性,并进而对公司及公司债权人利益予以保障,其基本的立足点依然是传统的公司资本信用,这是两规则的根本性区别。当然不可否认的是失权规则亦可在一定程度上起到将因不履行出资义务而有可能"失信"于其他股东的"问题股东"予以"剔除"的法律效果,但这只能算作是该规则首要目的与功能所引发的一个"附属效果"而已。

第二,两规则适用的前提条件不同。除名规则所适用的前提条件是基于个别股东存在"重大事由"而导致公司人合性因素之裂痕,进而影响公司存续。此处的"重大事由"如前文所述其内容是较为丰富的,尽管"重大事由"可以被客观地具体列举,但不可否认的是这里"重大事由"中的主观因素也是显而易见的,并且是至关重要的,因为无论立法中将"重大事由"如何列举,亦或是公司章程中如何进行事先约定,其最终还是以对公司人合性因素的影响为其根本判断依据,这本身就带有很强的主观色彩。而失权规则适用的前提条件则是一个具体明确的客观标准,即"股东迟延履行出资义务",至于对该股东而言迟延履行出资义务的原因以及主观心态在所不问;对其他股东而言迟延履行出资义务是否产生"失信"的心理效果在所不问;对公司而言迟延履行出资义务是否危及公司存续亦在所不问。

第三,两规则法律效果产生的逻辑过程不同。在除名规则中,对被除名股东先做出除名决议，而后再对其所持有的出资份额进行法律上的处分，或由公司回购注销，或转让该份额，因此其可简单归纳为"因除名而丧失股份"，其法律效果产生的逻辑过程为：除名事由—除名决议—除名判决—股份处分—丧失股东资格。而在失权规则中，先由迟延履行出资义务的股东声明丧失股份及已经缴纳的出资，正是由于其上述权利的丧失而失去了股东资格，因此其可简单归纳为"因丧失股份而除名"，其法律效果产生的逻辑过程为：迟延出资—催告无果—丧失股份（及已缴部分的出资）—丧失股东资格。

第四，两规则适用的强制性不同。因除名规则适用的基础是人合性因素的破裂，除名须以股东决议的形式作出，因此作为一种公司自治性的规则，其他股东是否适用除名规则并不具有强制性，公司章程在适用上所具有的优先性，决定了其可以改变甚至是排除除名规则的适用。但失权规则立足于公司资本的充实性，当失权规则适用的条件满足时其适用是具有强制性的，公司章程并不能改变或者排除该规则的适用。

第五，两规则在公司内部作出决议的机关不同。因除名须以股东决议的形式作出，因此除名权是股东会行使的一项权利，前文已述在德国司法实践中，除名决议须经其他股东四分之三表决权同意方可通过。而失权规则中无论是对迟延履行出资义务的股东发出催告通知，亦或是将股东声明丧失的股份及已经缴纳的出资收归公司所有并进行相关的股份处置，均无须股东会作出决议，而由公司的代表与执行机关董事会为上述行为即可。这种决议机关设计上的不同也充分表明了制度锋芒指向以及法律价值追求上的差异，除名规则其制度锋芒指向的是团体的人合性因素，因此人合性因素的裂痕也必须通过该团体成员的意思表示（股东会决议）予以修补，其在法律价值的追求上侧重于公平；而失权规则制度锋芒所指向的是以公司资本充实性为手段的公司以及公司债权人利益保护，因此公司的代表机关（董事会）即可为相应的意思表示，其在法律价值的追求上侧重于效率。

第六，两规则适用后丧失股东资格者所享有的权利不同。在除名规则中，被除名股东虽然丧失了股东资格，但其股份所对应的财产价值法律还是确保其应当予以公平实现的。《德国商法典》第140条规定，当股份被公司收回时，公司财产价值的确定依照公司提起除名之诉时的财产状况确定。① 当然股东也可以请求公司以公允之市场价格收买其所持有的股份。但

---

① 参见《德国商法典》，杜景林、卢谌译，中国政法大学出版社，2000，第57页。

失权规则中，丧失股东资格者既丧失了股东资格，又丧失了其所持有的股份以及已经缴纳的部分出资，上述权利均归公司所有，因此对该股东而言也就谈不上股份财产价值的公平实现问题，从这个角度上讲，失权规则的适用对丧失股东资格者是具有一定"惩罚性"的，而这种惩罚性给股东所造成的压力亦从另一个角度表明失权规则对效率价值目标追求的侧重。

基于上述对除名与失权所进行的正本清源之考察，可清楚地认识到除名与失权在德国公司法制上概念含义不同，规范设计之目的与功能不同，法律价值追求侧重点不同，由此各自规范建构的具体内容也不相同。当然对德国公司法制中的两个概念如此耗费笔墨地进行考察分析，直接目的在于准确认识研究对象，最终目的还在于我国公司法制的完善。我国民商法学理论及法制建构对德国法的借鉴是不争的事实，而我国《公司法》中关于股东除名与失权规则是缺失的，大多数公司法教材中也鲜有提及上述概念及规则，在进行法律移植或借鉴时不可能单纯地照抄照搬，而"应当根据各自的具体情况，不仅考察被认为较好的外国解决办法在它原来的国家是否已经受考验证明是满意的；还要考察它是否适合于自己的国家"。[①] 但是无论进行怎样的移植或借鉴，前提是首先应当准确、全面地认识所移植或借鉴的对象。

四　我国相关公司法制之检讨：定性、适用与法律效果

考察我国《公司法》，无论除名规则亦或失权规则均是缺失的，而这种缺失在笔者看来必须通过立法或司法活动中法的续造予以填补，其原因就在于中外公司实践以及公司法制所面临的问题大多是具有共性的，对于法治发展相对落后的国家而言是可以发挥后发优势，本着"拿来主义"的态度对先进国家予以借鉴和吸收的。笔者虽不是单纯的公司法制发展"趋同论"者，但是在商事法领域，存在一定差异性的趋同却是笔者的基本判断，因此《公司法司法解释（三）》第18条，既是解决中国公司实践所面临主要问题的需要，又是中国公司法制通过借鉴、移植予以完善的具体体现。

但问题在于如果说《公司法司法解释（三）》第18条是对公司依自治性的章程或股东会决议而解除股东资格效力的一个司法确认，尚且可以说得过去，但实际上再进一步推敲这种确认似乎又是"多此一举"，因为只要

---

① 参见〔德〕卡尔·拉伦茨《德国民法通论》（上），王晓晔等译，法律出版社，2003，第24页。

章程或股东会决议不存在法律行为不成立或效力瑕疵之情形，其当然就是有效的。而且前文已经提及在我国一些地方法院早有确认公司依章程解除股东资格效力的司法判决。可如果要说《公司法司法解释（三）》基本确立了我国的股东除名规则，那就更需要进行认真研析和推敲了。

（一）检讨一：对《公司法司法解释（三）》所规定之规则定性的检讨

《公司法司法解释（三）》所规定之规则到底属于除名规则，还是失权规则？这是一个需要首先准确定性的问题。前文已述两规则建构之目的、功能、条件、程序等诸多方面存在不同之处，因此对法律规范首先进行准确的定性，直接决定了该法律规范的具体设计以及目的功能之实现。依照德国公司法制上的除名与失权概念及规则来看，我国《公司法司法解释（三）》第18条总体上应当是一个定性为失权规则，但又含有除名要素的"混合体"。得出上述结论的原因在于，首先从该条文设计之目的和功能上来看，其主要在于促使股东正确履行出资义务，以保障公司基本出资之充实性，其属于失权规则设计之目的和功能；其次从该条文适用之条件上看，其仅适用于股东"未履行出资义务或者抽逃全部出资"之严重瑕疵出资情形，这又与失权规则的适用条件基本吻合；[1] 再次从条文适用的程序上看，也存在着一个"合理期间"的失权催告期限。因此这一条文应当定性为失权规范，但其又加入了除名规则设计的一些要素，例如："公司以股东会决议解除该股东的股东资格"，这又属于除名规则的适用条件。当然，这样一个制度设计上的"混合体"如果能够充分实现各自制度设计的目的和功能也不失为一项制度创新，但笔者认为其并不能实现上述"理想状态"，相反还有可能"弱化"了各自制度设计的目的和功能，进而使得个同制度在法律价值实现上"模糊化"，同时在立法上也不利于公司法律制度设计的"体系理性"，因为这样的制度设计使得原有的失权规则与除名规则无法"各得其所"。

（二）检讨二：对《公司法司法解释（三）》所规定之规则适用性的检讨

1. 关于适用条件之检讨

《公司法司法解释（三）》关于解除股东资格的适用条件仅限于"不履

---

[1] 《公司法司法解释（三）》第18条所规定的适用条件包括"未履行出资义务"，以及公司成立以后"抽逃全部出资"两种场合，这与德国公司法上失权规则适用的条件略有差异，但其目的依然着眼于公司资本的充实性。

行出资义务或抽逃全部出资"之场合，依制定者的"解读"认为，"由于这种解除股东资格的方式相较于其他救济方式更为严厉，也更具有终局性，所以我们将其限定在股东未履行出资义务或者抽逃全部出资的场合。未全面履行出资义务或者抽逃部分出资的股东不适用该种规则"。这一解释的本意是可以理解的，但由于其极大地压缩了失权规则的适用空间，相反却为"聪明的有意者"规避该规则的适用创造了极其便利的条件，因为"聪明的有意者"完全可以"履行极少的出资义务或抽逃绝大部分的出资"而使该规则形同虚设。此规则如见之于立法，因其极易被规避，故可能造成立法成本浪费。考察域外有关国家和地区公司法制，关于失权规则的适用条件主要是出资存在瑕疵，包括不出资、迟延出资等情形，例如：《德国有限责任公司法》第 21 条以及《德国股份公司法》第 64 条①均规定的是"迟延履行出资义务"，当然包括迟延履行全部及部分出资。除此之外，《日本公司法典》第 36 条，②《美国特拉华州普通公司法》第 164 条，③ 意大利《民法典》第 2344 条、第 2466 条，④《瑞士债法典》第 634 条、第 682 条，⑤《韩国商法》第 307 条，⑥ 以及我国台湾地区"公司法"第 142 条⑦等均有类似的规定。实际上笔者认为从公司资本充实性的角度而言，无论是"不履行出资义务或抽逃全部出资"，亦或是"未全面履行出资义务或者抽逃部分出资"，其只有"量"的区别，而无"质"的差异，因此在立法政策的考量上实无必要将这种"量"上的区别在法律制度的设计上予以区别对待。

2. 关于适用程序之检讨

《公司法司法解释（三）》从程序上需"公司以股东会决议解除股东资格"亦存在如下问题。问题一：以股东会决议解除股东资格是否妥当？首先，在股东出现严重出资瑕疵时（包括抽逃出资），其行为直接侵犯的是公司利益，同时亦对公司债权人利益造成潜在威胁，于此情形从法律主体上来讲，应当是在公司与股东之间产生法律关系，而公司的代表机关即为董事会。其次，从商事效率原则上来看，显然董事会决议的形成比股东决议

---

① 参见《德国股份公司法》，贾红梅、郑冲译，法律出版社，1999，第 34 页。

② 参见《日本公司法典》，崔延花等译，中国政法大学出版社，2006，第 16 页。

③ 《特拉华州普通公司法》，徐文彬等译，中国法制出版社，2010，第 62 页。

④ 《意大利民法典（2004 年）》，费安玲等译，中国政法大学出版社，2004，第 550 页、第 628 页。

⑤ 《瑞士债法典》，吴兆祥等译，法律出版社，2002，第 184 页、第 202 页。

⑥ 《韩国商法》，吴日焕译，中国政法大学出版社，1999，第 63 页。

⑦ 陈聪富主编《月旦小六法》，元照出版公司，2006，第 5～22 页。

的形成更符合效率原则。① 因此在失权规则中将解除股东资格的权力赋予股东会似有与除名规则混淆之嫌，这一点前文已有阐述。问题二：姑且认可股东会决议之形式，但股东会决议又如何形成？第一，应将"解除股东资格之决议"作为股东会特别表决事项，还是一般表决事项，亦或交由公司章程确定？依照我国现行《公司法》规定，有限责任公司股东会特别表决事项是法定的，而其他表决事项及其表决规则由公司章程规定。当公司章程缺乏有关除名内容时，股东除名决议很可能成为一般表决事项而仅由有表决权的简单多数同意即可通过，而域外相关公司法制在股东会形成股东除名决议时均规定了较为严格的条件。② 第二，在我国现行公司法制下该股东会决议的公正性无法得以保障。由于我国公司法制并未建立系统的股东"表决权排除"制度，这也就意味着拟被除名股东依然可以参加股东会就其除名决议行使表决权，其表决权行使的结果是可以清楚预见的。③ 同时我国《公司法》关于股东权利行使的依据亦不够清晰。《公司法》第43条规定，股东依照"出资比例"行使表决权，此处的"出资"到底是以"认缴出资"为依据，还是以"实缴出资"为依据并不清楚，④ 这一点对于瑕疵出资情形下股东表决权的行使意义重大。又依我国《公司法》第35条之规定，

---

① 《德国股份公司法》第63条第1款规定："股东应按照董事会的要求支付投资"。又因董事会是公司的代表与执行机关，因此在德国公司法上，失权规则中催告通知及决议作出均由董事会为之。《意大利民法典》第2466条、美国《特拉华州普通公司法》第164条、《瑞士债法典》第634条、第682条均规定董事会行使上述职权。

② 通常人合性公司中，以股东人数为表决权计算依据，被除名股东不享有表决权，有的国家和地区采一致通过原则，例如，《德国商法典》第140条，我国台湾地区"公司法"第67条和第125条；有的国家采绝对多数通过原则，例如，《葡萄牙商法典》第186条规定"其他股东四分之三通过"；还有的国家采简单多数通过原则，例如，《韩国商法》第220条规定"公司可以其他社员过半数的决议请求法院宣告除名该社员"。就资合性公司而言，前文已述，德国司法实践中关于有限责任公司股东除名之决议需股东会"其他股东四分之三表决权通过"。

③ 考察域外相关公司法制，无论人合性公司亦或资合性公司，大多规定有股东"表决权排除"制度，例如，《德国有限责任公司法》第47条，《德国股份公司法》第136条，《葡萄牙商法典》第186条、251条，《西班牙有限责任公司法》第52条，《意大利民法典》第2344条、2466条，《韩国商法》第368条以及我国台湾地区"公司法"第178条均有类似规定。

④ 有学者认为，"《公司法》第35条和第43条体现了倡导股东按其实际出资分取红利和行使表决权的精神"（参见刘俊海《现代公司法》，法律出版社，2011，第174页）。但是笔者认为，从第35条中"实缴的出资比例"和第43条中"出资比例"用语上的差异来看，第35条的含义是清楚明了的，而从第43条中是无法当然的解读出其中的"出资比例"就是"实际出资"这一含义的。

仅在红利分配和新增资本认购上，按照"实缴"出资比例行使权利，但是全体股东亦可进行例外约定。同时《公司法司法解释（三）》第17条规定，当股东出现瑕疵出资情形时，仅可依据公司章程或股东会决议对瑕疵出资股东的"利润分配请求权、新股优先认购权、剩余财产分配请求权"进行"合理限制"，而并未规定对瑕疵出资股东的"表决权"进行限制。因此瑕疵出资股东不但可以正常参加股东会行使表决权，而且其表决权亦可以其"认缴"的出资比例行使。设想一下，当瑕疵出资股东为公司大股东时，股东会关于该股东之除名决议又如何得以通过呢？

（三）检讨三：对《公司法司法解释（三）》所规定之规则法律效果的检讨

基于前文分析，因为《公司法司法解释（三）》对因出资瑕疵而解除股东资格的条件进行了严格的缩限性规定，即"不履行出资义务或抽逃全部出资"，这直接导致失权规则的生命几乎被扼杀，其所具有的惩罚性法律效果更是无法得以体现。尽管我国公司法制规定了瑕疵出资股东的违约责任、资本充实责任，以及因瑕疵出资而损及公司债权人利益情形下的补充赔偿责任，但是这些责任均具有"填补式"的特点，而不具有"惩罚性"的法律效果，从而也就无法达到对瑕疵出资股东形成一种法律上"不利益"的压力，以促使其正确履行出资义务，保障公司基本出资充实性之目的。

五　我国公司法制上失权规则与除名规则建构之设想：各得其所、各司其职

考察域外有关国家和地区的公司法制，再结合我国公司法制的完善以及司法实践中相关公司纠纷所面临的主要问题，实有建构除名规则和失权规则之必要。尽管《公司法司法解释（三）》相关规定的合理性值得商榷，但其所进行的方向性的探索还是值得肯定的。① 如前文所述，因除名规则与失权规则存在诸多差异，尤其是价值目标、目的功能等方面的差异足以使

---

① 实际上，早在1988年由我国外经贸部和工商总局联合发布的《中外合资经营企业合营各方出资的若干规定》第7条已经规定："合营一方未按照合营合同的规定如期缴付或者缴清其出资的，即构成违约。守约方应当催告违约方在1个月内缴付或者缴清出资。逾期仍未缴付或者缴清的，视同违约方放弃在合营合同中的一切权利，自动退出合营企业。守约方应当在逾期后1个月内，向原审批机关申请批准解散合营企业或者申请批准另找合营者承担违约方在合营合同中的权利和义务。守约方可以依法要求违约方赔偿因未缴付或者缴清出资造成的经济损失。"这就是典型的失权规则，因此严格而论《公司法司法解释（三）》相关规定于时间上并不具有开创意义，于内容上也值得商榷。

两者分别为不同的制度设计。

（一）　失权规则与除名规则在公司法上的体系安排

1. 失权规则的体系安排

因失权规则系以督促股东正确履行出资义务以保障公司基本出资的充实性为目的，无论有限责任公司亦或是股份有限公司均须面临此问题。就有限责任公司而言，由于我国公司法承认一人有限责任公司以及国有独资公司，理论上一旦因失权而解除股东资格将导致公司无法存续，因此失权规则仅适用于股东二人以上五十人以下的普通有限责任公司。就股份有限公司而言，无论依募集方式还是依发起方式设立，均存在发起人或认股人缴纳股款的问题，当然在募集设立情形下，因注册资本为全体股东"实收股本总额"，不存在公司成立以后资本的分期缴纳问题，但公司成立以前如果发起人或认股人不履行出资义务，经其他发起人催告后依然不履行或不完全履行的，对公司而言即可另行募集，对该发起人或认股人而言亦应丧失其认购的股份（以及缴纳的部分股款），[①] 严格而论，此时所丧失的股份（或股权）相对于成立后的公司而言尚处于一种期待状态；在发起设立情形下，因公司成立时注册资本等于全体股东的认缴资本而非实缴资本，注册资本可分期缴纳，因此公司成立以后，如发起人（或股东）不按期履行出资义务即会存在失权问题。故从公司法的体系安排上看，可在普通有限责任公司的资本缴付与股份有限公司的资本募集部分分别规定因不正确履行出资义务的失权规则。

2. 除名规则的体系安排

而除名规则系以修补人合性因素之裂痕为目的，我国公司法所确认的公司类型中只有普通有限责任公司具有一定的人合属性，因此从公司法的体系安排上看，除名规则应当只适用于普通有限责任公司。而且在有限责任公司中规定除名规则，对于维系公司存续具有更为积极的意义，当基于某股东自身原因而危及公司存续，但该股东又不愿转股退出时，现行公司

---

① 《公司法司法解释（三）》第 6 条规定："股份有限公司的认股人未按期缴纳所认购股份的股款，经公司发起人催缴后在合理期间内仍未缴纳，公司发起人对该股份另行募集的，人民法院应当认定该募集行为有效。……"此条文从解释论上亦有语焉不详之处，首先另行募集是否适用于认股人只缴纳部分股款之情形？如果不适用，那么这种另行募集对于该认股人而言几乎没有任何法律上"不利益"之压力；如果适用，此处需要另行募集的股份是指认股人所认之全部股份，还是认股人未缴纳股款所对应之股份？如果是后者，对于认股人而言亦几乎没有任何法律上"不利益"之压力，如果是前者，则才契合失权规则应有之目的。我国台湾地区"公司法"第 142 条亦有类似规定。

法所提供的解决路径只有消极的公司解散，可如果公司法规定有除名规则，该问题的解决无论对于公司还是对于拟被除名股东而言都更符合正义的要求，也更符合经济性的要求。

（二）失权规则与除名规则在法律规范上的选择

1. 失权规则的规范选择

因失权规则立足于公司基本出资充实性保障之目的，法律对于不正确履行出资义务的行为的消极性评价是确定的，因此必须对该行为所引起的不利法律后果进行明确的规定，从而对行为人的行为予以清楚的指引，故在法律规范的选择上应当采强制性规范，以"应当""必须"等词语表明其强制性。

2. 除名规则的规范选择

除名规则以人合属性为基础，故其先天性地符合意思自治的属性。可能有人会提出，股东除名问题无论从实体上还是程序上大可通过公司章程而交由股东自行决定，笔者以为从该规则的本质及公司治理角度而言，此观点是具有合理性的，但结合中国当前的法治发展水平，尤其是微缩到公司章程这一点上，在很大程度上其几乎成为了一个以范本之形式而满足于公司设立时工商登记要求的"呆板"文件。反观德国司法实践中有限责任公司章程中记载有除名规定的高达百分之九十的比例，[①] 加之"私法领域法无明文之禁止即为允许"的私法理念还没有被我国社会普遍理解，因此实有必要通过立法以法律规范的形式进行一种公示和引导。因此除名规则在法律规范的选择上应当采任意性规范，以"可以""有权"等词语表明其可选择性，当然还应当赋予公司章程以相当的自治性权利，[②] 但其不得"跳出"法律所规定的效力边界，否则可能无效。

（三）失权规则与除名规则的要件及法律后果之构想

笔者以为在厘清了失权与除名的概念及关系后，就规则建构之具体语言表述可留给立法者于公司法完善时再仔细推敲斟酌。基于前文的辨析与检讨，可在此先尝试性地对我国公司法上失权规则与除名规则之要件及法律后果进行构想。

---

① Limbach, Theorie und Wirklichkeit der GmbH, Verlag Duncker & Humblot, Berlin, 1966, p. 71.

② 如《美国统一有限责任公司法（1996）》第601条即采取"法律规定 + 章程约定"的立法例。参见《美国公司法规精选》，虞政平编译，商务印书馆，2004，第202～203页。除此之外我国《合伙企业法》第49条关于合伙人的除名亦采取此立法例。

1. 失权规则要件及法律后果之构想

就失权规则而言，依然立足于保障基本出资缴付之目的，其适用的实体要件应当包括：（1）股东（发起人或认股人）已经认购相应股份。（2）未能按期足额履行出资义务（这里应当包括我国公司法制上的"未履行"和"未全面履行"）。程序要件包括：（1）经公司于合理的催告期限之催告。[①]（2）催告期满仍未足额缴付出资（公司未成立时催告者为其他发起人，公司成立后催告者为董事会或不设董事会的执行董事，董事会或不设董事会的执行董事怠于催告的，监事会或不设监事会的监事可代表公司行使催告权，如上述机构或人员均怠于催告时，其他股东可代表公司进行催告）。

失权规则引发的法律后果是：（1）对未按期足额缴付出资之股东而言，催告期届满其自动地、当然地产生丧失已认购的股份及已经缴纳的部分股款之法律效果并因此而丧失股东资格，该部分股份之出资凭证由公司宣布无效，同时还需承担由于其欠缴出资而使公司遭受之损失。（2）对公司而言，如公司尚未成立（主要指依募集方式设立的股份有限公司），则公司可对其所认购之股份另行募集；如公司已经成立，失权股东所丧失之股份及部分出资归公司所有，该部分股份所对应之股款可由其他股东或第三人缴纳，并遵守股权转让的规则，如无该股份之继受者，则公司予以减资，公司还应当进行有关事项的变更登记。（3）对公司债权人而言，在该股份由第三人承继或公司减资之前，可请求欠缴股东在其欠缴出资的本息范围内对公司债务不能清偿的部分承担补充清偿责任。

笔者以为在诚信的市场经济和良好的法治环境下，这样一个严厉的失权规则其功能的发挥实际上是非常有限的，而且从德国司法实例中关于失权的判决来看，从20世纪初到现在都是非常少见的，联邦法院仅有两例失权判决。[②] 但是在当前我国市场经济和法治发展的现阶段，关于"公司设立、出资、股权确认等纠纷"已经突出到需要最高人民法院出台专门的司法解释予以调整时，这既说明相关案件在公司纠纷的数量上所占比例较大，同时也说明这些案件基于法律的不完善在审理上是有一定难度的。因此这样一个法律评价明确且相当严厉的失权规则从我国《公司法》体系完善的

---

① 考察域外相关公司法制，关于失权催告期限有的采下限之规定，例如德国《有限责任公司法》第21条规定的期限为"至少一个月"；有的采上限之规定，例如意大利《民法典》第2466条的规定为"30日内"。两种规定各有利弊，但采上限之规定可能更符合商事效率原则。

② Lutter, Kommentar zum GmbH-Gesetz, Otto Schmidt, Köln, 2000, p. 21.

角度而言，弥补了《公司法》第 28 条和第 84 条之不足，加强并真正落实了瑕疵出资股东的法律责任，并且也更加符合当前我国公司社会现状之所需。

2. 除名规则要件及法律后果之构想

就除名规则而言，作为一种防止因人合性裂痕而导致团体破裂的法律手段，在进行规则设计时应兼顾法律引导与意思自治之间的关系。其适用的实体要件应当包括：（1）因故意（忠实义务之违反）或重大过失（注意义务之严重违反）而损害公司利益的行为，通常主要有直接侵犯公司财产权利、将公司收益据为己有、侵占公司商业机会、擅自经营公司同类业务、泄露公司商业秘密等行为。在此需要就"抽逃出资"问题进行特别说明。从公司法的体系理性角度而言，"不正确履行出资义务"主要属于一个违约问题，其已经在失权规则中予以调整，从传统的公司资本三原则角度而言，失权规则主要在于维护"资本确定原则"，以促使公司设立时基本出资能够按时足额缴付；而"抽逃出资"则是一种典型侵犯公司财产权利的侵权行为，其危及的是公司"资本维持原则"，其直接损害的是公司利益，间接上有对公司债权人利益造成损害之可能。我国《公司法》明确禁止股东抽逃出资。从要件构成上讲，"抽逃出资"本身就包括了"抽回出资"之行为以及"逃避出资义务"之主观恶性。笔者以为公司成立以后，"抽逃出资"是否会导致公司人合性因素之裂痕，以及是否会危及公司存续，这主要应当由股东来进行判断，因此"抽逃出资"行为应当属于一种典型的"故意损害公司利益的行为"，从民商事角度而言，应由除名规则予以调整。（2）公司章程所规定的其他除名事由，这体现了除名规则上公司章程的自治空间。

其适用的程序要件应当包括：（1）除名应当经股东会决议作出。具体讲：首先拟被除名股东无表决权；其次应当以"人数多数决"原则而非"资本多数决"原则来表决除名决议，这是有限责任公司人合性因素的体现；再次至于除名决议通过所需之比例，可采"其他股东一致同意""其他股东绝对多数同意""其他股东过半数同意"三种比例之一。我国《合伙企业法》第 49 条规定的合伙人除名采"其他合伙人一致同意"之规定，而《公司法》第 72 条在规定"股东向股东以外的人转让股权"这一打破有限责任公司人合性因素的行为时，需"经其他股东过半数同意"。笔者以为两种比例设置均有合理及可质疑之处，于前者而言可能受到"形成除名决议难度太大而失去意义"之指责，于后者而言则可能受到"形成除名决议太过草率"之责难，因此可能"其他股东绝对多数同意"的规定更能扬长避短，使两者得以兼顾。（2）除名决议应以书面形式通知被除名股东。（3）应当赋予被除名股东提出异议时的司法审查权，即被除名股东对除名决议如有异议，可自收到书面除名通知之日起30日（此处仅借鉴《合伙企业法》第49条，具体时限可由立法者确定）内向法院起诉。这样的规定在于以司法程序作为除名决议公正性的最终保障，防止除名决议被滥用而成为排除异己的工具。

除名规则引发的法律后果主要有：（1）对被除名股东而言，除名决议一旦生效，[①]被除名股东丧失股东资格，同时其可将原持有的股份转让，但应遵守股权转让规则；如果该股份所对应之股款仍未缴足，则受让人依然要承担缴足股款的责任，当然除名股东也可请求公司以公平的价格回购其股份。（2）对公司而言，如公司以资本金以外之资金进行回购，可再进行转让；如公司以资本金进行回购，则应当按照减资程序减少注册资本；同时公司还应当进行有关事项的变更登记。（3）对公司债权人而言，如被除名股东有欠缴股款之情形的，在其他股东或第三人受让其股份或公司减资之前，债权人可请求被除名股东在其欠缴出资的本息范围内对公司债务不能清偿的部分承担补充清偿责任。

六　余论："牵一发"易、"动全身"难

笔者主要以除名与失权的概念辨析、规范建构为研究主题，但实际上还有一个更为重要的问题，亦是笔者在本文写作及公司法研习过程中始终思考的，即公司法学的理论体系建构和公司法制的制度规范建构问题，依照什么样的法律思维、方法、逻辑来建构公司法学和公司法制更能实现一种体系性。当然这一问题亦是可以放之于商法的其他部门以及整个商法领域来进行讨论研究的，因为任何一个理论抑或制度就其本身而言在寻求其正当性、合理性的同时，还必须从一个体系的正当性、合理性角度进行思考研究。无论是基于原发性的创新还是基于移植借鉴，任何一项制度见之于法律势必"牵一发而动全身"，笔者仅以除名规则和失权规则来"牵一发"，至于能否"动全身"？如何"动全身"？那将是公司法一个更为复杂和艰巨的研究课题。

---

① 除名决议的生效时间：如被除名股东无异议则收到除名通知时即生效，或者超过30日未提出诉讼的则30日期满即生效，或者经法院裁判时裁判文书生效时除名决议即生效。

公司非关联性商事担保规范的
适用与解释

——从《公司法》第 16 条第 1 款的逻辑展开

李建伟[*]

【内容摘要】 对于违反《公司法》第 16 条第 1 款规定的公司非关联商事担保行为的效力，学术界与司法实务界一直存在极大争议，为此需要展开对该条款的规范分析与价值分析，求得双重分析在法理逻辑与价值取向上的一致。规范分析的结论是，要承认公司决议的法定化和公司内部决议效力在特定条件下的外部化，确保公司对外的商事担保合同能真实地反映股东意思；价值分析的结论是，该条款的立法价值在于保护公司财产安全和股东利益。在此前提下再来合理界定债权人对于担保合同的效力负担的最低限度的注意义务。

【关键词】 商事担保　公司决议　公司章程　注意义务　外部性

《公司法》第 16 条第 1 款规定了公司非关联性商事担保的行为规则与程序规则，但未明确规定违反该规则后的法律结果，由此导致理论界和实务界对于违反该规定的公司商事担保行为效力的认定争议多年，未见停歇。为此，需要回顾我国公司担保制度的变迁历程，在对《公司法》第 16 条第 1 款规范分析和价值分析的基础上，来获得合目的解释。

一　我国公司非关联商事担保制度变迁：回顾与总结

公司非关联性商事担保是指公司为股东和实际控制人之外的其他人的

---

* 中国政法大学民商经济法学院教授。

债务提供担保的行为。公司对外提供的担保包括为自己债务提供的担保与为他人债务提供的担保，关于前者，并无任何需要特别探讨的必要，公司法作为商事组织法也无须为之规定特殊的规则，关于后者，公司法作为商事组织法，从公司作为复杂的诸利害关系人利益综合体特殊性的角度进行考量，有必要在普通担保法规范之外提供特殊的行为规范，比如我国《公司法》第 122 条规定的上市公司担保的特殊规范。公司为他人债务提供的担保，又可以分为我国《公司法》第 16 条第 1 款规定的非关联性商事担保和第 2、3 款规定的关联性商事担保，本文只考察前者的基本规范。但在某些方面仍需要整体性全面考察第 16 条规范的内容，全面探究公司商事担保规范产生、发展的变迁过程，这样方能更好地理解公司非关联性商事担保制度。

　　1993 年《公司法》关于公司对外担保的规范仅有一个条款，其第 60 条第 3 款规定，"董事、经理不得以公司资产为本公司的股东或者其他个人债务提供担保"。"相比其他国家和地区的公司立法例，像第 60 条第 3 款那样从董事、经理的义务和责任的角度来限制公司对外担保的立法模式，无疑是我国公司法的特色。"① 但该款被普遍认为"规范结构混乱、法理未明的缺陷"，导致学说上和审判实践中对该规范的解释与适用一直存在颇多争议。但司法实践中，对公司担保的焦虑却主要来自于上市公司为其控股股东提供的严重侵害上市公司及其少数股东利益的不公平关联担保，作为证券市场和金融行为一个普遍的现象，这在 20 世纪末 21 世纪初发展到了令监管机构与社会公众严重关切的地步。据国家权威机构 2001 年统计，当时的1000 多家上市公司中超过 40% 为控股股东提供担保，涉及金额数千亿元，有些地区的数家、数十家上市公司形成了层层叠叠的"担保圈"，有的甚至已经酿成了区域性的金融危机。② 面对关联商事担保的严峻形势和引发的证券市场的严重危机，当时的监管者、学界多有呼吁应当"修改公司法，明确规定公司不能以其资产为大股东担保"。③ 为此，在这期间国务院、证监会颁布了一系列规范性文件，意在规范上市公司对外担保行为的内部程序，限制上市公司的某些关联商事担保行为，禁止上市公司的某些关联商事担

---

① 钱玉林：《公司法第 16 条的规范意义》，《法学研究》2011 年第 6 期，第 129 页。

② 参见曹士兵《公司法修订前后关于公司担保规定的解读》，《人民司法》2008 年第 1 期，第 22 页；李建伟：《公司关联担保规制的制度变迁与政策选择》，载王保树主编《商事法论集》第 11 卷，法律出版社，2006，第 112 页。

③ 社评《进展与展望》，《法制日报》2001 年 4 月 25 日，第 4 版。

保行为，明显体现出"乱世用重典"的立法思路。① 其后不久启动的公司法修订，立法者关注的焦点也放在了上市公司的担保行为规范上，即 2005 年修订《公司法》第 122 条的规定："上市公司在一年内购买、出售重大资产或者担保金额超过公司资产总额百分之三十的，应当由股东大会作出决议，并经出席会议的股东所持表决权的三分之二以上通过。"2005 年公司法修订草案一稿曾删除了原《公司法》第 60 条第 3 款，并未规定现行《公司法》第 16 条。在后来的审议中，"经初次审议后，'有些常委委员和地方、部门、企业提出，公司为他人提供担保，可能给公司财产带来较大风险，需要慎重。实际生活中这方面发生的问题较多，公司法对此需要加以规范。'全国人大法律委员会经同国务院法制办、最高人民法院研究，才在修订草案第二稿中建议增加规定第 16 条"。② 但就公司为他人提供商事担保而言，可用"有害无益"来形容，因为这可能增加公司负债，损害公司及股东利益。正如有学者所言，"需要强调的是，第 16 条所欲保护的利益限于'公司财产安全和股东利益'，这种利益本质上属于私人利益而非公共利益"。③ 股东利益表现形态因是否为关联担保而各不相同，若为非关联性担保，则全体股东利益具有一致性；若为非关联性商事担保，则存在大小股东利益冲突问题，此处股东利益是指关联股东（实际上就是控股股东）之外的其他股东（实际上就是指少数股东）利益。因本文旨在探讨非关联性商事担保，对于关联性商事担保中的股东利益冲突不予讨论。总之，简要回顾我国公司法上的公司非关联商事担保规范的变迁历程，"公司财产安全和股东利益"乃《公司法》第 16 条第 1 款价值所在。那么，公司法如何在不禁止公司提供非关联商事担保的前提下实现"公司财产安全和股东利益"的保护呢？

二 决议与协议之间的关联：《公司法》第 16 条第 1 款的规范解释

《公司法》第 16 条第 1 款规定，公司为他人提供担保的，依照公司章

---

① 主要有：《关于上市公司为他人提供担保有关问题的通知》（证监公司字［2000］第 61 号）、《关于规范上市公司与关联方资金往来及上市公司对外提供担保若干问题的通知》（证监发［2003］第 56 号）、《国务院关于推进资本市场改革开放和稳定发展的若干意见》（国发［2004］第 3 号等）。

② 转引自钱玉林《公司法第 16 条的规范意义》，《法学研究》2011 年第 6 期，第 130 页。

③ 参见钱玉林《公司法第 16 条的规范意义》，《法学研究》2011 年第 6 期，第 131 页。

程的规定，由股东会、股东大会（以下统称"股东会"）或者董事会决议。公司章程对担保总额或者单项担保的数额有限额规定的，不得超过规定限额。本款的规定的玄秘之处就在于，隐含有引致的意思——"任何关于公司法的理论，都必须考虑到它的强制性和赋权性共存的特征，本款就是一个鲜活例证。本款中的'依照'隐含不得更改之意，凸显强制性意图；'由'隐含'应由'之意，亦具有强制性规范指示色彩，唯'公司章程的规定'以及设定决议机关之'备选范围'，则具有赋权性的指示色彩，故若尊重引导词'由'和'依照'的文法原意，将二者分别对待，则本条为强制性与赋权性规范的结合"。① 参照前文关于第 16 条第 1 款的价值分析，"第16 条所欲保护的法益系公司财产安全和股东利益，所以第 16 条的引入并不具有特殊的公共政策目的，应当尊重私法自治的基本理念"。② 该款的赋权性体现为：公司通过公司自治性规范——公司章程——在法定备选范围内决定具体担保决议机关——股东会或者董事会，二者必选其一；公司章程还可以就担保总额或者单项担保数额作出限制性规定；章程还可以就公司对外担保的其他环节作出规定，比如决议程序、保证行为类型、担保决议的多数决规则等。该款强制性体现为：首先，通说认为公司章程对公司外第三人不具有效力，但如果第三人明知或者应当知道章程规定，则章程规定对第三人具有约束力。特定情形下的法律条款或者合同条款对公司章程的明确援引，可以构成"明知"或"应当知道"的原因。"虽然公司章程不能为交易相对人设定义务，章程的内部规定对合同相对方没有约束力，但《公司法》第 16 条第 1 款的规定却使得在公司对外担保问题上，公司担保人应根据章程规定的机关作出决议并受章程规定担保总额及单项担保的数额限额约束成为法律要求。由于法律本身具有极强的公示性，公司法条文明确指出公司对外担保应按照公司章程的规定，不仅公司应遵守，其用意也在于要求与担保行为有关的其他各方都要遵守此规定。因此当事人在订立担保合同时，就应审查公司章程对担保问题的规定，这是法律为当事人设定的义务。"③ 法律规定此提示条款的目的，在于将债权人"指引"向公司决议，从而为决议的审查提供了依据。具体包括：其一，公司章程是否

① 蒋大兴、王首杰：《论公司内部行为之外部约束力——以〈公司法〉第 16 条为标的之解释（初稿）》，第一届公司法司法适用高端论坛会议论文，北京，2010。

② 钱玉林：《公司法第 16 条的规范意义》，《法学研究》2011 年第 6 期，第 133 页。

③ 宁金成：《公司违反章程规定对外担保的效力研究——以〈公司法〉第 16 条第 1 款的适用为分析背景》，《郑州大学学报》（哲学社会科学版）2011 年第 4 期，第 43 页。

规定有公司担保决议机关，规定机关是否符合法定范围；其二，公司章程对担保总额或者单项担保额是否有限额规定；其三，章程是否对公司担保行为作出其他限制性规定。其次，法律隐含地强行要求公司章程必须明确对外担保的决议机关，且公司章程对担保决议机关的规定是一种"非此即彼"的封闭性选择，这属于强制性规定，从而明确排除了授权某个董事或高管个人的可能性。众所周知，依据法人理论，公司法人无法如自然人般思维和表达意思，其意思的形成与表达透过公司机关或代理人完成。第16条第1款规定公司担保事项必须由董事会或股东会决议，其实质是规定了公司担保意思的内部形成方式——由股东或董事通过会议体的公司机关以决议方式来形成公司意思。"当董事会或者股东会作出决议时，由于遵从了团体法的规则，采取了多数决原则，从而使由股东或者董事通过表决机制而形成的意思演变成公司团体的意思，比起个别董事或经理代表公司作出意思决定更加符合公司的真意，也能防止董事或经理滥用职权侵害公司或股东的利益。""这也就是增订第16条的立法理由所称的公司为他人提供担保或向其他企业投资'需要慎重'的真正内涵。"① 反言之，传统的公司法理论也认为，"董事、高级管理人员在公司内外皆无权擅自决定公司对外担保事项，否则，该行为绝对无效。债权人不得主张适用表见代表或者表见代理，因为这是法律对于董事、高级管理人员的权力限制，而不是来自于公司章程的限制"，② 也就不存在善意第三人的保护问题。"从公司代表权角度分析，法定代表人虽然享有普遍的代表权，但《公司法》第16条的规定已经限制了他们就担保事项的代表权，只有经董事会或者股东会决议通过，公司代表人的代表权才能恢复到完满状态。法定限制推定相对人知晓，相对人未审查决议推定其知晓代表权瑕疵，故该情形下担保行为无效。"③

公司为他人之债务与债权人签订的担保合同，是双方法律行为。双方法律行为的意思表示所存在的问题，包括意思表示瑕疵问题和意思表示一致性问题，前者是指表意人内部意思与外部表示是否一致，即表意人意思表示是否真实；后者指双方法律行为中两方主体意思表示是否一致，即存在合意与否。公司作为组织体自身无法为意思表示，需要通过意思机关在内部形成公司的意思，并通过公司代表人、代理人将之对外表示。公司代

---

① 参见钱玉林《公司法第16条的规范意义》，《法学研究》2011年第6期，第132页。
② 李建伟：《公司法学》（第2版），人民大学出版社，2011，第88页。
③ 赵旭东主编《公司法学》（第2版），高等教育出版社，2006，第201页。

表人以公司名义与第三人所为的行为，在法律上就是公司的行为。代表行为的构成要件包括：具有代表人身份；以公司名义；在代表权限范围内，即排除法律、行政法规、公司章程以及董事会、股东会决议的权限限制。①一般而言，公司代表人签章或者公司印章就可以推定为公司的意思表示，除非有相反的证据推翻该推定。股东会作为公司的意思机关，股东会的决议就是公司的意思；法定代表人作为公司代表机关，其对外作出的意思表示也是公司意思表示。股东会和法定代表人作为公司机关都不具有独立主体的法律地位，都是实现公司目的的技术构造，与公司乃一体关系，因此，股东会的决议和法定表人的意思表示都是公司的意思表示。合同效力的影响因素必然出自合同内部，因此似乎不必要判定股东大会决议、法定代表人的意思表示何者为公司的意思表示，而是需要判断相对于合同相对人何者构成了合同中公司方的意思表示。如果相对于合同相对人，决议构成在合同中公司方的意思表示，那么该决议的效力必然会影响到合同的效力，正如双方法律行为中任何一方的意思表示瑕疵对影响该法律行为的效力一样。因此，如果公司决议的相关内容直接构成了合同中公司方的意思表示，那么决议的效力瑕疵势必会影响合同的效力。进言之，如果公司作出的对外担保决议存在效力瑕疵，那么必然会影响到担保合同的效力。至于如何影响，那是需要进一步探讨的问题，但这里要明确的框架性问题是，在此情形下，公司决议可以影响到公司与相对人之间的协议效力。反之，若决议仅仅构成法定代表人对外为意思表示的内部意思基础，即在合同中并没有外显，那么决议的效力瑕疵对于保证合同的效力并不必然产生影响。此时，就难免出现代表人、代理人所表示的公司意思和公司决议所体现的公司意思不一致的情形。

综上所述，《公司法》第16条第1款的主要价值，在于明确了公司内部关于对外担保事项的公司意思的形成方式。公司法律关系分为内部法律关系和外部法律关系，一般认为"决议主要调整该组织内部的关系，如为组织的成员制定行为标准，给根据章程规定执行决议的人颁布指示等"，"决议不调整团体（即全体成员）或法人与第三人之间的关系。要调整这种关系，必须以全体成员的名义或以法人本身的名义，同第三人订立法律行为"。②但事情并非如此绝对的二分，至少实践的经验是如此的。组织法中

---

① 参见李建伟《公司法学》（第2版），人民大学出版社，2011，第90~91页。

② 〔德〕卡尔·拉伦茨：《德国民法通论》，谢怀栻等译，法律出版社，2002，第433页。

的内部法律关系与外部法律关系也存在剪不断理还乱的关系。譬如，《合伙企业法》第 25 条规定，"合伙人以其在合伙企业中的财产份额出质的，须经其他合伙人一致同意；未经其他合伙人一致同意，其行为无效，由此给善意第三人造成损失的，由行为人依法承担赔偿责任"。组织体的内部决议可以直接影响外部第三人的权利义务关系，由此可见一斑。在某些法定的特殊情形下，内外部法律关系非但不可被绝对切割，二者之间的行为效力还可以相互紧密地影响。言归正传，基于《公司法》第 16 条第 1 款这一强制性规范因素的介入，公司机关的决议乃公司对外担保意思的唯一表现方式，并直接构成担保合同中的公司方的意思，公司不能与债权人约定将该强制性因素——决议排除在担保合同之外。相应的，《合同法》第 49、50条规定的表见代理、表见代表于此场合也就无适用之余地。因为代理权、代表权越权行为反映的是股东对公司代理人、代表人权利的内敛化规制，而在公司的对外担保行为中，法律直接以法定规制方式将股东内敛化规制方式替换。但公司决议意思的外部表示还是需要依赖于自然人的具体行为，即通过具体的公司代理人或代表人的行为"出现在"担保合同中成为公司方意思进而为债权人知晓。因此，在公司对外担保的意思形成与作出的过程中，公司内部决议直接成为担保合同中的公司方意思，公司机关的集体决议也就成为公司担保行为的效力要件之一。

三　利益平衡之器具：《公司法》第 16 条第 1 款的价值分析

为实现公司财产安全和股东利益保护，《公司法》第 16 条第 1 款，作为整部公司法典的唯一破例，将章程关于担保的内部规定和公司机关关于对外担保的决议扩张到与相对人之间的担保合同中，直接构成公司方的意思（的一部分）。债权人要想实现担保合同中双方的意思表示一致，需要保证自己一方的意思与公司决议的意思一致，而不仅仅是与公司代表人在签约当时的意思表示的一致。《公司法》为何如此出格地处理公司对外担保行为，作出这么一个唯一的特殊性规定？规范背后的价值分析或许能够为此提供答案。

就公司对外作出的某一非关联商事担保行为而言，涉及的利益相关者主要有公司（内含不同股东之间共同的、不同的利益诉求）、主债务人、主债权人、公司的一般债权人等。主债务人本身即为此项担保行为的受益者，自不待言，也自无设计特殊规范予以特殊保护之必要。对于公司的一般债权人，公司一旦承担担保责任且向主债务人追偿不遂，的确会导致公司责任财产的减少进而对债权的实现产生不利影响，但即便如此，也不能因此得出保护一般债权人利益是公司法特殊规范公司对外担保效力的立法目的之结论。首先，根据现有的担保法规定，即使公司对外担保无效，公司也可能承担连带赔偿责任，在这种情况下，公司一般债权人的利益依然有可能受到侵害。在此意义上，《公司法》第 16 条第 1 款出面干预公司对外担保行为的效力，并无法达至保护公司一般债权人的目的。其次，公司担保是否具体承担担保责任具有不确定性，即使公司承担了担保责任，由于其对债务人享有事后的追偿权，公司责任财产总体上也可以保持不变。更何况公司的资产结构因公司的各种经营活动一直处于变动不定之中，自无仅为抽象的债权人利益也即债权实现的风险系数而去径行限制、禁止公司对外担保之必要。再次，为防止公司责任财产事后的不当减少，公司一般债权人当初在与公司订立债权契约时可以特别约定公司事后不得为他人提供担保；但即使如此，若公司事后提供了担保，基于合同相对性，该契约约定对担保债权人并无约束力，仅发生公司对一般债权人的违约责任而已。最后，在 2005 年的公司法修订草案第二稿中引入第 16 条有关公司担保的基本规范，是出于"有些常委委员和地方、部门、企业提出，公司为他人提供担保，可能给公司带来较大风险，需要慎重。实际生活中在这方面发生的问题较多，公司法对此需要加以规范"。① 可见，"公司财产安全和股东利益"是公司担保制度的立法目的所在，而非公司一般债权人的利益保护催生了该条款。

担保行为虽不属于商事公司的常规经营行为，但市场"没有免费的午餐"，某公司愿意为他人担保（商业银行出具保函业务、专业担保公司对外提供有偿担保除外），但也往往基于此获得远期或者间接的各种商业利益（违规的关联担保不在此列）。随着"越权无效"原则的废除，立法对公司能力的限制转化为股东对董事经营权限的限制；相应地，对公司超越范围经营行为的规制，从否定公司与第三人的行为效力，转移到对代表人行为的约束，从强调国家强制到尊重公司自治，实现了规制重点从外化到内敛

---

① 2005 年 8 月 23 日全国人大法律委员会副主任委员洪虎在第十届全国人民代表大会常务委员会第十七次会议上所作的《全国人大法律委员会关于〈中华人民共和国公司法（修订草案）〉修改情况的汇报》。

的转移。[①] 因此，公司是否从事担保行为以及如何避免担保风险应交由公司依据商业规则自主判断。此为现代公司法上的一般规则。那么，又为何《公司法》强制性规定了集体决议制度和内部决议效力外部化呢？对于这一发问，可以从三个角度来回答。首先，公司对外商事担保不仅仅是商事行为法——合同法和担保法的问题，也是商事组织法——公司法的问题。法人人格的重要特征就是集中决策，而这种决策机制必然会影响对外决策的效力，因此忽视组织法而仅用合同法和担保法来认定合同效力，是忽视了公司担保制度的经济性质所致。质言之，债权人在与公司签订担保合同时，公司不仅仅是担保合同中的担保人，其还是具有企业组织性的担保人。其次，通常情况下，公司和银行作为担保合同中的担保人和债权人，双方共存于同一法律关系，休戚与共，为亲密的利益相关体。基于诚实信用原则，一方应该适当关注对方的利益，而不仅仅是自己的利益。但第三人提供的担保合同自身乃单务、无偿合同，旨在保护债权人利益，担保人和债权人双方在该合同中的利益分配和风险承担是不对等的。担保人在承保过程中面临着代为履行或承担连带责任的风险，其担保风险往往得不到补偿，自身在合同中又没有直接的利益。而债权人享受被担保的利益却无须支付对价，甚至面对债务人规避法律将风险转嫁给担保人的行为，消极待之。更甚者，债权人与债务人串通损害担保人利益。另外，从商业实践来看，公司商事担保中的负外部性现象非常严重，公司担保圈、掏空公司资产现象严重，急需法律规制。虽然"第 16 条对于担保债权人而言，也许是恶法恶条，但它的的确确是公司股东特别是上市公司中小股东的守护神。在这种业务中，安全的价值远高于所谓效率的价值"。[②] 公司利益实质上是股东利益，因此，法律规定公司从事对外担保须由股东会或董事会集体决策，由股东或董事通过表决机制形成公司意思。团体决议机制比董事个人决定机制更能反映公司和股东真实意思，有利于防止董事借此侵害公司利益。"股东的意思表示就是公司决议的效力来源。股东通过决议形成公司意思来保障公司以股东利益为行为准则，可见决议是股东实现私法自治的基本手段。股东大会决议虽然在形式上表现为公司的意思表示，但实质上却是股东意思表示的一种转化物，是以股东的意思表示为基础并通过多数决原则而形

---

① 参见孙英《公司目的范围外经营规制：从外化到内敛——兼论双重性民事权利能力对公司越权的适用》，《法学论坛》2010 年第 1 期，第 140 页。

② 甘培忠：《公司法第十六条的法义情景解析》，《法制日报》2008 年 2 月 17 日，第 6 版。

成的公司的意思表示。"① 股东的意思表示构成公司决议效力的私法来源，究其实质还是股东对公司重要事项的私法自治。基于股东会与董事会的关系，即使是董事会出面作为公司担保决议机关，其本身亦是股东对公司重要事项自治的体现。

公司决议的法定化、内部决议效力的外部化使得公司担保行为能真实地反映股东意思，提示债权人不能只为自己交易的达成而不顾可能的越权行为对公司财产安全和股东利益的影响。但是，债权人和担保人双方共存于同一担保合同中，实质上是休戚与共的关系，为对立又统一的亲密利益相关体。逻辑上讲，担保合同具有从属性，但现实却是债权人恰因信赖担保合同而同意与债务人签订债务合同或同意债务人延期偿还债务，即担保合同构成债权人签署主债务合同的信赖基础。担保制度的确立使得债权人的债权受偿超出了债务人的财产范围，为债权的实现提供了更为广泛和坚实的保障基础，真正强化了债务人的履约信用。② 正如学者所言，"如果说信贷是现代商业发展的发动机，那么，担保就是这台发动机正常运转的润滑剂"。③ 如果忽视担保合同的风险分散功能，主债权实现不能的风险转由债权人承担，势必导致信贷萎缩，影响商业发展。因此，担保制度必须考虑如何更好地为"发动机"提供"润滑剂"，即担保制度的设置须维护债权人对担保合同有效的合理信赖。从合同法角度讲，为保护债权人而采取强制规范，似已成为天经地义的"自然规则"。但对于自愿债权人来说，他们是可以充分借助订约自主权，在订立合同时，主动防御以避免所谓的外部性。因此，对这类债权人保护主要依托"自我谨慎"来实现。强制性规范只在其"无法自我谨慎"或者"自我谨慎被打败"时，才有适用（设定）可能。对于非自愿的债权人来说，由于其缺乏类似于自愿性债权人那种自我防御的机会，基于公平原因，对其实施强制法律保护的可能性更大。所以，在"可合同"情形下，债权人的保护问题主要不通过强制性规范进行，而是由具体的商业谈判提供；在"无合同"或者"不可合同"的情形下，债权人的保护问题才需借助强制性规范的援助，这时商业谈判可能不

---

① 石纪虎：《关于股东大会决议效力的探讨》，《政治与法律》2009 年第 5 期，第 110 页。

② 参见田土成《担保制度的成因及其发展趋势——兼论我国担保立法的健全与完善》，《郑州大学学报》（哲学社会科学版）2001 年第 4 期，第 19 页。

③ 曾荣鑫：《论商事担保的近现代发展趋势》，中国商法学研究会 2012 年年会会议论文，第 1414 页。

能提供公平帮助。① 担保合同中双方意思表示的一致并非完全基于一般双方法律行为中的"同意规则",而是夹杂着同意规则和法律的强制性规定。担保债权人作为担保合同自愿债权人,可以充分借助订约自主权,在订立合同时,主动防御以避免所谓的外部性。但是,基于保护公司股东利益的目的,法律强制实现公司内部决议效力的外部化。债权人并不参与决议内部形成过程,无法全然知悉决议。对此,担保权人当属非自愿债权人,缺乏类似于自愿性债权人那种自我防御的机会,需借助法律规范。从商事组织法的角度讲,为维护公司股东利益,法律为此特别规定了担保决议的法定化及内部决议效力的外部化。公司对外担保合同以股东会或者董事会决议为要件,决议瑕疵就是担保合同中公司方意思表示瑕疵。如果公司担保决议被撤销必然影响到担保合同效力,正如双方法律行为中任何一方的意思表示瑕疵会影响到该法律行为的效力一样。但是当履行被撤销之"决议"而发生的其他法律关系,涉及公司、公司内部诸利益主体之外的第三人利益时,在回答决议被撤销之判决对于以该决议为成立要件或生效要件的涉外法律关系有何效力时,首先应该肯定的价值选择是维护交易安全,稳定交易秩序,保护善意第三人利益。在此前提下,决议被撤销之判决是否具有溯及力应当是围绕是否存在善意第三人而展开。② 因为公司决议具有团体法上的行为性质,判决的对世效力须谋求公司组织法律关系的整体性、稳定性,公司决议撤销的判决之溯及力不能简单地适用民法法律行为被判决撤销、无效具有绝对溯及既往的效力。因为以公司决议为基础的公司行为如被溯及无效,将产生公司组织法律关系的混乱,损害第三人利益。同时如果交易的履行已经产生一定的后果,此时客观上不可能因决议的撤销而溯及恢复原状,如新股发行事项,否则严重危及交易安全。因此,公司法在处理瑕疵决议被撤销后的溯及力问题上,应视具体情形尊重既成事实,注意保护善意第三人。③ 此处第三人的"善意"的含义,是指不知道且不应知道股东会、董事会的决议有瑕疵。具体而言:针对非以股东会、董事会决议为法定有效要件的行为,应概括的推定第三人为善意;对于需以股东会、董事会决议为成立要件或生效要件的公司行为,例如公司法明确规定的公司合并等须经股东会决议的行为,善意指第三人通过形式审查并不足

---

① 参见蒋大兴《公司法的观念与解释Ⅱ:裁判思维 & 解释伦理》,法律出版社,2009,第61~62页。

② 参见李建伟《公司诉讼专题研究》,中国政法大学出版社,2008,第160页。

③ 参见李建伟《公司诉讼专题研究》,中国政法大学出版社,2008,第211~212页。

以发现有导致决议可撤销事由者。① 公司担保行为需以公司决议为效力要件，原则上，担保决议因效力瑕疵被撤销溯及公司对外的担保行为，但债权人可以举证证明自己已对公司章程和决议进行形式审查仍未能发现决议瑕疵的事由。如此，则债权人构成善意第三人，被撤销决议的溯及力被切断，公司的对外担保行为继续有效。

四　"善意"如何认定：担保债权人的
审查对象范围的界定

不少学者都认为，债权人对于公司章程和决议的审查限于形式审查，但是对于形式审查的定义和标准，却各有不同看法。"从债权人注意义务的范围来看，债权人注意义务界定得过严，会增加公司内部集体利用这种极大的抗辩权进行作弊的可能性，损及担保的本质；将债权人注意义务界定得过宽，则达不到其对公司治理的配合，损及公司治理的本质。因此这种合理性的把握，宽严之间已经体现了不同的立法倾向甚至政策取向。"② 另外，还需要考虑第三人的注意能力的合理范围，只有第三人可能注意到的事物，对属于该范围内的事物审查义务尽到与否的界定，对于该第三人才有意义，第三人方有可能据此切断瑕疵决议的溯及力。

（一）章程

《公司法》第16条第1款将公司章程以法律特别规定这一引人瞩目的形式提升到债权人注意的层面，并将债权人的注意力指引向章程与决议。债权人对章程审查的关注点，是核实公司章程对公司决议机关的选择，是否有限额规定以及是否有关于决议程序、决议比例等其他担保事项的规定。债权人通过对章程进行浏览确认，确定章程有无关于公司对外担保事项的规定。如果有，明确以上几个关注点的内容是什么，以为决议的合章性审查提供依据。此处章程具有双重作用：一者，为董事会或股东会决议提供效力裁判依据；二者，将外部第三人指引向公司内部决议，同时亦为内部决议效力的外部化提供了正当性基础。

如果章程对担保决议机关、决议程序和担保限额等事项作出了相应的明确规定，债权人对相关规定予以审查，合同签订并顺利履行，则万事大

---

① 李建伟：《公司诉讼专题研究》，中国政法大学出版社，2008，第160~161页。

② 蒋大兴、王首杰：《论公司内部行为之外部约束力——以〈公司法〉第16条为标的之解释（初稿）》，第一届公司法司法适用高端论坛会议论文，北京，2010。

吉，亦无争议发生。如果决议内容违反了公司章程的规定，则依照《公司法》第 22 条第 2 款的规定属于可撤销的公司决议。如果决议瑕疵事由属于债权人的审查范围，债权人并未尽到注意义务的，则被撤销决议效力溯及担保合同；否则，切断溯及力，担保合同继续有效。问题的棘手之处在于，如果公司章程没有对决议机关、决议程序、担保限额等事项作出规定或者仅将《公司法》第 16 条第 1 款原文引用，又如何认定担保债权人是否尽到形式审查义务呢？这一问题的实质，即为在公司章程对决议机关未作明确选择时，公司担保决议机关如何确定？对此问题的回答，要考虑到公司法之所以隐含性地强制要求公司章程出面明确以上事项，是为有利于促进交易，最大限度维护担保合同的效力，如公司章程未规定担保决议机关等事项，属于内部公司治理机制不完善，由此导致的风险自应由公司自己负担，而不能移转到交易相对人头上。对此问题的便捷解决方案，有学者主张，不妨解释为"股东会和董事会均可以作为公司对外担保决议机关"。[①] 不无道理。理由包括：其一，该条款的明确意思是股东会与董事会都是有权作出担保决议的机关，退一步说，董事会至少也是有权为担保意思的"备选机关"，立法解释应该立足于提供最低限度、最便捷的解决方案，且也应符合一般人阅读该条款的理解预期。其二，本条第 2 款规定的关联商事担保也即为股东这一特殊对象提供的担保，仅设定股东会为决议机关，按照举重以明轻的规则，非关联商事担保的程序应宽松于前者，如此也能体现法律的实质平等原则之"不同情况区别对待"。其三，基于成本的现实考虑，公众公司以及股东人数较多的封闭公司召开股东会都是一件不易之事，将担保事项一律定为股东会决定有损效率，董事会则可以降低决议的成本。在明确了决议机关的前提下，接下来对于决议程序、担保限额等两个重要事项的解释，也应该遵循提供最低限度、最便捷解决方案的原则，分别解释为：决议程序适用普通决议的多数决程序；担保数额并无特别的限制。

（二）决议

相对于公司章程的"浏览确认"，公司决议审查范围的界限要复杂得多，理论争议也更多。但无论学界还是实务界有一项共识性的意见，绝大多数人都赞成确认形式审查标准。纵观形式审查标准的赞成理由，包括以下几个方面：其一，适当履行原则因素；其二，交易成本因素；其三，信

---

① 蒋大兴、王首杰：《论公司内部行为之外部约束力——以〈公司法〉第 16 条为标的之解释（初稿）》，第一届公司法司法适用高端论坛会议论文，北京，2010。

息不对称因素。但在形式审查标准的共识下，对形式审查的内涵理解仍存严重的分歧。① 有学者认为，"形式审查不是不审查，更不能只审查担保决议中的公司章程或法定代表人个人名章之真伪，而要审查公司章程和相关的公司担保决议的真实性与合法性。审查对象不仅包括决议内容的合法性、决议条款的逻辑性与真实性、决议的表决情况（如赞同、否决、弃权），还包括股东或者董事签名的真实性等方面。"② 有学者认为，担保权人对于公开公司公告的董事姓名等有审查义务，对于签名真实性则是无从知道，但对于董事的"人头"则是属于审查范围，一般需要书面决议文件作为证明文件，若有其他佐证，也可由法官自由裁量。③ 有实务界人士认为，"担保权人在对有关决议文件进行审查时，仅需负形式审查义务，即只要审查有关决议文件是否符合法律规定，即尽到了合理注意义务。决议上的签名是否为董事亲笔所签，属于实质审查的范畴，担保权人对此并无法定义务。"④ 还有学者认为："作为形式审查标准的基本要求，银行债权人仅对公司章程、股东会或董事会决议的真实性与合法性进行合理审慎的审查即可，但要尽到具有普通伦理观念和智商的理性银行从业人员在同等或近似情况下应当具备的审慎、注意和技能。"⑤ 以上不同的主张，虽有共同点，但差异点不容抹杀，差异主要集中在：判断公司章程、决议文件的形式真实性，还是包括决议程序的违法抑或签章的实际真伪？

从动态视角，决议体现为公司作出决议的一系列环节，如股东大会会议的召集、主持、辩论、表决等行为；从静态视角，决议仅仅为呈现在债权人面前的一份书面文本。股东会、董事会决议的作出包括公司机关、股东、董事的一系列动态的行为，完全属于公司内部程序，债权人无法参与也无从观察，因此也无从审查决议作出的全过程所涉及的动态因素。正如在绵阳市红日实业有限公司、蒋洋诉绵阳高新区科创实业有限公司股东会

---

① 参见华德波《论〈公司法〉第16条的理解与适用——以公司担保债权人的审查义务为中心》，《法律适用》2011年第3期，第35页。

② 刘俊海：《新公司法的制度创新：立法争点与解释难点》，法律出版社，2006，第107页。

③ 参见蒋大兴、王首杰《论公司内部行为之外部约束力——以〈公司法〉第16条为标的之解释（初稿）》，第一届公司法司法适用高端论坛会议论文，北京，2010。

④ 潘勇锋：《公司对外担保效力的认定——中国光大银行深圳分行与创智信息科技股份有限公司、深圳智信投资有限公司、湖南创智集团有限公司借款保证合同纠纷上诉案》，载奚晓明主编《民商事审判指导》2008年第2辑，人民法院出版社，2008，第170页以下。

⑤ 徐海燕：《公司法定代表人越权签署的担保合同的效力》，《法学》2007年第9期，第92页。

决议效力及公司增资纠纷案中，最高人民法院在裁判摘要中所言："出于保护善意第三人和维护交易安全的考虑，在公司内部意思形成过程存在瑕疵的情况下，只要对外的表示行为不存在无效的情形，公司就应受其表示行为的制约。"[①] 因此，债权人对决议的非记载的形成程序事项无须审查。但是对于静态的决议文本，债权人完全可以要求担保人公司方提供并对其予以审查。审查范围仅限于决议文本所载的字面内容，主要是文义性审查及简单的逻辑审查，并不对决议内容进行真实性审查。文义性审查所包含的内容，首先是决议机关是否为章程规定机关。此处一个值得探讨的问题是，公司章程规定股东会为决议机关却由董事会作出的，或者反之，如何处理？股东会与董事会是平行的委托——代理关系而不存在类似隶属的上下级关系，在既定的法律框架下，既然公司章程规定了股东会、董事会的各自担保决议权限，其目的即为规范公司治理机制，股东会或者董事会作为公司机关应该遵守公司章程规定，不得干预对方行使权力也不得僭越对方的权力。债权人通过审查既然对此明知，亦应负有配合义务。因此，在公司内部，股东会或董事会决议仍然因为违反公司章程的规定而构成可撤销的公司决议。在该决议被撤销之前，该担保行为应该被认定为有效。其次，决议担保数额是否符合章程规定数额限制如何判断？如果章程有单项担保限额规定，那么担保合同中超过的部分无效，自无疑义；如果章程仅是对公司担保总额予以规定，因《公司法》对于非上市公司对外担保总额并无限制性规范，公司在一定期间内提供过几笔担保、每笔担保的数额是多少、还款期限如何等都属于公司内部的财务信息，涉及公司的商业秘密，公司之外的第三人是难以知悉的。因此，若非该单笔担保超过公司担保总限额，则应该认为决议不存在效力瑕疵；即使担保总额超过了公司章程规定限额，依据《公司法》第 22 条第 2 款之规定，该担保决议也属于可撤销决议，其被撤销并不当然影响担保行为的效力。再次，决议文本上所载股东及其股份数额是否符合有效决议要件，如何判断？这主要根据决议文书上股东签章及所载股东持股比例来确认，并不对签字的真实性予以审查。如果章程对决议比例有特殊规定要符合章程规定比例。这不仅涉及文义审查，还需要借助于简单的逻辑审查即可明了。

---

① 《绵阳市红日实业有限公司、蒋洋诉绵阳高新区科创实业有限公司股东会决议效力及公司增资纠纷案》，《最高人民法院公报》2011 年第 3 期，第 34 页。

五 结论

为保护公司财产安全和股东利益，《公司法》第 16 条第 1 款规定了担保行为中公司意思的形成方式——集体决议，以及肯认了公司内部决议效力的外部化。一般意义上讲，公司内部的决议存在效力瑕疵的，会相应地影响公司对外的担保行为效力。担保合同双方当事人的意思表示的一致夹杂有意定性和法定性，担保债权人对于担保合同的效力需要担负最低限度上的审查注意义务。公司法作为商事组织法的价值立场在于，首先要维护作为担保人的公司财产安全及其股东利益，但同时也注意保护善意债权人的利益，但反对无原则地保护存在恶意或者有过错（未尽到最低限度的审查义务）的债权人。善恶意以及过错的判断标准，与债权人作为相对人的审查对象范围息息相关。合理界定债权人对公司章程和决议的审查范围，以为债权人的"善意"与否提供裁判标准，成为建构裁判规则的一个重要环节。如果债权人被判断为善意，即使公司决议确实存在效力上的瑕疵，也应切断被撤销、被宣告无效的决议的溯及力，以确保担保合同继续有效，保护善意债权人的权益。

寻找公司担保的裁判规范

——基于司法经验的分析

钱玉林[*]

【内容摘要】 对于违反《公司法》第 16 条提供的公司担保的效力，多数法院从《公司法》第 16 条规范性质的角度，结合《合同法》第 52 条作出相应裁判。事实上，《公司法》第 16 条不能直接成为认定担保合同效力的裁判规范。公司为他人提供担保违反《公司法》第 16 条规定的，构成越权行为；适用《合同法》第 50 条所确立的规则处理公司担保合同的效力。《公司法》第 16 条只是追究公司负责人越权行为责任的依据。

【关键词】 公司担保　《公司法》第 16 条　越权行为　法律解释　法律适用

一　引言

关于公司为他人提供担保的问题，针对 1993 年《公司法》第 60 条第 3 款在司法实践中的争议，[①] 2005 年《公司法》修正时在总则中引入了替

---

* 扬州大学法学院教授，博士生导师。

① 1993 年《公司法》第 60 条第 3 款规定："董事、经理不得以公司资产为本公司的股东或者其他个人债务提供担保。"有的学者认为该条款是对公司权利能力的限制；（参见江平、方流芳主编《新编公司法教程》，中国政法大学出版社，1994，第 210 页；朱谦：《论我国公司对外担保立法存在的问题及其完善》，载梁慧星主编《民商法论丛》第 23 卷，香港金桥文化出版公司，1999，第 149～171 页）；有的则认为是对董事、经理的个人行为作出的法律规制。（参见张平《对〈公司法〉第 60 条和担保法解释第 4 条的解读》，《法学》2003 年第 1 期）

代性的第 16 条,[①] 试图在平衡公司自治和保护公司、股东权利的基础上解决实践中的纷争。但公司法第 16 条自实施以来,该条款的立法用语似乎成了困扰解释者的难题,以致在商事审判实践中究竟如何解释和适用公司法第 16 条,又产生了新的争议。其中,焦点问题是违反公司法第 16 条提供的公司担保的效力。多数法院着眼于探究公司法第 16 条的规范性质,进而认定公司对外担保的效力。公司法第 16 条从原公司法第 60 条第 3 款发展而来的事实,是否会对法院在处理公司担保纠纷时产生审判经验上的影响,我们不得而知。但从围绕公司法第 16 条的规范性质来认定公司担保的效力而言,似乎沿袭了既有的审判思路和思维定式。[②] 在这一裁判思维中,公司法第 16 条无疑成了认定公司担保效力的裁判规范。这种裁判思维是否符合公司立法的本意,是否能够平衡各方当事人的利益,是否更利于阐明法律规范之所以适用于待决事实的裁判法理,都不是不可以追问的话题。

近年来,公司纠纷案件逐年上升,这完全与现行公司法的司法化品格有着密切的关联。在最高人民法院发布的《民事案由规定》中,"与公司有

---

① 《公司法》第 16 条规定:"公司向其他企业投资或者为他人提供担保,依照公司章程的规定,由董事会或者股东会、股东大会决议;公司章程对投资或者担保的总额及单项投资或者担保的数额有限额规定的,不得超过规定的限额。　公司为公司股东或者实际控制人提供担保的,必须经股东会或者股东大会决议。""前款规定的股东或者受前款规定的实际控制人支配的股东,不得参加前款规定事项的表决。该项表决由出席会议的其他股东所持表决权的过半数通过。"

② 对于《公司法》第 60 条第 3 款,最高人民法院《关于适用〈中华人民共和国担保法〉若干问题的解释》第 4 条规定:"董事、经理违反《中华人民共和国公司法》第 60 条的规定,以公司资产为本公司的股东或者其他个人债务提供担保的,担保合同无效。除债权人知道或者应当知道的外,债务人、担保人应当对债权人的损失承担连带赔偿责任。"该司法解释的立论基础在随后的"中福实业公司担保案"的判决书中得到了进一步的阐释,最高人民法院在该案的裁判书中认为:"《中华人民共和国公司法》第 60 条第 3 款对公司董事、经理以本公司财产为股东提供担保进行了禁止性规定,中福实业公司的公司章程也规定公司董事非经公司章程或股东大会批准不得以本公司资产为公司股东提供担保,因此,中福实业公司以赵裕昌为首的五名董事通过形成董事会决议的形式代表中福实业公司为大股东中福公司提供连带责任保证的行为,因同时违反法律的强制性规定和中福实业公司章程的授权限制而无效,所签订的保证合同也无效。"(最高人民法院民二庭等编《中国民商审判》2002 年第 1 卷,法律出版社,2002,第 293 页以下)

关的纠纷"的案由多达 22 种,① 这些案由牵涉的案件在适用法上都与公司法有关,从这个意义上讲,"与公司有关的纠纷"可以说是"与公司法有关的案件"。应当注意到,公司担保纠纷并未被类型化到"与公司有关的纠纷"中,而是被纳入"合同纠纷"的案由当中。最高人民法院规定的案由是以民法理论对民事法律关系的分类为基础,结合现行立法及审判实践,并依据当事人主张的民事法律关系的性质来确定的。② 这就意味着在最高人民法院看来,公司担保法律关系在性质上不同于"与公司有关的纠纷"所涉及的法律关系。尽管不能以民事案由的规定来确定适用的法律,但法律关系的性质无疑是"找法"的基础,因此,最高人民法院民事案由的规定为寻找公司担保的裁判规范提供了一个思考的方向。本文在整理和归纳商事审判实践中不同法院对于公司担保纠纷在适用法上不同的裁判法理的基础上,检讨《公司法》第 16 条归于立法本意的规范意义,并试图为公司担保纠纷找到合乎法理逻辑的裁判规范。

二　公司担保的适用法:裁判中的争议

(一)　各地法院的裁判思路

司法实践中,当事人对公司担保效力提出异议或抗辩的事由,几乎都是公司为他人提供担保时未依公司法第 16 条的规定经董事会或股东(大)会决议。由于《公司法》第 16 条第 1 款和第 2 款对非股东或实际控制人提供的担保和股东或实际控制人提供的担保分别予以了规制,故在审判实务中有的法院对《公司法》第 16 条第 1 款和第 2 款分别表达了不同的司法态度,也有的法院笼统地对《公司法》第 16 条提出了自己的司法见解。各地法院对公司担保在适用法上的裁判思路归纳起来大抵有以下三种情形:

一是关于违反《公司法》第 16 条第 1 款提供的公司担保的效力,主要形成了两种不同的裁判思路或意见:第一种意见认为,违反《公司法》第

---

① "与公司有关的纠纷"具体包括:股权确认纠纷,股东名册变更纠纷,股东出资纠纷,公司章程或章程条款撤销纠纷,公司盈余分配纠纷,股东知情权纠纷,股份收购请求权纠纷,股权转让纠纷,股东会或者股东大会、董事会决议效力纠纷,发起人责任纠纷,股东滥用股东权利赔偿纠纷,股东滥用公司法人独立地位和股东有限责任赔偿纠纷,董事、高级管理人员损害股东利益赔偿纠纷,公司的控股股东、实际控制人、董事、监事、高级管理人员损害公司利益赔偿纠纷,清算组成员责任纠纷,公司合并纠纷,公司分立纠纷,公司减资纠纷,公司增资纠纷,公司解散纠纷,公司清算纠纷,上市公司收购纠纷等 22 种。参见最高人民法院《民事案件案由规定》第 22 条。

② 参见最高人民法院《民事案件案由规定》。

16 条第 1 款提供的公司担保有效。这是多数法院的倾向性意见，只是在阐明裁判理由时在具体表述上略微有些差异而已。如在"上海金泰国际粮油贸易有限公司与南通新大港储开发有限公司、宜兴四海油脂有限公司、四海生物技术（江苏）有限公司进出口代理合同纠纷案"中，法院认为，"根据该条款的规定，公司为其他企业或个人担保，需要依公司章程规定，由董事会或股东会、股东大会决议，显然属于任意性规范，而非强制性规范，体现的是意思自治原则"。① 而在"沈炜与朱建德、富鸿集团有限公司、湖州中石房地产开发有限公司、德清中信商贸物流有限公司民间借贷纠纷案"中，法院则认为，"《公司法》第 16 条的规定仅仅是公司内部的程序规定，对公司以外的其他人并不具有对抗和约束力"。② 另外，在"周某与金某、某公司股权转让纠纷案"中，法院的判决理由表述为："公司为他人提供担保，其效力并不以公司内部股东决议为前提，担保具有法律效力。"③ 第二种意见则认为，违反《公司法》第 16 条第 1 款的公司担保不宜一概认定为无效。这是个别法院所持的观点。在"中国建设银行股份有限公司长兴支行与浙江长兴玻璃有限公司、浙江玻璃股份有限公司、浙江工程玻璃有限公司、冯光成金融借款合同纠纷案"中，法院认为，虽然《公司法》第 16 条规定公司向他人提供担保，按照公司章程的规定由董事会、股东会或股东大会决议，但不宜一概认定该担保无效。就本案而言，担保人属于有限责任公司，且其是对投资公司作出担保，其担保行为并不损害国家、集体或社会公共利益，并不违反《公司法》等法律法规的强制性规定，故其担保行为合法有效。④

---

① 上海市第二中级人民法院［2009］沪二中民四（商）初字第 6 号民事判决书。有的法院也持有类似的判决理由，如"无锡和信投资担保有限公司与南通新大港储开发有限公司、宜兴四海油脂有限公司四海公司保证合同纠纷案"，宜兴市人民法院［2009］宜民二初字第 0164 号民事判决书；"海门市某某塑胶制品有限公司与上海某某搪瓷厂、上海某某实业有限公司、海门市某某砖瓦厂买卖合同纠纷案"，上海市奉贤区人民法院［2008］奉民二（商）初字第 1055 号民事判决书。

② 浙江省德清县人民法院［2009］湖德商初字第 57 号民事判决书。也有法院持类似的判决理由，如"陕县燃料公司维凯服务中心与天瑞集团三门峡铝业有限公司、天瑞集团有限公司、三门峡锦源燃料有限公司买卖合同及担保纠纷案"，河南省三门峡市中级人民法院［2010］三民三终字第 238 号民事判决书；"杭州横奇电气设备有限公司与申屠烽、王炎昌、金树法民间借贷纠纷案"，浙江省桐庐县人民法院［2010］杭桐横商初字第 6 号民事判决书。

③ 上海市长宁区人民法院［2010］长民二（商）初字第 395 号民事判决书。

④ 参见浙江省湖州市中级人民法院［2010］浙湖商初字第 7 号民事判决书。

二是关于违反《公司法》第 16 条第 2 款提供的公司担保的效力，各地法院主要形成了三种不同的裁判思路或意见：第一种意见认为，违反《公司法》第 16 条第 2 款提供的公司担保无效。在"彭涛与浙江汇联担保股份有限公司、伊君、金荣钧、浙江安联通信设备有限公司民间借贷纠纷案"中，法院认为，"根据《中华人民共和国公司法》第 16 条第 2 款的规定，公司为公司股东提供担保的，必须经过股东会或者股东大会的决议，该条款规定在法律上属于效力性强制性规范，如果违反该规定则民事行为应当无效"。① 第二种意见则认为，违反《公司法》第 16 条第 2 款提供的公司担保有效。在"中国邮政储蓄银行有限责任公司浙江省金华市东阳市支行与厉小菊、陈杰、马菊娥、陈继标、浙江省东阳市意达工艺品有限公司等借款合同纠纷案"中，法院的裁判理由认为，"公司法关于为股东担保所作的规定，属于管理性的强制性规定，对第三人缺乏约束力，并不必然导致合同的无效"。② 第三种意见还认为，应根据不同情形分别认定违反《公司法》第 16 条第 2 款提供的公司担保的效力。在"中国工商银行股份有限公司杭州湖墅支行与程虹、钱琴、淳安千岛湖环球印务有限责任公司借款合同纠纷案"中，法院一方面认为，《公司法》第 16 条第 2 款的规定并非效力性强制性规定，另一方面认为对公司未经股东会决议的担保，是否认定无效，应根据不同情形分别判断。"如果是公众型的公司（上市公司），未经股东大会决议同意的担保，则属于重大违规行为，侵害了众多投资者的利益，扰乱了证券市场的秩序，应当认定无效。但封闭型公司则不然。一些封闭性公司，如有限公司或未上市的股份公司，由于股东人数少，股东通常兼任公司董事或高管，管理层与股东并未实质性分离，股东对公司重大事项有一定的影响力，该类事项即使未经股东会决议，通常也不违背股东的意志。"③

---

① 浙江省湖州市中级人民法院［2010］浙湖商终字第 49 号民事判决书。有的法院也持相同的观点，如"孟海林与阮根法、绍兴巴斯达纺织品有限公司买卖合同纠纷案"，浙江省绍兴市越城区人民法院［2010］绍越商初字第 195 号民事判决书；"胡双妹与薛亚红、徐福根、湖州锦凯利服装有限公司民间借贷纠纷"，浙江省德清县人民法院［2009］湖德商初字第 651 号民事判决书。

② 浙江省东阳市人民法院［2009］东商初字第 938 号民事判决书。类似的判决还有："王锋与杭州洁华清洗有限公司保证合同纠纷案"，浙江省杭州市中级人民法院［2010］浙杭商终字第 346 号民事判决书；"徐小青与李瑞锋、杭州光瑞服饰有限公司民间借贷纠纷案"，浙江省杭州市下城区人民法院［2009］杭下商初字第 343 号民事判决书。

③ 浙江省杭州市拱墅区人民法院［2010］杭拱商再字第 3 号民事判决书。在"张铨舫与詹右铭、鄢海兰、湖北联创房地产开发有限公司、黄石曼晶酒店管理有限公司股权转让纠纷案"中，法院也持类似观点。参见浙江省绍兴县人民法院［2011］绍商初字第 560 号民事判决书。

三是公司无论违反《公司法》第 16 条第 1 款还是第 2 款规定提供的担保都是有效的。在"中建材集团进出口公司与北京大地恒通经贸有限公司、北京天元盛唐投资有限公司、天宝盛世科技发展（北京）有限公司、江苏银大科技有限公司、四川宜宾俄欧工程发展有限公司进出口代理合同纠纷案"（以下简称中建材公司案）中，对于《公司法》第 16 条，北京市高级人民法院认为："第一，该条款并未明确规定公司违反上述规定对外提供担保导致担保合同无效；第二，公司内部决议程序，不得约束第三人；第三，该条款并非效力性强制性的规定；第四，依据该条款认定担保合同无效，不利于维护合同的稳定和交易的安全……在 2005 年修订的公司法没有明确规定公司违反 2005 年修订的《公司法》第 16 条对外提供担保无效的情形下，对公司对外担保的效力应予确认。"① 值得注意的是，这一裁判思路与此前该院对于这一问题所表达的立场和态度迥异，《北京市高级人民法院关于审理公司纠纷案件若干问题的指导意见》规定："公司提供担保未履行《公司法》第 16 条规定的公司内部决议程序，或者违反公司章程规定的，应认定担保合同未生效，由公司承担缔约过失责任。担保权人不能证明其尽到充分注意义务的，应承担相应的缔约过错责任。"② 显然，该指导意见把《公司法》第 16 条规定的内部决议程序和公司章程的规定视为《合同法》第 44 条第 2 款规定的"批准手续"，③ 这是值得商榷的。合同法上的"批准"，其本质是行政主管机关的一种行政许可，而公司内部决议程序或公司章程规定本质上是公司自身意思表示的一种方式，并非合同法上所称的"批准手续"，把公司内部决议程序或公司章程规定视为"批准手续"将造成公司意思表示内在逻辑上的困惑和矛盾。

（二）裁判的争点

对于违反《公司法》第 16 条提供的公司担保的效力，尽管不同法院所

---

① 北京市高级人民法院［2009］高民终字第 1730 号民事判决书。

② 《北京市高级人民法院关于审理公司纠纷案件若干问题的指导意见》（京高法发［2008］127 号），第 6 条。

③ 《合同法》第 44 条规定："依法成立的合同，自成立时生效。""法律、行政法规规定应当办理批准、登记等手续生效的，依照其规定。"最高人民法院《关于适用〈中华人民共和国合同法〉若干问题的解释（一）》（法释［1999］19 号）第 9 条规定："依照合同法第四十四条第二款的规定，法律、行政法规规定合同应当办理批准手续，或者办理批准、登记等手续才生效，在一审法庭辩论终结前当事人仍未办理批准手续的，或者仍未办理批准、登记等手续的，人民法院应当认定该合同未生效；法律、行政法规规定合同应当办理登记手续，但未规定登记后生效的，当事人未办理登记手续不影响合同的效力，合同标的物所有权及其他物权不能转移。"

持的司法态度不同，但各地法院普遍遵循的裁判思路与法理逻辑是一致的。从上述所整理和归纳的各地法院的裁判思路或意见中可以看出，法院都是从公司法第 16 条规范的性质的角度，来认定公司担保合同的效力的。这一裁判思路的立论依据是《合同法》对无效合同的规定。依照《合同法》第 52 条第（五）项的规定，"违反法律、行政法规的强制性规定"的合同无效，同时最高人民法院《关于适用〈中华人民共和国合同法〉若干问题的解释（二）》第 14 条规定："《合同法》第五十二条第（五）项规定的'强制性规定'，是指效力性强制性规定。"故合同因违反法律、行政法规的强制性规定而无效的情形是指违反法律、行政法规的效力性强制性规定。这就意味着对《公司法》第 16 条规范性质的不同看法，是形成不同裁判结论的最根本的原因。所以，各地法院对相同案情所作出的不同裁判，无非是由对《公司法》第 16 条规范的性质在认识上的分歧所致。如果这种裁判思路是正确的，那么，法院在裁判理由中对《公司法》第 16 条规范性质的分析就是合乎法理逻辑的。这也就不难理解有的法院为什么在判决书中不惜笔墨来阐述对效力性强制规定的认识。①

但问题是，这一裁判思路果真合乎《公司法》第 16 条规范的立法目的吗？换言之，即便《公司法》第 16 条是强制性规范甚至是效力性强制规范，但这种"强制"的法意何在，或者《公司法》第 16 条何以成为公司担保合同效力的裁判规范呢？这的确是需要认真对待的。依照上述各地法院的裁判思路，无论《公司法》第 16 条为效力性强制规范还是非效力性强制规范，其强制的法意似乎都落到了公司与第三人订立的担保合同上。当然也只有这样，分析《公司法》第 16 条规范的性质对担保合同效力的认定才具有现实的意义。而公司法第 16 条的规定，能否与《合同法》第 52 条所称的"强制性规定"建立内在意义之间的脉络贯通，是《公司法》第 16 条能否成为公司担保合同效力的裁判规范的重要依据。任何法律规范都有特

---

① 例如，在"中国工商银行股份有限公司杭州湖墅支行与程虹、钱琴、淳安千岛湖环球印务有限责任公司借款合同纠纷案"中，关于效力性强制性规定的判断，法院比较详细地阐述了自己的观点，认为："识别标准有二：一是看该强制性规定是否明确规定了违反的后果是合同无效，如果规定了违反的后果是导致合同无效的，该规定属于效力性强制性规定；二是法律、行政法规虽然没有规定违反将导致合同无效，但违反该规定如使合同继续有效将损害国家利益和社会公共利益的，也应当认定该规定是效力性强制性规定。""根据上述识别标准，本院认为，《中华人民共和国公司法》第十六条第二款'公司为公司股东或者实际控制人提供担保的，必须经股东会或者股东大会决议'的规定并非效力性强制性规定。"浙江省杭州市拱墅区人民法院［2010］杭拱商再字第 3 号民事判决书。

定的调整对象，也即针对特定的法律关系，这是立法目的之所在。《公司法》作为组织法和行为法，其调整的法律关系虽然比较复杂，但不外乎公司内部法律关系和外部法律关系两类。内部法律关系包括股东、董事、监事、高级管理人员以及公司相互之间的法律关系，外部法律关系则指公司与第三人之间的法律关系。显然，公司担保合同应当属于外部法律关系。各地法院将《公司法》第16条作为认定公司担保合同效力的裁判规范，暗含着《公司法》第16条规范的调整对象为公司与第三人的外部法律关系，否则，《合同法》第52条无适用的余地。尽管有的法院认为《公司法》第16条为非强制性规定或者非效力性强制规定，甚至认为不能对抗第三人，但其在法理逻辑上的真实隐喻仍然是在阐明《合同法》第52条的适用问题，只不过是从反面阐明《公司法》第16条不属于《合同法》第52条所称的"效力性强制规定"，所以认定公司担保合同有效的正当性而已。商事审判实践中的这种裁判思路，是否不适当地扩大了《公司法》第16条的适用范围，恐怕还要回到立法文献资料中去找寻真正的答案。

三　《公司法》第16条的意义之追问

（一）《公司法》引入第16条的理由

由于原《公司法》（1999年）第60条第3款存在规范结构混乱、法理未明的缺陷，学说和审判实践中对该规范的解释与适用争议颇多，而且《担保法》赋予了公司对外担保的权利能力，因此，2005年公司法修订草案废除了原《公司法》第60条第3款的规定，只是鉴于当时上市公司担保的乱象，国务院、中国证监会颁布了一系列规范性文件，要求完善上市公司治理结构，规范上市公司的担保行为，[①] 所以，在《公司法》修订草案中特别针对上市公司增设了这样的规定："上市公司在1年内购买、出售重大资产或者担保金额超过公司资产总额30％的，应当由股东大会作出决议，并经出席会议的股东所持表决权的2/3以上通过。"而对于公司为他人提供担保的一般性条款，《公司法》修订草案未作任何规定。《公司法》修订草案经初次审议后，"有些常委委员和地方、部门、企业提出，公司为他人提供担保，可能给公司财产带来较大风险，需要慎重。实际生活中这方面发生

---

① 例如，《关于上市公司为他人提供担保有关问题的通知》（证监公司字〔2000〕61号）、《关于规范上市公司与关联方资金往来及上市公司对外担保若干问题的通知》（证监发〔2003〕56号）、《国务院关于推进资本市场改革开放和稳定发展的若干意见》（国发〔2004〕3号）等。

的问题较多，公司法对此需要加以规范"。① 全国人大法律委员会经同国务院法制办、最高人民法院研究，才在修订草案第二稿中建议增加规定了《公司法》第 16 条有关公司担保的决定程序。之后，《公司法》修订草案经过第三次审议后，在第 16 条中补充规定了公司对外投资的决定程序。修改意见的报告称："第十六条第一款对公司为他人提供担保的决定程序作了规定。有的常委委员提出，公司向其他企业投资，同样涉及公司财产安全和股东利益，也应作出相应规定。"②

　　由此可见，《公司法》引入第 16 条的立法理由主要是"可能给公司财产带来较大风险，需要慎重"，"需要加以规范"；同时引入该条所欲保护的利益为"公司财产安全和股东利益"。虽然立法草案或修订草案的说明算不上是严格意义的立法理由，但立法机关的这种说明实质上包含了立法制定或者修订过程中有关立法起草、修订、征求意见以及修改完善而形成的诸多重要内容，其中有些是对立法背景和必要性的说明，有些是对立法原则和适用范围的阐述，有些是对具体条文的解释。因此，草案说明是十分重要的立法文献资料。对于为什么要在《公司法》中引入第 16 条，修订草案的说明无疑提供了虽不完美但却极其重要的答案。这里的"慎重"、"规范"，体现在《公司法》第 16 条的内容上，显然就是指公司担保应符合公司章程或《公司法》规定的意思决定程序；而"公司财产安全和股东利益"，本质上属于私人利益而非公共利益，体现了立法者引入第 16 条的价值取向，即该法条并不具有特殊的公共政策目的，应当尊重私法自治的基本理念。正是基于这样的目的和理念，《公司法》第 16 条第 1 款规定了"公司向其他企业投资或者为他人提供担保，依照公司章程的规定，由董事会或者股东会、股东大会决议；公司章程对投资或者担保的总额及单项投资或者担保的数额有限额规定的，不得超过规定的限额"。即在私法自治的原则下，立法者有意识地将公司向其他企业投资或者为他人提供担保这两个事项的权限授权公司的自治性规范——公司章程——来确定。只是在例外情形下，也即涉及对利害关系人提供担保的情形下，为了保护公司财产

---

① 2005 年 8 月 23 日全国人大法律委员会副主任委员洪虎在第十届全国人民代表大会常务委员会第十七次会议上所作的《全国人大法律委员会关于〈中华人民共和国公司法（修订草案）〉修改情况的汇报》。

② 2005 年 10 月 25 日全国人大法律委员会主任委员杨景宇在第十届全国人民代表大会常务委员会第十八次会议上所作的《全国人大法律委员会关于〈中华人民共和国公司法（修订草案三次审议稿）〉修改意见的报告》。

安全和少数股东的利益，公司法才作了强制规定，即《公司法》第16条第2款的规定："公司为公司股东或者实际控制人提供担保的，必须经股东会或者股东大会决议。"但这种强制的法意也仅仅局限于公司内部，并不涉及公共政策之目的，从法律解释论的角度，"基于对私法自治的尊重，在强制性质的民事规范是否具有特殊公共政策目的不甚明确的时候，即应朝单纯自治规范的方向去解释，法官应避免假设有特殊公共政策目的的存在，或对合目的性作扩大解释，而矾伤了自治机制，换言之，就是'有疑义，从自治'"。①

（二） 第16条的规范意义

《公司法》引入第16条的立法理由清楚地表明，出于"公司为他人提供担保，可能给公司财产带来较大风险，需要慎重"的考量，为了"公司财产安全和股东利益"，第16条规定了公司为他人提供担保或者向其他企业投资的"决定程序"。立法上规定的这种程序，是为了规范公司内部的意思形成，使之符合团体法律行为的逻辑。董事会决议或者股东（大）会决议本质上是公司意思决定的一种方式，"属于一种集体意思形成的行为"。②当董事会或者股东（大）会作出决议时，由于遵从了团体法的规则，采取了多数决原则，从而使由股东或者董事通过表决机制而形成的意思演变成公司团体的意思，比起由法定代表人或者个别董事、经理代表公司作出意思决定，更加符合公司的真意，也能防止法定代表人或者个别董事、经理滥用职权侵害公司或股东的利益。这就是立法理由中所称的公司为他人提供担保"需要慎重"的真正内涵。

审判实践中，多数法院不遗余力地分析《公司法》第16条的规范性质，并以此确认该法条是否与《合同法》第52条第（五）项所称的"强制性规定"相吻合，从而认定违反《公司法》第16条提供的公司担保合同的效力。如前所述，有的法院不认为《公司法》第16条第1款或者第2款为效力性强制规定，因此认为违反《公司法》第16条规定提供的公司担保仍然是有效的；而有的法院则认为《公司法》第16条第2款为效力性强制规定，违反该条款规定提供的公司担保合同是无效的。法院的这些裁判思路无一例外地将《公司法》第16条直接作为公司担保合同的裁判规范，也就是说将《公司法》第16条规定的"公司为他人提供担保"解释为"公司为

---

① 苏永钦等：《总则·债编》，中国政法大学出版社，2002，第45页。
② 王泽鉴：《民法总则》，中国政法大学出版社，2001，第185页。

他人提供担保的行为"或者"公司为他人提供担保而订立的合同",这是有悖于立法目的的一种错误解读,也有违公司法条伦理,混淆了适用法的法理基础。事实上,立法上所称的"公司向其他企业投资或者为他人提供担保",指的是公司向其他企业投资或者为他人提供担保这个"事项",而不是"行为"或"合同"。《公司法》第 16 条的立法目的就是为了规范公司向其他企业投资或者为他人提供担保这两个重大事项的内部决定程序,因此,《公司法》第 16 条第 1 款和第 2 款的完整表述应当分别为"公司向其他企业投资或者为他人提供担保等事项,……"和"公司为公司股东或者实际控制人提供担保的事项,……"。《公司法》第 16 条第 3 款的立法用语中实际上也明确使用了"事项"这一概念,来表达立法的真实意图。该款规定:"前款规定的股东或者受前款规定的实际控制人支配的股东,不得参加前款规定事项的表决。"而《公司法》第 105 条对此类问题的完整表述更加十分清晰,该条规定:"本法和公司章程规定公司转让、受让重大资产或者对外提供担保等事项必须经股东大会作出决议的,董事会应当及时召集股东大会会议,由股东大会就上述事项进行表决。"很显然,这里所称的"本法和公司章程规定公司……对外提供担保等事项",指的就是《公司法》第 16 条的规定。因此,将"公司为他人提供担保"解释为"公司为他人提供担保的行为"或者"公司为他人提供担保而订立的合同",超过了可能的文义,不仅违背立法目的,也必然造成体系违反,从而"超越法律解释之范围,而进入另一阶段之造法活动"。①

笔者认为,《公司法》第 16 条的调整对象是公司内部法律关系,本质上是认定董事会或股东(大)会决议效力的裁判依据,而不能直接成为认定公司担保合同效力的裁判依据。公司违反《公司法》第 16 条规定的直接后果是董事会或股东(大)会决议的效力问题,即违反第 16 条第 1 款规定所作的决议属于违反公司章程的决议;而违反《公司法》第 16 条第 2 款规定所作的决议则属于违反《公司法的决议》。前者属于《公司法》上所称的可撤销的决议,后者则属于无效的决议。② 只不过,公司为他人提供担保违反了《公司法》第 16 条规定的决定程序而导致了行为人的越权行为,从而

---

① 梁慧星:《民法解释学》,中国政法大学出版社,1995,第 214 页。
② 《公司法》第 22 条规定:"公司股东会或者股东大会、董事会的决议内容违反法律、行政法规的无效。股东会或者股东大会、董事会的会议召集程序、表决方式违反法律、行政法规或者公司章程,或者决议内容违反公司章程的,股东可以自决议作出之日起六十日内,请求人民法院撤销。"

对公司担保合同的效力产生了间接的影响。

四 公司担保的裁判规范

(一)"光大银行案"提供的范式

关于公司违反决定程序而为他人提供担保的效力,其裁判法理基础究竟是什么,"中国光大银行深圳分行与创智信息科技股份有限公司、深圳智信投资有限公司、湖南创智集团有限公司借款保证合同纠纷上诉案"① 不失为一个成功的典范。本案争议的焦点是中国光大银行深圳分行(以下简称光大银行)与创智信息科技股份有限公司(以下简称创智股份)之间的保证合同的效力问题。由于本案所涉及的民事行为发生在 2005 年《公司法》以前,起诉发生在 2005 年《公司法》生效以后,故本案参照适用 2005 年《公司法》作出了裁判。本案一审法院广东省高院认为,《民法通则》第 43 条规定:"企业法人对它的法定代表人和其他工作人员的经营活动,承担民事责任。"这一法条明确了法定代表人和其他工作人员履行职务,代表企业对外开展经营活动产生的民事责任由企业法人承担。《合同法》第 50 条规定,"法人或者其他组织的法定代表人、负责人超越权限订立的合同,除相对人知道或者应当知道其超越权限的以外,该代表行为有效",《最高人民法院关于适用〈中华人民共和国担保法〉若干问题的解释》第 11 条也同样明确规定了"法人或者其他组织的代表人、负责人超越权限订立的担保合同,除相对人知道或者应当知道其超越权限的以外,该代表行为有效"。依据反向解释原则,这一法条也明确了企业法人的法定代表人超越权限而订立合同,如相对人知道或应当知道的,双方订立的合同不能认定有效。故光大银行是否知道创智股份法定代表人签订本案担保合同超越职权是确定本案合同效力的关键。法院参照证监会、国资委发布的关于上市公司对外提供担保的有关部门规章,② 认为光大银行作为金融机构应当知道这些部门规章的规定,在签订担保合同时应审查合同签订人是否获得合法授权,

---

① 奚晓明主编《民商事审判指导》2008 年第 2 辑,人民法院出版社,2008,第 170~183 页;吴庆宝主编《权威点评最高法院公司法指导案例》,中国法制出版社,2010,第 48~60 页。

② 中国证监会 2000 年 6 月 6 日发布的《关于上市公司为他人提供担保有关问题的通知》第 5 条规定:"上市公司为他人提供担保必须经董事会或股东大会批准";中国证监会、国有资产监督管理委员会联合发布的《关于规范上市公司与关联方资金往来及上市公司对外担保若干问题的通知》(证监发〔2003〕56 号)第 2 条第 2 款规定:"上市公司不得为控股股东及本公司持股 50% 以下的其他关联方、任何非法人单位或个人提供担保";"上市公司对外担保应当取得董事会全体成员三分之二以上签署同意,或者经股东大会批准"。

该担保合同是否经过创智股份董事会或股东大会决议。从本案担保合同签订过程看，创智股份法定代表人在签订担保合同时并没有提交董事会或股东大会决议等授权文件，应认定光大银行应当知道法定代表人签订担保合同行为超越权限。光大银行应当知道法定代表人超越权限而与之签订担保合同，所订立的担保合同依法应认定无效。二审最高法院认为，证监会和国资委发布的部门规章对作为上市公司的创智股份具有约束力。因此，虽然原公司法中对公司担保能力未作明确规定，创智股份对外担保在程序上也应当经董事会或股东大会批准。至于到底需要股东大会还是董事会的批准，则属于公司自治的范畴。根据部门规章以及创智股份的公司章程之规定，本案中创智股份作出担保意思决定，需经董事会决议。因二审期间光大银行向法庭提交了创智股份董事会同意担保的决议。对于该份董事会决议，最高法院认为，光大银行仅负有形式审查的义务，即只要审查董事会决议的形式要件是否符合法律规定，银行即尽到了合理的注意义务。

综合两审法院的基本观点，公司就对外担保事项的内部意思决定系认定公司法定代表人是否构成越权行为的依据，超越权限订立合同的效力则依照《合同法》第50条的规定，对于善意第三人该合同有效。关于第三人是否善意，法院认为第三人应对董事会或股东会决议予以审查，但仅负有形式审查的义务。由此可见，在本案中，法院的裁判法理是公司越权行为的规则，适用的裁判规范是《合同法》第50条之规定；而前述各地法院的裁判法理则是无效合同的认定规则，适用的裁判规范是《合同法》第52条之规定。虽然本案只是参照《公司法》第16条作出了裁判，但这一裁判思路却提供了非常有益的经验。

（二）公司担保的裁判规范

商事审判中有关公司担保纠纷所涉及的法律关系的性质应当是合同，即公司与债权人订立的担保合同，这是不言而喻的。对公司而言，这种法律关系属于公司与第三人之间所形成的外部法律关系，而《公司法》第16条调整的则是公司内部法律关系，因此，《公司法》第16条不能直接成为认定公司担保合同效力的裁判规范。当然，这也并不意味着《公司法》第16条与公司担保合同的效力之间没有任何的联系。对于违反《公司法》第16条提供的公司担保合同的效力，尽管有的法院认识到了《公司法》第16条规定的公司内部决议程序不得约束第三人，但同时却忽视了《公司法》第16条的规定对于第三人的法律意义。尤其是在上述"中建材公司案"中，北京市高院一方面认为公司内部决议程序不得约束第三人，但另一方面又从《公司法》第16条的规范性质来阐明违反该法条提供的公司担保合同的效力，并没有从"公司内部决议程序，不得约束第三人"这一逻辑起点来阐释《公司法》第16条的规范意义，从而真正找到适用公司担保合同效力的裁判规范。

尽管"光大银行案"只是参照《公司法》第16条所作的裁判，不能全面了解法院对《公司法》第16条的司法态度，但从裁判理由中还是能够比较清晰地观察到法院对于公司担保合同效力的裁判法理。本案的意义在于，厘清了公司内部决议程序与公司担保合同效力之间的逻辑关系，并提供了一种法理较为清晰的审判思维方法。依照该案确立的裁判思维，公司为他人提供担保应当依照《公司法》或者公司章程规定的决定程序，未依公司内部决议程序而为他人提供担保的，构成越权行为；基于该越权行为而与第三人订立的担保合同属于《合同法》第50条所称的超越权限订立的合同，该合同的效力取决于第三人是否构成善意；而对于第三人是否善意，应从第三人对公司提供担保时违反了《公司法》第16条规定的决定程序是否知情。在这一裁判思维下，《公司法》第16条所称的"公司为他人提供担保"实际上被解释为"公司为他人提供担保的事项"，这完全符合《公司法》引入第16条的立法目的，更重要的是，这样的解释厘清了《公司法》第16条对于公司外部法律关系和公司内部法律关系的不同意义。对于违反《公司法》第16条提供的公司担保合同的效力，适用《合同法》第50条确立的规则予以处理，《合同法》第52条无适用的余地；而对于公司负责人的越权行为，则依照《公司法》第16条的规定予以认定；同时，董事会或者股东（大）会关于公司为他人提供担保事项作出决议时违反了《公司法》第16条规定的决定程序，则《公司法》第16条成为确定董事会或股东（大）会决议效力的裁判依据。

"光大银行案"虽然为认定公司担保合同的效力提供了具有重要参考价值的裁判思路，但对于如何认定第三人的善意，本案提供的经验却有待商榷。法院认为光大银行负有审查董事会或股东（大）会决议的义务，尽管同时认为这种审查义务限于形式审查的义务，但对第三人科以审查公司内部决议的义务的做法有失公允。正如前述"中建材公司案"中北京市高院所认为的"有限责任公司的公司章程不具有对世效力，有限责任公司的公司章程作为公司内部决议的书面载体，它的公开行为不构成第三人应当知道的证据。强加给第三人对公司章程的审查义务不具有可操作性和合理性，第三人对公司章程不负有审查义务"。而在"绵阳市红日实业有限公司、蒋洋诉绵阳高新区科创实业有限公司股东会决议效力及公司增资纠纷案"中，最高法院在裁判书中认为："虽然科创公司作出的股东会决议部分无效，导致科创公司达成上述协议的意思存在瑕疵，但作为合同相对方的陈木高并无审查科创公司意思形成过程的义务，科创公司对外达成协议应受其表示行为的制约。"① 在该案的裁判摘要中，最高人民法院进一步认为，"在民商事法律关系中，公司作为行为主体实施法律行为的过程可以划分为两个层次，一是公司内部的意思形成阶段，通常表现为股东会或董事会决议；二是公司对外作出意思表示的阶段，通常表现为公司对外签订的合同。出于保护善意第三人和维护交易安全的考虑，在公司内部意思形成过程存在瑕疵的情况下，只要对外的表示行为不存在无效的情形，公司就应受其表示行为的制约"。② 笔者赞同最高人民法院的这一观点。事实上，第三人对董事会或股东（大）会决议是否成立、是否有效，对公司担保数额是否超过公司章程规定的限额，对担保的对象是否为公司股东或实际控制人，公司章程未规定决定程序时如何履行审查义务，等等，都会面临难题。而如果仅仅限于形式审查，则对决议的真实性、合法性不负实质审查的义务，那么这种审查还有没有实际的价值，不无疑问。因此，对第三人科以审查义务既不可行，也无必要。

五　结语

2005 年《公司法》修订时，立法者对规范性质的确立和内容的表达上，始终秉持利益衡量的原则，在公司自治与法律强制之间作出明智的选择，或许是因为"每个立法者都不能与其时代的法律观及当时的表达方式分离"，③《公司法》第 16 条的立法表达与司法实践客观上产生严重的偏差。司法实践中，多数法院从规范性质的角度，将《公司法》第 16 条作为认定违反该条规定的公司担保合同的效力的裁判规范。这种裁判思维深受法律解释一般规则的影响，即"对法条的解释首先应采用语义解释方法"，④ 应当说这本身没有什么不当，问题在于文义解释的结果为复数时，应当继之采用论理解释、目的解释等方法，以求法律的意义。所以，"有许多时候法官或律师声称法律条文或语言含糊，需要解释，人们常常也就接受了这种

---

① 《最高人民法院公报》2011 年第 3 期。
② 《最高人民法院公报》2011 年第 3 期。
③ 〔德〕卡尔·拉伦茨：《法学方法论》，陈爱娥译，商务印书馆，2003，第 199 页。
④ 参见梁慧星《民法解释学》，中国政法大学出版社，1995，第 219 页。

声称，但是仔细考察一下，争议之发生并非由于法律语言本身'含糊'，而是由于人们对该法律应当涵盖适用的范围有争议，实际上是不同的人力图将他们赋予的含义确立为该法条或语词的含义"。[①] 这就是文义解释所遇到的难题。《公司法》第 16 条被不适当地扩大其适用范围，也正是这个原因所导致。萨维尼认为，法学有两大任务：一方面必须系统地理解法律；另一方面必须历史地理解法律。[②] 法律诸多的个别形式，总是与特定制度结合起来的，它们的规则建立在立法者，尤其是人民的基本信念之上。法学必须由这些基本信念出发，来解释个别的规范。通过系统的、历史的法学方法，我们可以凸显并定义这些法律制度，然后在其内在的关联上掌握一个法律的体系，以探求立法者立法时的意图及其所欲实现的目的。与有着数百年公司法实践的国家相比，我国公司法的实践缺乏历史的传统和渊源，需要积累更多的司法经验，尤其是要探索出商事审判中的法律解释的方法和独特的审判思维，以取得社会对于公司法实施的广泛认同。这是公司法司法化的一条必由之路。

---

① 苏力：《解释的难题》，《中国社会科学》1997 年第 3 期。

② 参见林端《德国历史学派——兼论其与法律解释学、法律史和法律社会学的关系》，《清华法学》第 3 辑，清华大学出版社，2003，第 42 页。

论有限责任公司股权转让限制的
自治边界及司法适用*

王建文**

【内容摘要】我国2005年《公司法》解决了股权转让中的许多问题，但仍有一些问题缺乏明确规定，并在实践中迫切需要寻求解决方案。对此，从法解释及比较研究的角度，可为一些问题提供较为明确的法律依据。但其中最为棘手的股权转让限制问题仍无从解决。通过对有限责任公司及其章程性质的分析，可以确定，股权转让限制确实存在法律依据，但其自治边界应依资合公司股权转让自由的本质属性而受到一定限制。若公司章程彻底剥夺了股权转让自由权，则应基于股权转让自由的最低限度的要求，给予股东以合理对价退出公司的救济权。

【关键词】股权转让限制　法律依据　自治边界　司法适用

一　问题的提出：亟待解决的股权转让限制
自治边界的实践难题

尽管我国《公司法》关于有限责任公司股权转让的规定已较为清晰，理论界对此也已作了颇为深入的研究，司法实践中也已积累了颇为丰富的审判经验，但因公司章程对股权转让限制的自治边界并不清晰，故不少实务问题的解决仍有待深入的理论研究提供理论支持。司法实践中，使法官

---

* 江苏省社会科学基金一般项目"江苏中小企业法律风险防范机制研究"（10FXB005）；中国博士后科学基金第五批特别资助项目（2012T50167）；中国博士后科学基金第四十九批面上资助项目（20110490491）；江苏省"青蓝工程"中青年学术带头人项目。
** 河海大学法学院教授、副院长，中国人民大学法学院博士后研究人员。

陷入裁判困境的有限责任公司章程中关于股权转让限制性规定主要包括以下几种类型：（1）规定所有股东转让股权时只能转让给公司或其他股东，即股权转让限于内部转让；（2）规定员工离职时必须退股或者向其他股东转让股权；（3）规定公司董事、监事、高级人管理人员离任时必须退股或者向其他股东转让股权；（4）规定在特定情形下，公司经股东会决议可以将股东除名；（5）规定自然人股东死亡后，其合法继承人不能继承股东资格，即限制股权的可继承性；（6）规定股东在任何情形下都不得转让股权，即绝对禁止股权转让。在实践中，除以公司章程形式作股权转让的限制性规定外，还存在公司章程对该限制性股权转让的价格作不合理规定的问题。例如，有些公司章程中规定，在股东必须退股或向其他股东转让股权的情形下，股权转让价格为出让股东的原实际缴纳的出资额。这就使得在公司净资产已极大提高或公司发展前景极佳的情况下，被迫退股或转股的股东因蒙受重大损失而极为不满。对此，法学界未能提供较为统一、明确的解决方法，《公司法司法解释（四）（征求意见稿）》也同样未作明确规定。因此，迫切需要从理论上对股权转让限制的自治边界展开深入研究，并基于此对其司法适用提供较为明确的理论指引。

二　有限责任公司章程对股权转让限制的法律依据

2005 年《公司法》第 72 ~ 76 条的规定，使原本难以解决的股权转让法律问题大多获得了较为明确的解决途径及法律依据。为贯彻公司章程自治原则，该法第 72 条第 4 款及第 76 条但书部分还特别规定："公司章程对股权转让另有规定的，从其规定"，"但是，公司章程另有规定的除外"。依此，公司章程对股权转让作不同于公司法的特别规定，已获得了明确的法律依据，似应解决了有限责任公司股权转让的法律适用问题。实则不然，上述有待解决的法律适用难题即为明证。因此，有必要通过相关立法解释、司法解释等有权解释予以明确与规范，在此之前，则应借助于学理解释以明确其内涵。为此，有必要对境外立法例加以考察。概而言之，各国（地区）公司法关于有限责任公司股权转让限制的立法包括以下两种类型。

其一，有限责任公司的股权原则上可自由转让，但公司法赋予公司章程限制股权转让的自治权，并且可完全禁止股权对外转让。采此立法例的代表性国家为德国、意大利、俄罗斯，英美法系国家和地区也大体上可归入该类。例如，《德国有限责任公司法》第 15 条在前 4 款关于股权转让规定的基础上，于第 5 款规定："可以通过公司合同为出资额的让与规定其他

的要件，特别是可以规定，出资额的让与需要得到公司的承认。"① 该规定
授权公司章程对股权转让规定不同条件，② 并特别规定公司章程还可规定股
权转让需得到公司承认。这种未加特别限制地授权公司章程另行规定股权
转让条件的规定，使公司章程完全可以超越该条前 4 款关于股权转让的一般
性规定，而采取非常严格的限制，甚至禁止股权对外自由转让。③ 《意大利
民法典》第 2469 条④、《俄罗斯联邦有限责任公司法》第 21 条⑤与《德国
有限责任公司法》第 15 条所表现出的立法精神基本相同。在英美法系国家
和地区，封闭式公司（在公司的封闭性上类似于有限责任公司）的股权原
则上可自由转让，但法律不仅赋予公司章程充分的限制权，而且还允许通
过股东协议或者股东与公司之间的协议加以限制。对此，英国《2006 年公
司法》第 544 条第 1 款⑥、美国《商事公司示范法》（2002 年）第 6.27 条
（a）款⑦都有明确规定。

其二，有限责任公司的股权原则上不可自由转让，法律对此规定了较
为严格的限制性条件，并且授权公司章程设定更为严格的限制，明确允许
完全禁止转让。采此立法例的代表性国家和地区为法国、瑞士、韩国及我
国台湾地区。例如，《法国公司法典》第 223 - 14 条第 1 款规定："只有经
至少持有公司一半股份的股东多数同意，公司股份才能转让给公司以外的
第三人，章程规定要求得到更高多数同意的情况除外。"同条第 7 款还明确
规定："违反本条规定之一切条款，均视为未予订立。"⑧ 依此，公司法关于
股权外部转让限制的规定属于典型的强制性规范，公司章程仅可强化股权
外部转让限制，而无权对该限制作任何缓和性规定。《瑞士债法典》第 791
条⑨及《韩国商法》第 556 条⑩与上引《法国公司法典》的规定大体相同。
我国台湾地区"公司法"（2006 年 2 月 3 日修正）第 111 条第 1 款在对股权

① 《德国股份法·德国有限责任公司法·德国公司改组法·德国参与决定法》，杜景林、卢谌
　译，中国政法大学出版社，2000，第 181 页。
② 德国有限责任公司、两合公司之章程被称为公司合同。
③ 参见〔德〕托马斯·莱塞尔、吕笛格·法伊尔《德国资合公司法》（第 3 版），高旭军等
　译，法律出版社，2005，第 493 页。
④ 参见《意大利民法典》，费安玲等译，中国政法大学出版社，2004，第 629 页。
⑤ 参见《俄罗斯联邦公司法》，王志华译，北京大学出版社，2008，第 15 页。
⑥ 参见《2006 年英国公司法》，葛伟军译，法律出版社，2008，第 343 页。
⑦ 参见沈四宝《最新美国标准公司法》，法律出版社，2006，第 54 ~ 55 页。
⑧ 《法国公司法典》（上），罗结珍译，中国法制出版社，2007，第 75 ~ 76 页。
⑨ 参见《瑞士债法典》，吴兆祥、石佳友、孙淑妍译，法律出版社，2002，第 238 页。
⑩ 参见《韩国商法》，吴日焕译，中国政法大学出版社，1999，第 150 页。

转让限制作明确规定的同时，未对公司章程的自治权作任何规定，但不妨碍公司章程对股权转让作更为严格的限制。

通过以上立法例考察，可以发现，各国（地区）公司法都允许公司章程对股权转让作严于法律规定的限制，也大多允许放松法定限制。但该规定本身的性质则不尽相同，有的纯属任意性规范，有的则属于强制性规范，前者赋予章程充分的自主权，后者则不允许放松限制。这一结论对于正确理解我国《公司法》中有限责任公司股权转让及其限制的条款具有借鉴意义。从前述我国 2005 年《公司法》第 72 ~ 76 条的内容看，该法第 72 条第 4 款及第 76 条的但书规定，应理解为完全授权性规范。也就是说，该法第 72 条前 3 款及第 76 条前半句纯属任意性规范，得由公司章程予以改变。依此，根据该法第 72 条第 4 款的规定，公司章程可作不同于该条前 3 款的规定。具体来说，这种不同规定可包括以下内容：（1）限制甚至禁止股权内部转让自由权，可规定股权内部转让亦需特定比例的股东同意才能进行，但亦可规定禁止股权内部转让；（2）改变股权外部转让时须经其他股东过半数同意的规定，可规定更加严格的限制性条件，甚至规定禁止股权外部转让，但亦可不作任何限制；（3）改变甚至取消股权外部转让时其他股东同等条件下的优先购买权规定。由此可见，在借助比较研究及学理解释的情况下，《公司法》第 72 条仍只能解决前述实践中迫切需要解决的问题中的一项，即公司章程可绝对禁止股权转让。在被绝对禁止转让之后，股东的其他股东权皆可正常行使，若无法正常行使，则只能依法诉请法院救济，或者在符合《公司法》第 75 条关于公司僵局规定的情况下，向公司或其他股东行使强制购买请求权。

《公司法》第 76 条的但书则应理解为：公司章程可以规定，自然人股东死亡后，其合法继承人不能继承股东资格。至于在不能继承的情况下，该死亡股东的股权能否转让，则应理解为可按照股权转让之一般规定处理。易言之，若公司章程未就股权的内部转让及外部转让设置特别限制，则死亡股东的股权应依《公司法》第 72 条第 1 ~ 3 款之规定处理；相反，若公司章程对此作了特别限制，则应依《公司法》第 72 条第 4 款之上述解释处理。故因继承引起的股权转让纠纷之解决，已获得了明确的法律依据。其未明确者，仅为在被强制转让时应如何确定转让价格。对此，在公司章程未作特别限定时依一般规则并参照国外立法例予以确定；在章程作了特别限定时，则应基于该限定的法律效力确定，至于其法律效力，本文第三、四部分将作具体分析。

总之，除绝对禁止转让股权及因继承引起的股权转让纠纷外，通过对《公司法》第72条、第76条之解释，仍无法解决前述实践中迫切需要解决的问题。因此，这些问题只能依赖于公司章程条款的合法性来解决。基于《公司法》本质上的私法属性，可认为，在法律未作相应规定的情况下，公司章程均可依公司自治原则作出各种具体制度安排，但不能违反法律的强制性规定及《公司法》的基本精神、原则。上述股权转让之章程限制与强制，除因继承引起的股权转让纠纷外，均属于公司法未予规定的情形，故对该问题的司法适用有赖于对有限责任公司及其章程特性的解释。

三　有限责任公司章程对股权转让限制的合法性解释

如上所述，通过《公司法》第72条第4款之学理解释，仍无法解决实践中的前述疑难问题。这就需要通过对有限责任公司及其公司章程的特殊性质的分析，才能对有限责任公司章程对股权转让限制的合法性作合理判断，从而明确公司章程对股权转让限制的自治边界，并依此构建前述疑难问题的法律解决路径。

有限责任公司是在简化股份有限公司的特征和复杂的运作机制基础上形成的，适应了个人投资兴办企业对不同企业组织形式的要求，可谓浓缩了人类经济活动自然演进对企业组织形式的选择历程。可以说，有限责任公司是取无限公司与股份有限公司之所长，舍其所短，并使人合公司与资合公司之优势融为一体的公司形式。有限责任公司的"人合"性，就内部关系而言，主要表现为法律通过大量任意性规范与授权性规范，赋予股东较大限度地自由安排公司治理结构的权限；就外部关系而言，主要表现为法律对股权外部转让时的限制态度。从公司实践来看，有限责任公司大多采取股东直接担任经营管理人员且基于相互信赖而不设置较为复杂的权力制衡模式的治理结构。因此，一般来说，有限责任公司股权变动势必会影响公司治理结构及经营管理模式的稳定性与可持续性。正因为如此，各国法律大多表现出对有限责任公司股权外部转让的一般性限制态度；而有限责任公司股权内部转让则因未改变原股东之间的信赖关系，故各国法律大多持允许自由转让的态度。但有限责任公司的人合性因素，决定了法律基于股权转让自由及适当限制的理念都不能过于绝对，而应依公司自治理念允许公司通过章程，对股权转让是否设限及如何设限自主决定。上述德国、意大利、俄罗斯、英国、美国、法国、瑞士、韩国等国立法例即体现了这种立法政策。

在基于有限责任公司所具人合性因素得出上述结论的同时，需要强调的是，有限责任公司的本质属性为资合公司。资合公司的最大特征在于，股东拥有股权转让自由权。对此，有学者认为："股权自由转让是现代各国公司法所普遍遵循的基本原则，也是公司制度独领风骚的根本原因。"[1] 因此，在强调基于有限责任公司的人合性而限制其股权转让自由权的同时，还应注意到，股权具有天然的可转让性，而股权的可转让性正是其价值所在，且其流通性越强，其价值体现就越高。[2] 这就意味着绝对禁止股权转让也将有悖于有限责任公司的本质属性。但若将公司章程的股权转让禁止规定理解为，股东基于契约自由权自愿放弃其股权转让自由权，则又存在某种合理性。除非认为公司章程的这种规定，不仅涉及股东利益，而且涉及债权人及其他社会公众的利益，否则确实没有依据认定股东无权放弃其基本股东权——股权转让自由权。由此，问题延伸到公司章程的属性及制定准则上来。

公司章程是在法律规定的范围内由全体股东共同决议而形成的法律文件，是公司对内管理的依据。公司章程所确立的内部制度虽非法律，但对于公司本身来说，则具有约束力，甚至被称为"准法律"。因此，公司章程乃公司赖以实现公司自治的自治规则。不过，该自治规则不同于法律，仅具有内部约束力，因而又具有契约性特征。总的来说，公司章程是一种具有契约属性的公司自治规则。但公司章程不得与《公司法》的强制性规范及《公司法》的基本精神、原则相冲突，违反该制定准则的条款无效。

那么，通过公司章程作出前述待解之股权转让限制与强制性规定，是否违反了《公司法》的强制性规范及《公司法》的基本精神、原则呢？公司章程虽具有涉他性，[3] 但有限责任公司章程关于股权转让的规定，则纯属股东之间基于契约自由的制度安排，并不涉及他人利益维护问题，因而只要这种制度安排未触犯公共政策，就应认可其法律效力。若相关当事人无法接受这种预先放弃基本股东权的规定，则可在公司成立之前选择退出设立中的公司。若当时未选择退出，则可推定其已接受这种可能对其造成不

---

① 冯果：《现代公司资本制度比较研究》，武汉大学出版社，2000，第204页。
② 参见施天涛《公司法论》（第2版），法律出版社，2006，第262页。
③ 参见蒋大兴《公司法的展开与评判——方法·判例·制度》，法律出版社，2001，第284～286页。

利后果的制度安排。即使其事后以根本未能明白该规定的含义或显失公平为由，也不能据此主张该规定无效或可撤销，因为这种设立公司的投资行为属于典型的商行为，应依商法之外观主义原则处理。① 因此，依前述德国、意大利、俄罗斯、英国、美国、法国、瑞士、韩国等国公司法及我国《公司法》之解释，均可确认可禁止股权转让。这种禁止显然属于典型的排除股权转让自由权的行为。既然这种禁止性规定合法，则强制股东在特定情形下向其他股东转让股权的规定也应合法。基于此，在我国，前述待解之股权转让之公司章程限制与强制，应认定为基于股东契约自由的自愿性制度安排，并未违反相关强制性规范及公司法的基本精神、原则。在我国司法实践中，对该问题的理解不尽一致，有的法院认可公司章程的约定，有的法院则对绝对禁止股权转让持否定态度。不过，对公司章程禁止股权转让持肯定态度的法院大多未对此作明文规定，持否定态度的则有一些法院作了明文规定。例如，《江苏省高级人民法院关于审理适用公司法案件若干问题的意见（试行）》（2003 年 6 月 3 日江苏省高级人民法院审判委员会第 21 次会议通过）第 60 条规定："公司股东违反章程规定与他人签订股权转让合同的，应认定合同无效，但存在下列情形的除外：（1）章程的该规定与法律规定相抵触的；（2）章程的该规定禁止股权转让的；（3）经股东会三分之二以上有表决权的股东同意的。"广东省高级人民法院也认为，"章程规定不得禁止或变相禁止股权转让"。② 对此，笔者认为，既然《公司法》关于有限责任公司股权转让限制的规定应视为完全授权的任意性规定，故应认为经相关股东确认的公司章程可对股权转让作各种强度的限制性规定，不应否认绝对禁止股权转让的章程条款的法律效力。当然，若公司章程彻底剥夺了股权转让自由权，则应基于股权转让自由的最低限度的要求，给予股东以合理对价退出公司的救济权。③

四　有限责任公司章程中股权转让限制条款的司法适用

（一）公司章程关于离职股东退股约定的司法适用

公司章程关于员工或董事离职时须退股的约定，因直接违反了除法定

---

① 参见范健、王建文《商法基础理论专题研究》，高等教育出版社，2005，第 76、362 页。

② 古锡麟、李洪堂：《股权转让若干审判实务》，《法律适用》2007 年第 3 期。

③ 参见〔德〕托马斯·莱塞尔、吕笛格·法伊尔《德国资合公司法》（第 3 版），高旭军等译，法律出版社，2005，第 493 页。

事由外股东不得退股的强制性规定,[①] 似应归于无效。不过,这一立足于现行规范的判断虽具有形式上的合法性,但就经济实践的习惯做法而言,却明显不合理。在我国市场经济实践中,公司章程、股东协议或股东会决议关于特定情形下股东应退股的约定,其含义往往较为笼统,既可能指向由公司回购股权,也可能指向由其他股东或职工持股会等代持股权的组织受让股权。需要说明的是,这种退股指的是直接退股,若采用了退股字样但仅要求离职股东将其股权转让于职工持股会等组织,则应界定为股权转让(间接退股)而非一般意义上的退股。公司章程关于在特定情况下得由公司股东会决定将股东除名的规定,其含义也应界定为强制该股东向其他股东或职工持股会等组织转让股权,而不应界定为由公司回购股权。

就域外立法与司法实践而言,在立法层面对公司章程关于离职股东退股约定法律效力作明文规定的不多,但司法实践中却普遍对此持肯定态度。对此,《德国有限责任公司法》第 34 条第 1 款规定:"只有在公司章程准许收回时,才可以收回出资额。"此外,该法第 30 条第 1 款规定:"维持股本所必要的公司财产,不得支付给股东。"[②] 依此,若公司章程规定员工或董事离职时须退股,只要不动用维持股本所必要的公司财产,则应确认其法律效力。《意大利民法典》第 2473 条第 2 款则明确规定:"设立文件可以规定因正当理由将股东除名的特殊情况。在该情况下,适用第 2473 条的规定,[③] 排除通过公司减资以返还股份的可能。"依此,公司章程可以约定因正当理由将股东除名,但不能以减资方式实施股权回购,而应按照股权转让的方式由他人受让该股权。

美国公司章程关于强制离职股东退股约定法律效力的法律适用更具代表性。在美国,法院并不否认公司章程关于强制离职股东退股约定的法律效力,但法官会对公司章程关于离职股东退股的约定的法律效力进行审查。法官主要考虑三个因素:其一,对于该限制被告是否明知且自愿接受;其二,原告与被告雇佣合同终止是否由原告不合理促成;其三,价格是否达到严重不公平的程度。例如,在 *Crowder Constr. Co. v. Kiser* 案中,被告曾是

---

① 《公司法》第 36 条明确规定:"公司成立后,股东不得抽逃出资。"但依《公司法》第 75 条之规定,异议股东向公司行使股权强制购买请求权以及公司依法减资时,均可导致股东合法退股。

② 《德国股份法·德国有限责任公司法·德国公司改组法·德国参与决定法》,杜景林、卢谌译,中国政法大学出版社,2000,第 185、188 页。

③ 该法第 2473 条系关于股东退出及该股权如何转让的规定。

原告（一个封闭式公司）的首席财务官，后被解除雇佣关系并开办自己的建筑公司，原告依据与被告之前签署的双方协议购买其股份。该协议约定：如果被告被解除雇佣关系，原告将以约定的估价方式所得出的价格收购被告的股权。诉至法院后，被告认为，其离职导致公司强制收购其股权的约定无效，因为它是显失公平的合同，而雇员不得不接受这样的合同。但是，法院认为，该合同订立时，被告的最终选择权并未被剥夺，同时原告没有欺诈、强迫等行为，因而认定合同不存在显失公平的情况。被告还主张，原告终止与被告的雇佣关系是为了通过实现回购而获利。法院运用证据规则，要求被告就此举证，如果事实成立，原告需证明其解除与被告的雇佣关系及时间均为合理。但法院最终支持了原告的诉讼请求。①

综上所述，在我国，公司章程关于员工或董事离职时须退股的规定，原则上应认定为有效。当然，此时应由其他股东或职工持股会等代持股权的组织受让股权；如果因种种原因，必须由公司回购被要求强制退股股东的股权，则必须在合理期间（如 2 个月）内办理减资程序，或者将公司暂时性受让的股权转让出去。

（二）被强令转让股权时确定股权转让价格条款的司法适用

在被强令转让股权时，公司章程关于转让价格的规定是否有效？对此，各国立法大多未作明确规定。因此，还应从法解释的角度寻求解决方案。笔者认为，从公平的角度讲，似应认定该规定"显失公平"，从而应认定其可撤销。但在不存在欺诈、胁迫、乘人之危等导致结果性显失公平的情况下，② 不应认定关于股权转让价格的强制性规定显失公平。其根本原因为商法应遵循外观主义原则。此外，这种所谓不公平也具有相对性，因为在公司净资产已大为降低时则可能使转让股权的股东或其继承人受益。

需要说明的是，在章程确定的股权转让价格显著偏低的情况下，若法院不予干预确实有可能造成当事人之间权利保护失衡的后果，此时法院是否应干预以及应如何干预实际上都是一个难以决断的问题。可以说，无论是否干预及如何干预，都无法在对当事人利益进行实质性调整时实现严格意义上的法律正义。因此，若维护公司章程的规定，使被强令出让股权的股东承受其本应预料到的损失，也未尝不可。若公司章程未就被强令转让

---

① 参见韩晓利《有限责任公司股权转让章程限制的界限——若干个案的实证研究》，载赵旭东、宋晓明主编《公司法评论》2008 年第 3 辑，人民法院出版社，2009，第 40 ~ 41 页。

② 这些属于法定合同无效或可撤销事由，不属于我国民法所特设之"显失公平"范畴。

股权时的价格作出规定，则应执行合理的价格。该合理的价格当以公司的净资产为基本依据，以评估方式具体确定。

关于被强令转让股权时股权转让价格的确定方法，《意大利民法典》第2473条第3款作了明确规定："退出公司的股东，有权按照公司资产的比例得到自己参股的还款。还款额依照宣布退出时的市场价格确定；有异议的，应坚持主张一方的要求，由法院指定的一名专家的报告确定其价值，有关费用的承担由法院裁决；在该情况下，适用第1349条第1款的规定。"而该法第1349条第1款规定："契约载明给付标的由第三人确定的，在没有发生契约当事人希望的完全符合其意愿的情况时，第三人应当公平处理给付标的的确定。第三人未确定或者其确定显失公平或是错误的，法官可以进行确定。"《欧盟私人有限公司纲要》第22条也规定，公司会员协议应当就第21条规定的份额回购或份额转让的作价程序作出规定，并不得低于股份的实际价值。① 根据《瑞士债法典》第792条的规定，若公司章程规定，非经其他股东同意，因死亡继承或者夫妻财产关系转移取得股权的人不得取得股东资格，则公司必须指定其他股东以实际价值取得股权，才能依法行使拒绝权。②

我国司法实践中不妨参照上述规则处理。事实上，我国司法实践中，不少法院所采取的做法与本文所持观点基本一致。例如，山东省高级人民法院《关于审理公司纠纷案件若干问题的意见（试行）》（2006年12月26日省法院审判委员会第68次会议讨论通过）第53条规定："公司章程规定股东因退休、调动、解聘等原因离开公司时应将股权转让给其他股东，但未规定具体受让人，且当事人无法协商一致的，股东会确定的股东有权受让该股权。公司章程对股权转让价格未作规定，且当事人不能协商一致时，一方请求以评估方式确定股权转让价格的，人民法院应予支持。"依此，若公司章程对股权转让价格作了规定，则应适用该规定；若公司章程对股权转让价格未作规定，且当事人不能协商一致的，原则上应以评估方式确定股权转让价格。在适用公司章程关于股权转让价格约定条款的情形下，固然会存在股权转让价格明显偏低的问题，但由于该项约定原本就是被强令转让股权的股东共同签署的文件，因而根据商法中的加重责任理念，③ 使股

---

① 《欧盟私人有限公司纲要》，吴越译，载吴越主编《私人有限公司的百年论战与世纪重构——中国与欧盟的比较》，法律出版社，2005，第509页。

② 参见《瑞士债法典》，吴兆祥、石佳友、孙淑妍译，法律出版社，2002，第238页。

③ 参见王建文《中国商法立法体系：批判与建构》，法律出版社，2009，第137~143页。

东承担因其意思表示而产生的不利后果并无不妥。

（三）非协议转让情形下股权转让限制条款的司法适用

除协议转让外，股权也可因继承、夫妻共有财产分割而发生移转。这两种非基于当事人之间的协议而发生股权移转，是否会使受让人当然取得股东的身份呢？对此，有的国家公司法作了明确规定，有的则未予规定。就法律适用而言，若公司法对此作了明确规定，则应适用该项规定；若公司法对此未作规定，则应适用关于股东向股东以外的人转让出资时的一般规定。在此问题上，国外立法例同样可资借鉴。

《德国有限责任公司法》第 15 条第 1 款规定："出资额可以让与和继承。"而授权公司章程对股权转让作限制性规定的该条第 5 款（前文引用过）并未将股权继承包括在内。由此可见，在德国，有限责任公司章程不得对股权继承予以限制。不过，根据《德国有限责任公司法》第 17 条的规定，公司章程不能禁止或限制股权的继承，但除非公司章程明文允许，继承人不得分割股权。[①] 也就是说，尽管有限责任公司章程不得对股权继承予以限制，但继承人只能整体上继承该股权，而不能在非经公司章程明文允许的情况下由各个继承人分割股权。

《法国商事公司法》第 223 - 13 条也对非协议转让之股权转让作了明确规定。依其规定，有限责任公司股权可以通过继承自由转移，或者在对夫妻共同财产进行清算的情况下，可以在夫妻之间自由转移，并在夫妻之间以及直系尊、卑亲属之间自由转让；但是，章程还可规定，股东的配偶、继承人、直系尊卑亲属，只有在按章程规定的条件获得认可后，才可成为股东。[②] 依此，与股权转让限制的立法精神相一致，法国公司法同样授权公司章程可对非转让性股权移转予以限制。《意大利民法典》第 2469 条对此作了基本相同的规定，但明确规定在此情形下，继承人可以按照该法第 2473 条规定行使退出权。

与德国、法国、意大利等国均原则上允许非协议转让股权的自由取得不同，《瑞士债法典》第 792 条第 1 款规定，公司章程可以规定，因死亡继承或者夫妻财产关系转移取得股权的人，须经其他股东同意才能取得股东资格。在此情形下，若相应股权继受人未获其他股东同意，就不能取得股

[①] 《德国股份法·德国有限责任公司法·德国公司改组法·德国参与决定法》，杜景林、卢谌译，中国政法大学出版社，2000，第 181 页。

[②] 参见《法国公司法典》（上），罗结珍译，中国法制出版社，2007，第 74 页。

东资格。该规定立足于有限责任公司的人合性，允许股东拒绝非经其认可的股权受让人成为股东。

我国旧《公司法》未对非协议转让情形下的股权转让作特别规定，但 2005 年《公司法》对股权继承作了明确规定。对此，该法第 76 条规定："自然人股东死亡后，其合法继承人可以继承股东资格；但是，公司章程另有规定的除外。"这表明只要公司章程未另作规定，自然人股东死亡后，合法继承人无须其他股东同意即可继承股东资格。但该规定过于粗糙，仍应通过司法解释对是否允许继承人分割股权作明确规定。若无相关限制性规定，应认为继承人可依其继承份额取得相应股权。当然，若因继承人人数太多致使股东人数超过有限责任公司股东人数的上限，则应将继受股权的继承人限制在一定数额内。不过，鉴于非协议转让情形下的股权转让确实会对有限责任公司的人合性造成较大冲击，有时甚至会严重破坏原有股东之间的信赖关系，因而我国不妨借鉴德国立法经验，规定除非公司章程明文允许，继承人不得分割股权。

我国 2005 年《公司法》仍未就因夫妻共有则产分割而发生的股权转让问题作明确规定，故应适用我国《公司法》关于股权转让的一般规定。也就是说，公司法及公司章程关于股权转让的规定同样适用于因夫妻共有则产分割而发生的股权转让。对此，2003 年 12 月 26 日发布的《最高人民法院关于适用〈中华人民共和国婚姻法〉若干问题的解释（二）》（简称《婚姻法司法解释（二）》）第 16 条第 1 款明确规定："人民法院审理离婚案件，涉及分割夫妻共同财产中以一方名义在有限责任公司的出资额，另一方不是该公司股东的，按以下情形分别处理：1. 夫妻双方协商一致将出资额部分或者全部转让给该股东的配偶，过半数股东同意、其他股东明确表示放弃优先购买权的，该股东的配偶可以成为该公司股东；2. 夫妻双方就出资额转让份额和转让价格等事项协商一致后，过半数股东不同意转让，但愿意以同等价格购买该出资额的，人民法院可以对转让出资所得财产进行分割。过半数股东不同意转让，也不愿意以同等价格购买该出资额的，视为其同意转让，该股东的配偶可以成为该公司股东。"不过，在此问题上，我国《公司法》及《婚姻法司法解释（二）》存在明显缺陷，实践中往往导致非股东一方在财产分割中处于不利地位。事实上，因夫妻共有则产分割而发生的股权转让问题与股权继承的性质基本相同，即同样属于非因协议而发生的股权转让，都属于为保护股权的合法继受而需要特别规制的法律问题。因此，既然法律能够为保障继承权的行使而忽略有限责任公司的人合性，从而原则上允许股权继承，就同样应当原则上允许夫妻共有股权因共有财产分割而自由转让。鉴于我国 2005 年《公司法》虽未对此作明确规定，但也未对此作排除性规定，因而在立法完善之前不妨借鉴《法国商事公司法》的规定，以司法解释的方式赋予夫妻共有股权因共有财产分割而自由转让的权利。之所以建议采取法国模式，而不采取《瑞士债法典》所确立的严格限制股权非协议转让的模式，有两方面的原因。其一，因继承关系和因夫妻共有财产分割而发生的股权转让性质基本相同，应采取相同的法律政策。因此，在《婚姻法司法解释（二）》制定后《公司法》已发生重大变化的背景下，应对《婚姻法司法解释（二）》第 16 条予以修正，或者在《公司法》司法解释中作替代性规定。其二，我国经济实践以夫妻一方名义持股的现象非常普遍，若不对未持股一方的股权受让权予以特别保护，通常会使未持股一方在财产分割中受到损害。

（四）　限制股权转让的公司章程制定与修改规则的司法适用

公司章程对股权转让所作限制通常属于事先限制，通过修改章程所作限制则属于事后限制。在公司的初始章程对股权转让予以限制的情况下，因股东可通过自己斟酌利害关系决定是否加入公司，故该项股权转让限制条款可视为股东自治的结果，此时的章程限制即具有合理性。在通过修改章程限制股权转让的情况下，尽管该项章程修改决议系以绝对多数决的方式实现，但此时投反对票的股东已加入公司，无法获得维护自身权益的有效手段，故此时的章程限制即不具有合理性。[①]

各国（地区）公司法在关于公司章程对股权转让限制的规定中，大多未明确是否可由依法经修改的公司章程作此限制性规定。不过，仍有部分可资借鉴的立法例。例如，《欧盟私人有限公司纲要》第 25 条规定，任何有关公司会员协议涉及本条例第 20 条（份额之转让，控制权的转移）、第 21 条（对投资人的排除权以及投资人的退出权）和第 22 条（回购份额及价格）规则的新增、取消或变更的决议，都必须得到投资人会议的一致通过。[②]《瑞士债法典》第 784 条第 3 款规定："增加公司股东的债务或者责任的决议须经全体股东一致同意。"[③]

---

① 参见罗培新《公司法强制性与任意性边界之厘定：一个法理分析框架》，《中国法学》2007 年第 4 期。

② 《欧盟私人有限公司纲要》，吴越译，载吴越主编《私人有限公司的百年论战与世纪重构——中国与欧盟的比较》，法律出版社，2005，第 509 页。

③ 《瑞士债法典》，吴兆祥、石佳友、孙淑妍译，法律出版社，2002，第 236 页。

笔者认为，对股权转让作限制性规定的公司章程原则上应为公司设立时的章程（即初始章程），若通过修改公司章程作此规定，则需要取得全体股东的一致同意。这是因为公司成立后的章程修改与股东会决议及股东协议，未必能体现全体股东的意志，若允许借此作股权转让之章程限制与强制，将可能导致给股东设定新义务。而依公司法原理，非经股东同意，公司章程的修改不得给股东设定新义务。除非股东签署书面同意书，否则不得以修改章程的方式给股东设定新义务。有学者在论及股份有限公司股权转让限制时提出，若公司章程关于股权转让限制的条款系通过修改章程所作，且未获得全体股东的一致同意，在司法审查中应确认为无效条款。① 该论断虽系针对股份有限公司提出，但其原理同样适用于有限责任公司。

综上所述，笔者认为，虽然只有少数国家和地区公司法对限制股权转让的公司章程制定与修改规则作明确规定，且我国《公司法》未予规定，但依公司法一般原理，应确认以下规则：未经全体股东一致同意，不得以修改公司章程限制股权转让。不仅如此，对于既已设立的股权转让限制条款，也不能依修改公司章程的一般程序修改，而应得到全体股东的一致同意。② 对此，有学者认为，对股权转让进行限制，也可能是有利于个别股东或所有股东的特别权利。依此，取消该限制也应得到相关股东的同意。③ 这一论断对取消既有股权转让限制同样需要全体股东一致同意提供了很好的理论依据。在我国司法实践中，应将股权转让限制条款的制定与修改规则视为公司法的一般原理，将违反该规则的章程制定与修改行为界定为违反公司法强制性规定的无效行为。

---

① 参见蒋学跃《股份有限公司章程限制股份转让合理性探讨》，《证券市场导报》2011 年第 4 期。

② 参见范健、王建文《公司法》（第 3 版），法律出版社，2011，第 350 页。

③ 参见〔德〕托马斯·莱塞尔、吕笛格·法伊尔《德国资合公司法》（第 3 版），高旭军等译，法律出版社，2005，第 497 页。

公司法上的行政解散权存废论：
基于立法解释的立场*

李建伟**

【内容摘要】 与域外公司法普遍倾向于不承认行政解散权相对比，中国立法将过多的"违法事由"均托付给行政机关一揽子解决的泛行政解散权的规定，属于"泛行政解散权"的制度设置，这主要是对计划经济体制的承继与强大的行政干预的路径依赖，需要反思与检讨。泛行政解散权的消解，为深化经济体制改革与行政许可制度改革所必需。泛行政解散权的消解的主要方向，是向公司自治、司法解散的回归，这并非国家公权力的全面退出，而是要合理配置行政权与司法权，实现公司自治、行政监管与司法干预在公司解散事务上的和谐共生。

【关键词】 公司解散　行政解散　泛行政解散权　司法解散

引　言

本文探讨法律对于公司法人"死亡"的监管，或曰政府对作为市场主体的公司退市的行政干预机制。核心问题，是行政权力管制市场主体微观经济活动的界限。长期以来，人们关于政府管制公司的抱怨集中在数千个行政许可过度管制了市场主体的入市门槛，也即过度限制了市场主体的"生"的自由与空间，而忽略了问题的另一面也即过于膨胀的行政权力同样过度管制市场主体的退出机制，过度限制了市场主体的"死"的渠道。生

---

* 本文受到中国政法大学青年教师学术创新团队项目资助，是国家社科基金青年研究项目"政府规制公司法律问题研究"（08CFX027）阶段性成果。

** 中国政法大学民商经济法学院教授。

的对面就是死，公司的市场退出机制与公司的市场准入机制同等重要。如果比喻行政许可决定市场主体的主体资格与营业资格的"生"、各类旨在减少行政许可项目的改革措施意在为市场主体的"生"的自由与空间松绑的话，那么作为硬币的另一面，行政权力也要从市场主体的"死"的领域有序退出，否则，行政许可改革本身不仅残缺不全，其价值也要因此而大打折扣。

　　每一家公司最终都会完整地经历由生到死也即经历从公司设立到公司终止的全过程。公司的"死亡"，会导致公司丧失主体资格及营业资格，并进一步影响到股东、债权人、雇员等参与人的利益分配。所谓"公司之存废，不但关系着股东及公司债权人之利益，又影响公司从业人员之生计问题，甚至与社会经济、交易安全息息相关"。① 解散，作为公司终止的两个原因之一，是公司"死亡"的最主要方式。② 解散的最基本分类，就是分为任意解散与强制解散，前者是指根据公司章程、股东决议等公司的意愿而进行的解散，后者是指根据有权机关的裁决或命令而进行的解散。通常，人们又按照作出强制解散命令、裁决的机关的权力属性不同，将其分为司法解散和行政解散。③ 前者是指基于司法机关作出的生效裁决或者命令而发生的解散，后者是指基于行政机关作出的行政处罚决定而发生的解散。如果说自愿解散意味着公司自愿选择退出市场，属于公司自治的行为，基于私法自治这一市场经济的基本法则，法律或者说公权力无须介入的话，那么强制解散则恰恰相反，它意味着公权力对于公司退市的管制，此为公司法制的头等大事之一。"盖以法人之解散犹如自然人之宣告死刑，不可不慎

---

① 王文宇：《公司法论》，中国政法大学出版社，2004，第158页。

② 对于公司终止、公司解散与公司破产的关系一直存在争论，在实定法上的规定也不一样。比如我国台湾地区将解散作为公司终止的唯一原因，破产被规定为解散的下位概念也即导致公司解散的原因之一，与公司分立、合并、自愿解散、命令解散与裁判解散相列。参见台湾"公司法"（2013年修订）第315条。在我国，一般认为，2005年《公司法》颁布后，公司终止的原因分为破产和解散。参见赵旭东主编《公司法学》（第2版），高等教育出版社，2006，第498页；李建伟《公司法学》（第2版），中国人民大学出版社，2011，第135页。之所以称解散为公司终止最重要的原因，主要是就事实发生的数量上看，破产远远不能与解散相提并论，这是不争的事实。

③ 参见赵旭东《公司法学》（第2版），高等教育出版社，2006，第500～502页；施天涛《公司法论》，法律出版社，2005，第681页；刘俊海《现代公司法》（第2版），法律出版社，2011，第923～924页；李建伟《公司法学》（第2版），中国人民大学出版社，2011，第137页。

也"。① 既然公权力要介入，那么就有一个权力配置机制问题。我国公司法存在的问题，一言以蔽之，在公司被强制解散的事件上，行政权力的重要性远高于司法权，甚至本应由司法介入解决的事项也被行政权力侵占，这与域外公司法形成鲜明对比。虽然因为政治、经济、法律制度传统以及立法路径依赖的不同，各国公司法关于强制解散的公权力配置的结构上具有一定差异性，但都不存在类似于中国公司法那样的赋予行政机关以如此深度与广度的管制方式来干预公司存亡大事，甚至绝大多数域外公司法根本不存在行政解散权的规定，而将强制解散权悉数交由司法机关行使，即使个别国家、地区规定有行政解散权的，与中国公司法上的同名制度亦不可同日而语。在2005年《公司法》修正引入司法解散公司之诉前，中国立法甚至一直将行政解散规定为强制公司解散的唯一方式，排斥司法权的介入。在此意义上，中国公司法所规定的行政解散权，可被称为"泛行政解散权"。

中国实定法上关于行政解散的规范，不仅体现在商事组织立法之中，更多地体现在数以百计的商事登记管理法规、部门规章、地方政府规章及部门规范性文件之中，以及数以百计的经济法、行政法等部门立法文件之中。在所有这些立法规范的合力作用下，空前膨胀了行政解散权，使之成为诸多行政主管部门交错行使的最常见的行政处罚措施——"泛行政解散权"，可谓一项极具中国特色的立法制度。那么，为何中国公司法上形成了独具特色的泛行政解散权的制度安排？要回答这一问题，需要从两个方面展开研究。一是从比较法的角度分析，为什么主要市场经济国家的公司法上不存在这一制度设置；二是中国公司法上的泛行政解散权形成的根源与制度逻辑何在，现实中是一个怎样的制度状态，立法改革的方向是什么，也即泛行政解散权是什么，从哪里来，又到哪里去。

一　行政解散诸措施的规范分析

（一）吊销营业执照

1. 作为一种行政处罚

根据《行政处罚法》所列的行政处罚种类，吊销营业执照属于比较严厉的行政处罚方式之一，是行政机关剥夺行政相对人行为能力或者资格的

---

① 参见李燕《对我国公司终止的有关法律规定的反思》，《政法论坛》2004年第2期。

一种行政处罚措施。① 营业执照是公司依法开展营业的法律依据，吊销营业执照后即会丧失营业资格，不可再开展营业行为。② 与吊销营业执照相近的一种处罚措施是吊销许可证（有的立法表述为"撤回许可证"）。吊证与吊照的区别，在一家公司具有多项行政许可营业项目的场合下显示得更为明显，在前者，既不影响公司的法人资格存续，也不影响其他行政许可业务的继续营业以及一般项目的营业（如有），此即为"行为主义退市模式"，后者则直接消灭营业资格与法人资格，也即为"主体主义退出模式"。③ 这样，在吊销许可证比吊销营业执照的惩罚力度为轻的表面背后，是更具有灵活性的优势。20 世纪 90 年代以来商事立法越来越多地引入吊销许可证来替代吊销营业执照。④

2. 法律后果

吊销营业执照、吊销许可证终将导致公司的主体退市、行为退市的法律后果，在此意义上都属较为严厉的处罚措施。但对于并不必要适用如此严厉处罚的场合，分别还有较为缓和的措施：暂扣营业执照与暂扣许可证。暂扣营业执照与暂扣许可证会导致全部营业或者部分营业项目在一定时期内暂停，但在违法行为得到纠正之后，执法机关还可以视情况决定取消暂扣措施，从而恢复全部或者部分营业行为；在公司拒不纠正或者违法后果比较严重的，执法机关还可以再决定吊销营业执照或者吊销许可证。相比之下，暂扣营业执照、暂扣许可证要比吊销营业执照、吊销许可证更为灵活，也体现执法机关对于轻微违法的公司的善意与亲商情怀。

3. 适用事由

作为行政解散公司的一项主要措施，吊销营业执照的适用事由也非常广泛，被规定于《公司法》、《公司登记管理条例》以及多个部门商事法经济法中。总结而言，主要有四种情况。一是虚假登记。根据规定，虚报注册资本、提交虚假材料或者采取其他欺诈手段隐瞒重要事实取得公司登记，情节严重

---

① 参见应松年《行政法与行政诉讼法学》，法律出版社，2005，第 227 页。

② 参见〔德〕格茨·怀克、克里斯蒂娜·温德比西勒《德国公司法》，殷盛译，法律出版社，2010，第 163 页。

③ 参见蒋大兴《公司法的观念与解释Ⅰ》，法律出版社，2009，第 252 页。

④ 一家商事主体同时经营多项特许营业项目，在金融领域非常常见，所以在金融业监管法或者金融主体立法上，"暂停或者撤销相关业务许可"的表述非常集中。比如在我国的《证券法》上即是如此，整部法典有十几处出现"暂停或者撤销相关业务许可""撤销证券业务许可"的表述。参见《证券法》第 191 ~ 192 条、第 205 条、第 209 条、第 211 ~ 212 条、第 217 条、第 220 ~ 223 条、第 226 条等。

的，撤销公司登记或者吊销营业执照。① 实践中，因公司虚假登记而被强制解散的，主要集中在股东虚假出资这一领域。这与现行《公司法》上严厉的资本制度有关。二是无故停业。在立法者看来，公司存在的价值就是为了营业，即丧失存在之必要，徒增法律成本与耗费监管资源，所以一直以来的商事登记法规都规定，公司成立后无正当理由超过一定期限未开业的，或者开业后自行停业连续一定期限的，② 由工商机关吊销营业执照。三是不按规定年检。为了对公司的行为进行实时监控，工商行政管理部门要求公司每年在规定的期限内提交公司税务证明等相关文件进行年检。公司违反规定未按照规定参加年检，情节严重的，工商机关有权因此吊销公司的营业执照。四是违法经营。在现行法上，因非法经营而被吊销营业执照的情况又分为两类，其一越权经营，也即超越营业执照核准的经营范围的，工商机关有权吊销营业执照；其二公司的经营行为违反各类法律、法规的强制性规定的，通常由主管机关进行查处，再建议由工商机关吊销营业执照。③

（二）责令关闭

1. 概念的立法解释

责令关闭，是行政主体强制要求违法公司暂停生产经营的一种行政处罚措施，直接后果就是导致行政相对人暂时的停产停业。不同于吊销营业执照、撤销公司登记，责令关闭所导致的停产停业一般是对违法行为能力

① 《公司法》第199条："违反本法规定，虚报注册资本、提交虚假材料或者采取其他欺诈手段隐瞒重要事实取得公司登记的，由公司登记机关责令改正，对虚报注册资本的公司，处以虚报注册资本金额百分之五以上百分之十五以下的罚款；对提交虚假材料或者采取其他欺诈手段隐瞒重要事实的公司，处以五万元以上五十万元以下的罚款；情节严重的，撤销公司登记或者吊销营业执照。"《公司登记管理条例》第68条："虚报注册资本，取得公司登记的，由公司登记机关责令改正，处以虚报注册资本金额百分之五以上百分之十五以下的罚款；情节严重的，撤销公司登记或者吊销营业执照。"《公司登记管理条例》第69条："提交虚假材料或者采取其他欺诈手段隐瞒重要事实，取得公司登记的，由公司登记机关责令改正，处以五万元以上五十万元以下的罚款；情节严重的，撤销公司登记或者吊销营业执照。"

② 这两个期限多数规定为6个月，但也有规定为3个月或者一年的。

③ 如国务院2002年颁布的《无照经营查处取缔办法》第4条第2款规定，对于无照违法经营行为，公安、国土资源、建设、文化、卫生、质检、环保、新闻出版、药监、安全生产监督管理等许可审批部门应当依照法律、法规赋予的职责予以查处；对当事人的同一个违法行为，不得给予两次以上罚款的行政处罚。第7条规定："许可审批部门在营业执照有效期内依法吊销、撤销许可证或者其他批准文件，或者许可证、其他批准文件有效期届满的，应当在吊销、撤销许可证、其他批准文件或者许可证、其他批准文件有效期届满后5个工作日内通知工商行政管理部门，由工商行政管理部门撤销注册登记或者吊销营业执照，或者责令当事人依法办理变更登记。"

的一种暂时性的限制，而不是永久性的，① 类似的立法用语还有"责令停业整顿""责令停产停业"等。② 所以对于行政相对人而言，责令关闭在后果上与暂停某项业务资格/吊销经营许可证相同，只不过是被停止了所有的业务资格，但是，如果某公司只有一项业务资格（经营许可证），那么暂停某项业务资格/吊销经营许可证与责令关闭的含义又可能是一样的。③ 因此，当法律赋予行政机关对公司进行责令关闭的行政处罚时，一般附加一定的改正期限，在期限内公司对相关违法行为进行改正的，行政机关将恢复公司的生产经营，具有可逆转性。④ 但是，也可能走向最糟糕的结局——永久停产停业。虽然在行政处罚的适用效果上，责令关闭与吊销营业执照具有一定的差别，但在将责令关闭视为公司解散的原因时，即表明责令关闭已经无法逆转，只能通过清算程序而最终走向公司终止。在此意义上，应该准确地说"责令关闭"并不当然，仅仅是可能导致公司被强制解散。鉴于责令关闭并不必然导致公司解散，作为行政处罚措施具有暂时性、可逆转性（补救性）的特征，建议今后的立法文件正式地、统一地使用"责令停产停业"的术语来代替"责令关闭"。

2. 适用事由

虽然与吊销营业执照的适用事由有所交叉——指"违法经营"的情形，但责令关闭的适用事由与现行法上的违法性被撤销更类似，都主要指向公司违法经营、危害公共利益的情形。责令关闭与吊销营业执照的决定机关

---

① 参见王连昌、马怀德主编《行政法学》（第3版），中国政法大学出版社，2007，第170页。

② 如《商业银行法》第75条规定，"商业银行有下列情形之一，由国务院银行业监督管理机构责令改正，并处二十万元以上五十万元以下罚款；情节特别严重或者逾期不改正的，可以责令停业整顿或者吊销其经营许可证……"此处的"责令停业整顿""吊销其经营许可证"的效果与"责令关闭"相同。《行政处罚法》第8条列举的行政处罚的法定类型，并无"责令关闭"，只有"责令停产停业"，应该将"责令关闭"与"责令停产停业"理解为同一种行政处罚措施。

③ 如前引《商业银行法》第75条规定的情形下，商业银行如被吊销其经营许可证，与被"责令停业整顿"的后果其实是一样的。但依据《证券法》第209条规定，"证券公司违反本法规定，假借他人名义或者以个人名义从事证券自营业务的……情节严重的，暂停或者撤销证券自营业务许可……"，此处由于证券公司的业务有多种，"暂停或者撤销证券自营业务许可"，并不停止其他业务资格，故证券公司仍然可以开展其他营业活动，并无疑义，故区别于责令关闭。

④ 正因为责令关闭具有期限性与可回复性，并以此区别于公司被撤销（取缔）的永久性与不可回复性，所以很多立法非常注意区别适用这两种不同的处罚，即是针对同一个行政相对人，也因为违法事项以及轻重的不同，区分适用之。参见《证券法》第226条。

不一样，因为营业执照的颁发机关为工商机关，因此有权吊销营业执照的行政主体也为工商机关，责令关闭的决定机关通常是行业主管机关（也包括工商机关在内）。

（三）被撤销

1. 概念的立法解释

在我国的立法中，企业依法"被撤销"与"撤销公司登记"指向完全不同的事物，二者的发生原因也不一样，作出决定的机关也不一样。"撤销公司登记"的适用事由是指在公司登记环节发生了违法行为也即"虚假公司登记"，具体包括"虚报注册资本、提交虚假材料或者采取其他欺诈手段隐瞒重要事实取得公司登记的"等（见《公司法》第199条），有权作出决定的只能是公司登记机关。企业依法"被撤销"的适用事由，用在普通公司身上主要指向发生了违法经营活动，有权作出撤消决定的机关主要是主管机关。事实上依法"被撤销"这一立法用语的含义在我国历来的立法文件中都是一贯的。① 此外，在其他一些立法文件中，与"依法撤销"一词的同义用语常见的还有"予以取缔"② 等。

2. 立法上的分类

企业被撤销的决定一般由主管机关作出。如《外资企业法》第72条规定，外资企业违反中国法律、法规，危害社会公共利益被主管机关依法撤销的，应予终止。此处的撤销即指违法性被撤销。在整顿金融秩序、处置银行不良资产的实践中，我国政府也曾对金融机构退出市场先后采取过撤销、关闭等一系列强制措施，国务院为此在2001年专门制定了《金融机构

---

① 比如1991年《城镇集体所有制企业条例》第17条："集体企业有下列原因之一的，应当予以终止：（一）企业无法继续经营而申请解散，经原审批部门批准；（二）依法被撤销；（三）依法宣告破产；（四）其他原因。"又如2003年《证券投资基金法》第6条第3款规定："基金管理人、基金托管人因依法解散、被依法撤销或者被依法宣告破产等原因进行清算的，基金财产不属于其清算财产"，第22条规定："有下列情形之一的，基金管理人职责终止：……（三）依法解散、被依法撤销或者被依法宣告破产……"这些条文中的"依法被撤销""被依法撤销"均区别于"撤销公司登记"。

② 参见《证券法》第188条、第196～197条以及第226条。我们认为，"予以取缔"作为一个立法术语是非常不妥当的。其一，含义不明，容易导致误解。因为从其表述中难以确定执法机关的执法内容，取缔的对象究竟是违法者的某项违法行为（状态），还是违法者主体本身？即使结合该术语出现的条款内容以及参照该条款的上下文（体系解释），有时候仍然难以得出结论。其二，用语不规范，其表述本身具有强烈的强制性，但并不属于《行政处罚法》《行政强制法》规定的措施类型。今后的立法文件的制定与修订应该杜绝对于"予以取缔"的使用。

撤销条例》。该条例规定，金融机构撤销，是指中国人民银行对经其批准设立的具有法人资格的金融机构依法采取行政强制措施，终止其经营活动，并予以解散。金融机构有违法违规经营、经营管理不善等情形，不予撤销将严重危害金融秩序、损害社会公众利益的，应当依法撤销。中国人民银行决定撤销金融机构，应当制作撤销决定书，撤销决定自中国人民银行宣布之日起生效。自撤销决定生效之日起，被撤销的金融机构必须立即停止经营活动，交回金融机构法人许可证及其分支机构营业许可证，其高级管理人员、董事会和股东大会必须立即停止行使职权。[①] 此处的撤销主要指违法性被撤销，但也包含政策性被撤销。

企业之所以被政策性撤销，并不是企业违反了严格意义上的法律、法规，因此不具有违法性，撤销决定本身也并非行政处罚措施，而是针对长期经营管理不善以及不符合国家产业政策、环境及资源保护政策的国有企业、集体企业，主管部门或者开办机构决定予以撤销（取缔、关闭），这是与违法性撤销的根本区别所在。当然，对于私营公司以及非国有全资的股份制公司，任何部门不得作出这样的决定。

现行实践中的政策性被撤销，与违法性被撤销之间虽然都名为"撤销"，表面上也都是主管行政机关作出，实则具有质的差异，对此不可不察。计划经济时代的政企不分体制下，所谓的"上级主管部门"对于传统国有企业、集体企业集行政管理者与投资者的双重身份于一体，[②] 其行政管理职能与企业的所有者权利之间无法厘清也不愿意厘清，有权决定经营管理不善，由于政策或者资源变化而无利可图无需存续的企业的"关停并转"（包括撤销与关闭在内），这一决定究竟基于行政权力抑或所有者权利作出？不无疑问。但一般理解为本质上属于所有者自愿解散企业的意思，[③] 但由于该上级主管部门的公权力身份，被异化为带有明显公权力色彩的"撤销"

---

① 参见《金融机构撤销条例》第 2 条、第 5~7 条。

② 所以这些"上级主管部门"在不同的法律文件中有不同的称呼，有时候被称为"主管机关"，有时候又被称为"开办机构"，"主管机关"强调的是其行政管理职能，"开办机构"强调的是其投资人身份。参见最高人民法院经济审判庭庭务会会议纪要《关于企业歇业、撤销或被吊销营业执照后的诉讼问题》（2000）、《中共中央、国务院关于清理整顿公司的决定》（1988）、《中共中央、国务院关于进一步清理整顿公司的决定》（1989）。

③ 最高人民法院经济审判庭庭务会会议纪要《关于企业歇业、撤销或被吊销营业执照后的诉讼问题》（2000）的第二部分"企业撤销后的诉讼问题"有一句话云："撤销企业是企业主管部门决定企业主动退出市场的行为。"这句话就是针对当时盛行的政策性撤销企业而言的，对其本质的把握可谓一语中的。

这一表述。这种"死亡"的方式，也成为彼时国有企业、集体企业区别于非公有制企业的一种特殊的"法律待遇"，背后是将上级主管部门的行政主体身份与投资者身份的严重混淆。所以，国有企业、集体企业因为政策性原因被其主管部门或者开办机构撤销的，属于政企不分体制下人为造就的暂时法制现象，这一法制现象不合法理，具有时代的极大局限性，根源在于政企不分。随着国有企业、集体企业公司制改革的接近完成，未来的公司产权结构日趋多元化，股份制企业法人是不存在唯一的上级主管部门的，到那一天，集行政管理者与投资者的双重身份于一体的上级主管部门将成为一个历史概念。即使是国有独资公司的国有股股权代理机构（国资委），对于国有独资公司也不复有"撤销权力"，而是代行股权意义上的"解散权利"。执掌政策性撤销传统全民所有制工业企业、集体企业的上级主管部门这一"主管婆婆"将退出历史舞台，[①] 其他任何政府部门也不复有政策性撤销公司的权力。一句话，将来的公司立法改革取向，应该坚决取消国有企业的这一特殊法律待遇，使其回归普通公司法的角色定位，那么政策性撤销公司制度也会随着政企分开的改革措施到位而自然完全消除，在改革完成之前，应该将尚未实现公司改制的国有企业的政策性撤销纳入到企业自愿解散的制度框架内，其上级主管部门"撤销"意思不再是作为公权力机关的强制意志，而是还原为其作为私法主体股东的"解散"公司的意思。

（四）总结

根据前文的立法解释，对于以上三种行政解散措施，在应然的意义上也即今后改革取向上，现在可以总结一下。

1. 吊销营业执照，继续保留

但是，需要强调吊销许可证在多数场合下对于吊销营业执照具有替代功能，鼓励执法机关多用暂扣营业执照、暂扣许可证的措施，我们赞成立法慎设、执法慎用吊销营业执照的立场，因为与另外三种措施相比，吊销营业执照当然、立即导致商事主体的强制解散，这过于严厉与绝对，应该适用于特别严重的违法场合。

2. 责令关闭，被"责令停产停业"取代

新的立法与原有立法修订要注意规范使用"责令停产停业"术语，果断停用包括"责令关闭"等与其相似的一长串术语，以收规范、统一立法之功效。

---

①   参见刘俊海《现代公司法》（第 2 版），法律出版社，2011，第 924 页。

3. "被撤销"，回归原意

也即回归"因为违法经营活动而被主管机关依法撤销"的唯一含义，坚决去除政策性被撤销的含义。国有公司、集体企业因为政策性原因被其主管部门或者开办机构撤销的，属于政企不分体制下人为造就的暂时法制现象，这一法制现象会随着政企分开的改革措施到位而自然完全消除；在完全消除之前，也要依照法理纳入到公司自愿解散的制度框架内。这样，被撤销的严格含义就是指违法性被撤销。①

二　行政解散公司制度的改革取向：
行政权向司法权的回归

（一）行政权与司法权性质的比较分析

国家公权力对公司行为的规制，直接影响到公司及相关利益人的行为方式与利益关系。从国家立法层面的强制性规范，到赋予行政机关针对具体公司行为的行政许可、行政处罚，再到司法机关对公司内外部纠纷的法律裁判，国家权力的每一次扩张或者限缩都相应带来公司这一市场主体的行为方式的调整，以及相关利益人的利益结构的变化，并同时带来公司适应国家权力而付出的成本的变化。"组织花费了大量的时间和金钱以达到政府法规的要求，但这些法规的影响力远远不是时间和金钱就能满足的。"②公权力"同样会限制管理者能够做出的选择，从而降低管理的自由决定权"。③可见，对于干预公司自治的国家公权力的如何配置，将直接影响到公司自治权利的空间。在公司解散这个问题上，不仅直接决定涉及公司这一私法主体法律地位的消亡，更影响到公司参与人的利益结构，也会涉及公共利益的保护。因此，决定公司强制解散的公权力要统筹考量以上诸主体之间的利益衡量。上文的分析表明，将解散公司权力广泛地赋予行政机关，不仅缺乏正当的法理基础，更会在具体的行政执法过程中出现诸多问题，加剧了人们对于某些私人利益得不到保障的担忧。

那么，决定公司强制解散的公权力应该如何分配？众所周知，同属于公

---

① 下文的叙述中，如果没有特别指明，"被撤销"仅仅指"违法性被撤销"。

② T. S. Mescon and G. S. Vozikis, "Federal Regulation-What Are the Costs?", Business, January-March 1982. p. 33 – 39. 转引自斯蒂芬·P. 罗宾斯、玛丽·库尔特《管理学》（第7版），孙健敏译，中国人民大学出版社，2004，第73页。

③ 斯蒂芬·P. 罗宾斯、玛丽·库尔特：《管理学》（第7版），孙健敏译，中国人民大学出版社，2004，第73页。

权力的行政权与司法权之间存在若干重大差异性，二者的配比将决定国家对某项具体情形下的私人权利的保护程度。行政权具有天然的自我扩张性，相对于司法权而言，行政权更加容易被俘获（收买），不仅容易造成行政腐败，而且很容易演化为侵害公司自治的强大力量。[①] 虽然行政权规制公司行为的理论基础是社会公共利益的需要，是为了避免"市场失灵"而设，但行政权的具体设定和行使的过程中常常出现"政府失灵"的现象。政府失灵主要是指政府对经济干预不当，未能有效地克服市场失灵，甚至阻碍了和限制了市场功能的正常发挥，引起经济关系的扭曲，加剧了市场缺陷和市场紊乱，从而没有使社会资源实现优化配置。[②] 政府失灵是普遍存在的，当政府政策或集体行动所采取的手段不能改善经济效率或道德上可接受的收入分配时，政府失灵便产生了。[③] 政府失灵产生的原因，一般认为包括政府的过度干预、公共部门的垄断特性、政治程序的影响以及利益集团的俘获等。[④] 因此，为了维护公共利益而生的政府规制行为，有时却发生了侵害公共利益的情况。为了公共利益而出现并扩张的行政权力，在具体的行使过程中被少数集团的利益所左右，加之立法体系不完善及执法程序不严格等问题，行政权力对公司行为的规制将带来国家管制的"缝隙"。"在内部相互冲突却又布满缝隙的管制非常容易被既得利益集团所俘获，削弱管制存在的合理性。"[⑤] 这是因为，行政权对公司行为的介入方式多是直接的、主动的，在行政机关的自由裁量权之下，行政机关偏向于快速、便捷地解决问题，而忽视程序的公正性和中立性。因此，行政介入的后果很可能使得行政权力沦为政府部门寻租的工具，而不是私人权利的救济手段。[⑥] 在我国现阶段，寻租的情况尤为猖獗。根据若干学者的独立研究，中国租金总数占 GDP 的比例高达 20% 到 30%，年绝对额高达 4 万亿~5 万亿元人民币。[⑦] 巨额租金总量的客观存在，使我们对行政权力的行

[①] 参见蒋学跃《司法介入公司治理法律问题研究》，人民法院出版社，2010，第 79 页。

[②] 参见谢罗奇《市场失灵与政府治理——政府经济职能与行为研究》，湖南人民出版社，2005，第 32 页。

[③] 〔美〕保罗·A. 萨缪尔森、威廉·O. 诺德豪斯：《经济学》（第 14 版），胡代光、吴珠华等译，北京经济学院出版社，1996，第 1173 页。

[④] 参见卫志民《政府干预的理论与政策选择》，北京大学出版社，2006，第 334~342 页。

[⑤] 徐菁：《公司法的边界》，对外经济贸易大学出版社，2006，"前言"，第 3 页。

[⑥] 参见刘桂清《公司治理视角中的股东诉讼研究》，中国方正出版社，2005，第 40 页。

[⑦] 参见高辉清等《2004 年中国收入分配中非正常成分的价值估算》，中国经济体制改革委员会公共政策研究中心系列研究报告，2007 年 9 月 16 日；王小鲁：《我国灰色收入与国民收入差距》，载吴敬琏主编《比较》第 31 辑，中信出版社，2007，转引自吴敬琏《当代中国经济改革教程》，上海远东出版社，2010，第 75 页。

使效果必须抱之以慎之又慎的态度。

行政规制还涉及行政权的启动问题。"在没有直接利益的情况下，我们有什么样的理由期待行政权能够主动介入、及时介入，又有什么样的理由相信它可以中立和公正地处理内部治理违规"？[1] 这一发问是有价值的。在现行立法规定下，行政解散公司的权力属于且只属于行政机关，只有行政机关认为公司行为触犯了被强制解散的法定事由的时候，才可以依职权启动行政解散的程序。作为最大利益关系人的公司股东、雇员、债权人等主体无法启动，即便公司的非法经营严重影响到债权人的利益，债权人无法通过申请行政解散公司、清算制度来保护自身的合法权益；另一方面，在确实存在公司行为触犯了被强制解散的法定事由的时候，如果行政机关选择不作为，其他利益关系人缺乏直接的救济渠道，行政机关的法律责任也是不明确的。

与行政权追求效率性和快捷性不同，司法权以公正性及问题的最终解决为目标，因此司法权一直扮演着对行政权的制衡角色，"司法权是权利的庇护者"。[2] 与立法规制和行政干预相比，司法干预具有事后性、中立性、稳定性和公正性的特点，这使司法机关在解决公司内部纠纷中有着独特的优势。[3] 同时，如有必要国家权力介入公司，适用司法权还是行政权在经济效果的产出上存在不同。根据学者关于法律不完备性理论的研究成果，在不完备的法律下，只有在损害行为能够加以标准化，并且该行为继续下去会产生大量的外部性，此时监管者（行政机关）优于法庭，除此之外，由法庭拥有立法权和执法权是最优的。据此，因为法律的内部不完备性的存在，只有衡量标准化及预期损害的程度合理时，运用行政权力规制公司行为才是可行的。[4] 以此标准来衡量公司强制解散问题，因为解散原因的多样性及不同公司情况的特异性，无法通过合理的成本对损害行为及结果进行标准化归类，因此，运用行政机关对公司进行强制解散不存在经济最优化。正因上述原因，在主要市场经济国家中，国家权力对公司行为的干预存在一个先后、主次的选择问题：首先通过司法权力的行使来实现，在司法权

---

① 参见蒋学跃《司法介入公司治理法律问题研究》，人民法院出版社，2010，第 79 页。

② 〔德〕拉德布鲁赫：《法学导论》，米健、朱林译，中国大百科全书出版社，1997，第 101 页。

③ 参见金海平《公司司法解散制度研究》，中国政法大学博士学位论文，2007。

④ 参见〔德〕卡塔琳娜·皮斯托、许成钢《不完备的法律——一种概念性分析框架及其在金融市场监管发展中的应用》，载吴敬琏主编《比较》第 3 辑，中信出版社，2002。

力行使出现障碍或不利于问题的解决时，国家才通过行政权力对公司行为进行直接干预。同时，司法权力体系对公司行为的规制，具有整体性、体系化公司法律制度的优势，这使得司法机关的干预结果不仅针对某一具体问题的解决，更致力于公司全部问题的梳理。因此，鉴于行政权与司法权在权力性质上的重大差异性，可以一般性地得出结论：相较于行政权的天然扩张性，通过司法权对公司行为进行规制更有利于保护当事人的合法权益。

那么，旨在追求公共利益保护的行政权力又如何介入公司强制解散的事务？从比较法的考察来看，各国都不排除行政权力对于公司强制解散事务的介入，但这一介入必须纳入到司法程序中，在司法权的主导下完成行政权力对于涉嫌违法经营危害公共利益的公司的强制解散诉求，而拒绝单独赋权给行政权力适用单纯的行政处罚程序来终结公司的生命。长期以来，英国公司法上的公权力强制解散公司只有司法解散这一途径，但请求法院强制解散公司的主体除了公司债权人等私法主体外，贸易部、检察长作为公共利益的捍卫者、公权力的享有者也可以诉请法院强制解散某家危害公共利益的公司。[①] 美国《标准公司法》第 14 章 C 节规定，根据解散原因的不同有权申请法院强制解散公司的主体有四个，其中，对于通过欺诈获得公司章程或者公司的持续经营超出或者滥用法律赋予的权限时，检察官有权向法院起诉申请强制解散公司。[②] 与英美公司法相似，大陆公司法对于涉及公共利益的公司强制解散制度设计中，也赋予行政主管机关请求法院解散公司的权利，差别仅在于主管机关的不同。如在德国法上，商事登记由法院履行，[③] 实践中地方法院是商事登记的主管机关，负责营业所在地在其管辖范围内的所有企业和商号的登记，[④] 因此能够启动公司强制解散程序的主体包括公司所在的州最高行政机构以及登记法院自身。[⑤]

---

① 参见〔英〕R. E. G. 佩林斯、A. 杰弗里斯《英国公司法》，公司法翻译小组翻译，上海翻译出版公司，1984，第 358～363 页。

② 参见《最新美国标准公司法》，沈四宝编译，法律出版社，2006。

③ 《德国商法典》第 8 条规定："商事登记由法院履行。"

④ 参见范建《德国商法：传统框架与新规则》，法律出版社，2003，第 213 页。

⑤ 《德国股份公司法》第 396 条第 1 款规定："如果一个股份公司或股份两合公司因其行政管理人员的违法而危及公共利益，并且其监事会和股东大会又没有罢免这些人员的职务，那么公司所在地的州最高行政机构可以申请法院通过判决解散该公司。对于起诉只能由公司所在地区的州法院专属管辖。"

（二）行政权向司法权回归的制度优势

首先，这一回归有利于保护公司的合法权益。公司之解散，等同于自然人之死亡，必须谨慎对待，因为司法权的中立性与程序的公正性，使得公司这一私法主体在决定自己生死存亡的司法程序中拥有足够的权利资源与程序资源能够对抗公权力的干预，更大程度保障自己的合法权益，但在行政处罚程序中，这一保障机制是不存在的或者是孱弱的。相对于司法裁判的完整、公正的审理程序，行政机关实施行政处罚时更加强调追求高效，公司作为行政相对人处于不对等的法律地位，这使其自身的利益保护必然不如司法裁判程序。尤其在我国，行政机关行使行政解散公司权力时，更多的表现为对公司行为的控制与管理，即对市场秩序出现混乱时的强制修正，而非对法律体系的执行与遵守。行政由管理到执法这一具有重大历史意义的转变，在我国远未完成。①

其次，这一回归有利于保护参与人的私人利益。如前所述，某些特定条件下公司解散对于某些公司参与人是有利的，但行政解散存在行政权启动机制单一之弊端。在笔者考察的因行政机关强制解散公司的纠纷中，公司股东、债权人或交易相对人对公司已经被行政解散的事实不知情的情况占有相当大的比例。比如，根据有关司法解释的规定，债权人有动力申请公司解散以求追究公司有限责任保护下的瑕疵出资股东的连带赔偿责任。②而作为非法经营公司的竞争对手、消费者等也可能有动力申请该公司的强制解散，以维护市场的有效运行。但在目前立法框架下，这些主体都无权直接启动公司强制解散程序，只能寄望于行政机关能够及时自我发现并启动。这样的制度安排易于造成典型的行政机关选择性执法，使得行政解散公司制度不能达到维护社会公共利益和利害关系人私人利益的目标。行政权向司法权的让渡，可以有效地解决这一问题。通过扩大诉权主体的方式，使得股东、债权人等也享有启动公司强制解散程序的权利。在前引的《英国公司法》上，请求法院强制解散公司的主体除了代表公权力的行政机关外，还包括公司、公司债权人、负连带偿还责任者（指在公司解散时，有责任追加公司资产的人，多为过去和现在的公司股东）、任何债权人或者负

---

① 参见姜明安《行政执法研究》，北京大学出版社，2004，第5页。

② 《最高人民法院关于适用〈中华人民共和国公司法〉若干问题的规定（三）》第13条第2款规定："公司债权人请求未履行或者未全面履行出资义务的股东在未出资本息范围内对公司债务不能清偿的部分承担补充赔偿责任的，人民法院应予支持；未履行或者未全面履行出资义务的股东已经承担上述责任，其他债权人提出相同请求的，人民法院不予支持。"

连带责任者结成联合的形式（此种联合无论是共同的或分别的行动）、在公司自动歇业或者法院监督下歇业的财产管理人等。① 在美国《标准公司法》第十四章第 C 节上，根据解散原因的不同申请法院强制解散公司的主体有四种，除了上文提及的检察官之外，还有：（1）在董事经营管理公司事务时产生僵局，股东无法打破僵局且公司面临无法弥补的损害威胁或者损害已经发生时，或者由于僵局公司的业务和事务不再以有利于股东利益的方式运作时，股东有权向法院申请强制解散公司；②（2）公司对债权人的债务已经转化为判决或得到公司书面承认、公司无力偿还债务的，公司债权人可以请求法院强制解散公司；（3）公司本身还可以要求在法院的监督下继续进行自愿解散程序。③

最后，这一回归有利于公司法上配套机制的适用。如前所述，行政解散公司在现实生活中产生的大部分纠纷，缘于公司被行政解散后的法人主体地位的不清。由于行政解散程序并不当然地包含公司参与人参与机制，被行政解散的公司不经过清算程序就人去楼空、恶意逃避债务、隐匿资产的现象，或者被行政解散的公司隐瞒情况继续营业的情况比比皆是，给公司债权人等相关利益人的利益造成了重大损失。如此情况，系因行政机关只负责对违法行为的查处，而缺乏配套措施保护相关利益人的合法权益。而在司法解散机制中，法院可以通过诉讼程序上的配套措施解决上述问题。比如，《英国公司法》上设临时清理人，规定有关当事人向法院提出公司解散的请求但法院开庭审理前，公司、债权人或负连带责任的股东都可以向法院要求，在审理前委派一个临时清理人以维护公司的财产。④ 而在美国，法院一般采取发布预禁令和任命财产管理人或保管人的方式来保全公司财产和维持公司营业。⑤《标准公司法（修订本）》第 14.31 条规定，在一项被提起的要解散一家公司的程序中，一个法院可以发布预禁令，在程序展开期间任命财产管理人或者保管人（他们享有法院依法给与他们的权力和责任），法院要采取其他需要的行动来保存公司的、不管出于何处的财产，处

---

① 参见〔英〕R. E. G. 佩林斯、A. 杰弗里斯《英国公司法》，公司法翻译小组翻译，上海翻译出版公司，1984，第 358～363 页。

② 此时的公司解散，与大陆法系公司法上"公司的司法解散"含义相同。

③ 参见《最新美国标准公司法》，沈四宝编译，法律出版社，2006。

④ 参见〔英〕R. E. G. 佩林斯、A. 杰弗里斯《英国公司法》，公司法翻译小组翻译，上海翻译出版公司，1984，第 364 页。

⑤ 参见蒋大兴《公司裁判解散的问题和思路——从公司自治与司法干预的关系展开》，载王保树主编《全球竞争体制下的公司法改革》，社会科学文献出版社，2003，第 416 页。

理公司的业务一直到能进行充分的审理为止，在充分的审理中，各方都有机会举证并了解对方的立场。法院可以要求财产管理人或保管人提交有或没有担保的保证书。① 公司法上财产管理人制度的引入，可以避免公司在被强制解散后公司登记注销前，处于无人管理无人问津的状态，避免出现公司恶意逃债不进行清算，或公司强制解散后继续营业的情形出现。在我国现行的行政解散制度下，虽然法律规定行政解散公司的事实状态将对社会进行公示，但仅有公示制度在实践中难以取得良好的效果，相比之下，公司财产清理人或管理人制度不仅起到公示作用，还能够有效消除公司解散后继续营业侵害相对人利益的现象发生，同时对公司财产的维持也起到至为关键的作用。这些对于保护公司、股东、债权人利益至关重要的类似机制，在我国的行政解散制度中都是欠缺的。

（三）域外法的基本经验：行政解散权存在的边界

进一步的问题是，如何重新界定我国的行政解散公司制度的适用范围，划定行政机关解散公司的合理空间？我们仍将目光投向比较法制的研究上。从主要市场经济国家、地区的公司立法看，是否确立以及在多大范围内确立行政解散公司制度，主要与两个因素有关，一是该国公司法律制度的立法传统及其精神气质；二是公司法制框架内的其他配套制度设施。分别而论。英美公司法将强制解散权力分付司法机关与行政机关，二者按照不同分工分别行使，此种安排既与其公司登记的设计相契合，更是渊源于英美公司法的自由传统。英美法一直奉行较为自由的法律精神，"在法律发达史上，美国公司法带穿了民主化和自由化的精神，为美国经济的现代化、大企业的崛起和管理资本主义的发展提供了法律空间"。② 在自由化和民主化的驱动下，英美公司法制的构建更强调追求效率和便捷，由此将"超越法定期限未营业或停业""未依法提交年度报告"等此类简单事实认定问题完全交给登记机关，将公司登记除名（解散公司），就是突出了对效率与便捷的追求。同时，以尊重公司自治的理念著称的英美公司法，其制度设计以公司自治为最高宗旨，故又规定行政解散具有可回复性，公司可以通过法定程序对行政机关的解散命令进行撤销。另一方面，在极其发达的资本市场形成过程中，英美法国家尤其是创新性较强的美国，在保障公司自治传统的基础上又发展出较为强大的政府监管制度，基本上每一次市场重大事件的出现，都相应催生

---

① 参见《最新美国标准公司法》，沈四宝编译，法律出版社，2006。

② 韩铁：《试论美国公司法向民主化和自由化方向的历史性演变》，《美国研究》2003 年第 4 期。

政府对资本市场、公司行为的监管强化。经过 100 多年的发展，美国建立了一套包括政府部门、法庭和监管机构在内的基本制度体系，界定公司、市场和政府之间的关系并规范各主体的行为。[①] 美国公司法"十分注重企业自治和公司监控，以运作成熟且相当有效的市场监督机制，作为高度企业自治的配套措施"。[②] 当然，美国成熟有效的市场监督机制，主要表现为对公司自治和市场有效的维护上，因此政府规制公司的范围始终是十分有限的，只有在不存在自由裁量权的场合才赋予行政机关以直接解散公司的权力。

而以德、日、韩等为代表的大陆公司法，则将强制解散公司的公权力全部收归法院行使，行政机关不得染指，这是与这些国家公司上的其他配套制度相契合的安排。具体来说，在德国，由于商事登记在法院，由登记机关法院直接行使建立在法定期间未营业或停业等与登记直接相关情形下的行政解散权，当然是更便捷的不二选择（此与英美法上的公司登记机关直接行使解散权并无实质区别，只不过很"偶然"的，在德国这个登记机关就是法院自身而已）；而对于登记事项之外的主要指公司违反法律强制性规定、侵害社会公共利益等情形下的行政解散权，则由德国设置特殊的行政法院依职权解散公司。显而易见，这两种强制解散公司权之所以全在法院，与其说德国立法刻意回避行政机关，不如说与德国特殊的法院体制有关。而在日本、韩国，之所以没有规定行政机关享有解散权，主要是其存在行政解散制度的替代品——司法命令解散公司制度，并适用公司非诉程序，简化了司法强制解散权的设计。

总之，主要市场经济国家的公司法对于行政机关可否享有部分强制解散权的规定从表面看存在差异，但关于行政权力介入公司解散事务的边界界定不存在实质差异。恰恰相反，它们的制度精神理念是相通的，在原则上否定行政解散权或者将其限制在非常特殊的个别事项这一点上，不存在实质差别，至于具体制度设计与操作上的差异，则主要源于不同国家的公司法传统以及配套制度的设计。在这些国家的公司法上，行政机关参与强制解散公司事务的主要渠道，就是站在公共利益的立场、代表国家作为申请人申请司法机关裁判解散公司。在个别国家还有第二个渠道，就是直接被赋予行政解散公司的权力，但仅限于公司未履行某项特定义务，此项特

---

① 参见高世楫《更自由的市场、更复杂的交易、更严格的规则——安然倒闭引发对市场规则和监管的反思》，载吴敬琏主编《比较》第 1 辑，中信出版社，2002，第 104 页。

② 蒋大兴：《公司法的观念与解释 I：法律哲学 & 碎片思想》，法律出版社，2009，第 24 页。

定义务的履行与否的判断，无论是法定期间的经过还是特定报告未提交，仅仅是一个事实问题，无论是程序上还是实质内容上均不存在自由裁量权的行使空间。法律是否赋予行政机关以直接的行政解散公司权的关键，在于是否赋予行政机关在解散事由上的自由裁量权。正是由于不存在自由裁量空间，行政机关被特定利益主体"俘获"的可能性与必要性均大大减小，由此引发的法律诉争的空间也基本不存在。因此，为了提高工作效率及节省司法资源，法律赋予登记机关在便于处理此类问题的前提下以解散公司权。反之，在公司虚假登记或非法经营的场合下，都存在复杂的事实判定及法律适用问题，在判断是否构成解散公司的适用要件时，裁判机关具有较大的自由裁量权，如将该项权力赋予行政机关，会产生一系列的有悖于现代法治基本原则的问题。因此，对于此类场合下的强制解散权，各国立法都不约而同地选择了赋予司法权，行政机关作为主管机关只能诉请法院强制解散公司。与我国相比，这些国家的规定相比具有两大差异，一是司法解散公司的诉请主体，普遍的比我国要宽泛，一般包括公司本体、股东、债权人以及主管行政机关等，这与我国规定仅仅由10%以上表决权的股东提起诉讼形成鲜明对比，尤其此处的一个关键安排——将站在公共利益的立场、代表国家公权力的特定行政主体（主管机关、检察官等）列入原告之列，既实现了公权力对于强制解散公司事务的参与，又将其纳入司法机关的司法裁判程序之中，可谓利用司法权干预的中立性，巧妙地实现了公司自治与行政干预的某种妥协与协调。二是个别公司法规定的行政解散权，严格区别于我国公司法上的泛行政解散权。可见，在我国的强制解散公司的制度设计上，行政权向司法权的回归，不仅具有理论上的必要性，更由各国的立法、执法与司法实践证明具有可行性。

三　行政解散制度存、废的制度选择

（一）制度改革的现实背景

之所以行政权在强制集散公司实务上表现出强势的姿态，与其说是立法对于政府规制公司行为的理性选择，不如说是计划经济体制下的传统承继与制度路径依赖的结果。三十多年来我国经济改革的路径，但大体上始终向着放松政府管制、发挥市场机制的大方向前进的。① 2005 年修订公司法也是朝向限制行政权力、尊重公司自治的方向发展的，这也体现在关于公

---

①　参见吴敬琏《当代中国经济改革教程》，上海远东出版社，2010，第38页。

司解散这一具体制度设计上。2005 年修订之前，没有司法解散制度，只有公司自愿解散与行政解散的制度对置，2005 年修订时增设司法解散，同时梳理了混乱杂陈的行政解散制度。现在，大的时代背景，随着经济体制改革的进一步深化以及以简化行政审批为中心的政府职能改革的启动，行政权力对公司行为的规制边界需要重新界定，缺位的司法权力的某种程度的适当回归，正当其时。具体到公司法领域，两项相关制度的改革也会给公司强制解散制度中的行政权与司法权核心配置带来推动力。

1. 公司资本制的宽松化改革趋向

尽管经历了 2005 年修订，《公司法》在一定程度上放松了对公司资本的严厉管制，但现行公司法实行的仍是典型的法定资本制，[①] 公司法在此基础上构建了仍然比较高的最低注册资本制、维护资本确定、资本不变及资本维持三原则的严格规则与股东的严格责任体系。在此严格的公司资本制度之下，一方面，人为制造了实践中大量的虚假出资、虚报注册资本、出资资产违法评估、隐瞒重大事实取得营业执照的违法事实；另一方面，为了监督这些严刑峻罚的实施，又赋权工商行政管理部门对公司注册资本的审查、管理事务及其登记问题享有广泛的规制权力。相应的，在实践中涉及虚假出资、虚报注册资本、出资资产违法评估等虚假登记情况至少占据了工商行政管理部门行使强制解散权的半壁江山。这一立法与执法状况，引起了学术界、资本市场与立法者的普遍反思，一个基本的共识是，严格的公司资本制度，不利于公司资源的有效整合，对于交易安全的保障功能也非常有限。[②] 因此，呼吁对我国公司资本制度进行进一步放松管制的改革呼声一直不断。不难推论，如果目前过于严厉的公司资本制度的规定得以根本改观（全部或者部分的废除），那么行政解散公司权也就随之丧失大半领地。现在，我们已经看到公司资本制度改革的呼声正在一步步的变成现实。2013 年 3 月 11 日颁布的《国务院机构改革和职能转变方案》中，其中一项主要内容就是明确规定了要将注册资本实缴登记制改为认缴登记制，并放宽工商登记其他条件。在公司注册资本实缴登记制向认缴登记制的转变中，势必一方面带来股东虚报注册资本、虚假出资、出资资产违法评估等行为的大幅减少，同时另一方面也将使得工商机关对该类行为规制权力的限缩。在《国务院机构改革和职能转变方案》公布之前的 2011 年、2012

---

① 参见赵旭东《公司法学》（第 2 版），高等教育出版社，2006，第 229 页。

② 参见赵旭东《从资本信用到资产信用》，《法学研究》2003 年第 5 期。

年，作为行政审批改革试点的广东省已经有几部地方性法规、规章颁布，将改革规划中的公司注册资本实缴登记制向认缴登记制的制度转变成为立法的现实。这几部法规规章分别是深圳市人大常委会通过的《深圳经济特区商事登记若干规定》、珠海市人大常委会通过的《珠海经济特区横琴新区条例》、《珠海经济特区商事登记条例》以及珠海市政府颁布的《珠海经济特区横琴新区商事登记管理办法》。四部法规均规定有限责任公司注册资本认缴制度，申请人申请有限责任公司设立登记时，商事登记机关登记其全体股东认缴的注册资本总额，无须登记实收资本，申请人无需提交验资证明文件。对于实收资本，如果股东自愿，可以向商事登记机关申请实收资本备案并对实收资本缴付情况的真实性负责。

2. 行政许可制度的改革趋向

有关公司设立与经营行政许可制度的改革，也将有效瓦解行政解散公司的权力。在计划经济体制下，行政权力享有对企业从生到死的全面控制，在二十多年前开启的政企分离体制改革之后，虽然行政机关对公司的经营行为不再直接进行指令控制，但通过颁发许可证、特许执照或部门审批等形式仍然进行广泛的规制，行政强制解散公司权，既是上述行政机关规制权力的终极表现方式，同时也是极端表现形式。因此，行政解散公司的另一制度基础就在于行政机关对特定领域与行业的许可权力。可以相信，对行政审批制度的深化改革，会使这一制度基础发生动摇乃至于根除。自从2001年行政审批改革全面启动以来国务院第六次取消和调整行政审批项目。根据官方公布的数据，中央层面十年来共取消和调整了2497项行政审批项目，占原有总数的69.3%。2012年8月国务院通过的《国务院关于第六批取消和调整行政审批项目的决定》中有一段重要表述——"要进一步取消和调整行政审批项目。凡公民、法人或者其他组织能够自主决定，市场竞争机制能够有效调节，行业组织或者中介机构能够自律管理的事项，政府都要退出。凡可以采用事后监管和间接管理方式的事项，一律不设前置审批。以部门规章、文件等形式违反行政许可法规定设定的行政许可，要限期改正。"其后发布的《国务院机构改革和职能转变方案》的再次承诺，"国家对于行政机关行使行政许可的权限大幅缩减，在减少和下放生产经营活动审批事项的规定中，按照市场主体能够自主决定、市场机制能够有效调节、行业组织能够自律管理、行政机关采用事后监督能够解决的事项不设立审批的原则，最大限度地减少对生产经营活动和产品物品的许可，最大限度地减少对各类机构及其活动的认定等非许可审批。同时，在关于减少资质资格许可和认定的改革方向中，除依照行政许可法要求具备特殊信誉、特殊条件或特殊技能的职业、行业需要设立的资质资格许可外，其他资质资格许可一律予以取消；除法律、行政法规或国务院有明确规定的外，其他达标、评比、评估和相关检查活动一律予以取消"。

一句话，如果说经济体制改革的深化和政府职能转变为行政权力部分退出公司解散事务提供了恰当时机，那么公司资本制度的变革，使得以法定资本制为基础的工商行政部门的行政解散公司的权力范围大为缩减，而行政机关许可权限的下降也使得以特定领域行政许可制度为基础的行政主管机关规制公司的权力大幅限缩，以上合力将使行政解散公司的制度基础发生动摇，行政解散公司制度在某种程度与范围内的废止势在必行。

（二）制度改革的路径选择的争议

"尽管各国法律观念和理论都存在一定的国情问题，但是过分强调中国特色或某种特殊性的做法可能会使我们不自觉地远离全球视野，从而对现代各国法律理论的发展潮流视而不见，最终阻碍自身的发展。"① 斯言极是。我国行政解散公司制度的存废之边界，既要遵循现代公司法制之基本法理与各国普遍做法的基本经验法则，又要考虑我国的现实国情与相关制度改革推进的步骤，以及公司法框架内已有的相关配套机制。在此基础上，选择改革现行法上的强行政解散、弱司法解散的强制解散公司制度安排的方案与路径。

目前的改革方案主要有两种。一种方案主张，鉴于中国行政权力干预经济生活具有必要性的社会经济背景也即中国特色的现实国情，以及行政解散制度自身的强大制度惯性（立法的路径依赖），全部取消行政解散是不现实的，不宜采取公司强制解散权全部由司法机关行使的模式，可以保留部分的行政解散权，其他部分回归司法权，继续维持行政解散与司法解散并列的制度安排，所谓"上帝的归上帝，凯撒的归凯撒"。具体来讲，就是分类改革方案，对于仅有简单事实认定、不存在自由裁量权的情形，继续由行政机关行使解散权；而对于存在复杂的事实判断以及法律适用自由裁量权的情形，回归司法权，由司法机关行使解散权。这一主张，就改革后的行政权、司法权分立之格局，可以称为强制解散权"分立论"，又由于继续保留行政解散制度，又可以称为行政解散权"修正论"。另一种方案则认

---

① 易继明：《私法精神与制度——大陆法司法古典模式的历史含义》，中国政法大学出版社，2003，第298~299页。

为，强制解散权应该全部归于司法权，行政机关参与强制解散公司事务的唯一通道是站在公共利益的立场、代表国家就违法经营的公司向司法机关提起解散申请，行政机关不得运用行政权直接解散公司，以此张扬公司自治与扩张司法解散公司制度（其背后仍然是公司自治）之功能并举。这一方案，就改革后的行政解散权消灭、唯存司法解散权的格局，可以称为强制解散权"一统论"，又由于行政解散权全部废除而归属于司法权，又可以称为行政解散权"废止论"。两种方案的争论核心，在于是否继续保留一部分行政解散权。对此，我们不忙于下结论，可以对现行强制解散权适用情形的改革去向进行归类分析，再来看行政解散权的去留问题。

（三）分类改革与回归司法权

前文已经分析了行政解散三种措施各自的适用事由，其中吊销营业执照的适用范围最广泛，有四种适用事由之多，究竟有无必要一一保留，这本身需要进一步讨论。此外，吊销营业执照、责令停产停业、依法撤销存在一个共同适用的撤销事由也即违法经营。这意味着一个事由可能被适用三种行政解散措施，这自然吸引人们的好奇目光来讨论以下问题：三种措施之间是什么关系？行政执法机关如何选择适用？有无必要对同一种事由规定三种处罚措施？等等。需要一一讨论。

1. 虚假登记

虚假登记发生在公司设立登记、变更登记的环节，"虚假"的事项主要集中在公司资本制度和行业准入许可这两个领域。域外公司法上，对于轻微的虚假登记，适用罚款、责令改正等处罚措施即为已足，对于严重的虚假登记，不适用行政解散权来处理，而由公司设立无效之诉来解决。[①] 行政机关参与此类诉讼的方式，就是代表政府向法院提起公司设立无效之诉。虽然多次被讨论，迄今中国公司法还没有确立公司设立无效之诉，背后的原因较为复杂。比如有人担心，面对实践中大量的虚假登记现象，公司设立无效之诉的制度设置难以承受调整之重任。根据《公司法》第199条关于虚假登记的定义以及实践情况看，只有在将来公司资本制度朝向放松管制、行业准入行政许可大幅削减的两项改革完成之后，现行法意义上的虚假登记行为才会大幅度减少，到那时，基于严重虚假登记导致的公司设立无效之诉的数量完全是可控的。而且，从各国司法实践看，公司设立无效

---

① 　参见刘俊海《现代公司法》（第2版），法律出版社，2011，第88页。

之诉本身应该被慎用，① 在将来的中国公司法上也应该仅限适用于严重的虚假登记行为。所以，如果以发展的眼光来审视，关于司法机关无法处理海量公司设立无效之诉的担心可以说是多余的。

2. 违法经营

此处的"违法经营"，在实定法上大体可以分为两类。

（1）越权经营。也即违反实定法上的国家限制经营、特许经营以及禁止经营规定的。公司的经营范围可以分为一般经营项目和许可经营项目，前者指不需行政审批、公司领取营业执照之后即可展开的营业项目，后者指法律、法规规定须经有关部门审批核准后方可开展营业的项目，涉及行政审批的问题。对于越权经营的立法分类最周详的，见于国务院 2002 年颁布的《无照经营查处取缔办法》第 4 条第 1 款，共分为五类：①应当取得而未依法取得许可证或者其他批准文件和营业执照，擅自营业的无照经营行为；②无须取得许可证或者其他批准文件即可取得营业执照而未依法取得营业执照，擅自营业的无照经营行为；③已经依法取得许可证或者其他批准文件，但未依法取得营业执照，擅自营业的无照经营行为；④已经办理注销登记或者被吊销营业执照，以及营业执照有效期届满后未按照规定重新办理登记手续，擅自继续营业的无照经营行为；⑤超出核准登记的经营范围、擅自从事应当取得许可证或者其他批准文件方可营业的违法经营行为。在以上行为中凡营业执照尚存的，《无照经营查处取缔办法》第 6 条规定工商部门应当撤销注册登记或者吊销营业执照。按照现行法的规定，上述这些特殊营业许可属于公司设立前置审批程序，② 未来的改革方向应该是法人资格与营业资格分立，经营资格许可再不作为公司登记的前置程序，而是后置为公司成立后的营业许可。③ 这一项立法改革完成后，公司在营业过程中如有越权经营行为的，应该招致的处罚是责令停产停业（责令关闭），④ 而非吊销营业执照。

---

① 参见王宪森《关于"公司设立无效"之诉的比较、认定及处理》，《法律适用》2002 年第 9 期。

② 《公司登记管理条例》第 22 条："公司申请登记的经营范围中属于法律、行政法规或者国务院决定规定在登记前须经批准的项目的，应当在申请登记前报经国家有关部门批准，并向公司登记机关提交有关批准文件。"

③ 广东省的商事登记改革试点地区的最新地方性法规，将现行法上的绝大多数设立前置审批规定为公司成立后的营业许可程序，参见《珠海经济特区商事登记条例》第 22 条。

④ 如《证券法》第 219 条规定，"证券公司违反本法规定，超出业务许可范围经营证券业务的，……情节严重的，责令关闭……"。

（2）非法经营。也即公司有权开展某项营业，但经营行为违反各类法律、法规的强制性规定的。《公司法》第 214 条规定："利用公司名义从事危害国家安全、社会公共利益的严重违法行为的，吊销营业执照"，就是指向这种情况。此种情况多见于为规制市场秩序、维护特定主体地位或者履行国家某项特定政策而设特定行业标准、需要特定行业资质的法律、法规。由于有权干预市场运行的行政机关繁多，与前述虚假登记、无故停业、不按规定年检不同的是，此种情形下的执法具有政出多门、多头行政的问题，通常由主管机关对企业的违法行为进行查处，决定公司的停业、关闭，或者撤销相关业务许可从而导致某一项业务的"被关闭"，① 再经该机关建议由工商机关吊销营业执照。②

上述二分法的逻辑，与刑法上的非法经营罪相吻合。非法经营行为严重危害社会的，可以构成非法经营罪。《刑法》第 225 条规定此罪的行为有三项："（一）未经许可经营法律、行政法规规定的专营、专卖物品或者其他限制买卖的物品的；（二）买卖进出口许可证、进出口原产地证明以及其他法律、行政法规规定的经营许可证或者批准文件的；（三）其他严重扰乱市场秩序的非法经营行为"。这里的第（一）（二）项行为，实际上就是越权经营，违反了意在限制、禁止与特许营业的行政许可制度，第（三）项乃是扰乱市场秩序的违规经营。

虚假登记和违法经营，是行政解散的适用事由中明显包含自由裁量权空间的两类情形。对于前者，需要判定公司是否存在虚报注册资本、提交虚假材料或者采取其他欺诈手段隐瞒重要事实骗取登记的，对于后者的判定则更复杂一些，尤其在产品质量、环境污染、食品安全等领域还涉及专业技术知识的应用，不论是对事实认定还是法律适用，都有自由裁量权的很大空间。行政机关执法之前肯定要对这些事实进行判断，尔后再决定采取何种处罚措施，这与司法机关在审判程序中的事实认定与法律适用活动不存在实质区别。同时，较大的自由裁量权空间也是滋生寻租的沃土，行

---

① 如国务院 2002 年颁布的《无照经营查处取缔办法》第 4 条第 2 款规定，对于无照违法经营行为，公安、国土资源、建设、文化、卫生、质检、环保、新闻出版、药监、安全生产监督管理等许可审批部门应当依照法律、法规赋予的职责予以查处。

② 如《无照经营查处取缔办法》第 7 条规定："许可审批部门在营业执照有效期内依法吊销、撤销许可证或者其他批准文件，或者许可证、其他批准文件有效期届满的，应当在吊销、撤销许可证、其他批准文件或者许可证、其他批准文件有效期届满后 5 个工作日内通知工商行政管理部门，由工商行政管理部门撤销注册登记或者吊销营业执照，或者责令当事人依法办理变更登记。"

政监管易于被"俘获"。① 因而，从行政权与司法权的秉性角度来判断，虚假登记和非法经营这两种情形下的行政解散权必须归于司法。具言之，对于虚假登记，应该交付公司法上的公司设立无效之诉处理，对于违法经营，应该交付司法命令解散之诉来处理。在将来的公司法修正中引入这两项诉讼之后，工商机关以及其他主管行政机关发现有公司存在虚假登记与非法经营的，无权作出吊销营业执照、责令关闭、撤销公司等行政解散决定，而是在作出警告、罚款、没收违法所得、责令改正、责令停产停业、暂扣或者吊销许可证、暂扣营业执照等行政处罚决定后，如有必要，向人民法院提起公司设立无效之诉或者请求判决强制解散公司之诉，由后者决定是否宣告公司"死亡"。

有人认为，不按规定年检与无故停业属于典型的简单事实认定，实定法之所以简单地交由行政机关作出行政处罚也即吊销营业执照来处理，是因为在事实判断和法律适用方面并无自由裁量空间，所以此类行政解散权的存在，具有合理性。其实，在讨论这两种事由下的强制解散权的归属之前，需要研讨这两个概念的身世，也即它们从哪里来，又应当到哪里去。

3. 不按规定年检

公司年检是一项极具中国特色的制度，是工商机关按年度对企业定期检查并使之制度化的监管模式。② 在域外公司法上鲜见年检制度，政府对公司的日常监督主要通过不同程度的强制信息披露义务的方式实现，包括公众有权向登记部门申请查阅公司资料以及公司有义务按时提交年度报告、财务信息报告等，但中国主要依靠年检来实现对公司的日常监管，且纳入到登记制度中，③ 并与公司的主体资格相联系，成为公司持续法人资格的条件之一：如果不按照规定参加年检，公司将被处以罚款并限期接受年检；逾期仍不接受年检的，吊销营业执照；如年检隐瞒真实情况、弄虚作假，情节严重的也要被吊销营业执照。④ 这样，年检就不单单是一次一般意义上的监管活动，而是演化为一项确认企业继续营业资格的制度，或者说异化

---

① 某种意义上，同样是非法经营行为，对于当事人公司而言，行政机关作出的行政解散决定比法院作出的非法经营罪判决的后果还要严重，因为后者只包括罚金与没收财产等财产刑，并不否定公司的主体存在，参见《刑法》第225条。如果对比非法经营罪须由法院经过严格的刑事诉讼程序才能作出裁定，更难以接受只需一纸行政决定即可直接决定公司"死亡"之命运的规定。

② 参见《企业年度检验办法》第3条。

③ 李振华：《论中国商事登记制度的建立与完善》，《法学论丛》2005年第2期。

④ 参见《公司登记管理条例》第76条、《企业年度检验办法》第19条。

为一种行政许可行为，由此被称为"二次许可"。① 这样一来，年检是否符合政府监管公司的合理界限与具备正当的法理基础，一直受到各界质疑。为应付每年一次的年检活动，不仅公司付出极大的成本，② 负责审查海量的企业报送繁杂的规定文件与运行复杂的年检程序③的工商机关也为此耗费极大的人力物力，④ 以至于在每年的某段时间里都要例行地进入"年检季"，需要动员极大的人力集中处理年检事务。⑤ 但是，由于运行过程中的程序模糊、行政责任不明、后续管理缺乏约束力等问题，制度实效却有限得很。根本原因在于，面对海量的年检材料，如果理解为工商机关担负实质审查真伪的职责，即使在配备庞大的行政机构和行政人员的情况下，也是不可能的，如果理解为仅担负形式审查义务，那么这项耗费了极大人力物力的制度的功效到底何在？到头来无非在政府与企业之间运行为一场默契的流于形式的年度游戏。一句话，强大的行政权力传统，造就了庞大的行政机构设置和行政人员配置，最后沦为低效率的行政管理。

要之，年检制度亟须实质性改革。⑥ 被国家工商总局、广东省政府授权试行商事登记改革的深圳、珠海等地，新近通过商事登记法规不约而同地取消年检，代之以英国公司法的年度报告制度，⑦ 也类似于前述美国《标准

---

① 汪艳生：《企业年检制度的缺陷与改进》，《中国工商管理研究》2006 年第 2 期。

② 公司要缴纳年检费用，不按规定参加年检要面临罚款。参见《公司登记管理条例》第 62 条、《企业年度检验办法》第 19～20 条。

③ 这可以从《企业年度检验办法》的规定一窥其详。第 6 条规定的企业年检程序有四道之多，第 7 条规定的企业提交材料有将近十种之多，第 9 条规定的企业年检报告书包括五部分的内容。

④ 《河北推行内资企业网上年检，节约大量人力和资金》，中国政府网 www.gov.cn，2012 年 3 月 24 日，2013 年 4 月 30 日访问。从报道的题目就可以反向看出，推行网上年检之前每年要耗费"大量人力与资金"。按该报道的内容，节约"大量人力和资金"是指企业与管理者双向意义上的。

⑤ 按照《企业年度检验办法》第 13 条规定，登记机关对年检材料的主要审查内容竟然有 11 项之多。在江苏南部的 W 县，1997 年工商机关为做好 1996 年度的年检工作，发放了宣传资料 5000 份，举办企业人员参加的培训班 70 期次（是否向被培训者收费，不详）。1999 年，为做好 1998 年度的年检工作，举办培训班 28 期次，参训人员 1395 人。参见苏州市地方志办公室，www.dfzb.suzhou.gov.cn/zsbl/1376027.htm，2013 年 4 月 27 日通过 www.google.hk 搜索。

⑥ 参见李建伟《公司法学》（第 2 版），中国人民大学出版社，2011 年第 2 版，第 96 页。

⑦ 其实直接取法香港地区的《公司条例》，这也是深圳、珠海经济特区毗邻港澳的一个优势。《珠海经济特区商事登记条例》第 27 条、《珠海经济特区横琴新区商事登记管理办法》第 21 条明确宣告："商事登记实行商事主体年度报告制度，不实行年检验照制度。"《深圳经济特区商事登记若干规定》第 29 条也如此规定。

公司法》的"公司除名"制度，就其制度内容与后果看，与过去的年检制度已是楚河汉界。深圳、珠海等地的改革举措，可以看作公司年检的立法改革之先声，到那时，"不按规定年检"将成为历史，相应地，以所谓"不按规定年检"为适用事由的行政解散权也将不复存在。

4. 无故停业

如果一家公司"在成立后无正当理由超过 6 个月未开业的，或者开业后自行停业连续 6 个月以上的"，无非两种情由，一则投资人成立公司之前思虑不周，或在公司成立、开业一段时间后遭遇暂时困难，欲维持营业但心有余而力不足；二则投资人不复有开展营业或者回复营业之意愿。或许，正是基于对第二种事由下被推定的意愿，公司法出面规定"可以由公司登记机关吊销营业执照"，以终止其"营业资格"，最终消灭公司。这一切似乎是顺理成章的，公权力依其职权消灭其法人资格，一方面不违背被推定的公司意愿，与公司自治不悖，另一方面有利于杜绝商事登记簿上的名存实亡现象，节约法律资源与监管成本。更何况，"在成立后无正当理由超过 6 个月未开业的，或者开业后自行停业连续 6 个月以上的"的事实认定很单纯，不存在事实认定的争议，所以符合行政解散的适用情形。所以，即便现行法上的大部分行政解散权回归司法，此种情形下的行政解权仍有保留之必要。

以上，是主张对无故停业的事由下适用行政解散权的观点的论证。这一论证似乎完成了逻辑自证，但有两点尚需进一步的商榷。其一，是否存在推定的解散意愿？正如上文指出的，生活的逻辑与现实都无法排除第一种情形，虽然公司陷入暂时的困难，但投资人并无解散公司之意愿。再考虑到在中国注册成立一家普通公司所付出的极大成本①，以及由此转化而成的公司牌照的较大重置成本，投资人不愿意解散公司，不仅是对于渡过暂时困难的信心，而且具有现实的利益考量。所以，仅凭发生停业之事实而一概推论自愿解散之意愿，不免失之武断。其二，是否存在事实认定的争

---

① 在中国注册公司的成本相对较高，主要体现在以下几方面：一是较高的公司出资成本；二是繁重的程序搭付的金钱与时间成本。繁重的程序体现在：一是种类繁多的设立事前审批与设立后的营业项目行政许可，二是营业场所应当取得规划、环保、消防、文化、卫生等相关部门的审批（所谓开办一家公司需要盖几十个章，即由此而来），三是登记时限的较长规定。域外市场经济国家、地区公司法一般规定，登记机关自收件到核准登记之日不得超过 3～7 个工作日，我国《公司登记管理条例》规定的工作日，一般是 15 个，多者甚至是 20 个。

议？回答也是否定的。一则，关于"开业"本身，并无明确的判断标准，是以最低标准——开门营业即可构成，还是以较高标准——与交易相对人形成客观的业务往来甚至多人次业务往来？即便如此，一家公司已经进货、尚未销售出一单的情形，已经有具体的交易关系，算不算开业？在立法中都缺乏基本的规定。[①] 依照最低标准，现实生活中已成立但从不开业的公司恐怕不存在；按照较高标准，则难以照顾到所有公司的情形，如古董买卖行业，俗语有谓"三年不开张，开张吃三年"，半年内没有一单交易也属正常，不需大惊小怪，更不能直接被行政权力"宣告死亡"。二则，本条的规定显然还允许公司得以"正当理由"相抗辩，关于何者构成正当理由以及是否存在正当理由，可能包含复杂的事实认定，需要当事人的质证与抗辩。

综上所述，对无故停业一分为二的处理可能更为恰当。对于确有解散意愿的，适用强制解散还算合理，不论。对于不存在解散意愿的，需要转换解决的思路。公司立法、执法需要在理念上放弃以前那种防弊的心态，[②] 不再通过严峻入市标准与不合法即制裁的心态去监管公司，而是立足于提供优良公共服务的心态帮助它们克服创业与营业的困难，建立亲商型的立法与执法理念，即便对于轻微"不听话"者，政府也要扮演"慈父"之角色，尽量使用"怀柔"政策。具体做法，可以借鉴台湾地区的经验。台湾地区"公司法"第 10 条规定，成立后超过 6 个月未开业的公司原则上得被命令解散，但允许办理延展登记而豁免解散；开业后自行停业 6 个月以上者得办理停业登记而豁免解散。这里的延展登记、停业登记为暂时陷入营业困境、并无解散意愿的公司提供了一条生路，避免了被强制解散的厄运，体现了政府对于鼓励创业、扶持营业、帮扶困难者的善意。在中国要引入延展登记、停业登记制度，需要首先解决公司的法人资格与营业资格登记的分野，然后顺势构建两个规则。其一，营业资格之"生"与营业延展登记。公司核准资格登记后基于某种原因暂时不能、不愿意开展营业的，得申请延展登记——过一段时间择机再开业，目的是保住已取得的法人资格。其二，营业资格之"死"与停业登记。基于类似的道理，在营业过程中公司基于某种原因暂时一段时间不能、不愿意维持营业的，得选择申请停业登记——过一段时间择机再复业，目的同上。延展登记、停业登记制度之

---

① 参见蒋大兴《公司法的观念与解释Ⅰ》，法律出版社，2009，第 259 页。

② 参见方流芳《温故而知新——谈公司法修改》，载郭锋、王坚主编《公司法修改纵横谈》，法律出版社，2000。

引入，减少了行政解散的适用，有助于维护企业维持原则，体现了法律对于商人经商艰难之体谅，更加符合商业社会的生活实态。

那么，对于无故停业、又具有解散意愿的公司以及虽然不存在解散意愿但最终需要被解散的公司，究竟适用何种强制解散方式？从比较法的视角看，域外只有少数立法如美国、台湾地区的公司法规定适用行政解散，更多的规定由行政机关向法院提起司法解散之诉。按照前文的法理分析，可以看到现行法上的行政解散适用的诸事由中，需要保留的惟有这一种事由了。我们认为，如果从价值论上根本否定行政解散权的合法性与合理性，那就彻底废除该制度，可以规定公司无故停业的，工商机关如认为有必要，得向人民法院提起申请要求裁定解散公司。退一步，如认为鉴于现实国情而有必要保留此场合下的行政解散权，那么建议同时引入延展登记与停业登记，以体现行政解散权的慎用原则。

四　结论

本文关于行政解散的诸适用事由的立法解释论，揭示出行政解散权的存在确实值得商榷。如果采用非激进的改革立场，在部分保留行政解散权的前提下，如何界定三种行政解散措施的适用边界？根据前文的分析，从行政法的合理性与必要性原则出发，我们提出三个具体规则。（1）在不需要立即强制解散的场合下，优先适用责令关闭（更精确的含义是"责令停产停业"），该决定实施后的一段期间内，如公司改正了违法行为，自无再适用行政解散的必要；如拒不改正或者无法改正，严重危害社会公共利益的，则走向行政解散。（2）在需要立即强制解散的场合下，对于现行法上的金融、外资企业等整个主体资格被行政许可（而非单项营业行政许可）的特殊商事公司，适用依法被撤销制度。（3）在需要立即强制解散的场合下，对于普通商事公司，吊销营业执照可以继续保留适用，但同时强调暂扣营业执照、暂扣许可证、吊销许可证等措施在多数场合下对它的替代功能，我们赞成立法慎设、执法慎用吊销营业执照的立场，因为与另外三种措施相比，吊销营业执照过于严厉与绝对，应该限制在必须适用的场合。

总之，政府的职能是监管市场主体的退出活动而不是代替市场主体的退出，立法的首要作用是对市场主体退出活动的利益关系进行梳理，通过制定规则尽可能排除退出过程中的利益冲突，使市场退出机制公正有序的进行，使竞争性的自律性的退出机制成为市场主体退出的主渠道，强制退出手段只在少数必要的时候才实施，这将大大降低整个退出市场的制度成本。申言之，不需要强制解散的退出监管才是最好的退出监管，处罚与强制不过是工商机关的第二职能，提供公共服务才是首要职能。即使确实需要适用，强制与处罚也有层次之分，监管机构有义务遵循在从轻到重的次序排列中进行选择而非相反。各种立法的制订需要考虑强制与处罚的层次性，以尽可能地降低强制、处罚的执法成本，以及带给市场主体的制度成本。在此意义上，与域外公司法普遍倾向于不承认行政解散权相对比，中国立法将过多的"违法事由"均托付给行政机关一揽子解决的泛行政解散权的制度设置，显得格外的扎眼。对"泛行政解散权"的法律改革，目前的主要障碍不在于技术而在于观念认识，要破解一些似是而非的认识，为此需要统一三个认识。

首先，泛行政解散权的存在，与其说是政府管制公司退出机制的合理设计，不如说是对计划经济体制的承继与强大的行政干预的路径依赖。泛行政解散权的立法格局，更多的根源于传统体制，现在到了深刻反思的时候了。

其次，泛行政解散权的消解，为深化经济体制改革与行政体制改革所必需。泛行政解散权本是与严厉的公司资本制度、过多的营业行政许可设置相配套的，随着公司资本和行政许可制度的宽松化改革的推进，其存在之根基将产生严重动摇，泛行政解散权的消解乃为大势所趋。

最后，泛行政解权的转型，并非国家公权力的全面退出，而是要合理配置行政权与司法权，实现公司自治、行政监管与司法干预在公司法上的和谐共生。虽然同属于公权力，司法权的本性相比于行政权的本性更适合用于强制解散公司的场合，大部分行政解散权向司法的回归，并不意味着公权力在市场主体退出机制上的全面退出，而是要实现公司自治、行政监管与司法干预的更合理配置，真正实现"上帝的归上帝，凯撒的归凯撒"。认识到这一点，可以打消很多顾虑。

公司盈余分配纠纷的司法
裁判与解释规则

张　辉[*]

【内容摘要】 公司盈余分配纠纷是对所有与公司盈余分配相关的纠纷的概括。法院对股东提起的强制公司分配利润的诉讼所持的态度，关系到股东的资产收益权问题。司法实践中，法院受理"公司盈余分配纠纷"之后，如果判决公司强制分配利润，就要面临确定公司可分配利润的数额的责任，实践中虽然适用不同标准，且法院确定的可分配利润未必是商业上最合理的，但在公司不分配或者仅象征性分配成为突出问题的时候，司法裁判的这种导向作用会明显地体现出来，而司法政策可以根据问题发展的状态和解决的程度随时进行调整。

【关键词】 盈余分配　股东会决议　司法裁判

一　公司盈余分配纠纷的确立

2001 年 1 月 1 日起试行的最高人民法院《民事案件案由规定（试行）》在三级案由"股东权纠纷"中，将"公司盈余分配权纠纷"作为四级案由确立下来。在 2008 年 4 月 1 日起施行的《民事案件案由规定》中，"公司盈余分配纠纷"取代了"公司盈余分配权纠纷"，并被作为三级案由，二级案由变更为"与公司有关的纠纷"。2011 年 4 月 1 日起施行的《民事案件案由规定》在"公司盈余分配纠纷"部分未作出任何变动。在历次民事案由规定中，"公司盈余分配"这一关键词都被保留下来，但表达的角度稍作改

＊　中国社会科学院法学研究所副研究员。

变，从股东权利的角度变更为公司经营管理的角度。从公司盈余分配的本质来看，现在的表述更为准确。

关于公司盈余分配纠纷的表述方式，还有观点认为，在公司法上，由于"红利"与"盈余"概念不同，"红利"包含在"盈余"外延之中；而且，《公司法》第35条也明确规定股东按照实缴资本分取的是"红利"，因此，对此类案件，用"红利分配权纠纷"立案和审理，比"公司盈余分配权纠纷"这一案由更具体、更贴切。① 这种观点将公司盈余分配纠纷限缩在公司正常经营过程中的利润分配，无法包括公司剩余财产分配纠纷，不足以采纳。

二　公司盈余分配纠纷的类型

公司盈余分配纠纷是对所有与公司盈余分配相关的纠纷的概括，理论上包括公司法中的有限责任公司和股份有限公司。然而，司法实践中的公司盈余分配纠纷集中在有限责任公司，股份有限公司的盈余分配纠纷相对而言要少很多，股份有限公司中的上市公司则罕见此类纠纷。股份有限公司被定位在股东人数较多、公司所有与公司经营分离并以上市为最终目标的公司，股份有限公司的股东也被定位在以获取股票交易差价为目的的投资者，公司盈余分配问题常常被忽略。至于上市公司的盈余分配问题，尤其是不分红、不执行分红承诺、不当分红等问题，主要由证监会通过监管措施解决。以下主要以有限责任公司盈余分配纠纷的司法裁判作为研究对象。

在司法实践中，与公司盈余分配有关的纠纷主要有以下几种类型。

（1）请求执行股东会或董事会②利润分配决议的纠纷，如北京市第二中级人民法院二审终审的朱德域与中国装饰股份有限公司公司盈余分配纠纷案（［2011］二中民终字第09571号），甘肃省兰州市城关区人民法院审结的原告张科与被告甘肃天通石化发展股份有限公司盈余分配纠纷一案（［2012］城法民二初字第050号），安徽省合肥高新技术产业开发区人民审

---

① 梁伟：《有限公司小股东分红权的司法救济》，《山东审判》2008年第6期，第55页。
② 《中外合资经营企业法》第6条规定：合营企业设董事会。董事会的职权是按合营企业章程规定，讨论决定合营企业的一切重大问题：企业发展规划、生产经营活动方案、收支预算、利润分配、劳动工资计划、停业以及总经理、副总经理、总工程师、总会计师、审计师的任命或聘请及其职权和待遇等。因此，在中外合资经营企业中，董事会享有利润分配的最终决定权。

结的南辉实业公司诉尼康电子有限公司公司盈余分配权纠纷案（［2003］合高新民二初字第 035 号），上海市第一中级人民法院二审终审的上海辉虹会展服务有限公司与吴来申公司盈余分配权纠纷上诉案〔［2004］沪一中民三（商）终字第 148 号］，天津市高级人民法院二审终审的天津博金精细化工有限公司与纪某公司盈余分配纠纷上诉案（［2011］津高民四终字第 141号）。

此类纠纷中，有些以股东身份的认定为前提，如山东省济南市市中区人民法院审结的阮某生诉某某股份有限公司盈余分配纠纷案（［2011］市商初字第 36 号），北京市大兴区人民法院审结的陈某诉北京中福安商贸有限公司股东资格确认纠纷、公司盈余分配纠纷案（［2011］大民初字第 6502号），重庆市第五中级人民法院审结的重庆宗德科技创业有限公司与重庆高技术创业中心盈余分配纠纷上诉案（［2012］渝五中法民终字第 1550 号）。在此类纠纷中，法院主要认定股东资格、股东会的分配决议以及公司可分配利润等事项，然后在此基础上判决或裁定是否支持原告的诉讼请求。

还有的涉及确认股东的出资额，如北京市西城区人民法院审结的闫建伟诉北京盛日同达劳务服务有限责任公司公司盈余分配纠纷案（［2008］西民初字第 08309 号）。

（2）请求重新核实公司可分配利润的纠纷。如上海市第二中级人民法院二审终审的柳 A 与上海通用药业股份有限公司公司盈余分配纠纷案〔［2011］沪二中民四（商）终字第 1324 号］。北京蓝色假日国际旅行社有限公司与北京嘉年华旅行社有限公司公司盈余分配纠纷上诉案（［2012］一中民终字第 2476 号）中，虽然诉讼请求是支付股利，但两审法院均认为，假日公司主张嘉年华公司应向其支付公司盈余分配款的数额是嘉年华公司股东预估的，在并无证据显示嘉年华公司有权合法分配的利润数额的情况下，如径行依各方股东预估的盈利数额判令嘉年华公司向股东分配利润，显属不当。因此，该案也涉及公司可分配利润的核实问题。

（3）请求分配公司剩余财产的纠纷。如浙江省宁波市鄞州区人民法院审理的张某诉宁波市鄞州鸿盛模具材料市场经营有限公司公司盈余分配纠纷案（［2009］甬鄞商初字第 1826 号）。

（4）在公司未召开股东会审议利润分配问题或者股东会没有关于利润分配议题的情况下，请求公司分配的纠纷。如上海市闵行区人民法院一审判决的张俊与张浩等分配权纠纷案〔［2002］闵民二（商）初字第 973 号］，广东省佛山市中级人民法院二审判决的吕熙誉与顺德市伟豪实业有限公司盈余分配权纠纷上诉案（［2003］佛中法民二终字第247号）。

（5）股东会做出不分配决议的情况下，请求公司分配的纠纷。如重庆市第五中级人民法院审结的重庆科技创业有限公司与张忠梅公司盈余分配纠纷上诉案（［2011］渝五中法民终字第5698号）、上海市第二中级人民法院审结的郭朝绪与吴一鸣等股东利润分配纠纷上诉案（［2000］沪二中经终字第280号）。

（6）请求确认股东会利润分配决议违法的纠纷。如山东省济南市中级人民法院审结的济南隆格医药科技有限公司与韩某公司盈余分配纠纷上诉案（［2005］济民二终字第485号）、温州市中级人民法院二审终审的苍南县繁荣建材有限公司与陈卫华公司盈余分配纠纷上诉案（［2009］浙温商终字第800号）。

三 股东会决议缺失情况下公司盈余分配纠纷的司法裁判

（一）案例中的司法裁判意见

如果公司从未召开股东会审议利润分配问题，或者股东会决议中从未涉及利润分配的议题，那么，当股东向法院提起强制公司分配利润的诉讼时，法院是否应予受理？主要有以下几种做法。

（1）以股东的利润分配请求权为依据，支持强制分配请求。如在杨雪梅诉昆明宝信捷生物应用设备有限公司等公司盈余分配纠纷案（［2004］盘法民一初字第0554号）中，股东在一审过程中均认为可以进行分配利润，但对于可分配利润的具体余额，双方不能达成一致意见。这说明，宝信捷公司此前并没有关于利润分配的股东会决议。昆明市盘龙区人民法院判决认为，公司股东作为出资者按投入公司的资本额享有所有者的资产收益的权利。作为被告宝信捷公司的股东，有要求被告宝信捷公司分配利润的权利。法院进而在判决书中确定了宝信捷公司自成立之日起至2004年12月30日的利润，并要求宝信捷公司到税务机关补交有关税收并提取15%法定公积金和法定公益金后，与另一被告（股东）一起，于30内按原告杨雪梅的投资比例进行利润分配（即利润的40%）。

在广州市越秀恒和企业投资有限公司诉广州市浚泰物业发展有限公司等公司利润分配请求权案（穗中法民二初字第32号）中，被告浚泰物业并没有召开股东会决定分配2001年至2004年间的利润，广州市中级人民法院以会计师事务所审计确定的浚泰物业2001年2月1日至2004年12月1日的税后利润为准，在扣除10%的法定公积金和5%的法定公益金之后，判决浚泰物业按照原告的持股比例进行分配。

在大柴旦西海化工有限责任公司等诉青海昆仑矿业有限责任公司股东知情权、盈余分配权案（[2004]西民二初字第15号）中，被告青海昆仑矿业有限责任公司自2000年3月成立以来，仅在2000年10月12日召开过一次股东会，此后的几年内，该公司未召开过全体股东会，青海省海西蒙古族藏族自治州中级人民法院一审判决支持了原告要求依法分配税后利润的诉讼请求，理由是：由于受本案诉讼范围的限制，未能就青海昆仑盐湖开发有限公司自成立后的会计报表进行审计，但从本案的证据分析，其昆仑盐湖开发有限公司在运营中应产生相应的效益，但该公司成立后从未向其控股股东青海昆仑矿业有限责任公司分红。

（2）尊重公司股东会对利润分配的决定权，否定股东会决议缺失情况下股东的分配请求。在广州市越秀恒和企业投资有限公司诉广州市浚泰物业发展有限公司等公司利润分配请求权上诉案（[2008]粤高法民二终字第110号）中，广东省高级人民法院认为，公司决定分配利润的权利在股东会，而非个别股东。《中华人民共和国公司法》第35条仅规定股东有权按照实缴的出资比例分取红利，在股东会作出利润分配方案之前，并未赋予股东越过股东会直接提起分配利润诉讼的请求权。《中华人民共和国公司法》并未将分配利润作为对公司的强制性规范。公司股东会享有决定是否分配利润的自主权。本案浚泰物业并没有召开股东会决定分配2001年至2004年间的利润，作为股东之一的恒和公司无权越过股东会直接向法院起诉请求分配利润，原审法院受理本案不当，应裁定驳回恒和公司的起诉。

在杜国强与杜翠艳等股东知情权及盈余分配权纠纷上诉案（[2005]穗中法民二终字第247号）中，广东省广州市中级人民法院二审判决认为，公司是否分配利润及如何分配利润，完全是由股东会自主决定的内部事务。公司股东会并无对利润分配作出决议，故原告起诉请求分红，缺乏前提，不应予以支持。同时认定，原告作为代表三分之一表决权的股东，完全有权提议召开临时股东会对相关问题进行表决，故其以执行董事失职为由上诉请求分红，缺乏法律依据，本院不予支持。

在吕熙誉与顺德市伟豪实业有限公司盈余分配权纠纷上诉案（[2003]佛中法民二终字第247号）中，广东省佛山市中级人民法院二审认为，股东能否每年得到红利，取决于公司当年是否有可分配利润以及股东会是否作出将可分配利润在股东间予以分配的决议。在公司无利润可资分配或股东会不分配股利时，公司不得分配股利。据伟豪公司提供的资产负债表和利润表，该公司并无可分配的利润；双方当事人又均确认伟豪公司的财产由两股东分别占有、使用和收益，伟豪公司并不能取得其财产的收益；伟豪公司的股东会亦无分配股利的决议。据此，吕熙誉请求伟豪公司分配利润的上诉理由不成立，应不予采纳。

在王善梅诉北京恒邦凯捷散热器有限公司公司盈余分配权纠纷案（［2009］丰民初字第8296号）中，北京市丰台区人民法院裁定认为：股东股利分配请求权的实现至少应同时满足两个条件，一是公司具有可供分配的利润；二是股东会作出向股东分配公司剩余利润的决议。在公司无利润可供分配或股东会决议不分配利润的情形下，公司不得向股东分配股利，股东的股利请求权只能处于期待的法律状态。因公司利润方案由董事会制订、股东会审议批准，公司是否分配利润、何时分配利润、以什么形式分配利润是公司意思自治的范畴。诉讼中，王善梅未能提供充分有效的证据，证明被告散热器公司已就是否利润分配作出有关决议，或公司已经进行了利润分配，故其起诉本院不予保护。

在上海市高级人民法院二审终审的陈生财与上海公准精密模具有限公司盈余分配权纠纷上诉案〔［2004］沪高民四（商）终字第25号〕中，二审法院认为，有限责任公司利润分配方案由董事会制订、股东会审议批准。只有在董事会、股东会就公司利润分配形成了决议之后，股东所享有的盈余分配权才转化成股东对公司的具体的债权，股东才可以根据分配决议向公司主张相应的权利。

在星裕投资有限公司（Star Rich Investments Limited）诉脱普日用化学品（中国）有限公司股东知情权纠纷、公司盈余分配请求权纠纷案（［2002］苏民三初字第004号）中，江苏省高级人民法院审理认为，根据无锡脱普公司章程第24条第2款第3项的规定，董事会决定公司的一切重大事宜，年度收益和亏损处理办法由出席董事会会议的多数董事通过作出决定。此外，《外资企业法》第11条规定："外资企业依照经批准的章程进行经营管理活动，不受干涉。"因此，根据上述规定，无锡脱普公司董事会有权根据公司实际经营状况，就公司年度收益和亏损的处理作出决定。只有在公司董事会作出分配决定的情况下，股东才有可能按照其投资比例领取投资收益。星裕公司在无锡脱普公司董事会未作出分配决定，或者仅作出分配部分利润决定的情况下，要求分配全部利润的请求不成立。

在周某诉株洲宏利德清洁有限公司公司盈余分配纠纷案（［2011］芦法民二初字第18号）中，湖南省株洲市芦淞区人民法院判决认为，《公司法》

第 38 条规定，股东会审议批准公司的利润分配方案和弥补亏损方案。在股东会审议之前，股东请求分配利润的数额具有不确定性，只有在股东会批准之后，请求分配的利润数额才具有确定性和现实性。由此可知，是否分配利润是公司股东会的权利。本案中，周某主张对宏利德公司的利润进行分配，但应分配的利润数额并未经股东会审议批准，本院不能代替公司作出经营判断和选择，不能判决分配利润。

（3）受理此类纠纷，但并不直接裁判分配，而是要求公司召开股东会审议利润分配事项。例如，在张俊与张浩等分配权纠纷案〔［2002］闵民二（商）初字第 973 号〕中，上海市闵行区人民法院一审判决认为，被告未就分配利润召开过股东会，也从未分配过利润，侵害了原告的分红权利，原告作为被告的股东，在扣除法定公积金及法定公益金后，有权按其出资额向被告要求分取红利。并判决被告于判决生效之日起一个月内召开股东会，审议公司利润分配方案，并作出决议；否则，应在期满后 5 日内向原告支付红利 9960.24 元。上海市第一中级人民法院对该案进行二审时，维持原判。本案中，法院虽然并未直接要求公司分配，但附加了强制分配的条件，因此仍然是以股东的利润分配请求权为依据的。

在潘某与被告上海某制冷设备安装有限公司盈余分配纠纷案〔［2012］普民二（商）初字第 284 号〕中，上海市普陀区人民法院裁定认为，原告已经生效判决书确认其系某公司的股东，持股比例为 15%，故原告依法享有某公司盈余分配权。三被告抗辩，依据《公司法》及某公司章程的规定，只有股东会才有权审议批准利润分配方案，公司盈余分配系公司内部管理和经营行为，法院不能加以干预。由于三被告始终否认原告股东身份，即便在法院作出确权判决生效后，三被告仍有异议，致使双方关系日趋紧张，并引发了一系列诉讼案件，因此目前由原、被告以召开股东会的形式审议通过某公司盈余分配的决议，显然缺乏必要的条件和基础。为打破僵局，维护当事人的合法权益，本院依照《公司法》的规定对本案所涉及公司盈余分配进行处理，并无不当，原告要求某公司按照原告的持股比例向原告分配红利的请求权应当予以保护。后者尽管作出强制分配的裁定，但并没有一般地确认此种情况下股东股利分配请求权的司法救济，而是基于其所认定的公司"僵局"。

（4）受理此类纠纷，并协调双方当事人有条件地进行分配。如在周慧君诉嘉兴市大都市置业有限公司、嘉兴大都市实业集团有限公司盈余分配权纠纷上诉案（［2005］浙民二终字第 288 号）中，置业公司共有三位股东，分别是嘉兴大都市实业集团有限公司、周慧君和范晓秋。公司董事会未就 2004 年度可分配利润制定利润分配方案，更未报经股东大会批准。浙江省高级人民法院认为，置业公司提供的会计报表与周慧君作为公司经理委托会计师审计的报告均具有证明力，置业公司的盈利状况真伪难辨，故对各方当事人作出释明，并作了引导工作。各方当事人在法院协调下一致同意，由法院委托会计师事务所对置业公司至 2004 年末的股东可分配利润进行审计鉴定，并根据鉴定结论按股份比例直接进行分配。虽然本案最后因为置业公司 2004 年末可分配利润为负数而被驳回上诉，但如果审结结果表明公司有可分配利润，那么，按照法院协调之下的各方当事人一致意见，就要进行分配。

（二）　部分法院的指导意见

除司法裁判个案之外，有些法院还将其态度通过指导意见或处理意见等方式固定下来，从而指导本地区的司法裁判。

北京市高级人民法院《关于审理公司纠纷案件若干问题的指导意见》第 21 条规定："公司未就是否利润分配作出有关决议，股东起诉请求分配利润的，人民法院应裁定不予受理。"

上海市高级人民法院《关于审理涉及公司诉讼案件若干问题的处理意见（一）》第 1 条第 2 款规定：股东起诉公司要求分配利润的，应视情况分别处理：对于已有分配方案的，可以根据股东出资的具体条件予以判决；对于是否分配及分配比例公司未作决议的，法院不宜直接裁判。

江苏省高级人民法院《关于审理适用公司法案件若干问题的意见》第 64 条规定：原告要求公司给付利润应具备如下条件：（1）原告具备股东资格。（2）公司依法有可供分配的利润。（3）公司的利润分配方案已得到股东（大）会的批准。（4）公司拒绝支付股利或未按已获得批准的利润分配方案支付股利。

山东省高级人民法院《关于审理公司纠纷案件若干问题的意见（试行）》第 68 条第 2 款和江西省高级人民法院《关于审理公司纠纷案件若干问题的指导意见》第 57 条第 2 款均规定："公司股东会、股东大会未形成利润分配决议，股东提起诉讼要求分配利润的，人民法院不予支持。"

邯郸市中级人民法院《关于贯彻立审执兼顾原则的若干意见》规定：公司未作分红决议之前，对股东提起的公司盈余分配纠纷案件一般不予受理。分配利润往往受股东近期财富最大化和远期财富最大化两种分配理念的影响。公司没有召开股东会作出分配利润决议，股东直接向法院起诉请求公司分配利润的，人民法院一般不予受理。可引导当事人要求公司收购其股份或者向第三人转让股权。

由此可见，在股东（大）会利润分配决议缺失情况下，法院的倾向性意见主要有两种：一种是裁定不予受理；另一种是不直接裁判分配。根据最高人民法院《关于适用〈中华人民共和国民事诉讼法〉若干问题的意见》第139条的规定，起诉不符合受理条件的，人民法院应当裁定不予受理。不予受理裁定适用于当事人起诉之后人民法院立案受理前的"审查"阶段。而不直接裁判意味着，法院首先受理股东的诉讼请求，但并不直接裁判公司按照某种标准进行分配，实践中往往是判决公司召开股东（大）会审议利润分配事项，或者就公司利润分配事宜进行调解。

（三）公司盈余分配纠纷的裁判前提与依据

1. 股东会决议与公司盈余分配纠纷的裁判

在公司法中，股东对公司利润分配的权利有两种：一种是抽象意义上的股利分配请求权，另一种是具体意义上的股利分配请求权。在股东（大）会决议缺失的情况下，股东请求法院强制分配就是建立在抽象意义上的股利分配请求权的基础上的。

有学者认为，虽然股东的股利分配请求权尚属于抽象意义上的权利，人民法院也应当受理案件。但是，人民法院不能直接裁判公司是否应当分配股利，更不能裁判公司应当分配多少股利，而只能裁判股东会应当依法就是否分配股利在规定期限内作出决议。因为公司法明确规定，决定公司是否分配利润的决定权属于股东会，股东不能在股东会尚未就公司是否分配利润作出决议之前行使具体的股利分配请求权。人民法院无权代替公司决定是否应当分配股利，尤其是在这一判断尚属于商务判断而非法律判断时。在此类案件中，股东起诉的权利依据是股利分配请求权，诉讼请求往往表述为请求分配股利，但实际上应是请求法院裁判股东会就是否分配股利作出决议。所以，法院在必要时可以要求原告变更一下诉讼请求，以更有利于案件审理，但不应因此而拒绝受理案件。[①] 还有学者持类似观点，其认为，尽管公司拥有商业经营和判断的自由，公司的股东会有权自主决定是否分配股利，但是，法院负有对公司的行为的监管职责。如果公司长期未召开股东大会，在公司的经营业绩良好的情形下，人民法院应当受理案

---

① 参见王欣新《论法院对股东股利分配请求权的保护》，《人民法院报》2007年1月17日，第5版。

件。但是，人民法院不能直接裁判公司是否应当分配股利，而只能裁判股东会在规定的期限内就是否分配股利作出决议。[1] 受理但不裁判分配，这是上述学者的一致看法。

抽象意义上的股利分配请求权（即资产收益权）建立在股东身份的基础上，以公司法规定的程序作为权利行使的要件和权利实现的机制，是一种程序性权利。具体意义上的股利分配请求权，其行使和实现建立在公司法所构建的公司治理机制的基础上。《公司法》将公司利润分配的决策权授予股东（大）会，即董事会制订利润分配方案并提请股东（大）会审议批准，这样，股利分配请求权之既得权取得的时点就是股东（大）会决议作出之时，也只有此时，股东才可以确认股权投资的收益，并请求公司履行。在公司未召开股东（大）会审议利润分配问题或者股东（大）会没有利润分配议题的情况下，持有一定数量以上股份的股东首先要启动公司内部程序，即提议召开股东（大）会临时会议，或者提出临时提案并书面提交董事会，由董事会将该临时提案提交股东（大）会审议。股东不能以享有资产收益权为由直接请求法院判决公司分配利润，其法理依据在于：股东权益保护以股东权利行使受到阻碍或者权利行使后利益受到侵害为前提，股东未曾行使权利，就谈不到权利受到侵害的问题。股东权利行使是股东权益保护的前置程序，股东穷尽公司内部程序，这是法院受理"公司盈余分配纠纷"的前提。

2008 年最高人民法院制定的"民事案由"中规定的"公司盈余分配纠纷"，是指当公司决议分配利润以后，股东对公司未分配红利给自己或对分配数额、比例持有异议等情形而提起的诉讼。[2] 因此，不能将"公司盈余分配纠纷"扩大解释为所有与公司盈余分配有关的纠纷。

2. 股东书面一致同意与公司盈余分配纠纷的裁判

在有限责任公司，审议决定股东会职权范围内事务时，并非一定要通过召开股东会并形成正式决议的形式。根据《公司法》第 38 条第 2 款的规定，在审议批准公司的利润分配方案和弥补亏损方案时，股东以书面形式一致表示同意的，可以不召开股东会会议，直接作出决定，并由全体股东

---

[1] 参见华小鹏《论股利分配请求权之诉》，《河南师范大学学报》（哲学社会科学版）2009 年第 3 期，第 141 页。

[2] 参见高雁《股东能否行使公司盈利分配请求权》，《中国审判》2010 年第 9 期，第 101 页。

在决定文件上签名、盖章。因此，法院在裁判公司盈余分配纠纷时，如果股东会决议缺失，还要查明股东是否以书面一致同意的方式形成公司利润分配方案。以下以苍南县繁荣建材有限公司与陈卫华公司盈余分配纠纷案（［2009］温苍商初字第237号）为例说明。

在该案中，原审查明，2008年6月份，繁荣公司将其所有的十几亩土地使用权转让给他人，取得转让费462万元，扣除相关费用后剩余转让款在所有股东之间进行分配。在此次分配股权收益时，繁荣公司在没有召开股东大会进行讨论、表决的情况下，便作出了不合理的分配方案，即老股东每股分26000元，而新股东每股分16870元，且已付诸实施。原告陈卫华认为上述方案明显违反我国《公司法》的相关规定，并多次要求繁荣公司按照"同股同权"的原则支付陈卫华股权收益款52000元。故其第一项诉讼请求是：撤销繁荣公司对陈卫华作出的新厂房售后盈余利润的不公平分配方案。温州市苍南县人民法院审理后认为，除本案陈卫华之外，其他股东均已签字并领取了相关款项，应视为对繁荣公司分配方案的追认，故对陈卫华的第一项诉讼请求不予支持。但要求繁荣公司于该判决生效后十日内支付陈卫华盈余利润分配款33740元，并赔偿陈卫华18260元，合计52000元。这一金额与陈卫华请求的金额是一致的，但陈卫华请求繁荣公司支付的是盈余利润分配款。温州市中级人民法院二审（［2009］浙温商终字第800号）意见是：原审法院并未撤销或变更分配方案，仅是因该分配方案损害了陈卫华的利益，判决繁荣公司予以赔偿，因此，繁荣公司认为原审法院仅依陈卫华一人意见变更公司行为，缺乏事实和法律依据，本院也不予采信。

对照本案法院查明的案情，公司利润分配缺少正式的股东会决议，除陈卫华之外的公司其他42名股东（包括新股东和老股东）均已签字并领取了相关款项，法院据此认为，这应视为对繁荣公司分配方案的追认。另外，该利润分配方案对新老股东区别对待，"损害了陈卫华的利益"，两审法院均将新老股东分配的差额作为陈卫华受到的损害，并要求繁荣公司支付赔偿金额。然而，有限责任公司股东全体一致书面同意并签名、盖章，这是免除股东会决议的唯一条件。由此看来，繁荣公司其他股东签字并领取相关款项并不能视为对股东会决议的替代，该利润分配方案也就不能视为"公司行为"。对于欠缺股东会决议这一程序要件的利润分配方案，法院不能予以执行，也不能判决繁荣公司支付盈余利润分配款，也就无所谓损害赔偿了。因此，法院应当撤销繁荣公司的利润分配方案，至于是否判决繁荣公司按照新老股东同等对待的原则分配新厂房售后的盈余利润，下文将详述。

3. 公司章程与公司盈余分配纠纷的裁判

如果公司章程对利润分配的时间、条件、方法等都有明确的规定，但股东（大）会并没有对利润分配作出决议，那么，股东能否请求法院按照章程的规定判决分配利润？最高人民法院《关于适用〈中华人民共和国公司法〉若干问题的规定（二）》（征求意见稿）第28条第2款采取肯定的态度："有限责任公司没有召开股东会，但公司章程关于股利分配以及分配方案有具体规定，且公司符合法律和公司章程规定的分配利润条件的，人民法院应当通知公司其他股东作为共同原告参加诉讼，并根据参加诉讼的原告多数意见判决公司是否按公司章程规定的方案分配红利。"最高人民法院《关于适用〈中华人民共和国公司法〉若干问题的规定（四）》（法院系统征求意见稿）同样表示支持，并直接赋予公司章程的规定以执行力，删除了上述征求意见稿中公司其他股东的部分："有限责任公司虽未通过股东会决议的方式产生分配利润方案，但公司章程明确规定了具体分配利润的条件和方式，且公司有盈利并符合法律和公司章程规定的分配利润条件，股东起诉请求公司依照公司章程规定向股东分配利润的，人民法院应予支持。"2012年广东省高级人民法院民二庭在《民商事审判实践中有关疑难法律问题的解答意见》中也指出："法院一般不能在股东会作出分配利润的决议前直接判决公司利润分配。但如果公司章程或股东会决议规定了利润分配，法院可根据公司章程或股东会决议的有关规定判决。"

从理论上来讲，公司章程也是股东决议的结果，其关于利润分配的具体条件和方式的规定在效果上等同于股东（大）会的决议，对公司、股东、董事等都具有法律拘束力，尤其是，公司章程制定和修改的表决权要件比股东会审议批准利润分配方案的表决权要件更严格，因而可以作为股东申请强制分配的依据。但问题是，如果公司在应诉过程中，以公司投资和经营需要等为理由不同意按照公司章程的规定进行分配，股东的利润分配请求权是否应予支持呢？有观点认为，这种情形（即上述法院的态度——笔者注）反映了只要具备公司章程规定的利润分配的条件，就形成了全体股东同意分配利润的意愿，公司就应当进行合理的利润分配。但如果大多数份额的股东为公司发展考虑，以充分、正当的理由提出暂不分配的，法院应当允许公司变更利润分配的决定。因此，审理这类情形案件时，法院应当通知其他股东作为共同原告参加诉讼，并根据参加诉讼的原告多数意见判决公司是否应按公司章程规定的方案分配红利。[①] 以参加诉讼的原告股东的多数意见代替股东会的决议，这不符合《公司法》的规定，这一观点并不可取。还有观点认为，公司章程就公司分配利润的时间和方法所作的规定除非得到全体股东的一致同意，否则不得以资本多数决的规则通过修改章程强行加以改变。[②] 这一观点与《公司法》关于公司章程修改"必须经代表三分之二以上表决权的股东通过"的规定也不符合，因此，除非公司章程本身对其修改作了全体股东一致同意的规定，否则不能对此作严格要求。笔者认为，此时应判决驳回原告的诉讼请求，并要求公司在指定期限内召开股东会审议利润分配事项，尤其是公司章程规定的利润分配方案是否以及如何执行的问题。股东对于此次股东会决议的异议，按照"公司决议纠纷"进行处理。

4. 股东协议与公司盈余分配纠纷的裁判

除了公司章程之外，股东与公司、股东之间也可能就公司设立、公司经营管理、公司权力分配、股东关系等问题签订协议。有学者认为，封闭式有限责任公司的股东之间或股东与公司之间，就公司内部权力的分配和行使、公司事务的管理方式、股东之间的关系等事项所订立的协议，就是股东协议。[③] 但中国公司法学界对此尚未有一致看法，甚至鲜有深入研究。

在司法审判实践中，股东与公司之间、股东之间就利润分配问题作出约定的情况时有出现，其焦点在于此类协议的效力问题。为论述方便，笔者将此类协议暂称为股东协议。

在刘建成等与东营市西郊铁路货场有限责任公司股东侵害公司财产纠纷案（东营区人民法院［2008］东商初字第1876号民事判决）中，12名被告股东于2005年2月5日分红时事先没有召开股东大会，仅有一份股东分红明细表，且股东分红明细表中未按股东出资比例确定分红数额；该次分红之前未按照公司章程规定扣除公益金、公积金等项目；另外，明细表存在代签股东姓名现象；被告张治水、温晓冰、梅进令、梅双令庭审中明确表示对该次分红的原因、标准及范围不知情等。东营区人民法院据此认为，该分红明细表只是为被告发放红利的表格，其既不具备有效分红决议文件

① 参见王伟庆《实务评判公司利润分配请求权之诉》，《江苏法制报》2011年3月31日，第C01版。

② 参见刘振《有限责任公司股东强制分配股利诉讼的司法应对》，《人民司法》2008年第9期，第27页。

③ 参见张学文《股东协议制度初论》，《法商研究》2010年第6期，第111页。

的基本要件，更不能替代生效的分红决议文件。因此，原告要求被告退还2005年2月5日所分红利，符合法律规定，依法予以支持。二审法院维持原判。

在叶思源诉厦门华龙兴业房地产开发有限公司公司盈余分配权纠纷上诉案（〔2007〕厦民终字第2330号）中，厦门市中级人民法院就股东协议与公司章程、股东会决议之间的关系清晰地阐述出来：《股东合作协议》系华龙公司两股东规定彼此合作期间各自权利义务的合同，仅对合同相对人叶思源和陈某存在拘束力。因此，《股东合作协议》及其补充协议对华龙公司不具有约束力。华龙公司的股东叶思源、陈某就明月花园项目达成《股东合作协议》及其补充协议后，应当召开股东会会议对公司章程中有关股东利润分成的规定进行修改。在未对公司章程作出修改之前，如果上诉人华龙公司两股东达成的《股东合作协议》及其补充协议中对公司利润分成存在与《股东会决议》内容不一致的约定，华龙公司应该执行《股东会决议》。

从股东协议的本质来看，其建立在签订协议的当事方意思表示一致的基础上，故此，其效力应解释为存在于签订协议的股东之间或者股东与公司之间，对协议以外的人不具有法律拘束力。上述两个案例正是对股东协议效力的诠释。然而，《公司法》第35条允许全体股东就红利分配的标准以及公司增资时股东的认购标准作出不同于《公司法》规定的约定，而无须就此制定公司章程或者召开股东会进行审议。这是否意味着，全体股东关于利润分配的约定具有替代公司章程或者股东会决议的效力呢？江西省高级人民法院《关于审理公司纠纷案件若干问题的指导意见》和山东省高级人民法院《关于审理公司纠纷案件若干问题的意见（试行）》均认为，该约定对于形成约定后新加入的股东没有约束力，但新加入的股东明确表示认可的除外。① 笔者认为，全体股东关于红利分配标准的约定除了对签订协议的股东有效之外，在新的公司章程或者股东会决议形成之前，对公司、董事等公司内部人也应有效，否则《公司法》第35条应当明确要求修改公司章程

---

① 江西省高级人民法院《关于审理公司纠纷案件若干问题的指导意见》第56条规定："有限责任公司全体股东在公司章程外以协议方式约定不按照出资比例分配利润的，该约定有效。该约定对于形成约定后的新加入的股东没有约束力，但新加入的股东明确表示认可的除外。章程中约定不按出资比例分配利润的，视为新加入的股东认可该约定。"山东省高级人民法院《关于审理公司纠纷案件若干问题的意见（试行）》第167条规定："有限责任公司全体股东约定不按照出资比例分配利润的，该约定有效。该约定对于形成约定后新加入的股东没有约束力，但新加入的股东明确表示认可的除外。"

或者召开股东会，并将表决方式限定为全体股东一致同意。当然，如果股东协议中关于公司利润分配的约定与之后股东制定或修改的有效的公司章程或者股东会决议的内容相冲突，还是应当尊重后形成的公司章程或者股东协议。

在沈长华诉北京正点快餐有限责任公司盈余分配纠纷案（［2009］海民初字第18675号）中，股东协议中关于利润分配的安排不再是约定利润分配的标准，而是确定的固定数额，这一约定在履行了一段时间后就停止了，于是导致公司盈余分配纠纷。案情概要如下：正点公司与除股东及法定代表人郭某之外的、包括沈长华在内的其他股东签订了内部协议，签署协议的股东每月固定从公司领取500元股息，不再承担公司盈亏，亦不再享有或承担股东的其他权利、义务。协议签订后，沈长华自2007年1月至2008年6月期间，每月均从正点公司领取股息500元，并在股东签字表上确认。但2008年7月之后，正点公司再未向其支付股息。本案中，所涉利润分配协议的签订主体是公司与股东，尽管股东郭某被排除在外，但因其同时是公司法定代表人，因此，该协议也可以视为全体股东意思表示一致的结果。北京市海淀区人民法院判决认为，在公司交由郭某负责经营的情况下，协议中其他股东按月领取的股息实际上是其放弃参与公司经营管理等股东权利的对价，同时该协议亦系公司所有股东就公司盈余分配的方式所达成的合意，在正点公司与公司各股东之间该协议应属有效，对正点公司及其股东均具有法律约束力。正点公司及各股东均应严格履行协议约定的义务。正点公司所诉股息的分配应以公司年终实际利润为准的抗辩理由，与内部协议的约定相悖，本院对此不予采信。

公司利润分配的前提条件之一是公司存在可分配的利润，股东会确定的利润分配标准也要以公司可分配利润的数额为依据。而股东协议关于各股东利润分配数额的约定往往是预先作出的，因而就存在与年终的实际利润不一致的情况，这对股东协议的执行力是否有影响呢？海淀区人民法院在该案中坚决支持了股东协议的效力，即使股东协议的约定并未考虑公司年终实际利润。但问题是，如果公司该年度并无盈余或者盈余的数额少于股东按照"内部约定"领取的盈余总额，执行该协议，就有违法分配甚至抽逃出资的嫌疑。对股东协议效力的审查不仅要考察民事法律行为的一般要件——意思表示是否真实，还要将其置于《公司法》的语境中，考察其是否遵守《公司法》关于利润分配的基本规则，尤其是《公司法》第167条。因此，如果在提取法定公积金和弥补亏损之前分配，或者提取法定公积金和弥补亏损之后公司盈余不足以支付约定的分配数额，或者公司该年度无盈余，则相应的股东协议不能执行，在此意义上，约定利润分配数额的股东协议应当视为附生效条件的法律行为。

四　股东会不分配决议与公司盈余分配纠纷的司法裁判

（一）股东会不分配决议的典型案例

因股东会决议不分配而产生的公司盈余分配纠纷主要见于两种情况：一种是认为股东会不分配决议的内容违反法律法规和公司章程的规定；另一种是认为股东会不分配决议的程序违法。

郭朝绪与吴一鸣等股东利润分配纠纷上诉案（［2000］沪二中经终字第280号）属于第一种情况。上海市第二中级人民法院认为，双方当事人召开的股东大会程序合法，股东会"为扩大再生产，提高公司竞争实力，决定将1998年度经营利润投入再生产，暂不予分配"的决议并未剥夺作为股东郭朝绪要求分配利润的权利，尚未构成对股东郭朝绪利益的直接侵害。据此，上诉人要求判决公司分配1998年度利润的诉请缺乏事实和法律依据。

重庆科技创业有限公司与张忠梅公司盈余分配纠纷上诉案（［2011］渝五中法民终字第5698号）属于第二种情况。科创公司于2011年1月26日作出股东会决议，对涉及公司第三届经营班子重大经济问题的包括张忠梅在内的原公司人员，决定暂缓分配红利，待议案所述问题解决后再行处理。张忠梅并未在股东会决议上签字。两审法院均认为，因张忠梅未在该决议上签字，故暂缓分配红利的决议未经过全体股东一致同意。科创公司于2011年1月26日作出的暂缓向张忠梅等股东进行分红的决议，侵犯了张忠梅作为公司股东按照出资比例分取红利的权利。

（二）股东会决议的效力与公司盈余分配纠纷的裁判

在公司内部，股东会拥有利润分配的最终决定权。而股东会的决议实行资本多数决定的原则，在公司股权集中的情况下，这在实质上等同于大股东的决定。大股东可以控制并利用公司的资源，他们往往希望资金留存于公司而不是分配给股东。因为对于大股东而言，钱在公司，等同于钱在自己手中，丝毫不影响使用本应分配给他们的那部分股利。留存的收益，或许可以用于更有利于自己的关联交易。因此，控制股东可能更倾向于不分配股利政策。① 然而，此时股东会不分配的决议已经生成，即产生法律效

---

① 参见邱海洋《公司利润分配法律制度研究》，中国政法大学出版社，2004，第46页。

力。在股东会决议未被撤销或认定为无效之前，股东只能遵守，法院也不能越过这道程序直接判定公司分配利润。因此，在股东会决议不分配的情况下，法院受理盈余分配纠纷后，首先应当按照《公司法》第22条的规定，从实体和程序两方面考察对股东会决议的效力进行审查：决议内容违反法律、行政法规，则无效；决议内容违反公司章程，或者决议程序违反法律、行政法规、公司章程，则决议可撤销。

如果股东会决议的效力被否定，接下来的问题就是，法院是否直接裁判公司进行利润分配。以下以股东会不分配决议引发的公司盈余分配纠纷为例，将几种典型的观点梳理如下。

第一种观点认为，股东的救济途径主要包括：首先，股东会作出不分配股利的决议后（即使公司只是一年未分配股利），股东可以通过申请确认股东会决议无效或予以撤销的方式寻求救济。其次，如果股东会连续多年决议不向股东分配利润，股东可以提起要求强制分配股利的诉讼，以维护其股利分配请求权。至于具体连续几年不分配股利才可以起诉，《公司法》无规定，将来应在司法解释中加以明确。但根据"举重明轻"的原则，至少可以以五年为限。① 也有法官持类似的观点，其认为，根据《公司法》第35条对股东分红权的规定，应进一步明确股东在公司长期、连续盈利但不分红时，有权提起诉讼。"长期、连续盈利"的判断标准，以最低三年为宜，也即公司符合分配利润的条件，连续三年盈利，但连续三年不向股东分配红利的，股东可以提起诉讼，申请法院予以强制分红。②

第二种观点认为，应区分不同情况：（1）公司决议存在程序上的瑕疵，如果股东通过确认决议无效或者撤销决议的同时，通过矫正程序上的不足，可以重新作出分配股利的决议，则不予受理股东所提起的强制分配股利之诉。（2）公司决议存在程序上的瑕疵，但是由于大股东通过控制公司攫取和占有公司的利润，很难与中小股东重新形成分配股利的决议，则此时应当受理股东提起的强制分配股利之诉。（3）程序上不存在瑕疵的情形下，如果公司大股东利用其控制地位作出不分配股利的决定违反法律或者章程的规定时，此时即使确认决议无效或撤销决议，也很难形成新的分配红利的决议，应准许股东提起股利分配的诉讼请求，并依法判决向股东直接分

① 参见王欣新《论法院对股东股利分配请求权的保护》，《人民法院报》2007年1月17日，第5版。

② 参见梁伟《有限公司小股东分红权的司法救济》，《山东审判》2008年第6期，第55页。

配股利。[①]

第三种观点认为，人民法院受理案件后，经审理认为公司不分配股利确实是明显不当，是对股东股利分配权利的侵害，则应允许法院直接判令公司分配股利，包括根据商务经营惯例确定具体的分配数额。这样可以避免判令由股东会决定股利分配时再次出现不分配决议的反复，无益地延误当事人权利的实现，而且可以避免出现股东会决议只分配极少数额的股利以敷衍法院和股东的现象。这时法院的强制介入不应被视为对当事人意思自治范围内事项的不当干预，因为此时出现了股权多数决原则的滥用，必须通过法院的介入加以纠正，以维护市场经济秩序与公平、公正。[②]

第四种观点认为，当公司管理层或者控制股东滥用资本多数决原则，故意过分提取公积金，而不分配股利或者很少分配股利并以其作为压榨小股东手段时，受害股东有权向法院提出强制公司分派股利之诉。[③] 类似的观点还有，当公司被控制股东控制而长期不分配股利时，如果不给对股利有着特别期待的少数股东以法律救济，那么其对公司的投资无异于被动地沦为无利息的长期贷款，法律的公平价值遭受严重侵害。以"资本多数决"为基础的公司自治原则是公司法的基础原则，也是法律追求效率价值的体现，但如果遭人滥用，严重危及公平价值的实现时，应该受到法律的矫正。强制分配股利之诉就是这样的一种矫正措施，是公平价值与效率价值相平衡的产物。[④] 最高人民法院《关于适用〈中华人民共和国公司法〉若干问题的规定（二）》（征求意见稿）也在股东控制的情况下支持强制分配，即第28条规定："股东因为公司被多数股东控制，长期不分配利润，其以公司为被告起诉请求分配利润的，人民法院应予支持，其数额应当依据公司可分配利润与原告股东的持股比例确定。"其裁判思路是：多数股东控制与公司长期不分配利润这两种现象结合在一起，就可以认定为多数股东滥用了控制权，损害了其他股东的利益，因此股东（大）会决议无效，应强制分配。

第五种观点认为，如果法院认定公司存在控制股东滥用股利分配决定

---

① 参见郝磊《公司股东股利分配请求权的司法救济》，《人民司法·应用》2011年第1期，第70页。

② 参见王欣新《论法院对股东股利分配请求权的保护》，《人民法院报》2007年1月17日，第5版。

③ 参见刘俊海《〈公司法〉的修改与解释：以司法权的适度干预为中心》，《法律适用》2005年第3期，第6页。

④ 参见李建伟《公司诉讼专题研究》，中国政法大学出版社，2008，第353页。

权的情形，那么法院判决在确认公司不分配股利的政策不合法的同时，应判决公司须在一定期限内召开股东会作出分配一定比例的利润的决议，至于股利分配的内容，应由公司受权机关依据公司章程、股东会决议、股东协议或者其他事前约定规定的标准来进行。判决书应当对决议分配的期限、范围、比例底限作出一个适当的安排。关于分配的期限、范围、比例，公司章程、股东会决议或者股东协议等文件存在事前明确约定的，应从之。如无明确约定，分配期限可以确定为判决生效之日起一定期限内，给股东会再次重新考虑的时间；分配的范围既包括公司当年的税后利润，也包括法院认为过高的任意公积金中的一部分；关于分配的比例，法院可以根据经验自由裁量确定一个比较合适的比例作为最低限制，股东会的决议只能高于不能低于该比例。如果在确定期限内公司股东会拒绝作出股利分配的决议，法院可以据当事人的申请依据判决确定的最低分配比例执行。①

　　前述五种观点都是从法院裁判公司利润分配的条件的角度提出的，下面这种观点则是从法院判决类型的角度提出的。有法官认为，法院的判决只能是一个确认判决而非给付判决，即仅应确认截至小股东利润分配请求权所指向的时点小股东对公司拥有多少利润分配权，而不能直接判决公司应给付小股东多少股利。具体来说，应当根据股东诉请的利润分配时点的公司利润状况作出确定性给付判决，至于执行时无利可分（而非无财产可供执行）或无足够利润可分（仅指无足以支付小股东的利润而非全部应分利润）时，法院不应再继续全面强制执行利润分配判决，但因小股东未能实现应得利润造成损失这一结果与大股东不当操控公司不及时分配股利的行为具有直接因果关系，根据《公司法》第20条的规定，小股东将因不能执行到位而产生对控制股东的损害赔偿请求权，即此时小股东的请求权性质发生转化。②

　　无论是股东会决议内容还是召集程序、表决方式上的瑕疵，本质上都是对股东权益的侵害。在普通的民事侵权纠纷的司法裁判中，司法机关在事实认定的基础上，按照民事立法已经确立的救济方法和赔偿标准进行裁判即可。而在公司盈余分配纠纷的司法裁判中，《公司法》规定和统一的司法解释都相当匮乏，甚至在是否受理的问题上都没有形成一致的司法意见。

---

① 参见李建伟、吴冬《论有限公司强制分配股利之诉》，《法律适用》2008年第8期，第30页。

② 参见刘振《有限责任公司股东强制分配股利诉讼的司法应对》，《人民司法》2008年第9期，第29页。

尽管公司法的可诉性逐渐增强，但法官仍然要面临与《公司法》如影随形的问题——司法介入公司事务的程度和方法。学术界的态度更为谨慎，即使在认定股东会决议瑕疵的情况下，也要将问题退回到公司自行解决，并加上一个尊重公司自治的帽子，而仅在个别情况下才肯定法院强制分配，如股东会连续多年决议不向股东分配利润、股东滥用控制权、大股东排挤中小股东等。前述几种观点都有这一特点。

笔者认为，如果股东会决议因召集程序和表决方式上的瑕疵而被撤销，应判决公司在指定期限内重新召开股东会，而不是直接判决分配。这是因为，在违法的程序与合法的股东会决议之间还隔着合法的程序，法院不能预先判定程序上的瑕疵被矫正后公司将形成怎样的利润分配决议，只能交由公司自行处理。如果法院判定股东会利润分配决议的内容违反法律、行政法规或者公司章程，在作出无效或撤销的判决后，应当同时告知公司怎样才是合法的利润分配（即强制分配），这中间不存在任何程序上的阻碍。而且，在很多情况下，股东实体权益的损害是直接可见的，如违反同股同权原则，或者公司可分配利润存在虚假，或者公司未提取法定公积金。第五种观点虽然对重新召开的决议设定了最低限度的要求，并附条件地将其付诸执行，看似平衡了公司自治与股东权益保护，但逻辑上并不合理。既然法院已经对决议分配的期限、范围、比例底限作出了一个其认为"适当"的安排，并强制公司只能在此标准之上进行决议，很显然，公司必然会按照法院认为"适当"的安排来决议。既然如此，就没有必要再设定一个形式上的公司自治程序。

在公司存在股东控制的情况下，对于同时出现的长期不分配股利现象，应当重点关注，但不能直接认定公司不分配违法。最高人民法院《关于适用〈中华人民共和国公司法〉若干问题的规定（四）》（法院系统征求意见稿）第22条以小股东受压榨为条件，肯定了公司长期不分配情况下股东的利润分配请求权："有限责任公司小股东请求分配利润并提供证据证明公司有盈利但长期不分配，且大股东利用其控制地位，滥用多数表决权，压榨小股东利益的，人民法院应当判决公司依照公司法或者公司章程的规定分配利润。"该征求意见稿并没有对滥用多数决定权和压榨小股东利益进行具体解释，在实践中，应主要考察是否存在公司为控制股东支付高额职务报酬、公司与控制股东及其关联人之间关联交易的情况等。

五　股东会违法分配决议与公司盈余分配纠纷的司法裁判

（一）股东会违法分配的界定

违法分配公司利润有两种基本的判断标准：一种是违反法律法规或者公司章程规定的分配规则或者分配程序；另一种是以分配的形式将公司利润从公司非法转移于股东，如以股东为受益主体的非法的关联交易、贷款担保等。

公司利润分配与股东出资是相反方向进行的两种行为，股东虚假出资和抽逃出资是《公司法》明文禁止的行为，但通过分配的形式同样能够达到返还出资于股东的效果，因此，公司利润分配与股东出资纠纷常常纠缠在一起。实践中，有些地方法院根据审判经验，总结出两种触犯公司资本制度的公司分配形式，并将其解释为股东出资纠纷。例如，山东省高级人民法院《关于审理公司纠纷案件若干问题的意见（试行）》第 11 条第 2 款规定：“公司违反《公司法》第一百六十七条第一款、第二款规定分配利润，或者制作虚假财务会计报表虚增利润进行分配的，违法分配的利润视为抽逃出资。”江西省高级人民法院《关于审理公司纠纷案件若干问题的指导意见》第 9 条第 2 款作了同样的规定：“公司违反《公司法》第一百六十七条第一款、第二款规定分配利润，或者制作虚假财务会计报表虚增利润进行分配的，违法分配的利润视为抽逃出资。”[①] 然而，两个意见在最后一条都明确指出，“本意见施行后，出现新的法律、行政法规和司法解释与本意见不一致时，按照法律、行政法规和司法解释执行”。因此，在最高人民法院《关于适用〈中华人民共和国公司法〉若干问题的规定（三）》出台后，形式上是违法分配而实质上是抽逃出资的行为就只留下“股东制作虚假财务会计报表虚增利润进行分配”一种情况，并且要求“损害了公司权益”。至于第 15 条第 5 项规定的“其他未经法定程序将出资抽回的行为”是否能够涵盖违法利润分配的其他情形，暂不可知。

（二）股东会违法分配的典型案例

在苍南县繁荣建材有限公司与陈卫华公司盈余分配纠纷上诉案（［2009］浙温商终字第 800 号）中，温州市苍南县人民法院一审判决：被

[①] 也有法官认为，违反《公司法》第 167 条规定，未提取法定公积金和法定公益金或者制作虚假财务会计报表虚增利润，在短期内以分配利润名义走走出资，是抽逃出资的表现形式。参见席建林《试论公司股东抽逃出资的认定及其民事责任》，《政治与法律》2005 年第 2 期，第 37 页。

告繁荣公司在处置其公司财产并进行分配时，将其股东分为"新""老"股东区别对待，且此分配原则既非全体股东事先约定，事后也非得到原告认可，故违反了法律规定；陈卫华作为公司的股东，应享有与公司"老"股东同等的权利。温州市中级人民法院二审判决也支持了"同股同权"的原则，认为陈卫华应与其他股东按照同样标准分得因繁荣公司土地转让取得的收益款。

在济南隆格医药科技有限公司与韩某公司盈余分配纠纷上诉案（〔2005〕济民二终字第485号）中，山东省济南市中级人民法院二审后认为，隆格公司股东大会作出的分红决议，确定给韩某等人分配红利，虽经隆格公司全体4名股东同意通过，但也须有财务会计报告作为依据，不能仅凭公司股东意思表示一致就分配公司资产，否则可能损害公司、公司债权人、公司交易关系人的利益。被上诉人韩某要求隆格公司按分红决议支付其红利，但没有提供相应的会计报表，而是提交了技术转让合同、联合研制合同等7份合同书，但这些合同只能反映隆格公司曾与他人进行了药品技术转让和药品联合研制，不能反映出隆格公司进行技术转让和药品研制的盈利情况，更不能够直接反映出隆格公司当时的利润，故被上诉人韩某提供的7份合同不能证明隆格公司在作出分红时有相应的利润支持。另外，隆格公司股东大会在作出分红决议时，未缴纳相应的税金及提取相应的公积金，这也不符合《公司法》的规定。综上所述，本院认为没有证据证明分红决议所分红利是严格按《公司法》规定的程序扣除了税金、公积金和公益金之后的可分配利润，因此该分红决议依据不足，韩某要求隆格公司按分红决议支付130万元红利，本院不予支持。

在郑国凤诉淮安第一钢结构有限公司公司盈余分配纠纷案（〔2010〕河商初字第73号）中，第一钢结构公司2003年1月4日股东会决议：2002年度实际利润应按100万元报告；按100万元利润和各股东出资份额比例分配；利润分配额暂时作为公司的借款，并按同期银行利率计息……同年2月21日，第一钢结构公司出具给郑国凤的借据载明，其欠郑国凤2002年度分红款166700元。同年5月16日，第一钢结构公司股东会决议：因公司业务扩展、流动资金规模不断上升，导致公司资金十分紧张，运转不灵……决定2002年度按60万元分配利润。另查，第一钢结构公司在工商部门的年检报告书反映，2002年其暂时性亏损。2002年度终了时，第一钢结构公司没有按照《公司法》规定由会计师事务所对该年度财务会计报告进行审计。淮安市清河区人民法院经审理认为：被告在2002年度终了时并没有对该年度财务会计报告依法经会计师事务所审计。被告两次股东会关于利润分配的决议违法，可能损害公司及其债权人的利益。另外，股东会决定分配利润前并未按照《公司法》规定扣除税款、提取法定公积金等。综上所述，原告的请求无法律依据，不予支持。淮安市中级人民法院二审时判决驳回上诉，维持原判。

（三）股东会违法分配的法律后果

《民法通则》第 61 条规定："民事行为被确认为无效或者被撤销后，当事人因该行为取得的财产应当返还给受损失的一方。……有过错的一方应当赔偿对方因此所受的损失，双方都有过错的，应当各自承担相应的责任。"股东会决议也是法律行为，但有其特殊性：实行资本多数决定原则，在理论上，对于利润分配的决议会存在肯定和反对两种意见，相应的，就可以将参与利润分配决议的股东分为两类，即同意股东和反对股东。此外，还有没有参加股东会的股东。因此，在股东会分配决议被确认无效或者被撤销后，是否区分不同股东而对其法律后果——财产返还作出不同处理，就有不同意见。

有学者认为，对参与利润分配决策的股东来说，让其退还已获得的利润也无可厚非，但对于没有参与决策的广大中小股东来说，他们在不了解公司信息情况下获得了分配利润，应当处于善意占有人的地位，让其退还已获得的利润，与作为决策者的大股东相比，似乎又显得不公平……对于上市公司来说则很难具有可行的操作性。[①] 还有学者持类似看法，认为应当区分不同的情况来处理公司利润的退还问题：其一，对于一般的股东即公司消极股东来说，其根据股东大会决议获得投资利润属于合法所得，即使股东大会决议被确认为无效或者被撤销，其已经取得的合法所得不受影响，即所获得的利润不需要退还给公司。其二，对违法分配公司利润的股东大会决议负有责任的公司控制股东则应当将其所获得的公司利润返还给公司。[②]

对于财产返还责任是否要区别不同股东作不同处理，笔者持反对意见。理由是，在公司法的语境下，股东会决议对公司、全体股东均具有法律约束力，《公司法》并没有区分生效的股东会决议与无效、可撤销的股东会决议而对其效力作出不同规定或说明，因此不能作出区别解释。另外，《公司

---

① 参见周友苏《新公司法论》，法律出版社，2006，第 462 页。
② 参见石纪虎《股东大会决议瑕疵后果的实证分析》，《法治研究》2009 年第 6 期，第 25 页。

法》第 167 条第 5 款也明确规定："股东会、股东大会或者董事会违反法律规定在公司弥补亏损和提取法定公积金之前向股东分配利润的，股东必须将违反规定分配的利润退还公司。"虽然此处仅规定了违法分配的一种情况，即在公司弥补亏损和提取法定公积金之前向股东分配利润，但在对此条进行解释时，应将其含义扩大为所有被认定为违法分配的情形。

按照《公司法》关于利润分配的决策程序，股东会利润分配决议以董事会的利润分配草案为依据，股东会利润分配决议内容违法，则往往连带牵扯出董事会决议违法问题。结合《公司法》第 20 条、第 150 条、第 153 条等规定，董事的损害赔偿责任也应当包含在违法分配的法律后果中。此外，当有关分配公司利润的股东大会决议被确认为无效或者撤销后，公司董事会应当负有向公司控制股东追回其所获得公司利润的义务。如果公司董事会不积极履行这一义务而因此造成公司损失的，同样需要承担赔偿责任。①

六 股东会决议执行中的公司盈余分配纠纷

（一）公司盈余分配决议执行的典型案例

在原告张科与被告甘肃天通石化发展股份有限公司盈余分配纠纷案（［2012］城法民二初字第 050 号）中，2012 年 1 月 18 日，原告在接到被告电话通知后，前往被告处参加被告董事会召集的股东大会，公司董事长马琳向参加会议的包括原告在内的股东们宣布：2011 年度按股东所持股份每股 0.04 元分红，大会后，被告以给各股东在兰州银行股份有限公司大成支行开立存折账户的方式发放了 2011 年度的红利款，但未给原告发放。原告认为被告侵犯了其股东权利，诉至法院。被告辩称：未给原告发放 2011 年度股份红利款是因包括原告在内的部分股东在 2012 年 1 月 18 日的股东大会上扰乱会议秩序，致使大会未能就该年度利润分配形成股东大会决议。因此，被告在未经股东大会决议的情形下向部分股东发放红利款是错误的行为。且被告公司的监事会于 2012 年 2 月 27 日以未经股东大会批准，董事会即向股东支付 2011 年度红利款错误为由，形成《关于 2011 年度分红问题的决议》，提请董事会立即纠正已实施的分红行为。次日，被告公司的董事会又通过了包括"（1）立即纠正越权决定支付 2011 年度红利款的行为，重新将分红方案提交股东大会批准；（2）责令公司财务部门立即停止向股东支

---

① 参见石纪虎《股东大会决议瑕疵后果的实证分析》，《法治研究》2009 年第 6 期，第 25 页。

付 2011 年度的红利款；（3）责成公司财务部门向已领取了红利款的股东说明原因，要求其立即将红利款交回公司"等三项内容的《关于纠正 2011 年度分红问题的决议》。兰州市城关区人民法院经审理认为，原告作为被告公司的合法股东，在被告公司股东大会已作出利润分配方案决议的情形下，原告即依法具有了获得红利的权利，故被告拒绝按公司股东大会已作出的利润分配方案向原告支付其应得红利款的行为侵犯了原告的合法权利，其应依法及时向原告支付 2011 年度的股份红利款。关于被告监事会和董事在案件审理过程中作出的两份决议，由于公司董事长宣布的公司 2011 年度每股 0.04 元的股份分红方案并没有被会议否决，且被告公司与大部分股东已照此发放和领取了红利款，被告并未向本院举出在股东大会上宣布分红方案以及发放红利款是某个董事或高级管理人员的个人行为的证据，故被告以该两份《决议》否定股东大会已通过和实施了的公司分红方案没有合法依据，本院不予采信。

（二）股东会决议效力审查的条件

前述案例反映的情况是，被告提出公司股东大会因包括原告在内的部分股东干扰而无法形成利润分配决议，且董事会已经按照监事会的决议纠正了"错误"行为，那么，当股东以此向法院提起诉讼时，法院是否应审查股东会决议的效力，还是依据股东会决议直接判决公司支付？最高人民法院曾在《关于适用〈中华人民共和国公司法〉若干问题的规定（二）》（征求意见稿）第 28 条第 3 款规定："股份有限公司股东提供股东大会决议分配方案的，人民法院应当判决公司执行股东大会决议的内容，但公司提供证据证明股东大会决议的分配方案不符合法律规定、或者股东大会决议被依法认定无效或者撤销的，人民法院应当判决驳回原告的诉讼请求。"征求意见稿的规定表明，法院不会主动对股东大会利润分配决议的效力进行审查，股东大会决议具有直接执行的效力。但如果公司能够证明利润分配方案本身违法或者股东大会决议的效力瑕疵已经司法认定，股东的利润分配请求就会被驳回。

在股东会利润分配的决议通过之后，股东的利润分配请求权成为既得性权利，股东与公司之间形成了债权债务关系。因此，当股东起诉执行股东会利润分配决议时，如果股东会决议没有被依法认定为无效或者被撤销，法院并没有义务审查股东会决议的效力。然而，如果公司对股东会的召集或表决程序提出质疑，或者认为利润分配方案违反法律、行政法规或者公司章程，法院就要对股东会决议的效力、利润分配方案的合法性进行审查。

七　公司盈余分配纠纷中公司可分配利润的确定标准

法院受理"公司盈余分配纠纷"之后，如果判决公司强制分配利润，或者原被告双方对原告的利润分配请求中所依据的公司利润总额存在争议，法院就要面临确定公司可分配利润的数额的责任。

（一）法院的态度

在司法实践中，各地法院在确定公司可分配利润的数额时并没有形成统一的标准。

1. 以专业审计为依据

有些法院就以会计师事务所的审计为依据确定可供分配的公司利润。例如，在广州市越秀恒和企业投资有限公司诉广州市浚泰物业发展有限公司等公司利润分配请求权案（穗中法民二初字第 32 号）中，广州市中级人民法院依照原告的申请对被告浚泰物业经营场所进行证据保全，查封了 2001 年 2 月 1 日至 2004 年 12 月 1 日被告浚泰物业的相关账册及合同等，并委托广东启明星会计师事务所对被告此期间的利润进行审计。依照广东启明星会计师事务所粤启审字〔2006〕第 1534 号《专项审计报告》的结论，确定浚泰物业 2001 年 2 月 1 日至 2004 年 12 月 1 日的税后利润为 3741603.85 元。双方均对该审计报告有异议。法院核查后认为，原、被告对审计报告的异议均不能成立。故按照《专项审计报告》确定的税后利润，扣除法定公积金和公益金之后，按照出资比例确定原告可分得的利润。

在杨雪梅诉昆明宝信捷生物应用设备有限公司等公司盈余分配纠纷案（〔2004〕盘法民一初字第 0554 号）中，虽然作为公司的另一股东的张晖在一审中认为可以进行分配利润，但对于分配的利润的具体余额，双方在一审过程中不能达成一致。昆明市盘龙区人民法院根据昆明华信华昆会计师事务所有限公司出具的司法会计鉴定报告认定，确定被告昆明宝信捷生物应用设备有限公司自成立之日起至 2004 年 12 月 30 日共有利润人民币 1492564.16 元、美元 103974.08 元，并判决，待被告昆明宝信捷生物应用设备有限公司到税务机关补交有关税收并提取 15% 法定公积金和法定公益金后，由被告张晖和被告昆明宝信捷生物应用设备有限公司于 30 内按原告杨雪梅的投资比例进行利润分配（即利润的 40%）。

在周慧君诉嘉兴市大都市置业有限公司、嘉兴大都市实业集团有限公司盈余分配权纠纷上诉案（〔2005〕浙民二终字第 288 号）中，浙江省高级人民法院在征求原被告意见的情况下，委托会计师事务所对置业公司 2004

年末的可分配利润进行审计，最后确定可分配利润为负数。

2. 以公司内部会计资料为依据

有些法院以资产负债表、利润及利润分配表为参考，确定其未分配利润额以及股东应分配数额，如上海市第二中级人民法院二审终审的郭朝绪与吴一鸣等股东利润分配纠纷上诉案（［2000］沪二中经终字第280号），虽然无法认定赛洋公司有伪造财务凭证及资产负债表并提供伪证的事实，但由于其财务管理存在的问题，故不应按被上诉人提交审计的财务凭证及资产负债表认定1998年度利润应予调整的事实。根据赛洋公司提交年检的报表及交法院审计的报表中未分配利润一致，均为3307411.58元，故可按此认定1998年度未分配利润。

在张俊与张浩等分配权纠纷案〔［2002］闵民二（商）初字第973号〕中，上海市闵行区人民法院一审判决即以被告浩盛公司2001年资产负债表、利润及利润分配表为参考，确定被告浩盛公司自成立至2001年底未分配利润为人民币29294.83元。在该案的二审〔［2003］沪一中民三（商）终字第116号〕中，上海市第一中级人民法院判决认为，上诉人作为被上诉人浩盛公司的股东，有按出资比例分取红利的权利，其实际要求被上诉人张浩、浩盛公司分配三年的利润人民币2万元，但其并未提供支持该诉讼请求的确凿证据，故原审在被上诉人浩盛公司尚不具备审计条件的情况下，参照2001年资产负债表、利润及利润分配表，对被上诉人浩盛公司自成立至2001年底未分配利润的具体金额作出认定，并无不妥。上诉人称原审认定利润额所依据的2001年资产负债表、利润及利润分配表虚假，无充分证据为证，不能采信。

在袁某诉湖南湘辉电器制造有限公司公司盈余分配纠纷案（［2011］湘法民二初字第181号）中，湖南省湘乡市人民法院判决认为，因被告的固定资产明细表、退货明细及清单、烂账明细及对账单、欠条以及《湘辉电工2011年2月16日公司盘底年终结算表》等均未通过召开股东大会确认，又未进行财务审计。因此，法院征询被告是否需要申请组织进行财务审计，被告不同意申请财务审计。于是，法院依据双方没有异议且经其确认的证据《湘辉电工2011年2月16日公司盘底年终结算表》为准，确定被告的2009年度和2010年度的可分配利润以及原告的分红金额。

3. 其他依据

还有的法院参照行业利润水平来确定公司税后利润，如［2006］通民初字第05702号判决确认了股东依法享有资产收益权，同时，鉴于"被告未能提供完整的会计记账凭证，无法审计其经营利润情况，为规范公司治理，保护中小股东利益，本院参照相关行业利润水平酌情确定被告所订立的合同的经营利润率为 30%，从而确定被告已到期合同金额的 30% 为税后利润，提取 20% 的法定公积金、10% 的任意公积金后，剩余 30% 的利润应分配给原告"。

在潘某与被告上海某制冷设备安装有限公司盈余分配纠纷案〔〔2012〕普民二（商）初字第 284 号〕中，由于三被告对原告提供的所谓某公司财务资料未予认可，且原告亦不能证明证据的真实性，因此，上海市普陀区人民法院最后根据《企业法人年检报告》确定，2002 年至 2007 年某公司每年均为盈利状态，累计盈利 6356430 元，提取法定公积金后的可供分配的利润为 5720787 元，原告按 15% 比例可分得 858118.05 元，扣除原告曾经分红 150000 元，原告尚可分得 708118.05 元。

（二）其他观点

有观点首先赞同委托会计师事务所对拟分配股利期间的利润进行审计，进而确定应分配数额的做法，进而提出，在确定分配额度时，应当考虑公司自主经营和自身发展的需要，适当扣除公司运营需要从税后利润中支出的合理部分（如公司经营过程中的合理开支、为维护企业良好形象或者社会公益履行社会责任的合理支出等）。至于何为需要从税后利润支出的合理部分则应由公司进行举证。如果其不能进行合理的举证，则相关支出不能从应分配数额中进行扣除，而应作为股利分配给股东。①

还有观点认为，为达到司法介入的预期目的，法院在确定利润分配数额时除应坚持司法应对的基本思路外，还应将以下具体因素纳入视野加以综合考察，以最终确定利润分配的数额。第一，公司资产与负债状况。第二，公司未来投资机会。第三，公司是否出现了解散事由。②

（三）确定公司可分配利润的原则和方法

法院不愿介入公司利润分配，其主要原因是，是否分配利润以及分配多少利润受制于多种因素，如社会经济发展的大环境、行业发展、公司本身的投资规划等，具有相当的不确定性和判断上的难度。因此，法院在确定利润分配的标准时，需要借助专业人士，尤其是会计师事务所对公司利

---

① 参见郝磊《公司股东股利分配请求权的司法救济》，《人民司法·应用》2011 年第 1 期，第 68 页。

② 参见刘振《有限责任公司股东强制分配股利诉讼的司法应对》，《人民司法》2008 年第 9 期，第 28~29 页。

润进行审计，确定会计上可供分配的利润。在前引案例中，很多法院都是借助会计师事务所的审计报告或者司法会计鉴定报告作出裁判的，而以公司内部会计资料为依据的案例中，往往是公司内部财务管理存在问题，不具备审计条件，或者一方诉讼当事人不同意审计，从而使专业审计无法操作。

从前引案例可以发现，法院委托会计师事务所审计往往是原告一方提出的，或者经原被告双方同意，起因在于原被告双方对公司可分配利润的金额不能达成一致意见。但如果原被告任何一方都没有提出对公司进行审计的要求，法院一般不会主动委托审计。在周慧君诉嘉兴市大都市置业有限公司、嘉兴大都市实业集团有限公司盈余分配权纠纷案（〔2005〕嘉民二初字第151号）中，双方当事人就置业公司2004年度未分配利润情况，各自举出了相反的证据，但都没有足够依据否定对方的证据，嘉兴市中级人民法院对双方证据的真实性及一方证据证明力是否明显大于另一方的证据，均无法作出判断，故依举证责任分配原则，对周慧君主张的置业公司2004年度未分配利润为36638742.23元之事实不予认定。因此，驳回周慧君要求按出资比例分取置业公司2004年度利润36638742.23元的诉讼请求。

从公司商业判断的角度来看，法院确定的可分配利润未必是商业上最合理的，而正是其中必然存在的某些不合理因素，会对公司利润分配形成一定的外在压力。在公司不分配或者仅象征性分配成为突出问题的时候，司法裁判的这种导向作用会明显地体现出来，而司法政策可以根据问题发展的状态和解决的程度随时进行调整。

上市公司收购法律制度的商法解读

——基于《证券法》第四章和《上市公司收购管理办法》的研究

郑　彧[*]

【内容摘要】《证券法》第四章"上市公司的收购"确立了我国上市公司收购监管的基本法律制度，中国证监会也通过《上市公司收购管理办法》细化了上市公司收购的监管规则与操作流程。尽管如此，相较于境外成熟证券市场的监管规则，我国上市公司收购监管无论是在定义、法律条文、监管措施还是在监管理念、立法技术和制度设计上都存在着不少差距，甚至在很大程度上存在着收购监管制度不能适应日趋市场化、复杂化的收购行为的问题。为此，本文希望通过制度分析的方法，重新梳理与审视我国现有上市公司收购监管制度存在的法律问题，并根据我国证券市场"新兴＋转轨"的特点对上市公司收购监管制度提出更为细致的设计方案，以推动立法者、监管者与学者们在上市公司收购监管方面的进一步研究。

【关键词】上市公司收购　监管制度　制度设计

一　引言

依据 2005 年 10 月 27 日修订后的《证券法》第四章"上市公司的收购"和中国证监会根据该法修订的《上市公司收购管理办法》（以下简称《收购办法》），我国目前对上市公司收购的监管是根据收购方式的不同类别

---

* 华东政法大学国际金融法律学院讲师。

而施加不同层次的监管措施，这种监管结构主要包括持股变动披露的监管和要约收购的监管。有关监管层次及措施可如下图所示：

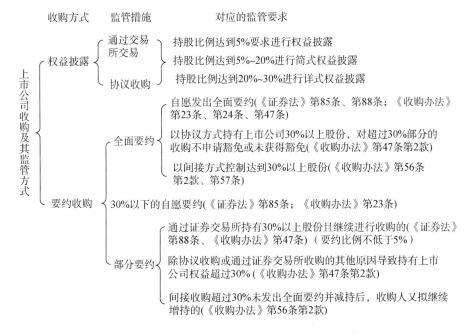

二　问题：不完善的监管规则

（一）监管定义的逻辑冲突

现有上市公司收购制度对"上市公司收购"的定义只是含糊地规定"收购人可以通过取得股份的方式成为一个上市公司的控股股东，可以通过投资关系、协议、其他安排的途径成为一个上市公司的实际控制人，也可以同时采取上述方式和途径取得上市公司控制权"。在立法者放弃对"收购"进行界定时，① 有关收购行动下的行为准则冲突就凸显。

第一，由于《证券法》第四章的标题是"上市公司的收购"，同时该章通过第 86 条、第 94 条明确将股份比例界于 5%～30% 的交易划入上市

---

① 在 2002 年的《上市公司收购管理办法》中曾以"是否获得控制权"对"收购"尝试进行定义，它规定"本办法所称上市公司收购，是指收购人通过在证券交易所的股份转让活动持有一个上市公司的股份达到一定比例、通过证券交易所股份转让活动以外的其他合法途径控制一个上市公司的股份达到一定程度，导致其获得或者可能获得对该公司的实际控制权的行为"。

公司收购监管的范围（如履行公告、披露及爬行收购的义务等），因此我们不难推知：除了通过证券交易所或协议方式取得上市公司发行股份30%以上的交易行为可构成上市公司收购外，那些通过证券交易所或以协议方式取得的30%以下股份的行为也构成法定的"收购行为"。而一旦构成"收购行为"则必须依据《证券法》第98条遵守"收购完成后的十二个月内不得转让"的义务。但问题是，《证券法》第47条却存在如下规定"……持有上市公司股份百分之五以上的股东，将其持有的该公司的股票在买入后六个月内卖出……，由此所得收益归该公司所有"。由于《证券法》第47条只是规定行为人在法定6个月期限内从事限定性交易的"归入权"后果（即收益归上市公司所有），它并不是禁止或限制持有5%以上的股东在收购完成后的6个月内从事相应的股票买卖行为。因此一个已持有上市公司超过5%股份（但不超过30%）的收购人因放弃收购（或收购失败）而打算出售其持有的收购股份时，在《证券法》第47条的逻辑下，即使构成《证券法》第86条的"收购行为"，收购人在收购完成后的6个月内抛售股份虽违反第98条的规定却符合第47条的规定（因为第47条只要求归入权的义务而没有禁止交易），而且第47条隐含已持有上市公司超过5%股份在买入或卖出的6个月后进行交易并不违法（第98条规定的期限是12个月内不能买卖），因此这样的规定直接造成了《证券法》法律条款的直接冲突。

第二，同样持有上市公司30%股份的持股数量条件下，《证券法》第86条和第96条分别针对持股来源采取了"通过证券交易所的证券交易……投资者持有或者通过协议、其他安排与他人共同持有"和"采取协议收购方式的……，收购人收购或者通过协议、其他安排与他人共同收购"的不同表述，其中通过"证券交易所"与"采取协议收购方式"、"持有"（"共同持有"）与"收购"（"共同收购"）的不同用词是否可以表明立法者是以"股份取得的方式"（即通过交易所交易还是以协议交易作为区分方式）作为"上市公司收购"的划分标准？由于《证券法》的条文在对待同一比例股份的购买问题上会因购买场所与购买方式的区别而存在巨大的监管用词差异，如果在"法无明文规定不为禁"的法律理念下，我们是否可以理解为"通过证券交易所的交易一次性持有或共同持有上市公司30%以上的股份"不属于"上市公司收购"的范围，并由此推导出"通过证券交易所持有上市公司30%以上的股份"的自然人或组织因不构成"收购行为"而无须遵守《证券法》第四章以及《收购办法》的监管规则？

（二）被异化的"预警式披露"监管

预警式披露也称为"大股东报告义务"，其最为基本的监管意义在于"当投资者直接或间接持有一家上市公司发行在外的有表决权股份达到一定比例或达到该比例后持股数量发生一定比例的增减变动时，其负有向上市公司、证券交易所及证券监管部门披露有关情况的义务"①。预警式披露的目标主要有两个：第一，小比例的股权变化（如达到5%或之后的1%变化）本身不会造成上市公司控股权的转移，一般情况下通常也不意味着将来一定会因收购发生控制权的转移，但基于其在一定程度上暗示着进一步收购股份从而发生控制权转移的可能性，而这种可能会对目标证券的供求关系造成影响，也会影响目标公司资产价值的预判，因此有必要及时提醒公众以注意股权变化的动向，让他们对可能发生的收购产生合理预期；第二，由于交易量增大往往引起市场价格的剧烈波动，通过预警式的披露可以让公众及时了解大股东的交易行为，作为防止因收购产生的内幕交易和市场操纵的重要预防手段。② 因此预警式披露的监管意义在于通过制度要求来获得保证投资者公平博弈与鼓励公司收购行为之间的利益平衡：一方面，披露制度应该要求收购方尽早披露尽可能多的情况，使投资者能够掌握更加充分的信息对证券价值做出判断；另一方面也要确保披露制度不会导致目标证券价格变动过快，增加收购方的收购难度和收购成本。

表面上我国《证券法》和《收购办法》在法律条文上呈现出对上市公司收购的"阶梯式披露"要求，如规定"通过证券交易所的证券交易，投资者持有或者通过协议、其他安排与他人共同持有一个上市公司已发行的股份达到百分之五时，应当在该事实发生之日起三日内，向国务院证券监督管理机构、证券交易所作出书面报告，通知该上市公司，并予公告；在上述期限内，不得再行买卖该上市公司的股票"，"投资者持有或者通过协议、其他安排与他人共同持有一个上市公司已发行的股份达到百分之五后，其所持该上市公司已发行的股份比例每增加或者减少百分之五，应当依照前款规定进行报告和公告。在报告期限内和作出报告、公告后二日内，不

---

① 吴弘主编《证券法论》，世界图书出版公司，1998，第153页。

② 参见王化成、陈晋平《上市公司收购的信息披露——披露哲学、监管思路和制度缺陷》，《管理世界》2002年第11期。

得再行买卖该上市公司的股票"①，但基于"宝延风波"② 后中国证监会的监管表态，③ 法律表述上的"阶梯式披露"在实践中被扩展成了严格的"爬行式收购"要求，即收购人每一次的收购行为均不可以使其收购的股份比例超过5%的"政策红线"，这使得任何意图通过一次性交易直接达成超过5%或低于5%的某个特定比例的收购或出售都可成为违法、违规事件。④ 监管层的意图虽是希望限制因买方"突然袭击"或卖方"大量抛售"而给股价带来的暴涨或暴跌，但这种对《证券法》扩大解释的做法同样限制了市场参与各方通过市场手段和供求关系重新评估证券价格合理性的机会，加重了那种不以获得控制权为目的的收购方进行收购的成本与披露的负担，不利于市场正常的、不以获得控制权为目的的收购或出售活动。

---

① 《证券法》第86条，2006年《收购办法》第13、14条的表述大同小异。

② 1993年9月深圳宝安（集团）上海公司（宝安上海）对上海延实业股份有限公司（"延中实业"）的股票进行收购。截至9月29日，宝安上海及其关联公司合计持有的延中实业股份比例为10.65%。9月30日，通过一系列的操作，宝安上海及其关联公司合计持有的延中实业股份比例达到17.07%。在此之前，深宝安及宝安上海未做出任何披露，直至9月30日才发出持有延中实业发行在外的普通股达5%以上的简要公告。由于此前的《股票条例》没有相关一致行动人的概念，因此深宝安当时通过二级市场收购延中实业的行为是否存在违规行为在当时存在较大的争议，后来中国证监会确认了深宝安购买延中实业股权行为的有效性。

③ 中国证监会基于此案而对《股票条例》第47条的规定理解为"自法人直接或者间接持有一个上市公司发行在外的普通股达到5%的那一时刻起，其作出报告和停止买卖该种股票的义务随即产生"（参见中国证监会《中国证监会发言人就宝安上海公司大量买入延中股票一事发表谈话（1993年10月22日）》，载《中国证券监督管理委员会公告》1993年下册，第163页）。

④ 最近的一个例子是深圳证券交易所对北京嘉利九龙商城有限公司"违规减持"的处罚：嘉利九龙2008年8月20日通过深交所证券交易系统采用大宗交易方式出售中核钛白股份1742万股，占中核钛白股份总额的9.1684%，当日嘉利九龙通知上市公司中核钛白。8月21日，上市公司中核钛白对股东减持情况刊发公告，嘉利九龙也公布了《简式权益变动报告书》公告其减持9.1684%比例股份的情况。但针对嘉利九龙一次性减持9.1684%的行为，深交所认为依据《上市公司收购管理办法》第13条第2款的规定："投资者及其一致行动人拥有权益的股份达到一个上市公司已发行股份的5%后，通过证券交易所的证券交易，其拥有权益的股份占该上市公司已发行股份的比例每增加或者减少5%，应当依照前款规定进行报告和公告。在报告期限内和作出报告、公告后2日内，不得再行买卖上市公司的股票"，而嘉利九龙在出售中核钛白股份达到5%时，在未及时刊登权益变动报告书情况下继续出售中核钛白股份。上述行为已经违反规定，由此予以公开谴责并限制其减持其余股份三个月的处罚。有关处罚决定可参见《关于对北京嘉利九龙商城有限公司给予处分的决定》（深证上［2008］129号），资料来源：深圳证券交易所网站，http://www.szse.cn/UpFiles/cfwj/2008-09-04_00214566.doc，访问日期：2008年9月5日。

（三）下位法对上位法的"严重越位"

我国现行的收购监管制度在参考英式强制性全面要约收购与美式自愿要约收购制度的基础上，形成了"全面要约"要求与"部分要约"要求并存的上市公司收购监管制度。如《证券法》第85条规定"投资者可以采取要约收购、协议收购及其他合法方式收购上市公司"，同时在该法第88条、第96条分别针对"通过证券交易所的证券交易"和"采取协议收购方式"进行收购时确定了全面要约与部分要约并存的收购原则。法律虽如此制定，但在实践中，可被监管层接受的收购方式与《证券法》的规定还是有所差异，集中体现为《收购办法》对要约收购方式的划分：作为证券监管基本法的《证券法》虽给予收购人"全面要约收购"与"部分要约收购"两种选择（第88条、第96条），但《收购办法》第47条却规定"收购人拟通过协议方式收购一个上市公司的股份超过30%的，超过30%的部分，应当改以要约方式进行；……未取得中国证监会豁免且拟继续履行其收购协议的，或者不申请豁免的，在履行其收购协议前，应当发出全面要约"，这就在监管实践中排除了通过场外协议收购取得上市公司超过30%的股份而继续进行收购（无论是通过证券交易所与否）时采取部分要约收购的可能，进而在事实上否定了《证券法》对"协议收购"的收购人赋予采取部分要约收购的权利。除此以外，虽然不少专家学者认为《证券法》已经赋予收购方进行"部分要约收购"的权利，但事实上，《证券法》只是在第88条和第96条允许收购人在触发强制性要约条件时不进行全面要约而以部分要约方式履行强制性收购义务，该法并没有明确在强制性要约收购临界点（30%）之下使用部分要约的方式进行收购是否合法。[①] 但在中国证监会颁布的《收购办法》中，中国证监会允许"投资者自愿选择以要约方式收购上市公司股份的，可以向被收购公司所有股东发出收购其所持有的全部股份的要约（以下简称全面要约），也可以向被收购公司所有股东发出收购其所持有的部分股份的要约（以下简称部分要约），收购人以要约方式收购一

---

① 《证券法》第88条第1款"通过证券交易所的证券交易，投资者持有或者通过协议、其他安排与他人共同持有一个上市公司已发行的股份达到百分之三十时，继续进行收购的，应当依法向该上市公司所有股东发出收购上市公司全部或者部分股份的要约"；紧接着该条第2款表述为"收购上市公司部分股份的收购要约应当约定，被收购公司股东承诺出售的股份数额超过预定收购的股份数额的，收购人按比例进行收购"。所以从立法逻辑上看，有关按比例接纳原则是适用于该条第1款的强制性要约收购时的部分要约收购而无法理解为对任意情形下的部分要约收购。

个上市公司股份的，其预定收购的股份比例均不得低于该上市公司已发行股份的5%"。由此，在监管实践中，下位法的监管措施与解释均直接与作为上位法的《证券法》冲突，是对《证券法》的严重"越位"。

（四）　缺少要约收购失败后的规制措施

要约是一种以确定的条件"希望和他人订立合同的意思表示"。因此，在要约收购中，收购要约的发出并不代表收购的完成，它还要依托于被要约方作出承诺的约束后方可达成收购交易。在要约收购中，必然存在一种可能：即收购方无法按照收购要约的条件完成收购（主要体现为无法完成收购要约中的预约收购量），在这种情况下，通常视为要约收购失败。"如果收购失败后再频繁地发生收购与反收购，势必危及市场的稳定与秩序，诱发证券欺诈与过度投机，保护股东利益的宗旨就难以实现[1]"。为此，在英美法系国家或地区，针对要约收购失败后多对要约人在未来特定期间的再次要约、购买或转售进行限定。如英国的《收购守则》第35号规则就规定一次要约失败后，要约人在12个月内不能再次进行类似的要约或相关的购买股份权益活动。香港地区《公司收购及合并条例》第31章节也有类似规定。大陆法系的德国也通过其《证券收购法案》规定如收购失败或联邦金融监管局禁止公布要约，收购方在1年之内不得提出新的要约。美国虽没有强制要约收购的制度，但《1934年证券交易法》及SEC相应的法规通过对欺诈、操纵、欺骗等的禁止，从衡平法的角度禁止滥用要约收购或委托代理方式操纵股价、内幕交易等非法行为。而我国涉及收购后果的规定只是"收购人持有的被收购的上市公司的股票，在收购完成后的十二个月内不得转让"（《证券法》第98条），"发出收购要约的收购人在收购要约期限届满，不按照约定支付收购价款或者购买股份的，自该事实发生之日起3年内不得收购上市公司，中国证监会不受理收购人及其关联方提交的申报文件"（《收购办法》规定第78条）。[2] 除此之外就再没有对要约收购失败后的行为限制作出详细而有约束力的其他监管规定，这就不利于对收购人在收购失败后其持股、转售、再次收购、改组董事会等一系列可能存在行为的规制，使得我们的上市公司收购法律制度显得残缺不齐。

（五）　缺少收购方行使"强制挤出权"的保护设计

从海外上市公司收购制度上看，在收购人取得大部分股份的情况下

---

[1]　王肃元、周江洪：《上市公司收购中股东权的保护》，《政法论坛》2000年第2期。

[2]　《证券法》中"收购完成"非指"收购失败"，而《收购办法》中"不按照约定支付收购价款或者购买股份的"也仅是指违约而非"收购失败"。

（特别是通过全面收购要约获得绝大多数股份的情况下），法律允许收购人有权选择强制收购其余股东股份的权利（即"强制挤出权"，squeeze-out）和其余股份持有人强制向收购人出售股权（即"强制出售权"，compulsory purchase right）的权利。比如，英国规定收购人在获得超过标的证券总计90％以上的权益后可以强制收购其余少数股东持有的权益，将少数股东挤出。而若是通过协议安排进行的收购，则如果可以得到持有超过75％表决权以上的多数股东的同意，则有关合并或挤出安排将约束目标公司的所有股东；① 法国允许如果要约收购方在获得目标证券95％以上的股份及投票权，其有权行使"强制挤出权"将少数股东挤出；德国规定如果收购人获得超过目标公司95％表决权的股份，在要约接受期结束的三个月内可以向法院申请要求少数股东强制转让附有表决权的剩余股份，经过法院批准的挤出权不需要股东大会的决议批准。除此之外，于任何时间，持有标的公司全部股本95％以上的股东可以要求股东大会以决议方式要求强制收购少数股东的股份，有关强制收购的对价补偿由法院委任的审计师在公司对这些股份价值自我评估的基础上审查确认。② 通过上述国外立法，我们可以发现"强制挤出权"是上市公司收购中普遍存在的监管制度，是法律对收购人收购利益与目标公司其余股东利益平衡的另一种体现，体现了收购制度对收购人收购意图与权利的尊重与保护。然而在我国现有上市公司收购监管制度下，监管的理念偏向于中小股东的保护，因此，监管层乐于推动"强制出售权"在收购制度中的地位，充分放宽中小股东在全面收购完成后向收购人要求按照要约价格收购股份的权利（我国规定如果因收购导致上市公司退市，收购人就负有依照其余股东的要求收购其余股份的义务③），但我国目前的上市公司监管制度却没有对收购人取得绝大数股份的情况下

---

① § 979 – 982, Companies Act of 2006; Schedule 2 "SQUEEZE OUT AND SELL OUT" of The Takeovers Directive (Interim Implementation Regulation 2006).

② Sourced from: Regulation of Public Mergers and Acquisition in Europe, presented by Herbert Smith Gleiss Lutz Stibbe.

③ 《证券法》第97条"收购期限届满，被收购公司股权分布不符合上市条件的，该上市公司的股票应当由证券交易所依法终止上市交易；其余仍持有被收购公司股票的股东，有权向收购人以收购要约的同等条件出售其股票，收购人应当收购"；2006年《收购办法》第44条"收购期限届满，被收购公司股权分布不符合上市条件，该上市公司的股票由证券交易所依法终止上市交易。在收购行为完成前，其余仍持有被收购公司股票的股东，有权在收购报告书规定的合理期限内向收购人以收购要约的同等条件出售其股票，收购人应当收购"。而国外通常是在收购达到90％以上时，剩余持股人才有权要求向收购人按合理价格出售持有的股份。

按照法律认可的"公平程序"（如要约价格）强制收购剩余股东所持股份的权利进行确认。而在西方发达国家，这种以"挤出式收购"方式获得极少数股东所持剩余股份却是收购人实现上市公司"私有化"（privation）的重要手段，也是收购方成功进行全面要约收购的重要标志。

三　改进：完善上市公司收购监管的路径构思

（一）以"控制权变动"作为上市公司收购监管的逻辑基础

现有《证券法》将某些不以获得实际控制权为目的的股份购买行为放在了"上市公司的收购"章节进行规范，这导致将一般的重大交易的"信息披露监管"和为中小股东利益保护的"要约收购"监管混用，引发对收购的监管对象范围界定过大的问题（见本文第二部分第一点的论述）。虽然在强制性要约收购临界点之下的重大交易行为不能完全排除购买方获得上市公司控制权的意图，但这并不能说明任何重大的交易（如5%以上股份）都可构成"上市公司的收购"。在现实的商业实践中，我们不能排除投资者以套利为目的而在短期内从事超过特定比例股份的套利交易，如果把这种行为也说成上市公司的收购行为，就使得收购制度与客观事实存在严重不符。① 更甚者，对这类不具备控制权变动的交易行为也归入"收购"的监管范围会使得"干预多过自由"的监管实践与保持市场"公平与效率平衡"的监管目标背道而驰。基于此，本文建议：

第一，根据收购目的与实现控制权的可能性，将现有统称的"上市公司的收购"按证券市场的实际操作划分为"大宗交易"与"控制权变动"两个方面的内容，同时将《证券法》第四章的标题"上市公司的收购"相应修改为"大宗交易与控制权变动"。② 此等改动既可以保持现有《证券法》第86条对持有5%以上股份的股东变动施加"阶梯式披露"的监管要求，又可以以"控制权变动监管"为核心勾勒出上市公司收购的内涵与外延。

第二，考虑到"在法律上确定的代表控制权的股份比例和具体个案中该比例是否确定形成控制权没有必然关系……针对每起上市公司股份交易

① 参见隋艳坤、尚浩东《上市公司收购概念的界定》，《经济师》1999年第12期。
② 虽然上海证券交易所和深圳证券交易所已经有以交易金额为标准的"大宗交易"及"大宗交易系统"（深交所于2009年1月已将大宗交易系统升级为综合协议交易平台），此"大宗交易"是以持股比例为基数的重大交易而非以交易金额为标准的交易量。

判断其是否构成实际控制权并进而判断其是否构成收购明显缺乏效率"①，为合理界定上市公司收购，本文建议在现有《证券法》第 87 条与第 88 条之间增加一条有关对"控制权变动"的概念界定，以此将《证券法》中涉及全面要约收购的监管划归到"控制权变动"的概念项下进行规制，比如，可规定"控制权变动"是指"任何人士及其一致行动人持有、通过协议或者其他方式进行的以下交易构成本章所述的控制权变动：（1）通过证券交易所的证券交易，取得或控制一个上市公司已发行的股份达到 30% 及以上；（2）通过协议方式取得或控制一个上市公司取得或控制一个上市公司已发行的股份达到 30% 及以上；（3）通过认购股份方式取得或控制一个上市公司已发行的股份达到 30% 及以上；（4）通过国有资产划拨②、继承或其他合法方式取得或控制一个上市公司已发行的股份达到 30% 及以上；（5）虽未取得或控制一个上市公司已发行的股份达到 30%，但通过证券交易所交易、购买协议、认购股份、国有资产划拨、继承或其他方式单独或合计持有、控制的上市公司股份数量使其成为上市公司第一大股东。除因上述第（5）项原因而发生控制权变动外，其他控制权变动的交易除按照本法第（X）条履行披露、报告义务外，实际控制人及其一致行动人应当在该等事实发生之日起的三日内向上市公司所有股东发出收购上市公司全部或者部分股份的要约。因上述第（5）项原因而发生控制权应按照本法第（X）条所述履行披露及报告义务"。

第三，根据大宗交易与控制权变动的性质不同分别设定不同的法律后果：对于不发生控制权变动的大宗交易，无须对收购方的持股期限设定特别的"限售期"，因为交易本身的披露要求已经可以对现有持股股东起到股权结构变动的预警作用。在不存在限定持股人"买入后复卖出"或"卖出后复买进"的条件下，现有股东会更加谨慎评估和分析上市公司股权结构的变动情况以决定是否出售或购买股份，这样即便暂时出现大额的大宗交

---

① 德恒律师事务所－证券研究所联合课题组：《上市公司收购法律制度若干问题研究》（上证联合研究计划第七期课题），资料来源：http：//www.sse.com.cn/cs/zhs/xxfw/research/plan/plan20030701j.pdf，访问日期：2003 年 12 月 15 日。

② 本文认为现行的对国有资产划拨在大多数情况下应该构成控制权变动，我们不能拿"国家最终所有人"作为挡箭牌逃避国有企业股权重组中的强制要约收购义务。因为在现有的"国有资产代理人"模式下，可代表国家资产的代理人太多，如果不是因为在原有同一集团或控制人（如同属中央国资委直属的某一集团公司）的股份划拨，否则即便是在同属同一国资委下的不同国有企业集团之间的股权划拨也应该适用"控制权变动"原则，这是尊重市场选择防止"国资一言堂"的制度保障。

易也会因为市场交易意愿的不确定性而制约着大宗交易者的交易行为，从而在最大程度上保护"以市场博弈力量主导博弈决定，并由博弈决定反映供求关系变动"的市场规律，此其一；其二，放松对不以获得控制权为要件的大宗交易的持股期限制也能起到鼓励交投，鼓励投资的作用，甚至还有助于通过科学有效的数据模型设计发现、查处内幕交易。[①]

对于可引发控制权变化的大宗交易，由于此等交易会导致持股人成为上市公司的第一大股东或实际控制人，则无论其是否参与上市公司经营，均应被视为"内幕人士"看待，在监管上就要基于中小股东保护和防止内幕交易而进行制度设计，比如，（1）对于没有达到强制要约临界点但存在"控制权变化"的股份交易，除上市规则或其可能的持股期限承诺外，法律应至少规定该等控制人在获得控制权股份后的 6 个月不得从事目标公司证券的买卖，由此买卖获得的利润收归上市公司（归入权），违反此规定进行买卖的交易金额可作为证券监管机关进行违法行政处罚的"量刑"依据；（2）对于引发强制收购要约的情况，可以延用现有的要约价格保护、要约期限、竞争性要约、预受的撤回、强制出售权等中小股东利益保护措施规制强制要约收购行为。同时在归入权方面，可以规定无论强制要约成功与否，要约收购人在收购结束后的 12 个月内不得买卖目标公司股份，由此买卖获得的利润收归上市公司（归入权），违反此规定进行买卖的金额作为证券监管机关进行违法行政处罚的"量刑"依据。上述监管划分可以下图方式表示：

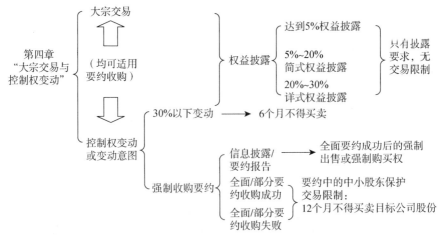

[①] 不必担心因此引发的内幕交易或操纵市场，其实通过活跃的交投市场反而可以让交易所和监管部门获得充分的交易数据并设计监管的数据模型比对异常交易从而发现内幕交易或操纵市场的痕迹，更加有利于内幕交易的查处与监管。

（二）正确理解并执行"阶梯式披露"的预警性监管

如前所述，我国监管层对大宗交易中的"阶梯式"持股披露持相当极端的理解，即要求持股人在达到5%时必须停止收购，履行披露与报告义务后才能继续进行交易。这种监管思维的形成是与我国证券市场设立之初的股权结构有关：当时存在流通股与非流通股之分，而且以国家股、国有法人股、社会法人股共同构成的非流通股在上市公司已发行的股本比例中占绝大多数，而流通股比例通常只占上市公司已发行股本的25%，由于非流通股不可上市流通，其通过协议、合同等方式能够形成的交易价格远低于流通股的价格，形成事实上的"同股不同价"的局面，因此监管层对协议收购的监管较少，没有对协议收购采取"阶梯式交易"的要求。但对于流通股，由于本身进行集中竞价交易的股份数量就少，在供不应求的股票供应格局下，少数大比例的交易就足以影响目标公司流通股的价格，所以监管层不允许通过证券交易所的竞价交易发动"突然袭击"式的"恶意收购"，自然而然地要求持股人必须在通过证券交易所的交易每持有5%的股份时立即停止交易，而且必须在"诏告天下"后方可继续收购，从而将法律上的"阶梯式披露"演变成监管实践的"阶梯式收购"，而这种"阶梯式收购"的监管传统恰恰是我们所力主摈弃的：

第一，决定原来监管思维所对应的市场结构已经发生变化。在上市公司发行股份全流通的背景下，无论是大股东持有的股份还是通过证券交易所竞价交易获得的股份都已经是同股同权，同股同价，这意味着市场上对目标公司可流通的股份数远远多过先前的单一"流通股"股数，而且国家股股东、国有法人股股东和法人股股东都可以以集合竞价、协议、交易所场外大宗交易方式随时交易股份。[①] 对于不以获得控制权的大宗交易而言，其他证券持有人或市场交易者随时可以通过购买、出售等方式对大宗交易情况作出反应并保持目标公司的价格平衡，不会造成原来在股票流通总量较小的情况下任何"风吹草动"都会影响股票价格的局面；而从证券交易系统的发展进程来看，由于资金量、供应量的充足，在交易系统方面并不能排除持股人通过竞价交易方式一次性下单购买超过5%以上股份的可能，沪深两地证券交易所的大宗交易系统和综合协议交易平台也不难满足这种一次性交易超过5%以上股份的需求，所以在对类似的大宗交易采取严格的"阶梯式收购"的理解已经不符合市场发展的现状。

---

① 当然要在满足有关针对国有股的监督管理和限售期要求的条件下。

第二，严格的"阶梯式收购"监管实践违背了证券市场对大宗交易进行披露的本意：有关收购的监管制度首先必须是在尊重市场自由收购的前提下进行规制，严格的"阶梯式收购"限制了市场主体的交易自由，不利于市场的活跃；其次，预期式披露本身的目的只在于向市场披露大宗交易背后持股人的信息，以便市场对供求关系的可能变化进行预判并进行交易决定，市场必须保持一定的活跃度以承载大宗交易及大宗交易后的市场波动。[①] 如果人为限定持股人只能在"5%"的比例进行爬行式的分步收购，则一来不能准确反映市场的供求关系（比如收购人在竞价交易中意图通过一次性交易获得10%比例的股份，这种购买信息可以在证券交易所的竞价系统中及时得到反映，并会根据当时卖盘情况决定最终的成交数量与成交价格），二来加重了持股人进行收购的时间成本与收购成本。因此，对上市公司大宗交易的监管应回归到原始"阶梯式披露"的预警本质，不应人为限定市场主体在全流通结构下从事大宗交易的意愿与能力，不该在义务人未取得上市公司控制权的情况下对其实施"阶梯式收购"的持股约束。

第三，现有《证券法》对"阶梯式"的预警披露表述为"通过证券交易所证券交易，投资者持有或者通过协议、其他安排与他人共同持有一个上市公司已发行的股份达到百分之五时……"、"投资者持有或者通过协议、其他安排与他人共同持有一个上市公司已发行的股份达到百分之五后，其所持该上市公司……"。我们应该注意到现有《证券法》已经用"达到"一词替代了原先《证券法》的"持有"一词。[②] 从"达到"一词的本意上看，"≥5%"的状态都可称之为"达到"，并不是说严格"=5%"才是达到，这是其与"持有"一词的重要区别。既然《证券法》的修改都已经呈现出放松"阶梯式收购"的要求，那我们又有何理由在下位法的行政规章或监管实践中对上位法律进行限制性的解释与理解呢？

（三）要约收购的合理分类与对应规制

现行《证券法》在第86条第1款的前半段是用"持有""共同持有"

---

① 如果市场上出现一次性超过5%的交易变动，市场数据会反映出这样的大宗交易，无论是从交易价格还是成交数量上来看，只要市场有人接盘，说明市场本身对供求关系是有反映的。无论是出售或购买，只要交易成功都说明市场具备买盘与卖盘的交易对手方，此时的交易最能反映市场供求关系的实时变化，更加有利于现有持股人与其它投资者对目标公司证券供求关系的判断。

② 2005年修订前的《证券法》规定"通过证券交易所的证券交易，投资者持有一个上市公司已发行的股份的百分之五时……"和"投资者持有一个上市公司已发行的股份的百分之五后，通过证券交易所……"

描述强制要约的触发点，并在该款后半款直接引入"继续进行收购的，应当依法向该上市公司所有股东发出收购上市公司全部或者部分股份的要约"提及要约收购的触发条件，但在第96条中又是以"收购""共同收购"字眼来规定"协议收购"下的要约要求。因此，若从行文结构与逻辑上看，《证券法》第85条所指的"要约收购"似乎只针对因满足第88条和第96条的条件而触发的"强制要约收购"，其没有涵盖"以受让上市公司30%以下股份为目的的自由式要约收购行为"和"在持有上市公司30%以下股份的情况下以受让上市公司全部股份为目的的全面要约"这两种要约收购的情形。虽然中国证监会通过《收购办法》第23条试图对《证券法》第85条"要约收购"的概念进行解释，但《收购办法》中对"部分要约"却奇怪地界定为"向被收购公司所有股东发出收购其所持有的部分股份的要约"，这样的定义方式会造成"部分要约是要约人先设定若干百分比，然后再按照这个百分比为基数向所有愿意出售的股东计算可被收购股份"[①]的错误理解。不仅如此，《收购办法》还只规定了"以要约方式收购一个上市公司股份的，其预定收购的股份比例均不得低于该上市公司已发行股份的5%"，它并没有对触发强制要约收购条件下的部分要约行为和在5%～30%区间主动进行的部分要约收购的比例作出区分性要求，因此也就无法根据要约收购的种类合理并科学地设定不同类别的披露与监管方式。

　　因此，从细化监管与改善监管手段角度出发，本文建议在未来的要约收购监管中依据"两个类别、四种方式"而分别设置监管措施："两个种类"是指将要约收购分为"自愿性要约"和"强制性要约"；而"四种方式"则包括（1）自愿性要约下的自由要约；（2）自愿性要约下的全面要约；（3）强制性要约下全面要约；（4）强制性要约下的部分要约。在上述分类中，无论是在自愿性要约中还是在强制性要约中，"全面要约"均可被定义为"向被收购公司所有股东发出收购其所持有的全部股份的要约"；而"自由要约"则可被界定为"向目标公司股东发出的以收购不高于目标公司发行在外30%股份为目标的收购要约"；"部分要约"界定为"在触发强制性要约收购的前提下，以收购不超过目标公司履行在外50%股份为目的的

---

① 即要约人先设定一个百分比然后用这个百分比去乘以每个受要约股东持有的股份，从而得到每个股东可被购买的股份数。而事实上"部分要约"的准确概念是要约人先确定其要收购的股份数量，根据接受要约的情况计算出拟收购股份的数量与所有接受要约数量的数量百分比，然后根据该比例乘以每个接受要约人接受要约的数量从而得到要约人应从每个接受要约人实际购买的数量。

收购要约"，由此形成的监管框架如下图所示：

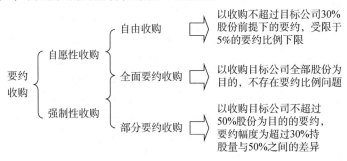

在上述分类下，有关监管措施也是依据各个收购类别的不同而"对症下药"。比如，（1）对于低于30%以下的自由要约可以保留"以要约方式收购一个上市公司股份的，其预定收购的股份比例均不得低于该上市公司已发行股份的5%"的最低收购比例要求；（2）对于强制性要约收购下的部分要约收购，若规定要约比例"不得低于该上市公司已发行股份的5%"就显得要求过低，因为强制性要约收购的本意就是要保证在控制权变化的情况下，所有股东都有权利与大股东或实际控制人分享控制权溢价（Control Premium）的收益。① 如果在强制性要约收购中对部分要约的起始比例要求过低，则根本就不能达到"中小股东平等享有控制权溢价"的初衷；（3）为了保持与强制性要约制度设计目的的连贯性，在考虑保护收购动机与中小股东利益平衡的前提下，未来的上市公司收购监管制度应允许收购人在不希望全面收购的前提下仅以收购不超过目标公司50%的股份作为收购目标，但要注意这里的"不超过目标公司50%的股份"不是说收购人可以就达到50%以下的任意比例发动要约收购，而是收购人在触发强制要约收购临界点而必须强制性发出部分要约时，其必须以收购达到50%的股份作为部分要约收购的内容。②

（四）合理设置要约收购失败的规制条件

原先我国在《股票条例》第51条中还曾对要约收购规定"收购要约期满，收购要约人持有的普通股未达到该公司发行在外的普通股总数的百分

① 有关"控制权溢价"理论是由《证券法》中的"中小股东保护"问题延伸开来，由于不是本文的重点，在此予不详述。

② 在这里，所谓的"部分要约"只是相对于以收购剩余全部股份的全面收购而言，收购人可以仅以达到目标公司50%的股份进行要约收购，即部分要约收购的比例是收购人已持股比例与50%股比之间差异。在这类的部分要约收购中，收购人必须就此等差异比例向全体股东发出收购要约，并根据其他股东接受要约的情况全额或按比例接受要约结果，如果没有达到50%的要约目标就构成部分要约收购的失败，适用要约收购的失败限制规则。

之五十的，为收购失败；收购要约人除发出新的收购要约外，其以后每年购买的该公司发行在外的普通股，不得超过该公司发行在外的普通股总数的百分之五"（第51条）作为要约收购失败的规制措施。虽然仅仅只有一个条款，但毕竟在监管制度上已经考虑到要约收购失败的可能性，在立法结构上显得比较周全。我们无从得知是出于什么样的立法初衷与监管目的使得在后来的《证券法》（包括历次修订）及《上市公司收购管理办法》中并没有承继《股票条例》第51条的监管思路，反而取消了对要约收购失败应有的监管。由于要约行为存在接受要约的数量不足从而导致要约所述收购条件无法全部满足导致要约收购失败的可能，因此，为保证法律逻辑的严谨与周密，本文认为在《证券法》上应对"要约收购的失败"有所界定，比如规定为"本法所称之要约失败是指：①在自愿要约收购的要约期限内，没有足够数量的预约股份满足要约收购的预期数量；②在部分要约收购的要约期限内，没有足够数量的预约股份满足部分要约收购的预期数量；③在全面要约收购的要约期限内，要约方未能完成对上市公司已发行在外75%①以上股份的控制或持有"。而在法律责任上，一旦要约收购失败，则应从以下四个方面限制收购方的以下行为：①应禁止要约方及其关联人士或一致行动人在前次要约失败后（以要约到期日为准）的12个月内再次发出要约或通过协议或证券交易所进行购买要约证券及其衍生证券的行为；②应禁止要约方及其关联人士或一致行动人在前次要约失败后（以要约到期日为准）的12个月内提议改选半数以上的公司董事或对公司董事进行提名；③应禁止要约方及其关联人士或一致行动人在前次要约失败后（以要约到期日为准）后12个月内对上市公司资产进行重大购买、出售、置换的提议或活动；④应禁止要约方及其关联人士或一致行动人在前次要约失败后（以要约到期日为准）后的12个月内就任何进行公司合并、换股或资本重

---

①　多数国家对全面要约收购失败的界定是少于50%的股份，但基于以下考虑我们选择75%这个基点作为全面要约收购成功与否的标准：第一，全面要约收购本身就是以获得上市公司全部股份为目的的，因此衡量是否获得上市公司全面股份的标准应该较高，而不是仅仅以绝大多数的50%作为是否完成收购的标准；第二，我国现有的强制要约收购可以选择全面收购和部分要约收购，在收购人可以选择部分要约收购的情况下其选择全面要约收购，则意味着收购人意图获取最大程度比例的股份，所以可以适当提升衡量全面收购成功与否的标准；第三，我国目前《证券法》也规定因收购导致股权分布不符合上市条件的应退市，其他股东可行使强制出售权。而基于包括我国在内的证券市场上市规则都是以25%的公众持股量作为股份上市交易的上市条件，所以将全面收购成败标准定在75%也能与上市规则的股比分布要求衔接，同时保证少数股东强制出售选择权的行使。

组的提议。

（五）保护收购方在强制性要约成功后的"收购挤出权"

在境外证券市场的收购监管实践和中小股东保护理论中，尽管承认中小股东对其个人持有股份的私人财产权利，但出于对收购行为（特别是全面收购行为）的鼓励，大多数国家都会针对收购方在成功实施全面收购的前提下（全面收购成功的标准通常是成功收购超过目标公司75%以上的标的证券），如果收购方已经持有绝大数比例的目标公司某类证券并实质控制着目标公司，那么法律与证券监管实践都会允许收购方以公平价格强制收购其余未接受要约股东所持有的剩余股份，从而将其余股东"挤出"公司。通常，收购方在全面要约中给出的要约价格可视为公平价格（因为已被绝大多数股东所接受）作为强制收购的对价。目前，目标上收购方可行使强制收购权（挤出权）的起始比例标准通常为90%（也有国家设定为95%），挤出权机制的设立有助于在综合平衡股东利益的前提下保护收购方进行全面收购的积极性，从而降低收购方私有化上市公司进行公司商业整合的难度。目前我国只是规定中小股东在因收购导致的上市公司退市中享有要求收购方以收购要约同等条件购买股票的权利，[①]没有规定成功完成全面收购的收购方是否可以在满足特定条件下强制收购其他剩余股东所持的股票。对此，我们相应的建议是在《证券法》中增加一条以体现促进收购，保护通过收购行动整合商业组织的监管意图："在收购方以终止被收购公司上市条件为目的的收购中，如果收购方已经持有被收购公司发行在外90%以上的股份，收购方可以在收购期限届满的三个月内要求其余仍持有被收购公司股票的股东以收购要约的条件向其出售股票，持有被收购公司剩余股票的股东应当出售。"

四　结论

自沪深两地证券交易所设立之日起，我国证券市场已走过近二十年的历史，上市公司收购监管制度从《股票发行与交易管理暂行条例》算起也有十八年的历史。不可否认，在这近二十年的监管过程中，从单纯地照搬照抄香港证券市场监管措施到结合英美监管制度起草《上市公司收购管理

---

① 2006年《证券法》第97条："收购期限届满，被收购公司股权分布不符合上市条件的，该上市公司的股票应当由证券交易所依法终止上市交易；其余仍持有被收购公司股票的股东，有权向收购人以收购要约的同等条件出售其股票，收购人应当收购。"

办法》，我国证券监管机关对如何进行上市公司收购的监管进行了大量基础性的研究与工作，监管工作呈现的是一种螺旋式前进的态势。但如同前述分析，无论是在立法技术、法律条文还是监管理念上，我们在上市公司收购监管制度方面还存在着包括定义不明、法律逻辑不清、监管越界、监管不明等立法与执法方面的问题，这些监管漏洞在以政府为主导的强制性变迁路径①下可能会因为中央政府和监管机关对证券市场强大而直接的管控力而在短期内得以回避或掩盖，但随着证券市场日益的规模化与市场化，特别是伴随着股权分置改革的基本完成，上市公司股份的大规模流通已成为现实，以上市公司股份为标的的收购行为、类型、目的与手段也在经历着翻天覆地的变革，那些因循守旧和故步自封的监管模式已经不能与时俱进地适应新的市场环境与收购监管需求，越来越市场化的博弈结构需要更加理性、更加完善的监管体系保障上市公司收购行动的合法化、合理化和效益化（不仅包括收购行动人从事的经济效益，还应包括监管的效率）。基于此等目的，本文希望在实证研究基础上，通过对我国既有收购监管的制度比较与理论分析，提出了对我国上市收购监管制度的改革之道，并以此希望推动我国上市公司收购监管制度得到更为理性且有序的变革。

---

① 所谓强制性变迁也即强制性制度变迁，是指由政府通过命令或法律引入的方式实行现行制度的变更或替代。有关强制性变迁的介绍可参见林毅夫《关于制度变迁的经济学理论：诱致性变迁与强制性变迁》，陈昕主编《财产权利与制度变迁》，上海三联书店、上海人民出版社，2000，第384页。有关我国证券市场强制性变迁的演进与特征可参见郑或《证券市场有效监管的制度选择——以转轨时期我国证券监管制度为基础的研究》，博士学位论文，华东政法大学，2009。

公司担保的法律解释论

周伦军[*]

公司担保[①]的效力问题，因学界和实务界长期未能形成一致看法，已经成为法解释学上的一个显著问题。如何根据新《公司法》（2005 年）的规定适当调整担保法解释第 4 条、第 11 条的内容，是《物权法》担保物权编司法解释起草和论证工作中的一个重要问题。笔者不揣浅陋，撰文如下，权充引玉之砖。

一　同一法律规则的多元化解释迷局

对新《公司法》确立的公司对外担保的决议机制、公司为股东或实际控制人提供担保的特别决议机制以及上市公司对外重大担保事项的审议机制等法律规则是否影响公司对外担保的效力，持论者以《公司法》第 16 条的规定为核心，循着不同的解释路径，得出了不同的解释结论。

（一）代表权限制说

这种解释路径认为，该条规定系对公司代表权的限制，对于代表人越权代表所签的担保合同效力，形成了三种意见。

（1）无权代表无效说。该观点认为，《公司法》第 16 条对于法定代表人或授权代表人在担保事项上的代表权做出了明确的限制。这种法定限制应当推定交易相对人是知晓的，因此对凡未经董事会或股东（大）会决议

　＊　最高人民法院民二庭法官。
　①　需要说明的是，本文所讨论的公司担保的主体是一般意义上的普通公司，并非指以开展担保业务为目的而设立的担保公司。此外，一人公司因一般不设股东会和董事会，亦不在本文的讨论范围之内。

的，应推定交易相对人知晓代表权有瑕疵，担保行为无效。① 债权人对担保合同的无效亦具有过错，其要求担保人承担的赔偿额不得超过全部损失的1/2。②

（2）无权代表未生效说。该观点认为，对于凡未履行公司内部决议程序或违反公司章程规定的公司担保，均应认定为未获得公司权力机构对担保的授权，担保合同未生效，由公司承担缔约过失责任，交易相对人不能证明其尽到充分注意义务的，应承担相应的过错责任。③

（3）一般担保和关联担保代表权区别说。该观点认为，《公司法》第16条第1款和第122条为一般担保中关于公司内部的决策程序限制，不构成对公司外部关系上代表权的法律限制，对交易相对人不具约束力。第16条第2、3款是为关联担保中关于公司内部的决策程序控制，鉴于立法强调其规范关联担保的重要性，应当认定构成对公司代表权的法律限制，可以通过向交易相对人分配合理适当的审查义务，规范关联担保，但审查义务不宜要求过苛。此外，如果关联担保交易对公司利益没有损害的，条款的立法目的已经达到，不应再以交易相对人未履行审查义务而否定担保合同的效力。④

（二）规范性质识别说

这种解释路径，是从该条规定的规范性质系效力性规范抑或管理性规定入手来界定公司担保的效力，在这一框架下又形成了不同的分支：

（1）管理性规范一体说。该观点认为，对《公司法》第16条，第一，该条款并未明确规定公司违反上述规定对外提供担保导致担保合同无效。第二，公司内部决议程序，不得约束第三人。第三，该条款并非效力性强制性的规定。第四，依据该条款认定担保合同无效，不利于维护合同的稳

① 参见赵旭东《中国大陆上市公司转投资、担保、借贷的法律问题》，载王保树、王文宇主编《公司法理论与实践——两岸三地观点》，法律出版社，2010，第155页；甘培忠《企业与公司法学》，北京大学出版社，2007，第245页；刘俊海《新公司法的制度创新：立法争点与解释难点》，法律出版社，2006，第108页。
② 参见李建伟《公司关联担保规制的制度变迁与政策选择》，载《商事法论集》第八卷，法律出版社，2006。
③ 北京市高级人民法院：《关于审理公司纠纷案件若干问题的指导意见》，第6条。
④ 参见刘贵祥《公司担保与合同效力》，《法律适用》2012年第7期。

定和交易安全。①

（2）一般担保和关联担保规范性质识别说。该观点认为，应区别新《公司法》第 16 条规定的两种情形，第 1 款是关于公司为股东或实际控制人以外的其他人提供担保的规定，立法原意是保证交易安全，约束董事和高级管理人员，性质为管理性强制性规范，不属于效力规定，担保合同有效。第 2 款关于公司为股东或者实际控制人提供的担保为关联担保，则为效力规定。②

（三）内部限制说

这种解释路径，是从公司内部关系和外部关系区分的角度来界定公司担保的效力。该观点认为，公司内部意思形成过程，是公司内部的事情，相对人在与公司交易时没有义务弄清楚公司意思是如何形成的，是否经过了正当程序。所以对一般担保，尽管未经董事会、股东（大）会决议，也不能一概以此为由主张无效。关于关联担保，即使未经股东会决议，也不宜笼统认定该担保无效，应当根据不同情形分别判断：对封闭性公司（有限公司、未上市的股份公司），由于股东人数少，股东通常兼任公司董事或高管，管理层与股东并未实质性地分离，股东对公司重大事项仍有一定的影响力，该类事项即使未经股东会决议，但通常也不违背股东的意志。况且封闭性公司不涉及众多股民利益保护、证券市场秩序维护等公共利益问题，因此，能否绝对地以未经股东会决议为由认定担保无效，值得商榷。对公众公司，则应当审查该担保是否经过股东大会决议同意，未经股东大会决议同意的担保，属于重大违规行为，侵害了众多投资者利益，扰乱了证券市场秩序，应当认定无效。③

学术分歧的存在和不同观点之间的争鸣与碰撞，对于学术发展而言无疑是一种令人欣慰的现象。但是，对公司担保这一审判实践中的日常问题来说，时至今日仍未达成共识绝非幸事。由于争议各方的持论依据不仅涉及法定代表人行为的效果归属、法人内部关系与外部关系的区分等实体法制度的理论构成，还涉及强制规范的区分和司法效果评价这一方法论上的

---

① 中建材集团进出口公司诉北京大地恒通经贸有限公司、北京天元盛唐投资有限公司、天宝盛世科技发展（北京）有限公司、江苏银大科技有限公司、四川宜宾俄欧工程发展有限公司进出口代理合同纠纷案，载于《最高人民法院公报》，2011 年第 2 期。

② 王保树、崔勤之：《中国公司法原理》，社会科学文献出版社，2006，第 42 页；耿林：《强制规范与合同效力——以合同法第 52 条第 5 项为中心》，中国民主法制出版社，2009，第 246 页。

③ 参见张勇健《〈公司法〉司法解释（三）解读》，载奚晓明主编《商事审判指导》2011 年第 1 辑，人民法院出版社，2012，第 70 ~ 71 页。

基本问题，更牵涉到公司、股东及债权人之间的利益平衡、保护交易安全、促进交易便捷等解释论和立法论相互交织的重大问题，有系统加以整理、讨论的必要。

二　比较法解释：立法例上的文本范式、学说和实务运作

海因·克茨教授指出，"在本国法律的进步过程中，经常细心研究并明智地评价其他国家解决类似问题的做法，虽然不一定是非做不可的工作，但肯定极为有益。这一点，是举世公认的道理"。[①] 中国《公司法》的修订工作始于 20 世纪末，至 2005 年 10 月修订完成。在同一时期，美、英、德、法、日及我国台湾地区，几乎不约而同地开展了"底线竞争"式的公司法修订活动，我们有理由相信立法机关不会无视左邻右舍的这一大规模立法活动。为此，笔者首先选择以比较法上的素材切入，试图为本文的讨论构建一个恰当的参照背景。

1. 美国法

在英美法之传统观念中，基于股东主权的考虑，未经全体股东一致同意，禁止将公司财产无偿赠送他人，是公司法的一个基本原则。因此，传统理论认为公司为他人提供担保并非公司的固有能力（inherent power），因此，除非法律或章程明文规定公司可以从事担保业务，公司原则上不得为他人提供担保。详言之，在法律或章程没有明文规定的情况下，除非为他人提供担保的行为符合公司利益，不能视为公司的隐存能力（implied power），公司所为之不法保证，则被视为越权行为，若因此而受有损害，并得向为此种越权行为之负责人求偿。[②] 因此，公司的担保被认为是越权行为，依照越权行为无效的原则，公司的担保也是无效的。

在"越权原则"盛行的时代，美国法原则上禁止公司对外担保。在"越权原则"被学说和实务抛弃后，公司对外担保才被允许。因此，现代英美公司法关于公司担保的讨论，虽然也使用越权之类的字眼，但其关注的重点是代表人是否超越代表权限这一具体行为领域，而不是指公司对外担保是否超越了其权利范围。

对于公司保证行为的有效性，美国法院采用利益标准来判断，即衡量

---

① 这是海因·克茨教授在为孙宪忠教授所著《德国当代物权法》一书所做的序言中的内容，参见孙宪忠《德国当代物权法》，法律出版社，1998。

② 参见刘连煜《公司法理论与判决研究》，法律出版社，2002，第 180 页。

公司利益是否因担保行为而有所促进。在早期的案例里，当事人必须证明对保证人具有直接利益才符合此要件。这种严格解释的观点有时会导致不合理的后果。例如，因为公司的此项保证行为，有时足以促使被保证公司扩展公司业务，因而也连带地提供了保证公司更多地与被保证公司生意往来的机会。这种因保证而给公司带来更多商机的情形，依据严格解释，此种"利益"乃属太过于遥远、间接而不可捉摸，因此仍会被认为该项保证不具效力。在后来的发展中，利益的解释有所扩大，间接利益也包含在其中。① 美国《纽约州公司法》第 202 条明确规定："如果对公司有利，公司有权为其他公司或个人的债务提供担保。"《特拉华州普通公司法》第 143 条规定："董事会认为，如果向公司或者子公司的高级职员或者其他雇员提供贷款，为其债务提供担保或者以其他形式提供帮助，则可以合理地期待将给公司带来利益的，公司可以提供此类贷款、担保或者帮助。②"

法院在判例中更发展出一种具体的认定标准，以判断利益是否存在。这一认定标准是在公司董事们的经营判断下，看公司的担保行为是否为该公司业务经营"所必需的或附随的而确定"。随着时间的推移，此项限制性的解释方法也逐渐被淘汰，取而代之者乃是较为弹性的"合理之营业判断"标准。在对 1971 年版的《注释标准商事公司法》的评论中，有这样的解释：假如保证公司之董事会，基于善意及合理之营业判断，认为从保证行为所得之利益足以使因保证产生之责任正当化，则此项保证即应被判定为有效。这都是利益标准的表现。

同时，对企业集团内部的关联担保，即母公司对子公司、子公司对母公司以及同属一个集团的一家公司为另一家姐妹公司提供担保的情形，美国法院也基本上都持许可的态度。③

在美国各州的公司立法中，一个值得重视的立法动向是关于公司担保的"安全港"条款的出现。公司对外提供担保原则上是公司董事会的权限，但为避免董事会决议面临利益标准的司法审查所带来的不确定性，一些州法律更进一步创造了"安全港"条款，以确保一定条件下的公司担保行为的有效性。这些"安全港"条款规定，即使在并非为"促进公司目的"的情形下所提供的担保，只要一定数量以上的股东批准这一担保，则该担保

---

① 参见刘连煜《公司法理论与判决研究》，法律出版社，2002，第 180 页以下。
② 《特拉华州普通公司法》（最新全译本），徐文彬等译，中国法制出版社，2010，第 44 页。
③ phillip l. Blumberg, The law of Corporate Groups, Little, Brown, 1983, pp. 259 - 273.

仍属有效。如纽约州和新泽西州要求持有 2/3 以上股权的股东批准，而罗德岛则规定必须超过 50% 以上股权的股东批准。① 这种立法方式，可以看作是对"未经全体股东一致同意不得将公司资产无偿赠送他人"这一古老公司法原则的现代修正。

2. 英国法

英国公司法原则上允许公司对外提供担保，只是在某些具体担保类型方面，出于资本维持和防范利益冲突的考虑，才对特定类型的公司担保加以禁止。

英国 1985 年公司法明文禁止公司为其董事以及与董事利益相关的人员提供担保，但允许集团公司成员间以及控股公司与被控股公司之间相互作保。英国的公司法和判例明确认可公司可以为其子公司提供担保（向下游的保证，downstream guaranty）、为其股东提供担保（向上游的保证，upstream guaranty）、为姊妹公司提供担保（横向的保证，cross-stream guaranty）。至于个案中的担保行为是否有效，英国法院认为仍须视该担保行为是否为该公司利益而定，如果关联担保是为了整个企业集团的利益而不是公司的利益，则非法所允许，自不生效力。②

作为欧盟成员，英国公司法也受到"欧共体指令"的影响。《欧共体第2 号公司法指令》第 23 条规定："他人购买公司股份时，禁止公司提供资金、借款或为其提供担保。"这一规定主要是出于资本维持原则的考虑，其基本逻辑为：基于资本维持原则，公司不得随意买回自己股份；如果公司能够对他人买入公司股份的行为提供财务资助，资本维持原则将就此被攻破。除此之外，该指令并未限制公司从事其他的对外担保行为。③ 根据这一规定，英国《2006 年公司法》第 677 条至 683 条就公司对于买进公司股份的人提供财务资助的事项进行了规范。④

根据第 677 条的规定，所谓财务资助包括：赠与；保证、担保或补偿；免除债务或放弃债权；贷款或其他协议，根据该协议资助人的任何义务将被履行而其他当事人的任何义务仍未履行，或者因贷款或其他协议而产生的权利更新或转让；任何其他导致公司净资产实质性减少或没有净资产的财务资助行为。所禁止的财务资助行为主要是对公众公司支持他人取得自己公司的股份和公众公司为取得其私人控股公司的股份所提供的财务资助。

---

① 参见刘连煜《公司法理论与判决研究》，法律出版社，2002，第 182 页。
② 参见刘连煜《公司法理论与判决研究》，法律出版社，2002，第 183 页。
③ Second Council Directive 77/91/EEC；OJ L26/1.
④ 参见《英国 2006 年公司法》（修订译本），葛伟军译，法律出版社，2012，第 431～437 页。

第678条规定：当一个人正在或计划取得公众公司的股份时，该公司或其子公司不得为协助之目的而直接或间接提供财务资助。同理，任何人因取得公众公司股份而使自己或他人负担债务，该公司或其子公司不得直接或间接提供财务资助使其减轻或免除清偿责任。第679条规定：一个人正在或计划取得私人公司的股份时，该私人公司的子公司若为公众公司时，该公众公司不得为购买股份行为提供直接或间接的财务资助。第680条规定，被禁止的财务资助构成犯罪。与此同时，为缓和这一严苛的规定，该法也规定了例外条款。

为防范董事与公司之间可能存在的利益冲突，英国《2006年公司法》针对董事与公司之间的交易作出了详细规定，改变了1985年公司法禁止为董事及其利益相关人员担保的立场。对于重要交易要求必须经股东同意。关于股东同意的议事规则，该法并未特别规定，应该是简单多数即过半数股东同意即可。

所谓重要交易，包括董事与公司之间的服务合同、重大财产交易、贷款、准贷款和信用交易以及董事失去职务的支付四个方面，限制公司担保的内容体现在贷款、准贷款和信用交易的相关规定中。

该法第197条规定：非经公司股东的决议批准，公司不得对公司或其控股公司的股东提供贷款，或者提供与任何人对该董事的贷款相关联的保证或担保；如果董事是公司之控股公司的董事，交易必须同时经被控股公司股东的决议批准。第198条规定，对于公众公司或者与公众公司相关联的公司，除非交易已经被公司股东的决议批准，不得对公司或其控股公司的董事提供准贷款[①]或提供与任何人对该董事的贷款相关联的保证或担保；如果董事是控股公司的董事，交易必须同时经被控股公司的股东的决议批准。第200条规定，公众公司或者与公众公司相关联的公司，非经公司股东的决议批准，不得对与公司或其控股公司的董事相关联的人提供贷款或准贷款，或者提供与任何人对与该董事相关联的人的贷款相关联的保证或担保；如果相关联的人是与公司的控股公司的董事相关联的人，交易必须同时经被控股公司成员的决议批准。第201条规定，公众公司或者与公众公司相关联的公司，非经公司股东决议批准，不得为公司或其控股公司的董事或者与

---

① 根据英国《2006年公司法》第199条的规定，准贷款是指债权人并非基于协议而给付或者同意为借款人给付一定金额；或者，偿还或同意偿还第三人因借款人而产生的费用。债权人的这种行为是以将来借款人会偿还自己为前提，或者使借款人负有偿还债权人之义务。准借款的对象不限于借款人本人，也包括所有同意将为借款人偿还债务的人。

该董事相关联的人的权益，作为债权人而签订信用交易，或者提供与任何人为了该董事相关联的人的权益而签订的信用交易相关联的保证或担保；如果董事或相关联的人是公司的控股公司的董事或与该董事相关联的人，交易必须同时经被控股公司股东的决议批准。为保证上述规定的实施，第203条还针对可能出现的规避行为作出了禁止规定。

对违反上述规定的法律效果，英国《2006年公司法》一方面规定了公司的撤销权及其限制、归入权和损害赔偿请求权，同时也规定了后续确认的效力。

关于公司的撤销权、归入权和损害赔偿请求权，该法第213条规定：公司违反第197条、第198条、第200条、第201条或第203条而签订交易或安排时，公司有权申请撤销上述交易或安排，除非（a）归还系交易或安排至标的的任何款项或其他资产不再可能；（b）从交易或安排中产生的任何损失或损害，公司已经得到了赔偿；（c）不是交易或安排一方的人在不知道违反的情况下善意有偿取得的权利，将受到撤销的影响。而且，无论交易或安排是否被撤销，对此负有责任的公司董事或与董事相关联的人均负有将其直接或间接获取的收入归还公司，并对公司因此所受的任何损失或损害承担连带责任。

关于后续确认的效力，该法第214条规定，如果相关的交易或安排在合理的期间内被相关公司的股东会决议确认，则相关的交易或安排不得再根据第213条被撤销。从规范体系的角度，第213条和第214条的规定实际上是对该法第41条关于涉及董事或其关联人交易的规定的具体化，二者在逻辑上是一致的。

有学者指出，英国《2006年公司法》对贷款、准贷款或信用交易的修正规定，在某种程度上是将所有公司与董事之间可能发生的重大交易进行同质化的处理，但这一制度设计对债权人的保护并不充分。尤其是当经营者与股东同一时（此时取得股东同意易如反掌），公司却可以通过贷款或其他方式掏空公司资产，无疑是降低对债权人的保护。一旦公司未来因此进入破产程序，债权人至多仅能依据不法交易追究董事责任，而不法交易之诉究，现实上并不容易。因此，对债权人的保障仍属有限。①

3. 日本法

2005年通过的《日本公司法典》第356条规定：不设立董事会的股份

---

① 参见曾宛如《论公司之转投资、保证与资金贷放》，载王保树、王文宇主编《公司法理论与实践——两岸三地观点》，法律出版社，2010，第166页。

公司，董事在股份公司为董事的债务提供担保时，须在股东大会公开有关该交易的重要事实，并得到其承认；设立董事会的股份公司，董事在进行前述交易时，须在董事会公开该有关交易的重要事实，并得到其承认。第595条规定：持份公司（无限责任公司、两合公司、合同公司）的业务执行股东，在由持份公司担保业务执行股东的债务时，须就该交易得到该股东之外的其他股东的过半数的承认，但章程另有规定时除外。①

在日本法上，就公司代表人未经董事会或股东会决议的情况下为董事债务对外提供保证其效果是否归属于公司的问题，在限制利益相反的交易这一忠实义务的制度框架下，形成了"相对无效说"、"内部限制说"和"效果不归属说"三种见解。②

"相对无效说"认为，立法之所以规定代表人从事的利益冲突交易需要董事会或股东会的同意，是为了限制代表人的代理权。因此，当代表人未征得决议机关之同意的情形下所为之利益冲突交易，构成无权代理，交易的效果不归属于公司。但是，为保护交易安全，只有在相对人明知没有经过必要的决议同意的情况下，公司才可以主张效果的不归属。这是日本判例所采纳的见解，也是学界的主流学说。

"内部限制说"认为，之所以规定利益冲突交易需要规定的机关同意，只不过是为了确定法人的内部义务而已，并不是为了制约代表人的代理权。因此，无论是否经过必要的机关决议，代表人实施的行为原则上均归属于法人。其理由主要是出于对交易安全的考虑，因为如果按照相对无效说，对于从相对人处转受让之人只能通过《民法》第94条第2款、第192条关于善意第三人保护、善意取得制度等获得保护，可能危害到交易安全。同时，由于该代表人的行为通常构成代理权的滥用，在多数情况下，直接的相对人或者明知或者能够容易地知晓，该意思表示对公司不生效力，这样对法人的保护不至于过于单薄。这种观点，主要是日本商法学界部分学者的主张。

"效果不归属说"认为，对公司的代表人未经决议机关同意而实施的利益冲突交易行为，公司可以主张效果的不归属，但相对人主张、举证自己

---

① 该规定系在原商法典和有限公司法的基础上修订而来，《日本商法典》第265条规定，公司担保董事的债务需要得到公司董事会的同意；《日本有限公司法》第30条规定，在公司为董事的债务提供保证时，需得到股东大会的同意。

② 参见〔日〕山本敬三《民法讲义·总则》（第3版），解亘译，北京大学出版社，2012，第298～400页。

就未获得必要的同意一事为善意且无重大过失时，不认可法人主张的效果不归属。这是以日本民法学者为中心的民法（债权法）改正检讨委员会在2009年发表的"债权法改正基本方针"中提出的方案。这一提案的要点在于将《民法》第108条关于自己代理、双方代理的规定修改为调整利益冲突交易的一般条款，利益冲突交易被视为忠实义务的违反，其效力不是无权代理，而是采用效果不归属之主张的构成——"本人可以主张该行为对自己不生效力"。对于违反忠实义务的行为，相对人通常知道，即便不知，至少也有重大过失。为此，应当允许证明责任的转换，认为在相对人主张、举证自己为善意且无重大过失时，不认可本人主张效果的不归属。

4. 我国台湾地区的"公司法"

1931年实施的"公司法"第23条规定：公司除依其他法律或公司章程规定以保证为业务者外，不得为任何保证人。第24条规定："公司负责人违反第22条或第23条之规定时，得各科二千元以下之罚金。并赔偿公司因此所受之损害。其情节重大者，并得撤销其登记。"由于该条规定并未明确公司负责人违反该条规定提供保证的效力如何，实践中存在疑义。因两岸文化同源，故对台湾地区的公司担保制度的实际运作，下文分为司法解释、判例、法律修订活动和完善公司担保制度的学术研究动态等几个方面详细讨论。

（1）两个重要司法解释

关于第24条的法律适用，"司法院大法官会议"曾经两次作出司法解释。①

① "司法院大法官会议"1939年院字第1931号

1939年，浙江省财政厅致函浙江高等法院，函称：查各县田赋征收人员之任用，应取具殷实商铺保证，为浙江省田赋征收细则第12条所规定。惟各县所送之保证书内，其保证商号有为公司或普通商号者，而其店主姓名栏内，则由公司之董事长或公司之经理或公司之董事或公司之股东或普通商号之经理或普通商号之股东签名、盖章。设遇被保证者发生亏款舞弊情事，该保证公司或普通商号，是否负完全责任？本厅现正整理各县征收人员保证，上述各点，均关法律问题，相应函请查核见复为荷。

浙江高等法院认为："公司法"第23条公司对于股东代表权所加之限制，不得对抗善意第三人。而"最高法院"1932年上字第1486号判例则谓：公司董事之代表权及公司经理之经理权，若加以限制，除有法定之情

---

① 相关的资料来源，参见 http://jirs.judicial.gov.tw/Index.htm。

形外，固不得对抗善意第三人。然所谓代表权、经理权者，乃就其公司之一切事务，为该公司之董事或经理，依法而有代表或经理之权者而言。若其所代表或经理之事务，非公司之一切事务，即属无权代表或经理，即不问第三人是否善意，非经公司之特别委任或追认，自不能对于公司发生效力。又普通商号之经理人，依民法第 557 条经理权之限制，除第 553 条第 3 项、第 554 条第 2 项及第 556 条所规定外，不得以之对抗善意第三人。而"最高法院"1930 年上字第 1897 号判例，则谓商号经理人或伙友，为人盖章作保，除经号东同意或追认外，无论有无特别习惯，其效力皆不及于号东。浙江省财政厅来函所称保证书，其签名、盖章者，倘未经公司之特别委任或追认及商号号东之同意，万一发生亏款舞弊情事，其保证责任是否应由公司或商号负担，诚属疑问。惟行政及司法机关常例，注重殷实商保。此种保证书，沿用已久，效力颇大。是否应从严格解释。因事关法律疑义，未敢擅断，特呈请司法院对此予以解释。

1939 年 10 月 3 日，"司法院大法官会议"针对浙江高等法院的请示作出院字第 1931 号解释："商号经理人所管理之事务，或商号合伙人所执行之合伙事务，各为关于营业上之事务。其依法对于第三人所得为之行为，应以关于营业上者为限。代表股份有限公司之董事或代表其他公司之股东，仅关于公司营业上之事务有办理之权，为人保证，除属于该公司或其他商号之营业范围，或依特殊情事可认为营业上之行为外，自无代为之权。如竟擅自为之，对于该公司或其他商号不生效力。至民法第 557 条、公司法第 32 条，仅于限制经理权或代表权时适用之，若原非经理权或代表权范围内之行为，既无所谓限制，即无适用各该条之余地。"

② "司法院大法官会议"1956 年释字第 59 号

1955 年，针对银行贷款催收因法院判决公司"脱保"导致困难的现实问题，台湾银行向台北市银行商业同业公会致函称：第一，查各银行以往贷款，由公司担任保证人者为数不少。年来由于贷款愆期不偿依法诉追，而各级法院引用公司法第 23 条"公司除依其他法律或公司章程规定以保证为业务者外，不得为任何保证人"之规定判决该公司组织之保证人无须负赔偿责任者亦屡见不鲜。由于上项事实教训致各行贷款不能再接受公司为保证人，从而引起甚多之困扰。盖近年工商业之组织大多趋向于公司一途，独资及合伙者虽仍有存在但多属规模狭小资本不大，数额较巨之贷款觅保时往往发生严重困难。第二，"公司法"第 23 条之规定，应属对公司之拘束，公司负责人倘违反该条规定而代人保证，自不得谓为无效。倘果属无效，则此种行为当无罪责可言，而该公司自更不至因此而招致损害，"公司法"第24条"公司负责人违反第22条或第23条之规定时，得各科二千元以下之罚金并赔偿公司因此所受之损害，其情节重大者并得撤销其登记"之规定岂非多余。第三，贷款保证人关系各行业务，利害甚巨，而各级法院对"公司法"第23条之见解显属对各行不利，且因觅保之困难亦显属对全体工商业不利，各行既不能不顾各级法院之判决暂时不接受公司为保证人，但亦不能不为借款人之困难着想觅致合理之解释。为此，拟请贵会呈请"财政部"转呈"行政院"咨请"司法院"对于一般公司违反"公司法"第23条之规定为保证人时，其保证责任究属有效抑属无效赐予解释，俾资遵循。

台北市银行商业同业公会收函后，经该会第二届第74次理监事联席会议研讨，认为本案对于银行放款及工商业贷借资金关系至巨，决定呈请"财政部"转呈"行政院"咨请"司法院"予以解释，以资遵循。

"财政部"经研究认为，本案关系法令解释，似应准转请"司法院"赐予解释以利银行业务之经营及社会资金之供需。故致函"行政院"，呈请核转解释。

"行政院"收函后，交由"司法行政部"承办。"司法行政部"的研究意见为：第一，查"公司法"第23条规定，公司除依其他法律或公司章程规定以保证为业务者外，不得为任何保证人。此种规定在法律上称之为禁止之规定。若公司违反禁止之规定而为保证人者，依"民法"第71条前段所定之原则，保证行为应属无效。第二，次查"民法"第71条但书所谓"其规定并不以之为无效者"，系指法律规定禁止为某种法律行为而同时复明示或暗示该项法律行为尚非绝对无效之情形而言。例如"民法"第985条规定有配偶者不得重婚，而同法第992条仅规定重婚为得撤销之行为而不以之为无效，故结婚违反"民法"第985条之规定者即无同法第71条前段之适用。至于"公司法"第23条所为禁止之规定，在该法如无其他条文明示或暗示违反该条规定之行为仍属有效，则违反该条规定而为保证者，因适用"民法"第71条前段之结果，其保证行为即难认为有效。第三，再查"公司法"第24条仅规定公司负责人违反第22条或第23条之规定时应负刑事责任并对公司负赔偿其因此所受损害之责任，并未明示或默示公司负责人违反第23条之规定以公司名义为人作保时对于公司仍属有效，则公司负责人有此违法行为时当不能有前述"民法"第71条但书之适用。第四，复次查"司法院"院字第1931号解释，略谓：代表股份有限公司之董事或代表其他公司之股东仅关于公司营业上之事务有办理之权，为人保证除属于该公司之营业范围或依特殊情事所认为营业上之行为外，自无代为之权。如竟擅自为之，对于该公司不生效力等语。依此解释，公司负责人违反"公司法"第23条规定而以公司名义为他人之保证人时，既不能认为办理公司营业上之事务，对于该公司自可不生效力。惟上开解释尚系1939年所著成，目前在政策上如认为有加以变更之必要，似可由"行政院"转请"司法院"解释。

1955年7月7日，"行政院"致函"司法院"称：查关于一般公司违反"公司法"第23条之规定为保证人时，其保证责任究属有效抑属无效，"司法行政部"认为，依"民法"第71条前段所定之原则，其保证行应属无效，所持法律见解尚属正确，同时所引1939院字第1931号解释对于本案疑义亦有其适用效力，惟"财政部"转据台北市银行商业同业公会依据"公司法"第24条之规定而就同法第23条所持之法律见解似亦尚不无理由，且其所举之实际困难情形确亦足影响银行业务之经营及工商业资金之供应，特提请大法官会议再予解释。

1956年3月21日，台湾地区"司法院大法官会议"就"非以保证为业务之公司负责人以公司名义为人保证，其效力为何"这一争论问题，作出1956年释字第59号司法解释，认为："依'公司法'第23条之规定，公司除依其他法律或公司章程规定以保证为业务者外，不得为任何保证人。公司负责人如违反该条规定，以公司名义为人保证，既不能认为公司之行为，对于公司自不发生效力。"

由上可见，虽然两次司法解释所面临的社会经济形势和法律解释环境发生了巨大的变化，但台湾地区"司法院大法官会议"的解释逻辑一直没有变化，这一立场背后的法律逻辑都是将违反"公司法"第23条规定对外提供保证的行为类推适用"民法"第110条关于"无代理权人，以他人之代理人名义所为之法律行为，对于善意之相对人，负损害赔偿之责"的规定，让公司负责人对第三人的损失负责。而没有采用银行业提出的"内部限制说"和"行政院司法行政部"提出的"效力性规范说"。

（2）1966年及其后的法律修订

1966年台湾地区对"公司法"进行了修改，修改之后的第16条第1项规定："公司除依其他法律或公司章程规定得为保证者外，不得为任何保证人。"删除"以保证为业务"，似乎考虑到公司作为法人，是权利义务之主体，偶有需要而为同业提供保证，并没有禁止的必要；如果必须以保证为其专业的公司才能提供担保，不仅理论上欠妥，也不符合企业界实际之需要；因此，在1966年修订"公司法"之时，放宽了保证之范围，给予企业一定之自主空间。① 此外，1966年的修改还删除了第24条的规定，增订第16条第2项："公司负责人违反前项规定时，应自负保证责任，并各科新台币四千元以下罚金，如公司受有损害时，亦应负赔偿之责。"此后历次修正，均系对罚金的数额予以调整。

2013年1月30日最新修订的"公司法"第16条规定：公司除依其他法律或公司章程规定得为保证者外，不得为任何保证人；公司负责人违反前项规定时，应自负保证责任，如公司受有损害时，亦应负赔偿责任。立法理由谓："因公司负责人之违反法律或章程之行为，自应由其自负保证之责任，而不必由公司负连带赔偿责任。同时配合除罪化之修订原则，删除有关罚金之规定。"

（3）法院判例的一贯立场

在台湾地区的司法实践中，不同时期的判例均保持了较为一致的解释逻辑：如1955年台上字第1566号判决认为："被上诉人甲、乙两股份有限公司，均非以保证为业务，被上诉人丙、丁分别以法定代理人之资格，用各该公司名义保证主债务人向上诉人借款，显非执行职务，亦非业务之执行，……依第110条及184条规定，对于相对人即应负损害赔偿责任。"再如，1959年台上字1919号判决认为："被上诉人公司非以保证为业务，其负责人违反'公司法'之规定以公司名义为保证，依'司法院'释字第59号解释，其保证行为对于公司不生效力，则上诉人除因该负责人无权代理所为之法律行为而受有损害时，得依第110条之规定请求赔偿外，并无仍依原契约主张应由被上诉人负其保证责任之余地。"②

由于上述判例是由公司负责人对相对人负损害赔偿责任，而1966年的法律修订却规定了由公司负责人自负保证责任。虽然这两种做法均是准用"无权代理"制度，但又均未能将"无权代理"的制度逻辑一以贯之，导致学说和实务上对公司是否能对负责人的行为进行追认存有疑义，直至1985年台上字第2014号判例才正式明确了这一问题。其判决主旨为："代表与代理固不相同，惟关于公司机关之代表行为，解释上应类推适用关于代理

---

① 参见刘渝生《公司法制之再造——与德国公司法之比较研究》，新学林出版股份有限公司，2005，第77页。

② 王泽鉴：《债法原理》（第一册），中国政法大学出版社，2001，第310页。

之规定，故无权代表人代表公司所为之法律行为，若经公司承认，即对于公司发生效力。"①

（4）各界关于公司担保制度的修订意见

对于"公司法"第16条的规范目的，台湾地区通说认为，台湾"公司法"第16条第1项的规定，系为保护股东及公司债权人的利益，并避免违背资本维持原则。② 立法者希望借助严格的规定来达到维持公司资本的目的，避免因保证行为而危及公司财务，直接保护公司的利益，间接亦维护到股东及债权人之权益。③

与法规的严格形成对照的是公司实践中的担保浮滥。由于经济生活中公司不能完全独立生存，并且相互支援融资或担保屡见不鲜，为避免自缚手脚，绝大部分公司都在章程的营业项目以外条文中，注明"本公司为业务需要，得对外保证"，导致"公司法"第16条第1项的规定形同虚设。④由此引起了学界和"立法机关"对公司担保这一"原则禁止、例外许可"的规范方式能否实现稳定公司财务和保障股东及债权人利益的规范目的的讨论。

在台湾地区历次的公司法修订过程中，公司担保问题均为其中的一个重要议题，相关的修改建议大略可以分为如下三种。

第一种研究意见认为，应当放松对公司担保的法律限制。如台湾地区"经建会"曾经提出一个"公司法"全盘修正的计划，为给公司能力松绑，拟删除第16条的规定。⑤

第二种研究意见认为，应当将公司担保问题委诸公司自治。如台湾地区"经济部"曾经拟议过将保证事项通过股东同意或股东会决议的方式，以保障公司股东及债权人利益。其拟定的"公司法"第16条修正条文如下："公司除依下列规定得为保证者外，不得为任何保证人。以背书方式代替保证者亦同：一、依其他法律规定得为保证者；二、无限公司、两合公

---

① 王泽鉴：《民法总则》，中国政法大学出版社，2001，第444~445页。

② 参见张嘉麟《论公司与他人所缔结之保证契约的效力》，载《月旦法学杂志》第19期；陈长文《论公司保证》，载林咏荣主编《商事法论文选辑》，五南图书出版公司，1984，第26页。

③ 参见刘渝生《公司法制之再造——与德国公司法之比较研究》，新学林出版股份有限公司，2005，第77页。

④ 参见刘渝生（公司法制之再造——与德国公司法之比较研究》，新学林出版股份有限公司，2005，第78页。

⑤ 参见李建伟《关联交易的法律规制》，法律出版社，2007，第171页。

司经全体无限责任股东同意得为保证者；三、有限公司经全体股东同意得为保证者；四、股份有限公司经代表已发行股份总数三分之二以上股东出席，以出席股东表决权过半数同意之股东会决议得为保证者。公司负责人违反前两项规定时，其行为对公司不生效力，公司负责人应自负保证责任。"

对这一建议草案，学者的批评意见认为，这种只重"形式面"的规范手段，难以收到预期的规范效果：一方面，股份有限公司的股东大会往往为大股东所操纵，因此大股东以修正草案所建议的股东大会"轻度特别决议"通过公司对外保证之决议，并非难事；另一方面，草案所拟定的以股东大会"轻度特别决议"即可合法对外保证的规范方式，也有违"禁止公司在任何股东之异议下，随意给予他人公司任何部分的财产"的一般法律原则。①

第三种研究意见认为，应当通过立法明确公司保证的实质要件，允许公司对外担保并承认其有效性。如刘连煜教授建议借鉴美国经验，将保证行为对公司带来利益作为保证行为有效成立的要件。② 亦有学者认为，依台湾"公司法"第 16 条第 1 项的立法精神，非金融公司的一般公司所为的保证，必须在不影响该公司财务健全或股东、债权人利益的前提下，方能认为有效，非谓凡章程中记载得为保证，其任何保证行为皆属有效。至于应如何认定公司保证行为是否合于公司法精神而为有效，其以为最低限度该保证必须与公司业务有关，且其应以有利于公司财务为目的。何谓与业务有关，可结合如下因素加以认定：如公司为保证行为，是否有对价之取得；公司提供担保之对象，是否与其有业务往来之可能；公司为他人作保，是否能促进公司之其他业务。至其有利于公司财务之确切标准，似难一概而论，须视个案之情形认定。③

然而，从立法修订的最终情况来看，上述建议均未被采纳。

5. 小结

从美、英、日本以及我国台湾地区的制度设计来看，均系在承认公司具有担保能力的基础上加以不同程度的限制，防止公司资产因随意担保而流失，以保护公司、股东和债权人的利益。英国和美国、日本的立法发展表明，公

---

① 参见刘连煜《公司法理论与判决研究》，法律出版社，2002，第 179 页。

② 参见刘连煜《公司法理论与判决研究》，法律出版社，2002，第 197 页。

③ 参见陈长文《论公司保证》，载林咏荣主编《商事法论文选辑》，五南图书出版公司，1984，第 26 页。

司对外提供担保，一般由董事会根据是否增进公司利益这一经营判断标准自主决定，但对容易引起利益冲突的担保交易，则通过公司决议的程序控制方式，交由公司股东或董事会决定是否批准。对于未经决议程序的担保交易，在制度设计和学说讨论上均以民法上的无权代理制度为基本的制度框架。我国台湾地区的司法运作及学说讨论，也遵循了这一理论框架，但由于其原则上禁止公司对外担保，不符合经济生活的实际情况，导致其规范效果并不明显，学说上的讨论已经呈现出向英美法制靠拢的动向。

三　历史解释：公司担保法制的中国环境与制度选择

由于《公司法》第16条本身并未明确违反该条规定对外提供担保的合同效力，且由立法工作参与者组织编写的相关著作中未能明确交代该条规定的规范目的及立法理由，[①] 由此带来了解释上的困难和学者的批评。[②] 笔者认为，为更好地理解《公司法》关于公司担保制度的立法安排及其制度选择背后的理由，有必要对立法者制定规则时所面临的宏观政策环境和公司担保实践的微观具体情境做一回顾，以探究立法的政策意图和调控目标。

---

① 对该条规定，由参与立法人员参加编写的作品中解析如下：第一，公司向其他企业投资或者为他人提供担保，应当由公司机关作出决议。为了引导公司对外投资和为他人提供担保这类重大行为作出科学的决策，保证公司行为的恰当性，增加第16条的规定。第二，公司为他人担保体现为第16条第1款，一般原则是公司章程可以根据实际经营的需要，规定对外投资和为他人担保的决策权由股东会（有限责任公司）、股东大会（股份有限公司）或者董事会行使。为了保证交易安全，公司章程可以对投资或者担保的总额及每一项投资或者担保的数额作出限制性规定，公司章程有这类规定的，公司机关作出决议时，不得超过规定的限额，除非修改公司章程。第三，公司为股东或者实际控制人提供担保属于关联交易，可能被用来进行利益输送，损害公司和其他股东利益，因此第16条第2款规定关联担保必须经股东会或者股东大会表决，不能通过公司章程规定由董事会作出决定。同时为了维护股东大会决议的公正性，避免控股股东滥用资本多数决的原则，第3款规定股东或实际控制人支配的股东应当回避表决。公司违反这一规定，强行表决的，股东可以根据《公司法》第22条的规定，向人民法院提起股东会（股东大会）决议无效之诉。参见桂敏杰、安建主编《中华人民共和国新公司法条文解析》，人民法院出版社，2006，第39~41页；《全国人大法律委员会关于〈中华人民共和国公司法（修订草案）〉修改情况的汇报》，载安建主编《中华人民共和国新公司法释义》，法律出版社，2006，第254页。

② 蒋大兴教授就此有过评论：我们现在分析这种问题，立法目的是什么，中国没有立法理由书，立法机关也说不清楚。在最高人民法院组织的公司法律论坛上，全国人大的一位官员自己解释立法目的的时候，他们说是为了保护少数股东利益的，但坐在他旁边的国务院法制办工交司的司长就说，学者不要问我们的立法目的是什么，我们怎么搞得清楚立法目的是什么呢，当时就是这么写的，没想那么多。参见蒋大兴《公司内部行为之外部约束力》，内部讲座，http://www.corplawinfo.ecupl.edu.cn/news/124_1881.html。

1. 公司法修订工作的宏观政策环境

与西方主要发达国家的公司发展史不同，我国公司制度的发展主要是基于政府的培育和引导，因此，分权制衡的公司治理机制在相当长的一段时间内并未成为公司相关主体的自觉行动。亦因此，1993 年《公司法》虽然为国有企业的公司化改造预留了国有独资公司这一制度空间，但并没有改变我国以所有制为标准的企业立法的实际状况。或者说，国有企业和集体企业并没有真正纳入《公司法》的调整范围。在决策层面开始考虑将国有企业纳入《公司法》的调整范围，可以追溯至 1994 年召开的中共十四届三中全会将国企改革的目标确立为"产权清晰、权责明确、政企分开、管理科学的现代企业制度"这一重要决定。1997 年召开的中共十五大和十五届一中全会在总结前几年推行现代企业制度、深化国企改革经验的基础上，提出了"三年两大目标"的改革设想，即用三年左右时间，通过改革、改组、改造和加强管理，使大多数国有大中型亏损企业摆脱困境，力争到 20 世纪末大多数国有大中型骨干企业建立起现代企业制度。1999 年召开的中共十五届四中全会作出的《中共中央关于国有企业改革和发展若干重大问题的决定》，进一步确定了到 2010 年国企改革和发展的主要目标和必须坚持的指导方针，其中既重申了要努力实现"三年两大目标"，又再次强调了"建立现代企业制度，是发展社会化大生产和市场经济的必然要求，是公有制与市场经济相结合的有效途径，是国有企业改革的方向"。为推进现代企业制度建设这一经济改革举措，2001 年 11 月 27 日至 29 日召开的中央经济工作会议提出"上市公司要在现代企业制度建设上先行一步"的要求。

为贯彻中共中央、国务院的上述政策部署，国务院各相关部门迅速行动起来：首先，在立法层面，由于《中共中央关于国有企业改革和发展若干重大问题的决定》中关于法人治理结构、国企改制上市等政策部署的贯彻落实客观上需要对《公司法》进行修改和完善，国务院法制办作为行政立法机关，迅速开始了《公司法》修订的研究工作。① 其次，在行政监管层

---

① 据参加立法修订的同志介绍，本次《公司法》修订的研究工作，可以追溯至 1999 年 9 月召开的中共中央十五届四中全会，《中共中央关于国有企业改革和发展若干重大问题的决定》中关于法人治理结构、国企改制上市等政策部署的贯彻落实客观上需要对《公司法》进行修改和完善。为此，国务院法制办曾经形成过一稿《公司法修正案（草案）》，但由于种种原因未能公布于众。2003 年，公司法修订再次列入国务院立法工作计划和全国人大常委会立法工作计划。参见姜天波《公司法修改若干理论问题》，载张穹主编《新公司修订研究报告》（上册），中国法制出版社，2005，第 187~189 页。

面，国务院国资委、国家经贸委、中国证监会作为主管部门，在上市公司治理层面展开了一系列的努力。如 2002 年 1 月 7 日中国证监会和国家经贸委联合下发了《上市公司治理准则》，以期推动上市公司建立和完善现代企业制度，规范上市公司运作，促进证券市场健康发展；2002 年 4 月 26 日中国证监会和国家经贸委共同开展了以公司治理为重点的上市公司建立现代企业制度检查，作为贯彻 2001 年中央经济工作和 2001 年政府工作报告中关于重点检查上市公司建立现代企业制度情况要求的具体举措，并对检查发现的控股股东通过关联销售、关联采购或上市公司代控股股东垫付各种资金或向其拆借资金等手段占用上市公司资金这一普遍存在的严重问题采取了相应的行政手段进行清理。①

由此可见，如果我们将在《公司法》的修订工作置于贯彻落实国家建立现代企业制度的政策要求这一宏观背景之下来观察的话，那么立法的修订工作就不可能是一个封闭运行的环境，该项工作必然要与同期国务院其他部门的相关努力形成合力和互动。这应当成为我们理解公司法上各项制度安排的一条重要线索。

2. 经济生活中的公司担保乱局

就公司担保问题，原《公司法》（1999 年）第 60 条第 3 款规定："董事、经理不得以公司资产为本公司的股东或者其他个人债务提供担保。"由于这一规定本身过于粗略，不仅未能达到其防范利益冲突的规范效果，且在某种程度上为管理层和大股东利用担保制度"掏空"公司提供了助力。

根据 Donald C. Clarke 教授的观察，中国公司治理的主要问题集中在内部人控制和一股独大。在内部人控制方面，由于缺乏有效的问责机制使得内部人控制无拘无束，结果是属于公司的资产以各种各样的托词转变为管理层的私人财产。而在一股独大的格局下，管理层对董事会言听计从，占支配地位的股东滥用其股东地位，对小股东进行盘剥。② 以上市公司为例，股权结构的"一股独大"和公司治理的"一股独霸"是国资控股和民营企业控股的上市公司的共同特点，均存在严重的利用担保制度"掏空"上市公司现象。

---

① 参见史美伦《怎样推动公司现代企业制度建设》，2002 年 12 月 27 日在上市公司现代企业制度建设经验交流暨总结大会上的发言，http：//business. sohu. com/92/29/article 205892992. shtml。

② Donald C. Clarke：《独立董事与中国公司治理》，载张穹主编《公司法修订研究报告》（上册），中国法制出版社，2005，第 305 页。

历史上，国资控股上市公司绝大部分是通过国有企业改制上市而来，在股份制改造的过程中，由于企业整体上市因资产收益率过低而难以达到上市的监管要求，同时又受到新股发行额度的限制，使得绝大部分公司选择了"主体上市，原企业改造为母公司"的上市模式，其特征是母公司（企业集团）成为上市公司的控股股东，集团公司总资产中的一部分剥离出来，模拟其营业费用和收入，虚拟出股份公司这一新的会计实体。这种改造上市的方式，使得上市公司与生俱来地与集团公司之间具有关联关系。大股东把最优质的一部分资产拿出来上市的目的就是为了募集资金，解大股东自身资金短缺的燃眉之急。在这种情形之下，大股东从子公司上市的时候起，对上市公司的资产就虎视眈眈。大股东要么直接占用上市公司资产，要么通过关联担保从上市公司套取现金，很多上市公司实际上已经沦为大股东的"提款机"。

在民营上市公司中，一股独大的问题较之于东亚其他国家和地区，是有过之而无不及。自 2000 年开始，随着对民营企业发行上市、受让国有股权政策的逐步放宽，证券市场上出现了一家民营企业同时控制多家上市公司的情况，即所谓的"民营企业系"现象。从民营企业造系的动机来看，相当一部分造系者利用中国股市的制度缺陷和法律漏洞，以产业整合或多元化为掩护，利用企业系复杂的股权关系，通过占用上市公司资金、关联交易、关联担保等手段掏空上市公司或操纵市场，严重影响了证券市场的稳定和健康发展。①

1999 年末，以中福实业、九州股份为代表、涉及 16 家上市公司和 100多家相关公司的"福建担保圈"浮出水面，上市公司关联担保问题引发社会各界关注，其中九州股份在其大股东福建省财政厅的控制下实际上已经沦为单纯的融资工具。"福建担保圈"的连锁反应虽然经过各方努力并未发生大规模危机，但已经引起监管层的重视。"福建担保圈"这一现实的案例证明，控制股东或实际控制人通过关联担保的方式掏空上市公司所造成的后果不限于公司个体本身，同样会引发区域性金融风险。

中国公司担保制度的最初变革，某种意义上可以看作是对以"福建担保圈"为代表的现实情况的回应。2000 年 6 月 6 日，中国证监会发布《关

---

① 上海证券交易所：《中国公司治理报告：民营上市公司治理（2005）》，第 43 页，http：//www.sse.com.cn/sseportal/webapp/datapresent/SSEDisquisitionAndPublicationAct？REPORTTYPE=特别报告。

于上市公司为他人提供担保有关问题的通知》（证监公司字〔2000〕61号），禁止上市公司为其股东、股东的子公司、股东的附属企业或者个人债务提供担保（第2条）。上市公司为他人提供担保必须经董事会或股东大会批准。董事会应当比照公司章程有关董事会投资权限的规定，行使对外担保权。超过公司章程规定权限的，董事会应当提出预案，并报股东大会批准。上市公司董事会在决定为他人提供担保之前（或提交股东大会表决前），应当掌握债务人的资信状况，对该担保事项的利益和风险进行充分分析，并在董事会有关公告中详尽披露；股东大会或者董事会对担保事项作出决议时，与该担保事项有利害关系的股东或者董事应当回避表决；董事会秘书应当详细记录有关董事会会议和股东大会的讨论和表决情况。有关的董事会、股东大会的决议应当公告（第5条）。上市公司应当完善内部控制制度，未经公司股东大会或者董事会决议通过，董事、经理以及公司的分支机构不得擅自代表公司签订担保合同（第7条），上市公司董事、经理及其他管理人员未按规定程序擅自越权签订担保合同，对上市公司造成损害的，上市公司应当追究当事人的责任（第10条）。

这一通知，在原《公司法》第60条第3款关于"董事、经理不得以公司资产为本公司的股东或者其他个人债务提供担保"的规定的基础上，承认了公司的担保能力，禁止关联担保，并明确了公司对外一般担保的决策程序。

2001年11月17日，最高人民法院审结"中福公司担保案"，①并未认同监管部门的做法，而是认为关联担保应属限制而非禁止之列。判决书所表达的基本逻辑是：除非公司章程授权或者股东大会同意，公司董事、经理及董事会均无权决定以公司财产为股东担保。②

因适逢其会，③"中福公司担保案"成为民商审判司法史上的著名案件，并成为行政监管与司法裁判良性互动，并协力推动法律修订的经典作品之一。

由于监管部门对关联担保的政策高压和最高人民法院对关联担保采取

---

① 最高人民法院（2000）经终字第186号民事判决书。

② 曹士兵著：《中国担保制度与担保方法——根据物权法修订》，中国法制出版社，2008，第78页。

③ 张小彩：《最高法院一本新书，危及银行2700亿资产的安全》，《财经时报》2002年11月29日，第1版。文中对《中国民商审判》（2002年第1卷）收录"中福公司担保案"所引起的社会反响进行了描述。

了须得到章程授权机构或经股东大会决议的司法态度，作为规避手段，由上市公司"互保"融资而形成的担保圈悄然兴起，并因此引发了一系列区域性的或全国性的金融风险。

2002 年，因上市公司互保融资而形成的"深圳担保圈"最先爆发支付危机，涉及金额超过 20 亿元，10 多家上市公司和 10 多家非上市公司均牵连在内，核心公司 ST 康达尔、深石化、深宝安 A、深深宝 A 等都是国资控股。嗣后，由央企"华源系"引发的"上海担保圈"资金告急，紧接着证券市场上"河北担保圈"的地雷炸响，引起了社会各界的强烈关注。

2003 年 8 月 28 日，中国证监会和国务院国资委联合下发《关于规范上市公司与关联方资金往来及上市公司对外担保若干问题的通知》（证监发〔2003〕56 号），明确规定：（1）上市公司不得为控股股东及本公司持股 50% 以下的其他关联方、任何非法人单位或个人提供担保。（2）上市公司对外担保总额不得超过最近一个会计年度合并会计报表净资产的 50%。（3）上市公司《章程》应当对对外担保的审批程序、被担保对象的资信标准做出规定。对外担保应当取得董事会全体成员 2/3 以上签署同意，或者经股东大会批准；不得直接或间接为资产负债率超过 70% 的被担保对象提供债务担保。并通过行政措施要求对控股股东及其关联方无偿占用上市公司资金问题进行规范，加大清理已发生的违规占用资金和担保事项的力度，依法追究违规占用资金和对外担保行为的责任。

2003 年 11 月，因啤酒花董事长出走，曝出共 18 亿元的对外担保，以啤酒花为核心的"新疆担保圈"涉及担保金额达 45 亿元。

啤酒花事件拉开了彻查新疆上市公司担保圈的违规行为和各大商业银行的关联方贷款的序幕，"德隆系"在经历了二级市场出货未果、股权质押、股权出售等一系列自救活动之后，资金链断裂，风险于 2004 年 4 月集中爆发，形成了影响到全国 20 多个省市、2500 多家机构和 32000 多个人的"德隆系风险处置事件"，震动了整个金融行业。根据国务院领导同志的部署，人民银行作为德隆系风险处置小组的主要成员单位，会同银监会、证监会等有关部门，提出了《关于处置德隆系风险的总体意见》，确定由华融资产管理公司托管"德隆系"。经过四年多的努力，终于实现"德隆系"从实业和金融机构中全面平稳退出的目标。

2004 年，因长运股份无力偿还到期债务，以长丰通信、朝华集团、太极集团、桐君阁四家上市公司为核心的"重庆担保圈"爆发危机，涉及金额 20 余亿元。同年 9 月 7 日，嘉瑞新材被湖南证监局立案稽查，民营资本

"鸿仪系"控制的"湖南担保圈"被公布于众。嘉瑞新材、洞庭水殖、亚华种业、国光瓷业、湖南海利、金果实业等湖南上市公司相互提供担保，担保总额接近60亿元。

2005年10月19日，国务院以国发〔2005〕34号通知批转了中国证监会《关于提高上市公司质量的意见》，再次重申：严禁侵占上市公司资金。控股股东或实际控制人不得以向上市公司借款、由上市公司提供担保、代偿债务、代垫款项等各种名目侵占上市公司资金。对已经侵占的资金，控股股东尤其是国有控股股东或实际控制人要针对不同情况，采取现金清偿、红利抵债、以股抵债、以资抵债等方式，加快偿还速度，务必在2006年底前偿还完毕（第10条）。坚决遏制违规对外担保，上市公司要根据有关法规明确对外担保的审批权限，严格执行对外担保审议程序。上市公司任何人员不得违背公司章程规定，未经董事会或股东大会批准或授权，以上市公司名义对外提供担保。上市公司要认真履行对外担保情况的信息披露义务，严格控制对外担保风险，采取有效措施化解已形成的违规担保、连环担保风险（第11条）。

由上可见，在公司法修订期间，由上市公司关联担保和随意担保而引发的区域性金融风险呈现出明显的多发和频发状态，虽然这些风险最终都得以化解，但每一起风险化解的背后，都是由中央政府或地方政府承担起了处置本地区上市公司风险的责任，客观上形成了公共财政为公司治理失范"买单"的局面。亦因此，对上市公司关联担保和随意担保问题的治理，成为法律修订过程中引起各方高度关注并且需要重点解决的一个问题。

需要指出的是，上市公司中存在的担保问题，在有限公司和非上市公司的股份公司中同样存在。这一点，不仅可以从人民法院审理的大量担保纠纷案件中得到证实，也可以通过一个简单的逻辑推理得以证明：上市公司作为同时期公司治理状况最好的群体，其担保问题尚且如此严重，遑论其他？

3. 规范体系及文本渊源

2004年8月，中国法学会商法学研究会牵头组织的"公司法修改研究小组"完成了《公司法（修改草案建议稿）》，该稿第17条规定："公司为他人提供担保，有限责任公司须经全体股东同意，股份有限公司须经股东大会准用本法第105条规定的决议程序做出决定。公司章程有特别规定的从其规定。董事违反前款规定时，应承担赔偿责任；数名董事违反前款规定的，承担连带赔偿责任。"建议稿第105条规定的决议程序为特别决议程序，应当由代表已发行股份总数 1/2 以上的股东出席，并经出席股东 2/3 以上的表决权同意。同时，建议稿第 114 条规定："股东对于会议事项，有利害关系并有害于公司利益之虞时，不得加入表决，并不得代理其他股东行使表决权。"其起草理由主要为：本条系参照原第 60 条第 3 款的规定修改而来，其角度已改为对公司能力的限制，其着眼点是减少公司为他人提供担保而产生的风险。考虑到我国公司运营的实际，应对公司向他人提供担保放松管制。考虑到全体股东的利益，注意到可能出现的不正当关联交易，应设置利害关系股东的回避制度，但利害关系股东的回避在各种股东大会决议事项中均可能出现，故统一在第 114 条中规定，此处不做重复。①

商法学会的这一建议方案，不区分一般担保和关联担保，而是根据有限公司和股份公司这一组织形态的不同，设计了对外担保的不同议事规则。其建议方案与台湾地区"经济部"的方案具有明显的相似性。其中关联股东表决回避的制度设计，应当是参考了台湾地区学界研究意见的结果，或者说是吸收了中国证监会《关于上市公司为他人提供担保有关问题的通知》（证监公司字［2000］61 号）第 5 条的内容。但这一方案并未引起立法机关的重视。

2005 年 4 月 11 日至 12 日，全国人大法律委员会、全国人大法工委及最高人民法院共同在重庆召开公司法修订法院系统征求意见会。在会前印发的《中华人民共和国公司法（修改草案）》中，对原第 60 条第 3 款的修改仅是做了文字上的调整和条文顺序的变动，草案第 65 条第 3 款规定"董事、高级管理人员不得擅自以公司资产为本公司的股东或者其他个人债务提供担保"。这一调整，体现出立法机关对公司担保的规范思路并未发生改变。

2005 年 10 月 27 日，修订后的《公司法》颁布。就规范内容来看，《公司法》关于公司担保的规定实际上存在着以 16 条规定为中心的一个规范群。包括：

第 16 条：公司为他人提供担保，依照公司章程的规定，由董事会或者股东会、股东大会决议；公司章程对担保的总额及单项投资或者担保的数额有限额规定的，不得超过规定的限额（第 1 款）。公司为公司股东或者实际控制人提供担保的，必须经股东会或者股东大会决议（第 2 款）。前款规定的股东或者受前款规定的实际控制人支配的股东，不得参加前款规定事项的

---

① 参见王保树《中国公司法修改草案建议稿》，社会科学文献出版社，2004，第 105 页。

表决。该项表决由出席会议的其他股东所持表决权的过半数通过（第 3 款）。

第 20 条：公司股东应当遵守法律、行政法规和公司章程，依法行使股东权利，不得滥用股东权利损害公司或者其他股东的利益；不得滥用公司法人独立地位和股东有限责任损害公司债权人的利益（第 1 款）。公司股东滥用股东权利给公司或者其他股东造成损失的，应当依法承担赔偿责任（第 2 款）。

第 21 条：公司的控股股东、实际控制人、董事、监事、高级管理人员不得利用其关联关系损害公司利益（第 1 款）。违反前款规定，给公司造成损失的，应当承担赔偿责任（第 2 款）。

第 105 条：本法和公司章程规定公司转让、受让重大资产或者对外提供担保等事项必须经股东大会作出决议的，董事会应当及时召集股东大会，由股东大会就上述事项进行表决。

第 122 条：上市公司在一年内购买、出售重大资产或者担保金额超过公司资产总额百分之三十的，应当由股东大会作出决议，并经出席会议的股东所持表决权的三分之二以上通过。

第 149 条第 1 款第 3 项：董事、高级管理人员不得违反公司章程的规定，未经股东会、股东大会或者董事会同意，将公司资金借贷给他人或者以公司财产为他人提供担保。同条第 2 款规定：董事、高级管理人员违反前款规定所得的收入应当归公司所有。

第 150 条：董事、监事、高级管理人员执行公司职务时违反法律、行政法规或者公司章程的规定，给公司造成损失的，应当承担赔偿责任。

对上述规范体系，可以从重点条文和规范体系两个方面来进行解读：

首先，就《公司法》第 16 条这一重点条文的结构来看，其文本来源的本土性脉络清晰可见。

其一，该条区分一般担保和关联担保的立法方法明显是继受了中国证监会相关行政规章的划分方法。该条第 1 款关于一般担保的内容，明显系根据中国证监会《关于上市公司为他人提供担保有关问题的通知》（证监公司字〔2000〕61 号）第 5 条第 1 款的内容修改而来。

其二，该条第 2 款关于关联担保的规定，应该是秉承"放松管制"的立法理念，采纳了"中福公司担保案"的立场，由禁止关联担保到通过股东会决议程序进行控制，有条件地允许公司为关联方提供担保。

其三，该条第 3 款关联股东表决回避的内容，既可以视为是吸收了商法学会建议稿的部分内容，也可以看做是对证监公司字〔2000〕61 号通知中第 5 条第 4 款规定的承继，只不过这一承继的前提是在允许公司为关联股东和实际控制人提供担保的情况下，为避免利益冲突所作出的安排，由此也克服了原先规章中一方面禁止关联担保、一方面要求有利害关系的股东回避表决的逻辑矛盾。

其次，从规范体系整体的角度，新《公司法》关于公司担保的规定，不仅包括决议程序，还包括控股股东、董事和高管人员的损害赔偿责任、董事和高管人员违法提供担保获得收入的归入权等系列规范。这些制度设计，与英国《2006年公司法》的相关制度设计极为相似，在比较法上有迹可循。

由上可见，虽然公开出版的立法资料显示，公司担保问题在法律修订过程中似乎并未作为一个专题加以讨论，或者说虽然并没有资料表明这一问题在立法机关这一环节得到了充分的讨论，[①] 但通过文本渊源的比较可以确定，在这一"中国式"制度安排的形成过程中，仰赖的是司法机关、监管部门、学界的共同努力和立法机关的从善如流。该规则的真实形成过程绝非真的如个别参与立法人士所说的"没想那么多"。

"任何完整的法律规范都是以实现特定的价值观为目的，并评价特定的法益和行为方式，在规范事实构成与法律效果的联系中总是存在着立法者的价值判断"，[②] 这应当成为我们进行司法解释的一个支点。

四　规范意旨：代表权的法定限制及利益衡量

公司作为一个组织，其内部的重大决策、管理、监督和对外意思表示需要借助于一定的机构或者人员来实行。为此，各国法律都对公司内部的权力分配作出了相应的规定，并由此形成公司机关。公司机关的设置在大陆法系和英美法系有所不同，英美法将股东会、董事会、公司秘书、总裁、财务主管等作为公司机关，而大陆法系一般认为股东会、董事会、监事会、经理是公司的机关。

从法律规定的角度，我国的公司机关类似于大陆法系的制度设计，在公司运作的实践中，部分公司的机关设置又受到英美法的影响。但与大陆法和英美法均明显不同的是，我国的公司代表机关采用的是法定代表人制度。法定代表人集对内管理、对外代表、向下监督、向法律负责等多种功

---

① 主要包括：张穹主编《新公司修订研究报告》（上、中、下），中国法制出版社，2005；张穹审定，赵旭东主编《新公司法制度设计》，法律出版社，2006；桂敏杰、安建主编《中华人民共和国新公司法条文解析》，人民法院出版社，2006；安建主编《中华人民共和国新公司法释义》，法律出版社，2006。

② 〔德〕伯恩·魏德士：《法理学》，丁小春、吴越译，法律出版社，2003，第55页。

能于一体。这种"一长制"的独裁模式，与公司制度固有的股东民主原则和权力分工、分权制衡原则存在着一定程度的冲突，导致公司容易丧失社团程序。[①] 在《公司法》的修订过程中，基于强化公司治理的考虑，在因袭了法定代表人制度的同时，对公司代表权的分配进行了法定的划分，以适应分权制衡的公司治理结构的需要。

1. 公司治理视角下的代表权限制

站在公司治理的角度，公司实际上是一个层级组织，或者一个分工机制，这就需要考虑股东、法定代表人、董事、经理的各自权限范围究竟有多大。因此，在衡量公司对外签约的效力时，仅从合同法出发是不够的。公司对外代表权的分配，主要框架来源于《公司法》。[②] 根据《公司法》的规定，法定代表人的代表权不仅受到基于章程约定、法令特别规定等限制，并负有禁止代表权滥用的一般法律义务。具体如下。

（1）代表权的法定限制

《公司法》对代表权的法定限制可以分为两个方面：一是法人机构之间的权力划分；二是公司机构与代表人之间的权力划分。

关于权力机构和执行机构的权力划分，在法人内部分权制衡的组织架构下，执行机构的职权是执行法人的营业事务，即对内管理经营事务、对外实施行为。但出于某种政策的考虑，有些种类的交易，法律规定其决定权不在执行机构，而是属于权力机构的决定事项。这一方面的限制主要有：①《公司法》第16条第2款规定，公司为公司股东或者实际控制人提供担保的，必须经股东（大）会决议。②《公司法》第38条和第100条规定，公司增减资本、发行债券、分立、合并、解散、清算或变更公司组织形式，应当由股东（大）会决议。③《公司法》第122条规定，上市公司在一年内购买、出售重大资产或者担保金额超过公司资产总额30%的，应当由股东大会作出决议。据此，只有公司的权力机构才可决定前述行为，董事会对此只享有制定方案的权力，根本无权决定这些事项。

关于公司机构与代表人之间的权力划分，是法律在法人机构分权的基础上对业务执行权的一种特别限制。也就是说，这些事项本在业务执行的权限之内，但出于特别考虑，法律对此作了特别限制。这一限制主要包括：①《公司法》第16条第1款规定，公司向其他企业投资或者为他人提供担

---

① 参见邓峰《普通公司法》，中国人民大学出版社，2009，第126~127页。

② 参见邓峰《普通公司法》，中国人民大学出版社，2009，第136页。

保，须根据章程规定由董事会或者股东（大）会决议；公司向其他企业投资或者为他人提供担保的，不得超过章程规定的对投资或者担保的总额、单项投资或者担保的数额的限定。②《公司法》第149条第3项规定，董事、高管人员将公司资金借贷给他人的，须经董事会或者股东（大）会的同意。据此，代表人对上述事项，在法人机构分权、职权法定的基本架构下，法定限制意味着对上述事项，未经有权机构决定，代表人依法不享有代表公司的权限，不得对外签订上述交易的契约。

（2）代表权的约定限制

约定或议定的限制，是指法人章程、董事会决议、股东会或股东大会决议对代表权所作的特别限制。章程对代表权的限制，主要表现为经营范围的限制。除了经营范围的限制外，章程还可以规定，一些特别重要的交易事项须由董事会、股东会或股东大会决议。这实际是以内部特别程序限制法定代表人的代表权。

除了通过章程来限制代表权之外，董事会、股东会或股东大会还可视情况需要以决议限制法定代表人的权力。相比于章程的限制，这种限制措施非常封闭，第三人一般无从知晓。

（3）代表权的滥用

代表权的滥用，是指法定代表人与交易相对人实施的行为虽然未超越代表权，但实质上却有损法人利益或根本不符合法人的利益。其主要表现，是法定代表人为自己或他人利益而与公司进行交易。《公司法》第149条第4项关于"董事、高级管理人员违反章程规定或未经股东会、股东大会同意，不得与本公司订立合同或者进行交易"的规定，就是从忠实义务的角度作出的禁止规定。

在公司担保领域，由于《公司法》第16条、第122条规定应当由公司机构决议，这种法定限制的后果，与代表权的约定或议定的限制有着非常重大的区别。

法定限制，基于法律规定的公开性，任何人不得以其自身不知法律而提出免责或减责抗辩。法律一经公布并生效，就理所当然地对任何人产生效力。任何人无论其是否在实际意义上知悉了法律所规定的内容，都将被一视同仁地推定为其已确定无误地知悉了法律所规定的内容，这也是"不知法律不免责"这一罗马法格言的精神要义。由此推演，由于《公司法》对公司担保这一特定事项存在法定限制，并非代表人所能单独决定，任何人不得以不知法律规定为由而免除注意义务。

对于约定限制，公司章程因登记而产生"推定知悉"理论的废弃和立法例上以"特昆德规则"为基础发展出的"内部管理规则"在英国法上的成文化，这种内部约定的限制不影响公司与交易相对人之间的行为效力已经成为公司法上的趋势和共识。英国《2006年公司法》第31条规定，除非公司章程有特别规定，公司可从事任何经营活动。第40条规定，基于对公司交易善意第三人有利的原则，公司董事约束公司的权力不受公司章程的限制。为此，与公司交易的第三方不必就公司对董事权力的任何限制进行查询，其善意将被依法推定，除非公司提出反证；不能仅因为知悉董事超越公司章程授予的权限而被认为是"恶意"。第161条的规定，以公司董事名义行事的有效性并不受其后发现其任命有瑕疵，即便董事被褫夺或停止董事资格，或其无权就该事项进行投票等情况影响。根据英国《2006年公司法》的规定，除非第三方被证明有实际知悉、董事自我交易、行为人无表见代表权①等情形，与公司交易的相对人获得了非常全面的保护。

法定限制与约定限制的区分实质，主要在于证明责任的不同，在法定限制，交易相对人的善意需要自己举证证明，而在约定限制，交易相对人的善意是被依法推定的。这一点，英国《2006年公司法》上的区别规定和日本、台湾地区的学说讨论，已经提供了足够的例证。

在既往的审判实践中，受"首长负责制"的公法思维模式影响，对"一长制"的法定代表人的代表权限通常不作特别考虑，法院一般都是按照是否以公司的名义，公章是否真实等形式标准来审查代表人的行为是否为职务行为。《公司法》对代表权的法定限制，客观上要求我们改变审判实践中的"代人表签字就是公司的行为"、"公章管理不严是公司内部的事情，不影响公司在外部关系中行为的效力"等形式主义的思维，必须将代表权限的审查置于公司分权治理结构的法律框架之下。这是我们在审判工作中必须强调的一个重大改变。

2. 公司与被担保人之间利益冲突的立法安排

审判实践中有观点认为，公司法的立法目的是为了保护公司、股东、债权人的利益，而《担保法》的立法目的是为了保护债权人的利益，这二者之间的冲突应当妥善协调，不能仅站在《公司法》的角度考虑问题，在保护公司利益的同时却损害了债权人利益，在债权人利益与公司、股东利益之间发生冲突时，应当优先考虑债权人的利益。对此，我们的基本考虑

---

① 参见前文所引《英国2006年公司法》第197、198、199、203条的相关规定。

是：《公司法》关于公司担保的规定，主要是保护公司的利益，并通过公司利益的保护，间接实现保护公司股东和除被担保人之外的在先债权人的利益。

首先，《公司法》关于公司担保的规定，是为了使公司资产免受控制股东、实际控制人和管理层不当担保行为的"掏空"和恣意处置，同时防止中小股东的股东权益被不当担保行为侵犯。对《公司法》第16条的逻辑假设，可以分为两个层面来理解：其一，该条规定对公司为自身债务提供担保没有任何限制。可见，立法的假设是公司为自身债务提供担保并不存在实质性的损害公司利益的可能，因而没有必要进行限制。其二，公司为他人债务提供担保有可能损害公司利益，需要进行规范。按照《公司法》的结构，股东出资形成公司财产，对公司资产享有资产受益、重大决策和选择管理者等权利。由于资本多数决和两权分离的制度设计，客观上为大股东压迫小股东和管理层损公肥私提供了制度空间。大股东与小股东之间、管理层与股东之间的利益冲突，是公司担保领域利益冲突的主要类型。[①] 由于修订前的公司法未就对外提供担保的决策程序进行规范，实践中公司控制股东和实际控制人操控公司以及法定代表人为了不法利益肆意对外提供巨额担保的现象时有发生。为此，立法将公司对外提供担保的决定主体规定为董事会或者股东（大）会，以股东（大）会的资本民主和董事会的人头民主来体现公司治理的集体决定功能，从根本上遏制公司决定的独裁，扭转肆意担保的混乱局面。立法史的回顾使我们有理由相信，这一制度设计是立法的有意安排，意在严格公司对外提供担保时的决定程序，其首要目的是保护公司利益，并借此达到保护股东权益的目的。

其次，在保护债权人利益方面，公司担保的制度设计，并非为了保护因他人债务而生的被担保人这一准债权人的利益。申言之，公司法上保护债权人的制度设计主要是通过保全公司资产的方式，达到保护除被担保人之外的其他公司债权人的利益。理由在于，公司财产作为偿还债务的一般担保或责任财产，担保的无偿性特点决定了担保权人获得债务清偿无须支付任何对价，而其他债权人的债权成立是基于对待给付义务的履行而取得

---

① 经济学界从内部人控制和大股东控制两个角度研究管理层对股东的剥削和大股东对小股东的压榨的文献较多，法学界也有部分学者借鉴了经济学界的研究成果，相关论述请参见刘贵祥《公司担保与合同效力》，《法律适用》2012年第7期；乔欣等《公司纠纷的司法救济》，法律出版社，2007，第2~6页；王文宇《公司法论》，中国政法大学出版社，2004，第41~42页。

债权的，如果任由法定代表人任意设立担保，在公司承担担保责任后，很可能无力偿还有对待给付的债权人。这种结局，特别是对在先债权人明显不公。也就是说，按照公司法的逻辑，原则上只有该担保是经过了合法的决议程序的情况下，担保权人的利益才应该得到保护。未经决议程序的公司被担保人，即便依照保护交易安全的法律能够得到保护，也应当作为法律适用的例外。

再次，被担保人的交易安全获得保护的前提是其主观上善意无过失。通说认为，交易安全为与财产静态安全相对应的动态安全。① 静的安全是指对于主体本来享有之利益，由法律加以保护，不使他人任意夺取，亦称享有的安全或所有的安全；动的安全是指主体依自己之活动取得新利益时，法律对于该项取得行为进行保护，不使其归于无效，其着眼于利益之取得。取得新利益的行为包括继承、接受赠与等无偿行为和交易等有偿行为，并以交易安全为动的安全之主要类型。

静的安全与交易安全冲突的由来，是因为交易事项（如权利、意思、主体能力等）中虚像的出现，该虚像往往是影响交易行为效力的重要因素，而交易对方善意无过失地相信了该虚像。所谓虚像，是相对于实像而言的，是指社会现象中常有看起来如此，但实际上并非如此之情形；所谓实像，是指交易诸事项的本来面貌。② 实像为静的安全之保护依据，而善意无过失地信其虚像则为此时动的安全之保护依据。两种安全要求发生矛盾冲突时，势必造成一方损害，法律只能存其一而去其他；决定由何方负担损害和如何分配损害，这就是法律对静的安全和动的安全之调节。

保护交易安全之立法在交易安全与静的安全发生冲突时，牺牲静的安全（实像利益），或者由静的安全享有人承受其他形式的不利益。即"以虚像代替实像，俾资保护权利之取得者"。③ 亦即，善意无过失地相信虚像与相信实像有同等效力。交易安全之所以受保护，是因为交易相对人在交易中善意无过失。换句话说，交易人之交易行为，要获得其所期待和信赖的合法性与确定性，其主观上必须处于善意无过失的心理状态。申言之，对交易事项之虚像的信赖，须善意无过失。合同法上表见代理、表见代表制度安排，就是在交易安全观念引导下的结果。

---

① 参见郑玉波《民法总则》，台湾三民书局，1979，第 153 页。
② 参见刘得宽《民法诸问题与新展望》，台湾三民书局，1979，第 247 页。
③ 参见刘得宽《民法诸问题与新展望》，台湾三民书局，1979，第 249 页。

因此，代表人的权限问题并非完全是公司法人的内部问题，在衡量被担保人是否善意无过失时具有重要价值，被担保人在接受担保时对代表人代表权限的关注，是考量其主观方面是否善意无过失的法定重要因素。

3. 公司法与民法的学科体系联结

如前所述，对《公司法》以第16条为中心的公司担保制度，学说上存在代表权限制说、规范性质识别说和内部限制说这三个方向的解释路径，并在此基础上形成了不同的学说分支。为使问题的讨论不致沦为争议各方在不同语义背景下的自说自话，有必要将分歧的问题还原，以便寻求一个共同认可的知识背景作为讨论的起点。

在我们看来，三种解释方向虽然选择了不同的解释路径，但关心的都是同一个问题：违反公司内部决策程序的担保行为是否有效、公司是否应当承担担保责任？

公司作为"组织体"参与经济或社会事务，客观上必须由自然人代为进行。一般认为，"代表为法人之机关，犹如其手足，其所为的法律行为，即为法人的自身行为，当然由法人承受"。① 由此，上述问题实际上可以置换为：公司代表人违反决策程序的代表行为，效果能否归属于公司、公司是否应当承担责任？

在民法理论体系中，对代表行为效果归属的讨论集中在如下两个环节：一是法人制度中代表人实施的交易行为与法人的责任；二是法律行为中的意思表示归属规范。

关于代表人实施的交易行为与法人的责任。法人是一个组织，其权利义务的享有和负担必须借助于代表人的行为，故代表权的范围和限制是其外部关系核心内容。在代表权的范围方面，各国一般确立了代表人具有实施与法人业务有关的一切行为的权限这一概括代表的一般原则，同时，代表权也受到基于法人目的（权利能力）、章程约定、法令特别规定等限制，并负有禁止代理权滥用的一般法律义务。

关于代表人意思表示的归属，涉及对公司代表人与公司之间的关系的不同理解。大陆法系国家和地区一般认为系委任关系，意思表示的归属适用代理制度。在我国，学说和立法一直区分代理和代表，并在《合同法》第50条单独规定了表见代表制度。

实际上，代表人实施的交易行为与法人的责任问题和代表人意思表示

---

① 王泽鉴：《民法总则》，中国政法大学出版社，2001，第444页。

的归属问题尽管在学理上可以分别归入民事主体和法律行为两个部分单独进行讨论，但其依据的实体法规范则是同一的。在民法教科书中，对相关问题的讨论均以《民法通则》第43条（职务行为）和《合同法》第48条（无权代理）、第49条（表见代理）和第50条（表见代表）为主要依据。

《公司法》第16条等关于公司担保的规定，是将公司对外提供的一般担保的决定权授予公司章程确定的董事会或者股东（大）会，关联担保的决定权授予股东（大）会，代表人未经公司机构决定，无权对外提供担保。"法律中的诸多法条，其彼此并非只是单纯排列，而是以多种方式相互指涉，只有通过它们的彼此交织及相互合作才能产生一个规整"。① 因此，立足于民商法自身的学科体系，我们将该条规定归入法人的行为能力或者代表、代理这一民事法律行为范畴，作为判断代表权限有无的辅助规范，并以此作为我们对这一问题的讨论起点。

五　规范性质识别说在方法论上的错误

从《公司法》第16条的文字表述来看，公司为他人提供担保，由公司章程规定的机关决议，为公司股东或者实际控制人担保的，必须经权力机构决议。另从条文文字使用的"不得"、"必须"和"应当"等限定来解读，第16条在性质上应当属于强制规范。对违反强制规定的后果是什么，是否如规范性质识别说所主张的那样，需要区分这一法律规定是管理性规范还是效力性规范的基础上才能进行评价作业？对这一问题的回答，须待对民法强制规范的类型及其效力评价机制进行梳理后，才能作出正确的回答。

大陆法系通说认为，强制规范是指不可以通过约定予以变更或排除的规范，其适用不以当事人的意志为转移。对强制规范，根据不同的标准，可以有不同的分类。

根据规范的内容不同，强制规范可以分为三种类型：（1）规定私法自治以及私法自治行使要件的规范，即如行为能力、意思表示生效的要件以及合法的行为类型（限于对行为类型有强制规定的情况）；（2）保障交易稳定、保护第三人信赖的规范；（3）为避免产生严重的不公平后果或为满足社会要求而对私法自治予以限制的规范。在总则编中，强制性规范包括：关于权利能力和行为能力的规定、关于社团的大多数规定以及法律行为在

---

① 〔德〕卡尔·拉伦茨：《法学方法论》，陈爱娥译，商务印书馆，2003，第144页。

某些条件下为无效或可以撤销的规范。①

　　根据规范的结构不同，即法条本身是否包含了构成要件和法律效果两方面的内容，强制规范可以分为完全规范和不完全规范，完全规范主要是指命令规范（令行或禁止的行为要求），不完全规范包括权力分配规范、权限规范、辅助规范与定义规范、法律参照与法律拟制、法律推定等多种类型。② 苏永钦教授在将强制规范归纳为命令规范、赋权规范和定性规范的基础上进一步指出，对于强制或禁止为一定行为的命令规范的违反才有制裁的问题，对界定私法上形成及处分权利义务界限的赋权规范，并无真正的"违反"问题。法律行为逾越处分界限者，也并非"无效"，而是在获得有权者许可前"不生效力"。法律行为违反"命令"和"社会规范"（如公序良俗）而无效，性质上是私法自治"内容"界限的逾越，而"处分权"的僭越则仅是私法自治内部"权限"界限的逾越，两者根本不能同日而语。③

　　上述区分逻辑，同样体现在我国的立法之中。《民法通则》第 55 条规定：民事法律行为应当具备下列条件：（1）行为人具有相应的民事行为能力；（2）意思表示真实；（3）不违反法律或者社会公共利益。学界据此形成通说认为衡量法律行为是否有效的要素有三：主体适格、意思表示、行为内容是否符合法律和公序良俗。之所以如此，是因为大陆法系传统上认为，这三个要素对法律行为效力的影响是不同的。④

　　首先，在主体能力和处分权能方面，《民法》规定了限制行为能力人从事行为时其法定代理人的同意、无权代理人从事代理行为时被代理人的同意、无权利人处分时权利人的同意以及监护法院对父母、监护人或照管人从事某些行为的同意。在这些情形中，民法将双方之间的法律行为是否发生效力的问题交由第三人来决定，即行为效力待定：在未征得事先允许的情况下从事的行为，开始是不生效力的，但可以通过事后的追认变成有效。反之，效力未定状态也可能通过拒绝追认而产生相反的结果，即行为最终不生效力。此外，在仅仅应当保护某个人免受行为后果损害时，法律还规

---

① 参见〔德〕卡尔·拉伦茨《德国民法通论》，王晓晔、邵建东等译，法律出版社，2002，第 42～43 页。

② 参见〔德〕伯恩·魏德士《法理学》，丁小春、吴越译，法律出版社，2003，第 56～72 页。

③ 参见苏永钦《违反强制或禁止规定的法律行为》，载《私法自治中的经济理性》，中国人民大学出版社，2004，第 42～43 页。

④ 参见〔德〕迪特尔·梅迪库斯《德国民法总论》，邵建东译，法律出版社，2000，第 372～376 页。

定了相对不生效力的情形，即这项行为可能仅仅相对于某个特定人才不生效力，相对于其他一切人则是发生效力的。

其次，在意思表示存在瑕疵的情形，分为两种情况：（1）确定无效。在对方知悉的心意保留以及虚假行为和戏谑行为中，表意人已经对其意思表示不应发生效力作出了决定，故行为确定无效。（2）可撤销。受错误、恶意欺诈或胁迫影响的法律行为，其内容不一定是不当的，只不过表意人未能无错误地以及不受胁迫地决定有关行为是否应当发生效力而已，故其效力是可撤销的。

最后，在违反法律和违反善良风俗的情形，法律行为由于其内容不当而不能产生法律效力。《合同法》第 52 条第（5）项关于合同违反法律、行政法规的强制性规定无效的规定，以及《合同法司法解释（二）》第 14 条关于"合同法第五十二条第（五）项规定的'强制性规定'是指效力性强制性规定"的解释，其指向的对象均为法律行为的内容违反了法律、行政法规的强制性规定。

根据上述区分逻辑，法律关于主体能力和处分权能、意思表示、法律行为的内容的效力评价各有其相应的规范，且均为强制规范。按照前述我们将《公司法》第 16 条的规定作为判断代表权限有无的辅助规范的界定，公司代表人违反该条规定的行为效力，即越权代表行为是否有效，《合同法》第 50 条已经作出了规定。在法律适用技术层面，借助于管理性规范或效力性规范的分析框架评价这一越权行为的效力，明显属于多此一举。

顺便提及，关于管理性规范和效力性规范的划分，在学说史上是因为立法的发展尤其是公法规范的发展使得强制规范日益增多，为避免公法规范中大量使用的"不得"、"应当"、"必须"字样的强制规范导致大量的法律行为归于无效，解释学上发展出根据立法目的甄别效力性规范和管理性规范的方法作为应对之策，以明确违反行为的民事法律后果。但由于效力性规范和管理性规范区分标准的模糊，在法解释上出现了不当适用的混乱。

在我国台湾地区，早年曾经出现过对法律中直接限制法律行为效力的规定进行是取缔规定还是禁止规定的重复评价的错误。[1] 正是在当时的知识背景下，早年台湾地区曾有学说认为，"公司法"第 16 条不得保证的规定系效力规定，[2] 亦有学者结合该条第 2 项前段关于"公司负责人违反前项规

---

[1]　参见王泽鉴《民法总则》，中国政法大学出版社，2001，第 278 页。

[2]　参见前文所引台湾地区"行政院司法行政部"关于公司保证的研究意见。

定时，应自负保证责任"的规定，将该项规定解释为训示规定，而非通说所认为的效力规定。① 其实，公司负责人自负保证责任的逻辑，系在认为公司负责人的行为构成无权代理后的当然结果。台湾地区学界这段法解释学史上所走的弯路，值得作为教训汲取。

在国内学界，董安生教授早年即予指出，法律行为所不得违反的规范不应包括法律行为制度本身的规范，特别是民法关于可撤销行为、效力未定行为之规范，否则，必然导致对法律行为效力规则的部分否定，并破坏法律制度之间的和谐。②

除了前述理论上的论证之外，我们还可以选取一个更为直观的角度可以说明这个问题：按照形式逻辑对概念分类的基本要求，主体、意思表示、内容适法这三个要素应当是并列关系，不存在、也不应该存在交叉进行法律评价的可能和必要。

综上所述，我们认为，将《公司法》第 16 条的规定置于效力性规范还是管理性规范的框架下进行讨论的解释路径，在法律方法上未尽允当，并不足以采纳。

六　内部限制说在理论证成方面的瑕疵

内部限制说从维护交易安全的角度着眼，将内部关系与外部关系分别处理，在公司外部关系方面，应当尽可能避免担保行为因内部决策程序瑕疵而无效，以维护交易安全；在内部关系方面，公司可以通过公司法上的诉讼，追究控制股东、实际控制人、法定代表人因越权担保而给公司所造成的损失。这一论理逻辑的支点，是维护交易安全。此外，交易便捷的因素，也是重要的考量因素。内部限制说的论理逻辑，存在着如下缺陷。

1. 内部限制说不仅直接导致了《公司法》第 16 条 "具文化" 的后果，也将 "悬空" 监管部门为此所付出的努力

如本文前述，在公司内部追究越权担保的责任时，《公司法》第 20 条、第 21 条、第 149 条第 1 款第 3 项和第 150 条的规定已经为公司追究控制股东、实际控制人、董事、监事和高级管理人员的责任提供了充分的请求权基础。在这种情况下，《公司法》第 16 条的规定如果不能达到限制代表权的外部规范效果，将被归入系属 "叠床架屋" 的无意义规定，《公司法》第

① 参见张嘉麟《论公司与他人所缔结之保证契约的效力》，载《月旦法学杂志》第 19 期。
② 参见董安生《民事法律行为》，中国人民大学出版社，1994，第 212 页。

16 条的规定将直接被"具文化"。而这种结论，与本文对该条规定进行历史解释后所得出的结论并不相容。因此，内部责任说的解读，在一定程度上已经背离了该条规定的规范目的。

此外，内部责任说的主张也与相关的行政监管机构的理解存在冲突。在《公司法》修订完成并颁布后，中国证监会和中国银监会为贯彻落实其中关于公司担保的规定，于 2005 年 12 月 23 日联合颁布《关于规范上市公司对外担保行为的通知》，对上市公司的担保行为和银行业金融机构的核保行为提出了具体的监管要求。在上市公司及其控股子公司对外提供担保方面，要求：（1）对外担保必须经董事会或股东大会审议。（2）公司章程应当明确股东大会、董事会审批对外担保的权限及违反审批权限、审议程序的责任追究制度。（3）应由股东大会审批的对外担保，必须经董事会审议通过后，方可提交股东大会审批。股东大会在审议为股东、实际控制人及其关联方提供的担保议案时，该股东或受该实际控制人支配的股东，不得参与该项表决，该项表决由出席股东大会的其他股东所持表决权的半数以上通过。须经股东大会审批的对外担保，包括但不限于下列情形：上市公司及其控股子公司的对外担保总额，超过最近一期经审计净资产 50% 以后提供的任何担保；为资产负债率超过 70% 的担保对象提供的担保；单笔担保额超过最近一期经审计净资产 10% 的担保；对股东、实际控制人及其关联方提供的担保。（4）应由董事会审批的对外担保，必须经出席董事会的三分之二以上董事审议同意并做出决议。（5）公司董事会或股东大会审议批准的对外担保，必须在中国证监会指定信息披露报刊上及时披露。（6）上市公司及其控股子公司在办理贷款担保业务时，应向银行业金融机构提交《公司章程》、有关该担保事项董事会决议或股东大会决议原件、刊登该担保事项信息的指定报刊等材料。在银行业金融机构核保及贷款审批方面，要求：（1）各银行业金融机构应当严格依据《中华人民共和国担保法》《中华人民共和国公司法》《最高人民法院关于适用〈中华人民共和国担保法〉若干问题的解释》等法律法规，加强对由上市公司提供担保的贷款申请的审查，切实防范相关信贷风险，并应及时将贷款、担保信息登录征信管理系统。（2）各银行业金融机构必须依据《关于规范上市公司对外担保行为的通知》、《公司章程》及其他有关规定，认真审核以下事项：由上市公司及其控股子公司提供担保的贷款申请的材料齐备性及合法合规性；公司对外担保履行董事会或股东大会审批程序的情况；上市公司履行信息披露义务的情况；公司的担保能力；贷款人的资信、偿还能力等其他事项。

除了站在各自的监管权限之内对监管对象提出具体的要求之外，中国证监会和银监会还在《关于规范上市公司对外担保行为的通知》中表态要加强监管协作，加大对涉及上市公司违规对外担保行为的责任追究力度：（1）中国证监会及其派出机构与中国银监会及其派出机构加强监管协作，实施信息共享，共同建立监管协作机制，共同加大对上市公司隐瞒担保信息、违规担保和银行业金融机构违规发放贷款等行为的查处力度，依法追究相关当事人的法律责任。（2）上市公司及其董事、监事、经理等高级管理人员违反本《通知》规定的，中国证监会责令其整改，并依法予以处罚；涉嫌犯罪的，移送司法机关予以处理。（3）银行业金融机构违反法律、法规的，中国银监会依法对相关机构及当事人予以处罚；涉嫌犯罪的，移送司法机关追究其法律责任。

担保人和被担保人之间客观上存在着利益冲突，这是一个无须多加解释的生活常识。如果从部门本位的角度来观察这个现象，很难理解为什么这两个具有不同监管利益的部门会联手发布强化公司担保内部决策和对其决策进行审查的规范性文件。因此，该《通知》的发布，动机显然不是出于本位利益考虑。如果结合中国证监会此前为贯彻党中央和国务院的关于建立现代企业制度和"上市公司要在现代企业制度建设方面先行一步"的政策部署所作的系列工作，及其在公司担保领域会同国务院国资委、国家经贸委等相关部委的监管举措来历史看待的话，这个《通知》的发布，就是中国证监会为加强公司治理、规范公司对外担保行为这一系列工作努力的合乎逻辑的延伸。

从《通知》的内容来看，将《公司法》关于公司担保的相关规定真正落到实处已经成为中国证监会和中国银监会的共同政策目标和自觉监管行动。在这种情况下，如果司法阵线还将《公司法》规定的法定限制仅视为内部决策程序的话，将会使监管部门的努力大打折扣，甚而有直接"悬空"的危险。

2. 内部限制说的论理逻辑，混淆了代表权的法定限制与约定限制、章程的公开效力与法律的公开效力的区别

在既往的讨论中，内部限制说似乎没有充分注意到代表权的法定限制和约定限制的区别，还存在着以章程的公开效力替换法律的公开效力这一偷换概念的现象。如有观点认为，有限责任公司的公司章程不具有对世效力，有限责任公司的公司章程作为公司内部决议的书面载体，它的公开行为不构成第三人应当知道的证据。强加给第三人对公司章程的审查义务不具有可操作性和合理性，第三人对公司章程不负有审查义务。第三人的善意是由法律所推定的，第三人无须举证自己善意；如果公司主张第三人恶意，应对此负举

证责任。因此，不能仅凭公司章程的记载和备案就认定第三人应当知道公司的法定代表人超越权限，进而断定第三人恶意。① 亦有观点认为，《公司法》第 16 条第 1 款的规定属于公司内部组织规范，其立法目的在于提示公司，公司章程可以对公司的对外担保能力作出权力安排和限制规定。公司章程是公司股东充分表达意志的法律文件。属于公司内部的组织规范，其效力范围局限于公司内部，约束公司股东以及董事、监事等高级管理人员，对公司以外的他人不具有拘束力。为保障交易的迅捷、安全和社会关系的稳定，对公司章程的相关内容，他人在与公司进行交易时没有审查的义务。②

在我们看来，基于法定限制和约定限制的区分，对公司担保领域代表权限的关注，相对人在接受担保时的审查义务，不是基于公司章程的效力要求，而是基于法律规定的注意义务。内部限制说的论理逻辑，在通过公司章程、股东会决议等内部文件对代表权进行约定限制的场合，无疑是正确的。但内部责任说将这一逻辑不适当地延伸至公司担保这一法定限制领域，是其论理逻辑的最大缺陷。

比较法上，对代表权的约定限制不得对抗善意第三人已经成为两大法系的惯常做法。如《日本民法典》第 54 条规定："对理事代表权所加的限制，不得以之对抗善意第三人。"《英国 2006 年公司法》第 40 条第 1 款规定，"为了有利于善意与公司交易的人，董事约束公司的权力应视为不受任何限制"。但应予以注意的是，同样是在英国、日本两个国家的立法中，也存在着对代表权进行法定限制的规定，其法律效果与约定限制截然不同。本文前段所引《日本公司法典》第 356 条、第 595 条关于公司为董事、股东债务提供担保须经股东会或董事会同意的规定，以及《英国 2006 年公司法》第 677 条至 680 条关于对买入公司股份之人提供财务资助构成犯罪的规定，以及第 197 条、第 198 条、第 199 条、第 203 条、第 213 条关于为关联人贷款、准贷款、信用交易提供担保的限制规定及其法律后果的规定，足以说明这一问题。

由此可见，历史上关于代表人"依法对于第三人所得为之行为，应以关于营业上者为限。代表股份有限公司之董事或代表其他公司之股东，仅关于公司营业上之事务有办理之权，为人保证，除属于该公司或其他商号之营业范围，或依特殊情事可认为营业上之行为外，自无代为之权。如竟

---

① 《中建材集团进出口公司诉北京大地恒通经贸有限公司、北京天元盛唐投资有限公司、天宝盛世科技发展（北京）有限公司、江苏银大科技有限公司、四川宜宾俄欧工程发展有限公司进出口代理合同纠纷案》，《最高人民法院公报》，2011 年第 2 期。

② 最高人民法院（2007）民二终字第 255 号民事判决书。

擅自为之，对于该公司或其他商号不生效力"的区分逻辑，迄今仍然是各国区分代表权限与善意第三人保护的基本做法。

3. 内部限制说关于交易安全和交易便捷的衡量，并不能令人信服

在内部限制说的框架之下，借助于"交易安全""交易便捷"等"大词"作为其利益衡量的理论工具，是较为惯常的论证方法。对此，有再行缕析的必要。

如前文所述，相对人善意无过失地相信代表人有权提供担保是其获得交易安全保护的基本前提。那么，在立法已经剥夺了公司代表人对外担保的决定权限的情况下，相对人只有能够证明公司代表人向其展示了其已经获得授权的"虚像"，且其善意地相信了这一"虚像"，才能够得到法律的保护。这一信赖利益的保护，《合同法》第50条关于表见代表的规定，已经提供了相应的制度空间。没有必要舍此之外而另起炉灶，人为地将公司的外部关系和内部关系进行切割，徒增法律适用的混乱和困扰。

从学术渊源的角度，日本学界关于内部责任说的主张，似可认为是国内学界倡导内部限制说之嚆矢，或者可以认为是据以进行解释的比较法上的经验。

但在事实上，国内学界的内部限制说与日本学界所主张的内部责任说存在着实质性的差别。日本学者提出该种主张的立足点，是在平衡公司利益保护和从担保权人处受让的第三人的交易安全的基础上所提出的见解。首先，在保护公司利益方面，只有相对人能够证明自己是善意的且无过失，该代表行为才对公司生效。在法律对代表权存在法定限制的情况下，相对人要证明自己是善意的，存在非常大的困难。由此可见，日本学界的内部限制说也并非将内部关系和外部关系完全切断。其次，在交易安全的考量方面，其所欲保护的是从相对人处受让担保权利的第三人的交易安全。① 这种交易安全，是基于担保设定后的下一笔交易的交易安全，而不是相对人从公司获得担保的本次交易的安全。

这一层面的交易安全，实际上是主张以物权行为无因性制度来保护交易安全，以资弥补善意取得制度在保护交易安全方面之不足。这种解释立场，因我国立法没有采纳物权行为无因性理论而缺乏相应的立法支持，故不足以采纳。立足于现行法的制度安排，这一层面的交易安全，只能通过表见代表

---

① 参见〔日〕山本敬三《民法讲义·总则》（第3版），解亘译，北京大学出版社，2012，第399页。这种学说主张，与英国《2006年公司法》第213条的关于公司不能申请撤销合同的例外情形——"不是交易或安排一方的人在不知道违反的情况下善意有偿取得的权利，将受到撤销的影响"的规定异曲同工。

制度对善意相对人的保护这一途径来实现。而且，在当前担保权益流通尚不发达，金融领域的资产证券化刚刚起步之时，通过正确解释法律来引导和规范公司担保行为，对于交易各方权益保护无疑是一个较优的选择。

此外，还应注意的是，日本学界的内部责任说尽管得到一些商法学者的大力倡导，[①] 但该种观点从未被判例所采纳而成为主流学说，在立法的修订过程中亦未能成为有力学说。

关于交易便捷或交易成本的考量，一种有代表性的观点认为，如果要求接受担保的相对人审查代表人的代表权限，势必要求相对人对担保人的章程进行审查。此举一方面加重了相对人的负担，且在事实上相对人也很难便捷地获得担保人的公司章程。对此，我们认为，相对人在接受担保时对代表人代表权限的审查，是基于法律规定的注意义务。如果相对人在接受担保时尽到谨慎的注意义务，就应当要求担保人提供公司章程、决议等相关资料，以审查决定是否签约。由于相关资料均系担保人提供，并不存在另行获得章程和决议资料的缔约成本，而对相关资料的审查成本，本身就是法律规定其应当负担的交易成本。

4. 内部限制说在担保行为的效力判断方面，同样存在方法论上的错误

按照内部限制说的主张，认定担保行为是否有效，不能以《公司法》第 16 条为依据，而应当根据《合同法》第 52 条的有关规定。[②] 该条规定："有下列情形之一的，合同无效：（一）一方以欺诈、胁迫的手段订立合同，损害国家利益；（二）恶意串通，损害国家、集体或者第三人利益；（三）以合法形式掩盖非法目的；（四）损害社会公共利益；（五）违反法律、行政法规的强制性规定。"有学者进一步指出，当相对人明知法定代表人超越权限，并与其串通一起损害法人利益时，该行为亦可根据《合同法》第 52 条第 2 项的规定处理；如果没有股东会或股东大会的特别授权，法定代表人擅自实施无权实施的行为，此种交易应属于《合同法》第 52 条第 5 项规定的"违反法律、行政法规的强制性规定"的情形，合同应自始无效。[③] 这种法律适用的结果，与前文所述规范性质识别说的错误如出一辙。

综上所述，我们认为，内部限制说的解释路径不但与《公司法》第 16

---

① 参见〔日〕末永敏和《现代日本公司法》，金洪玉译，人民法院出版社，2000，第 10～11 页。

② 参见张勇健《〈公司法〉司法解释（三）解读》，载奚晓明主编《商事审判指导》（2012 年第 1 辑），人民法院出版社，2012，第 71 页。

③ 参见朱广新《法定代表人的越权代表行为》，《中外法学》2012 年第 3 期。

条的规范目的存在冲突，在理论逻辑、利益衡量和法律适用等方面均不具有充分的说服力，不宜再行坚持。

七　规则证成：越权担保行为的效力选择及责任承担

1. 事实构成的类型化及法律问题

对于担保合同效力的审查，自"中福公司担保案"以来，审判实践中大多是根据有限公司和股份公司的不同，采用不同的效力判断规则。如在《公司法》修订前，有些法院采用有限公司须经董事会决议、股份公司须经股东大会决议的效力判断规则。修订后的《公司法》虽然并未采纳这种划分方法，但这一区分方法至少是作为传统思维方式仍然存在着一定的影响力。对商事审判中的这一传统做法，我们认为应当随着法律修订而改变。首先，法律对公司对外担保的决定机关的规定中，并没有根据公司类型作出区分性的规定，因此，区分封闭公司还是公众公司而课予相对人不同的注意义务于法无据。其次，虽然公众公司和封闭公司客观上存在公共性有无的差别，但就影响的法益来说，在质上都是相同的，区别无非涉及的利益大小而已。因"量"的不同而采用差异化的效力判断规则，理由并不充分。

此外，由于立法对一般担保和关联担保采用了不同的规范方式，区分二者采用不同的效力判断规则的做法在审判实践中的影响力也在增长。但是，关联担保和一般担保的区分框架也存在明显的缺陷：首先，关联关系是一个较大的范围，但《公司法》第16条第2款仅就为其中的实际控制人和控制股东提供担保作出了必须经股东（大）会决议的规定，对于为其他的关联方担保，解释上应当认为须适用《公司法》第16条第1款的规定，由章程决定相应的决议机构。[①]　也就是说，对于代表人未经决议擅自以公司

[①]　根据《企业会计准则第36号——关联方披露（2006）》（财会［2006］3号）第3条和第4条的规定，当事人之间存在着一方控制、共同控制另一方或对另一方施加重大影响，以及两方或两方以上同受一方控制、共同控制或重大影响的，构成关联方。包括：（1）该企业的母公司。（2）该企业的子公司。（3）与该企业受同一母公司控制的其他企业。（4）对该企业实施共同控制的投资方。（5）对该企业施加重大影响的投资方。（6）该企业的合营企业。（7）该企业的联营企业。（8）该企业的主要投资者个人及与其关系密切的家庭成员。主要投资者个人，是指能够控制、共同控制一个企业或者对一个企业施加重大影响的个人投资者。（9）该企业或其母公司的关键管理人员及与其关系密切的家庭成员。关键管理人员，是指有权力并负责计划、指挥和控制企业活动的人员。与主要投资者个人或关键管理人员关系密切的家庭成员，是指在处理与企业的交易时可能影响该个人或受该个人影响的家庭成员。（10）该企业主要投资者个人、关键管理人员或与其关系密切的家庭成员控制、共同控制或施加重大影响力的其他企业。

财产为自己、其他董事、经理、高管人员提供的担保，应当适用《公司法》第 16 条第 1 款的规定。其次，区分关联担保和一般担保也面临着实践操作技术上的困难。如果认为相对人只在接受关联担保时存在审查义务，接受一般担保时不负审查义务，那么相对人即可主张在接受关联担保时相信其为一般担保作为抗辩。这时，如何确定相对人主观上是否善意，存在着极大的困难。

基于上述考虑，在考虑越权担保行为的事实构成方面，我们不再将封闭公司还是公众公司、一般担保还是关联担保这些事实因素作为分类的基础。

从审判实践中担保纠纷案件的审理情况来看，根据是否经过机关决议的标准，越权担保主要分为四种类型：（1）未经决议，公司法定代表人对外实施的担保行为。（2）未经决议，公司的非法定代表人以公章代表公司对外提供担保。（3）尽管事实上未经决议，但公司的法定代表人或其他人员向被担保人提供了虚假的决议。（4）虽经决议，但决议事项违反公司章程规定的议事机关、议事规则或关于限额的规定。这四种情况，本质上都是越权行事，但其间存在相对人是否善意的差别。立足于公司治理结构的基本架构，考虑到代表和代理行为的相似性，我们将越权担保行为依据相对人是否善意，区分为两种类型加以讨论。

对于越权担保的合同效力，《合同法》第 50 条规定："法人或者其他组织的法定代表人、负责人超越权限订立的合同，除相对人知道或者应当知道其超越权限的以外，该代表行为有效。"由于该条规定并未明确在相对人知道或应当知道的情况下代表行为的效力，构成法律漏洞，并导致此前学者基于代表权限制说所得出的结论存在无权代表无效说、无权代表未生效说和一般担保和关联担保代表权区别说三种分歧性观点。

如何看待这三种分歧观点，有赖于对《合同法》50 条的漏洞进行解释性补充，这也是越权担保效力判断规则面临的主要法律问题。

2. 相对人善意的越权担保行为效力

在相对人善意即"不知道或不应当知道"行为人无权设定担保的情况下，担保合同有效，公司应当承担担保责任。这是根据《合同法》第 50 条之规定所得出的当然结论。

有疑义的是，相对人善意的衡量标准是什么？对此，学理上虽有实质审查和形式审查两种不同的主张，但从审判实践中的情况来看，主张形式审查说为主流的看法。与此相应，"不知道或不应当知道"就是指相对人事实上不知道，或者在尽了形式审查义务之后仍然不可能知道行为人无权提供担保的事实。在具体案件中，相对人要证明自己的善意，必须举证证明自己尽到了如下的注意义务。

（1）已经依法审查了担保人提供的与担保相关的决议、章程、财务资料

根据《公司法》第16条、第105条和第122条的规定，相对人应当审核的文件包括：①公司章程；②董事会或者股东会、股东大会的决议；③财务报表，若担保人为上市公司，根据《公司法》第122条的规定，还应审查担保金额与公司最近一期经审计确认的总资产的关系。

（2）相关资料在形式上相互一致

相对人经过审查，认为现有资料能够证明公司担保的决议机关、决议程序和担保限额在形式上符合《公司法》第16条、第105条、第122条的规定，即可认为尽到了相应的注意义务。

至于相关行为主体如股东签章或董事签名的实际真伪，担保决议的形成程序是否违法，以及相关上市公司已经对外作出担保的数额和公司的总资产的关系是否存在虚假，此非相对人的审查能力所能及，不应将其作为考量因素。也就是说，只要相对人对担保公司的章程、决议文件和证明资料进行了必要而合理的形式上的审查，没有发现决议文件虚假或者其他违反法律规定之处，则相对人据此与担保公司签署的担保合同应视为有效。

此外，相对人尽了上述形式审查义务，即便股东会或者股东大会、董事会决议嗣后因程序瑕疵或内容违法被人民法院依法撤销或确认无效，也不影响公司依法应承担的担保责任。在公司承担责任之后，就公司因此所受的损害，公司有权根据《公司法》第20条、第21条、第149条第1款第3项和第150条的规定追究控制股东、实际控制人、董事、监事和高级管理人员的责任。

3. 相对人恶意的越权担保行为效力

对相对人恶意情形下的越权代表行为的效力，民法学界有两种代表性的观点。

第一种观点认为代表行为无效。相对人恶意即知道或者应当知道超越权限的越权代表行为，不对法人发生效力（无效），理由是，"法律不宜保护恶意之人"。[1] 按照这种理解，越权代表原则上有效，相对人知道或应当

---

① 崔建远：《合同法总论》（上卷），中国人民大学出版社，2008，第356页；胡康生主编《中华人民共和国合同法释义》（第2版），法律出版社，2009，第86～87页；最高人民法院经济庭编著《合同法释解与运用》（上），新华出版社，1999，第214页。

知道属于例外，与原则有效相对应，例外的情况应当是无效。

第二种观点认为代表行为效力待定。这种观点认为，将相对人知道或应当知道的情形解释为无效，排除了法人追认实际上可能对其有利的越权行为的机会，实不可取；将其解释为一种效力待定行为，则比较合理。故越权代表构成表见代表时有效，此外为效力待定行为。①

我们认为，立足于我国《合同法》第48条、第49条、第50条将无权代理、表见代理、表见代表分别加以规定的实际情况，考虑到法定代表人以法人名义与相对人实施的行为，在形式与效果归属两方面与代理制度皆极其类似，并参酌比较法上的经验，以类推适用代理的方法对越权代表规则的漏洞进行补充较为可取。

首先，在比较法上，《英国2006年公司法》第213条、第214条已经存在越权担保情形下公司有权申请撤销和股东会后续确认的立法例。在日本和我国台湾地区，由于准用代理制度的结果，公司对越权代表通过事后决议追认的效力已经为学说和判例一致认可。

其次，在学说上，"代理与代表的法律性质虽异，功能则相类似，故民法关于代理之规定得类推适用之"的观点已经成为通说。② 在合同法的立法史上，1996年6月7日的《合同法（试拟稿）》中，考虑到《民法》代表制度与代理制度的类似性，及法定代表人的越权行为与无权代理的相似性，曾经对法定代表人的越权行为与表见代理作统一规定（第43条），安排在表见代理的规定之后。对于法定代表人的越权行为，"准用"表见代理的规定。③ 在《合同法（征求意见稿）》中，曾经以第30条一并规定无权代理与越权代表。④《合同法》虽最终没有采纳征求意见稿第30条的做法，但其将越权代表紧随无权代理、表见代理予以规定的体系安排，显然明确意识到了越权代表与无权代理之间的相关性。因此，将相对人恶意情形下的越权代表解释为一种效力待定行为，能够使旨在保护善意相对人的第48条、第49条、第50条构成和谐一致的规范体系。

---

① 参见王利明《合同法研究》（第1卷），中国人民大学出版社，2002，第620~627页；张学文《董事越权代表公司法律问题研究》，《中国法学》2000年第3期；曹嘉力《越权代表行为的法律效力初探——兼评〈合同法〉第50条》，《当代法学》2002年第9期。

② 参见王泽鉴《民法总则》，中国政法大学出版社，2001，第444页。

③ 参见梁慧星《关于中国统一合同法草案第三稿》，载梁慧星主编《民商法论丛》（第7卷），法律出版社，1997，第721页。

④ 全国人大法工委民法室编著《〈中华人民共和国合同法〉及其重要草稿介绍》，法律出版社，2000，第117页。

　　基于以上考虑，我们认为，当相对人为恶意时，公司代表人越权提供担保的行为类推适用《合同法》第 48 条的规定，其行为效力待定，这一解释结论不仅能为公司提供一种追认合同的选择权，在公司不予追认的情况下也能实现对恶意之人不予保护的规范效果。这一解释结论，较之于代表权限制视角下无权代表无效说、无权代表未生效说和一般担保与关联担保代表权区分说，能够实现将《公司法》第 16 条、第 122 条的规定与《合同法》第 48 条、第 50 条关于表见代表的规定作体系性的结合与解释，应当是一个较为合适的解释方向。

　　按照这一解释方向，在相对人恶意的情况下，还有两个关键问题需要界定：一是如何判断相对人的"知道或者应当知道"；二是在公司不予追认的情况下，行为人应当承担何种责任。

　　"知道"，是指事实上的知道，即相对人实际上了解或认识到了代表人在订立担保合同时未依法或依章程的规定取得股东会或股东大会、董事会的批准。

　　"应当知道"，是指推定的知道。在一般情况下，这是一个需要结合个案衡量的事实问题，学理上难以抽象出一个统一的认定标准。立法史上，《合同法》对"应当知道"曾经采用了"因重大过失而不知"的标准。所谓因"重大过失而不知"，是指对相对人而言，根据其所知悉的一切情形，法定代表人的超越权限是如此显而易见，只要不是熟视无睹，不可能不知法定代表人超越了权限。相对人知悉的一切情形，不仅包括特定交易的具体情况，如交易性质、金额、重要性等，而且包括当事人之间的惯常做法、关于某种交易的特别交易习惯或交易行规等。[1] 具体到公司担保领域，由于法律规定本身具有公示作用，任何第三人应当了解，所以对第三人应当知道的情况应采取推定方式。[2] 也就是说，如果相对人在接受担保时没有审查公司决议和相关资料，且公司事实上确未经过决议，就可以推定相对人应当知道。如在审判实践中，公司未经决议即行具函称"本公司承诺，相关担保业经股东（大）会/董事会决议批准""本公司承诺以公司所有资产为某某公司提供担保"等，即可认为相对人因重大过失而不知，推定其应当知道。此外，有些情况下公司虽然提供了相关决议，但债权人未能审查发现明显存在的瑕疵，如控制股东参加了同意为其担保的股东会决议的表决、

---

[1]　参见朱广新《法定代表人的越权代表行为》，《中外法学》2012 年第 3 期。
[2]　参见王利明《合同法研究》（第 1 卷），中国人民大学出版社，2002，第 623～624 页。

章程规定应经股东会决议但该决议系由董事会决议做出等，也应当认定被相对人具有重大过失。

关于未予追认情形下行为人应当承担的责任，《合同法》第 48 条只是规定"由行为人承担责任"。但是，行为人应当承担何种性质的责任，则没有字面上的规定。立法史上，1995 年 1 月的《合同法（试拟稿）》曾经规定无权代理人应当向善意的相对人负履行或者损害赔偿责任（第 41 条）。这一责任方式是比较法上的通例，《德国民法典》第 179 条、① 《日本民法典》第 117 条、② 我国台湾地区"民法"第 110 条③的规定大同小异。

通说认为，无权代理行为未经被代理人追认，对被代理人不发生效力，由行为人承担民事责任。此所谓民事责任，是指由该无权代理人自己作为当事人履行该民事行为中对相对人的义务，或者不能履行时对善意相对人承担损害赔偿责任。但在相对人属于恶意即明知的情形，无权代理人可以不承担损害赔偿责任。④ 换言之，无权代理人的责任，是对于因过失而不知的相对人所承担的责任。具体到担保领域，这一责任方式应当视保证和物的担保而有所区别，在保证的情形，由于其责任内容为代偿责任，可以由行为人承担保证责任，而在物的担保情形，行为人无法实际履行物的担保责任，故只能承担赔偿责任。

审判实践中，除了法定代表人越权提供担保的情形外，还经常出现公司经理、办公室主任等重要职员持公司公章、制造虚假决议对外提供担保的无权担保行为类型。由于公司经理、办公室主任等非法定代表人与公司之间构成委托代理关系，因此可以视相对人是否善意分别适用无权代理和表见代理的规定。这种处理方式的结果，与代表人越权基本相同。此处不

---

① 《德国民法典》第 179 条规定："（一）作为代理人订立合同的人不证明其代理权的，有义务依另一方的选择，或者向另一方履行，或者赔偿损害，但以被代理人拒绝追认合同为限；（二）代理人不知道代理权的欠缺的，仅有义务赔偿另一方因信赖该项代理权而遭受的损害，但不超过另一方就合同生效所拥有的利益的数额；（三）另一方知道或应当知道代理权的欠缺的（由代理人负举证责任），代理人不负责任，代理人是限制行为能力人的，也不负责任，但代理人系经其法定代理人同意而实施行为的除外。"

② 《日本民法典》第 117 条规定："（一）作为他人代理人缔结契约者，如不能证明其代理权，且得不到本人追认时，应依相对人的选择，或履行契约，或负损害赔偿责任。（二）前款情形，不适用于相对人已知或因过失而不知无代理权情形或者作为代理人缔结契约者无其能力情形。"

③ 我国台湾地区"民法"第 110 条规定：无代理权人，以他人之代理人名义所为之法律行为，对于善意之相对人，负损害赔偿之责。

④ 参见梁慧星《民法总论》（第 3 版），法律出版社，2007，第 231 页。

再展开论述。

八　规则试拟：代结论

根据前文的研究，我们认为，《担保法》司法解释第 4 条和第 11 条的规则应当适时进行修订。就修订后的公司担保的效力判断，试拟如下规则。

公司的法定代表人或其他人员违反《公司法》规定，未经适当的决议程序对外提供担保，相对人能够举证证明其已经对公司章程、决议、公司最近一期财务报表等与担保相关的资料进行了形式审查，有理由相信行为人有代表权或代理权的，对相对人主张由公司承担担保责任的诉讼请求，人民法院应予支持。

公司承担责任后，应当依照《公司法》第 20 条、第 21 条、第 150 条等相关法律规定，向控制股东、实际控制人、董事、监事和高级管理人员等进行追偿。

公司的法定代表人或其他人员违反《公司法》规定对外提供担保，不构成表见代表、表见代理且公司不予追认的，对相对人（根据《合同法》第 48 条规定）主张行为人应当承担保证责任或赔偿责任的诉讼请求，人民法院应予支持。但相对人于缔约时知道担保行为未经适当决议的除外。

这种处理方式，与既往的公司担保的裁判尺度相比，存在三个方面的较大变化。

一是在公司不予追认的情况下，无权代表、无权代理行为对公司不生效力。这一点，改变了《担保法》司法解释第 4 条和第 7 条确定的由公司承担赔偿责任的管理过错推定，避免公司"躺枪"，有利于实现《公司法》第 16 条保护公司利益免受代表人滥权之损害，稳定公司财务的规范目的。

二是将滥权行为人直接推向承担责任的第一线。在构成表见代表和表见代理的场合，明确公司应当向责任人追偿；在公司不予追认的场合，非故意的相对人将直接向相关控制股东、实际控制人、董事、经理追究责任，从而改变了既往的"损人不害己"的局面。在巨大的民事责任面前，任何人都会三思而行，这样，也有助于《公司法》的规范目的之实现。

三是区分相对人的主观状态，赋予不同的处理结果：在相对人善意无重大过失的情况下，由公司承担担保责任；在相对人善意有重大过失的情况下，由无权代表、代理的行为人承担保证责任或赔偿责任；在相对人恶意即明知的情况下，无权代表、无权代理的行为人不承担责任。这种处理方式，应当会提高相对人的注意义务和注意程度，能够切实改变相对人接受担保的随意性，更有利于防范双方恶意串通，损害公司利益的担保行为。

当然，任何司法尺度的改变都会给社会经济生活带来重大的影响，公司担保的司法尺度变化因其涉及面广，更需要进行慎重的政策评估。根据我们初步调研所掌握的情况，在近年来的银行业金融机构的担保实践中，对担保审查均按照中国证监会和中国银监会的通知要求进行了审慎的审查，各商业银行总行大多制定了相应的审查制度，故这一司法尺度的变化对银行业的经营不会带来较大的影响。在非金融领域的担保方面，由于近年来司法裁判尺度不够明确，经营规范的公司不仅比照监管部门的要求进行形式审查，就担保事项聘请律师进行实质性的尽职调查的，也时常发生，故也不会带来不利的冲击。因这一尺度的调整而蒙受不利影响的，应该局限于非金融领域中的一些不规范做法，总体的风险应该是可控的，想来不会出现大规模、群体性的反弹。

当然，公司担保的效力问题，在体系上横跨公司法、合同法、担保法和物权法等多个法律部门。在写作本文的过程中，虽然笔者尽可能睁大眼睛小心求证，但限于学养，对这一问题的把握仍深感力所不逮，行文结构的安排、论理逻辑的层次仍显青涩，对相关学术观点的点评亦未尽允当。然秉承"学术研究无禁区"的无知者无畏精神，草就本文。若果能引起对这一问题的进一步讨论，形成共识并完善规则，则目的已达。

我国 《信托法》 规范适用与解释的困境[*]

——基于司法裁判的实证分析

季奎明^{**}

【内容摘要】《信托法》是信托行业发展的基本制度保障，但在我国实践中的适用力却十分有限。本文以司法判例为视角，在类型化的基础上指出适用、解释《信托法》的过程中所出现的三种典型现象，即大陆法系信托传统的缺失使得信托的概念与特性没有被深刻理解，司法实践中已经牢固形成的民法思维对商事审判产生一定的干扰，未能反映商事信托特点的现行立法脱离了经济现实，进而探讨走出困局的方向。

【关键词】信托法 司法实践 适用 解释

信托是在英美衡平法的体系中形成的财产转移及管理制度，由于其独特的经济功能而被大陆法系国家所移植。我国的《信托法》颁行于 2001年，迄今已历经十二年。根据 2013 年第一季度中国信托业协会发布的统计数据，全国的信托资产规模已达 87302.23 亿元，^① 信托业正逐步跃升为我国仅次于银行业的第二大金融部门。然而，信托法律规范在理论研究与司法实践中却远未受到应有的重视，甚至将《信托法》置于一种 "跑龙套"的现实窘境中：名曰 "信托" 的经济活动不少，而真正的信托不多；相关纠纷不少，而立案诉讼的不多；信托法律条文不少，而作为裁判依据的不

---

* 本文系教育部人文社会科学研究青年基金项目 "组织法视野中的商事信托研究"（11YJC820040）、华东政法大学科学研究项目 "金融创新背景下市场主体组织形式的发展"（11ZK035）及上海市高校一流学科（法学）建设计划（经济法学科）的成果。

** 华东政法大学经济法学院讲师。

① 数据引自中国信托业协会官方网站，http://www.xtxh.net/sjtj/15547.html，访问时间 2013年 5 月 20 日。

多。从《信托法》的立法目的与功能定位来看，作用绝不应当仅限于确立信托在我国的合法性。本文将司法裁判文书作为主要的研究素材，提炼归纳《信托法》在适用及解释过程中的典型问题并予以剖析，以期为我国裁判水平的进步与信托立法的完善提供参考。

一　判例样本的综述分析

笔者将"北大法意"（www. lawyee. org）网站的"中国裁判文书库"作为研究样本的来源，该数据库收集了我国绝大部分省市各级法院可公开的司法判决书，覆盖面较广，具有较好的代表性。

（一）样本的数字统计

截至 2013 年 6 月，在"北大法意"中国裁判文书数据库的"全文关键字"搜索项中键入"信托"，可得到 3178 条判例链接。但是，其中绝大多数的案例被检索的原因是一方当事人或者相关案外人是信托公司。根据最高人民法院制订的《民事案件案由规定》（2011 年），此类案件在法院的审理案由大部分表现为"合同纠纷"项下的委托合同纠纷、民间借贷纠纷、追偿权纠纷、金融借款合同纠纷等，因而不属于本文的研究对象。

本文所指称的"信托纠纷"包括两种：第一，是同《民事案件案由规定》相对应的狭义"信托纠纷"，含"民事信托纠纷""营业信托纠纷""公益信托纠纷"三类，这样的判例在 3000 余件样本中仅有 23 个；第二，案由不限于"信托纠纷"，但须在裁判依据中引用《信托法》条文，这类案件的主要争议点不一定是信托法问题，但某个法律关系的处理无法绕开信托，共有 29 个《信托法》条款在 67 个案例中合计被援用 154 次。以上统计所反映出的样态与最高人民法院内部调查所得到的数据是基本吻合的：在 2006 年至 2010 年间，全国法院五年一共受理一审信托纠纷案件 294 件，而法院每年一审的各类民商事案件总量超过 600 多万件，信托案件在私法纠纷总量中所占的比例极小。① 如此之少的受案数量显然与我国近年不断膨胀的信托资产规模不符，更难以反映制度环境"真空"的现实情况——我国不是不存在信托纠纷，而是具有影响力的信托纠纷大多不遵循法治的路径来处置。相应地，实务界适用或解释《信托法》的经验就无从积累，理论界

---

① 参见奚晓明于 2011 年 4 月 28 日在全国人大财经委、全国人大常委会法工委、国务院法制办、中国银监会主办的"《信托法》颁布十周年纪念研讨会"上的讲话《立足司法实践，积极推进信托业持续健康发展》，文稿刊载于最高人民法院"中国应用法学网"，http://www. court. gov. cn/yyfx/zxdt/201112/t20111208_ 167715. html，访问时间 2011 年 5 月 20 日。

也缺乏深入研究的动力，从这个意义上讲，信托司法活动在"量"上的匮乏也限制了相关法律规范适用、解释的水平在"质"上的提升。

（二）样本的初步类型化

为便于分析《信托法》在适用、解释过程中的问题，本节将对相关案例进行初步的梳理，简要介绍争议的类型，具体的分析将在后文中结合相应的现象展开论述。

1. "信托纠纷"案由下的典型争议问题

（1）信托关系的司法识别

信托是我国参考日本、台湾等大陆法系国家或地区的模式，从英美法系移植而来的法律制度，我国对此缺乏深刻的理解与消化。实务中，很多信托合同并不出现"信托"的字样，而冠以"委托投资管理合同"等名称，容易令当事人对法律关系的性质形成错误的认识。区分信托行为与其他民事行为（尤其是委托行为），对正确适用法律规范具有先决性的意义。

（2）信托目的合法性的审查

信托在英美法系的兴起与发展沿循的是一条规避现存法律的轨迹，这种背景下形成的灵活个性正是信托最大的优势所在，因而信托可以被用于各种经济场合，能够以不同的目的运行。但是，大陆法系并无"法无明文禁止即合法"的默示许可传统，我国的《信托法》更是直接强调了信托必须依合法的目的设立。实践中如何把握信托目的合法性的审查标准，不仅是法律问题，也关涉到我国的金融政策。

（3）信托财产的地位确立

信托财产是信托关系成立的核心要件，信托形态的现代化发展甚至允许在发起设立信托时尚不存在委托人，但必须有可以确定的信托财产，而受益人与受托人之间的权责分配也发生于对信托财产的管理、处分活动中。我国判例所反映的信托财产纠纷主要涉及信托财产在执行和破产程序中的独立性，以及信托财产对信托关系存续的影响。

（4）信托受托人管理行为的标准界定

在受托人普遍为专业金融机构而受益人知识缺乏、信息严重不对称的现阶段，如何判断受托人是否尽到了一个专业人士应尽的审慎管理义务是信托案件的一个普遍难点。在英美法系，公司的高级管理人员被看作一种广义的信托受托人而负有相应的义务，而近代公司制度的高度发达，推动了公司高级管理人员注意义务的相关规则在实践中不断完善，信托受托人义务的理论体系也随之逐步成熟。在我国，不仅信托立法中缺少受托义务的具体标准，可资比照的公司法对经营者责任同样规定得宏观、粗放，给法院的裁判活动带来了很多的困惑。

（5）信托合同中特别约定的效力判断

大陆法系普遍承认以合同、遗嘱等形式设立的信托，除此之外，英美法系还允许成立宣言信托，[①] 但合同始终是现代经济社会中最重要的信托设立方式。正是由于合同这一载体崇尚自由、尊重自治的固有属性，使得信托的构造灵活多样。在信托合同中可以出现当事人的特别约定，例如我国金融实践中最为常见的信托收益保底条款，少数案件中还出现受托人与第三人关于信托义务履行方式的特别约定。这些约定是否有效，对信托当事人的权利义务产生何种影响，都是法院在审理时必须回答的问题。

（6）信托受益权转让纠纷的解决

尽管对信托受益权的性质至今仍存争议，但《信托法》第48条明确规定受益权可以转让，这对信托在我国金融投资领域的发展是有重要意义的。因信托受益权转让而形成的司法纠纷具有一定的复合性，受益权及其可转让性基于《信托法》产生，转让协议的订立及生效则遵循《合同法》，同时"转让协议"项下的内容还可能超出受益权的范畴，所以这类纠纷往往很难单独根据《信托法》作出公正、全面的裁判。

2. 其他案由下需要适用、解释《信托法》的常见形态

（1）"金融借贷"案件中的信托

金融创新活动中依赖信托关系而又容易产生纠纷的典型形态是资产证券化、投资基金等金融工具。因而，在"金融借款合同纠纷""企业借贷纠纷"案件的审理中，有时也存在适用《信托法》的必要。此类案件基于同一信托合同的涉诉当事人经常有几十人甚至几百人，抗辩多是针对受托人的法律地位，亦即受托人在实体法和程序法上能取得何种程度的权利。

（2）"股东资格确认"案件中的信托

与信托相关的公司涉诉案件中，最常见的是股东资格确认之诉，具体形态又可以分为信托受托机构自身的股东资格纠纷和股权信托引发的股东资格纠纷，尤以后者为典型，属于真正的信托法问题。前者的本质乃信托公司的股权变更问题，应当是"信托业法"规制的范围，而我国的《信托

---

① 宣言信托是委托人通过对外宣称将自己财产的一部分独立出来，以自己为受托人，为了他人利益或公益目的设立的信托关系。因信托财产继续由委托人亦即受托人持有和管理，不必转移信托财产，该财产却不受委托人的债权人追索，容易被委托人滥用，所以大部分大陆法系国家不允许设立宣言信托。

法》排除了信托业的内容，却至今未实现单独立法，一些信托公司的股权转让合同生效，但受让人未经行政批准无法取得股东资格，这类矛盾其实反映的是一般法律与特别规章之间的冲突。

（3）"知识产权侵权"案件中的信托

知识产权信托的模式可以解决我国知识产权产出与转化极其不对称的难题，提高知识产权的流动性，从而打破中小企业融资难的僵局。虽然我国的知识产权信托刚刚兴起，上述功能还不能完全实现，但一些形态的知识产权信托（如著作权集体管理）已经在我国逐渐受到重视，甚至有发展为惯例的趋势，相关纠纷也随之产生。鉴于我国现有的知识产权受托机构多为非营利性社团法人，委托人、受益人与受托人之间的纠纷并不常见，矛盾主要表现为侵权人对"集体管理"的法律性质及受托人地位的质疑。

二　从英美法系到大陆法系：信托传统的缺失

大陆法系并不存在信托赖以发展的衡平法体系，因此从我国研究、起草信托法开始，就一直在讨论这样的话题：信托的本质与特性是什么，如何在没有衡平法的背景下设计本土化的信托制度。随着《信托法》的颁行，上述争论依然未失去意义，至少从目前的情况来看，信托传统的缺失确实在一定程度上妨碍了《信托法》在实践中的准确适用与解释。

（一）对信托概念的误解

"信托是什么"始终是一个困扰大陆法系的问题：怎样区分信托与其他相近的法律关系，信托公司的所有业务与那些冠以"信托"名目的金融工具是否都是真正的信托？在形式上，这涉及案由的确定并影响合议庭的组成；在实质上，更直接决定了应当如何适用法律规范。

在《信托法》颁布之前，我国业务量最大的"信托"形式当属"信托贷款"。根据当时的认识，所谓"信托贷款"是指受托人接受委托人的委托，将委托人存入的资金按其指定或信托计划中载明的对象、用途、期限、利率与金额等发放贷款，并负责到期收回贷款本息的一项金融业务，委托人在发放贷款的对象、用途等方面有充分的自主权。后来则将这类"信托贷款"称为甲类信托贷款，即由委托人指定贷款项目，风险亦由委托人承担；乙类信托贷款则是由受托人选定项目，风险相应由受托人承担。《信托法》颁行以后，信托公司也常与委托人签订一类资金信托合同，委托人将资金交给信托公司管理，同时将自己设定为受益人，但基本上保留对信托财产的控制权，甚至可以对受托人的管理、投资行为直接发出具体指令。

这类资金信托合同和甲类信托贷款根据我国的认识一般会被视为"商事信托"①，当作信托纠纷立案审理，原因在于受托人是一家专业的信托投资公司。可是，"信托贷款"或"资金信托合同"并非一个严格意义上的商事信托，甚至连信托的基本特征都不符合，委托人只是将财产委托给他人代为管理，取得收益后再分配给自己，受托人仅是被动地接受委托人指令，而缺乏独立的管理权能。② 我国法院在"信托纠纷"案由下审理的案件就有相当一部分属于这样的"信托"。

相反，有些实质上的信托在实践中却并不以"信托"为名，通常表现为"委托投资合同"等形式。③ 对于财产已经完全转移给受托人并由受托人以自己名义持有、管理、处分的情形，法院反而缺乏将其认定为信托的底气，甚至有的法院在裁判文书中直接回避对法律行为性质的确认，将其表述为"类似信托的法律关系"，进而"参照"适用《信托法》。④ 正是由于对信托的概念抱有似是而非的认知，法院在处理信托纠纷及相邻纠纷时，经常从立案开始就出现了混乱，一些标准的信托案件（如证券化、股权信托）在寻找案由时被归为借贷合同纠纷、与公司有关的纠纷，而部分委托、隐名投资的案件却被当作信托进行审理。准确地识别信托是处理纠纷的先决基础，因为难以接受英美法系双重所有权的理论体系，我国《信托法》第 2 条将信托财产的归属含糊地表述为"委托人基于对受托人的信任，将其财产权委托给受托人"，无疑令信托与委托的界限更加难以厘清。本文认为，暂且抛开所有权归属的争议，信托的本质应当表现为信托财产的控制

---

① 我国学界对何谓商事信托并没有一个完全统一的认识。《信托法》第 3 条将其适用范围规定为"委托人、受托人、受益人在中国境内进行的民事、营业、公益信托活动"，有学者据此认为，这三类信托将法律允许的各种信托形态都囊括了进来：为公益目的设立的信托为公益信托，其他则为私益信托；私益信托又分为民事信托和营业信托，后者的受托人须为专门从事信托投资经营的自然人或法人，否则即为民事信托。遵循"商事信托"是"民事信托"之对称的大陆法系惯有逻辑，国内的不少文献便直接将《信托法》所谓之"营业信托"等同于"商事信托"。此种观点可参见何宝玉：《信托法原理研究》，中国政法大学出版社，2005，第 25～26 页；顾功耘：《商法教程》（第 2 版），上海人民出版社，2006，第 336 页等。然而，"营业信托"与"商事信托"的分类标准不尽相同，"营业信托"的确立是为了划清"信托业法"的适用范围，而"商事信托"在许多方面则不适用以无偿的"私人信托"为核心的传统信托法，这才是两种分类方式真正的意义所在。所以，本文认为将"营业信托"与"商事信托"混为一谈实属对立法本意的误读。

② 参见高凌云《被误读的信托——信托法原论》，复旦大学出版社，2010，第 245 页。

③ 参见（2004）沪一中民三（商）初字第 148 号判决书。

④ 参见（2009）浙甬商终字第 1182 号判决书。

与信托利益的归属相分离。如果不能在此基础上准确地理解信托的概念，就会形成所谓信托"异化"的表象，实则是对信托本质的误读，进而引发法律规范适用的混乱。

（二）对信托特性的忽视

信托法律传统的存在，意味着英美法系国家对信托在发展历程中所展现出的特性、优势通过立法、司法的途径加以确认和倡导。相比之下，移植信托的国家大都重视特定的功能目标，比如对金融创新的支撑作用，进而在行政监管的视野下解释《信托法》，反而容易忽略信托的基本特性。根据我国《信托法》第11条的规定，目的违法的信托无效，但是实践中对信托目的违法性的解释要慎重，不宜将任何规避法律、法规的信托都认定为无效。因为从信托的发展史来看，这种制度的产生动因恰在于规避法律基于一定技术性考量而采取的严苛限制，以追求符合社会经济发展现实的各种目标，只要这些目标不违背伦理性准则。因而，"信托目的"合法性的判断重心应当是通过管理、处分信托财产的行为所预期实现的后果，并非刻板地局限于设立信托的动机，正如对基于非法目标设立的公司并不必然否定该公司的成立与其他合法经营行为的法律效果。而且，对于"违法"的解释也应该限缩在影响重大公共利益的限度内。忽略信托因固有的脱法倾向而具有的多样性、灵活性，一味从监管的立场出发来解释《信托法》，会抑制信托推进创新的功能，妨碍市场对信托的接纳与应用。已经出现的一些判例似乎没有灵活、平衡地把握好审查尺度。[1]

（三）与信托财产相关的争议

在大陆法系既有的民法理论中，财产一般被当作法律关系的客体看待，而英美法系关于信托本质的"财产说"则认为，信托法最大的功能在于确立信托财产的独立性，使信托财产能够与委托人、受托人及受益人的个人财产分离，进而呈现出一定的人格特征。[2] 甚至有研究早就指出，信托财产与信托目的才是信托不可或缺的两大要素，信托的实质是设定了一定目的的财团（Patrimony appropriated to a certain end）。[3] 这些观念都反映出英美法系对信托财产特殊地位的肯定。

---

[1] 参见（2008）穗中法民四终字第7号判决书。

[2] Donovan W. M. Waters, The Institution of the Trust in Civil and Common Law, Collected Courses of the Hague Academy of Institutional Law, Martinus Nijhoff Publishers 1995, p. 430.

[3] Pierre Lepaulle, Trusts and the Civil Law, 15 Journal of Comparative Legislation and International Law 1933.

我国《信托法》只是规定，委托人将信托财产的财产权"委托给"受托人，而所有权归属并不明确。虽然，在第三章"信托财产"中已经规定了信托财产与信托当事人其他财产的区分，以及对信托财产实施强制执行、债务抵消的禁止，但实践中受托人破产时的信托财产应当由何方主体行使何种权利仍然是一个难题，[①] 如果解决不好，依旧会动摇信托财产的独立性基础。信托之所以会成为资产证券化特殊目的机构或者投资基金的首选法律组织形式，财产的风险隔离是一个极为重要的原因，如果法院能作出前瞻性的判决，保持信托财产的完全独立性，不仅便于在委托人或受托人破产时划清破产财产的范围，帮助相关当事人主张权利，更有利于维护金融市场的稳定。

与信托财产的独立地位紧密相关的还有受托人的诉讼资格问题，既然信托财产已脱离委托人而交付受托人实施管理、处分，那么受托人能否因信托财产的诉讼而获得程序法上的主体资格呢？[②] 通过对《信托法》第2条的文义解释，可以得出一对矛盾的结论：一方面，"委托人基于对受托人的信任，将其财产权委托给受托人"，这里所用的"财产权"如果不是完整的所有权，受托人就未必能自动获得诉讼主体资格；另一方面，"由受托人按委托人的意愿以自己的名义，为受益人的利益或者特定目的，进行管理或者处分的行为"，此处"以自己的名义"所隐含的立法意旨似乎又为赋予受托人独立的诉讼地位提供了依据。其实，在确立信托财产完全独立性的前提下，令受托人为了信托财产的利益参与诉讼无疑是最合理的选择。而且，信托本质的"财产说"也能支持这个结论：信托财产本身构成一个目的财团，委托人在财团建立后退出，财团的各种法律行为包括诉讼行为由受托人作为代表来实施。以上观点对消解"双重所有权"与大陆法系物权理论的矛盾也有积极的意义，值得我国在解释《信托法》时予以参考。

三　从民法到商法：合同思维的影响

我国《信托法》第8条规定，设立信托须通过合同、遗嘱等书面形式，而现实中绝大多数的信托基本都是通过订立合同的方式设立，且信托纠纷的形态常常表现为一方当事人违反信托合同而致另一方当事人受损害，因

---

① 参见最高人民法院（1999）经终字第421号判决书。本案的审理虽然发生于《信托法》实施前，但案情十分典型，而且《信托法》的颁行也未针对相关争议给出明确的解答。

② 参见（2008）浦民二（商）初字第4204号判决书。

此合同与信托就不可避免地交织在了一起。在适用、解释《信托法》时，民法体系中的合同思维难免会产生一定的干扰。

（一）混淆合同的法律效力与信托的存续状态

信托合同的效力不完全等同于信托法律关系的存续状态。例如，因委托人的过错致使信托财产部分灭失的情况，[①] 由于合同的成立并不以标的物的现实存在为必要条件，如大量的供销合同签订时出卖人就未必享有标的物的所有权，所以标的物的灭失不会导致合同无效；然而，信托财产的部分灭失可能导致信托的目的无法实现，根据《信托法》第53条即属于信托法定终止的情形。针对这类情形，适用《合同法》规则的一般结论是信托合同依然有效，委托人如构成严重违约，受托人可以行使法定解除权，受托人应当在合同解除后恢复信托财产的原状并返还给委托人，但在委托人的过错范围内免责；而适用信托法的后果则应当是信托关系终止，受托人只需将既存形式与数量的信托财产交付给信托文件中约定的主体，或者在没有约定的情况下依次向受益人、委托人实施给付。显然，适用《合同法》得出的结论加重了受托人的责任负担，并且可能改变受托人给付的受领对象。造成这种情况的主要原因在于审判人员在分析信托法律关系时没有充分注意到信托法与合同法之间的区别，虽然信托成立于合同的签订，但信托的法律构造超出一般的双方合同关系。严格来讲，合同法也不是信托法的一般法，只有在调整委托人与受托人的关系时，《合同法》才有补充适用的空间。

（二）缺乏对信托要素的梳理与运用

缔结合同的必要条件是存在真实有效的意思表示、有明确的权利人与义务人，具体到一个信托合同而言，其基本要素就表现为订立信托合同的意思表示、委托人、受托人。然而，有权威学者指出，信托目的、信托财产、受托人、受益人才是构成信托关系的基本要素。[②] 两相比较，合同与信托的要素只在受托人这一项上发生重合。但是，由于信托是关于财产转移、管理的法律制度，设立信托的合同本身必然有一个财产标的，信托财产这个要素便理所当然地被隐含其中，我国《信托法》第7条的规定就表明，缺乏信托财产或者信托财产无法确定的信托不能设立。所以，即使在合同法的思维下，信托财产与受托人这两项要素也是十分容易被接纳的。此外，即便受益人不一定是订立合同的当事人，根据《信托法》第46条的意旨，

---

① 参见（2008）沪一中民五（商）初字第268号判决书。
② 参见〔日〕能见善久《现代信托法》，赵廉慧译，中国法制出版社，2011，第14~15页。

没有受益人的信托必须终止，因而受益人的要素在司法实践中也不太可能被忽略。容易出现争议的是，信托目的这项要素如何体现，以及作为合同一方当事人的委托人究竟是不是信托关系的必需要素？

设立信托关系的目的是与签订信托合同的意思表示紧密相关的，意思表示是信托目的之映像，信托目的通过意思表示一致而达成的合同加以确立。在处理合同纠纷时，争讼双方或法官都一定不会遗漏对意思表示的考察；而在解释、适用《信托法》时，信托目的却非常容易被漠视。例如，自益信托中的委托人与受托人在信托合同中约定设立一个长期信托，未经双方协商一致不得解除信托关系，其后双方关于受托人是否合理履行了受托义务发生争议并诉至法院，虽然法院的判决认为受托人已尽到受信责任，但此时委托人能否以信任关系破裂为由解除信托法律关系呢？[①] 一些法院在未征得受托人同意的情况下支持这样的请求，无形中已经参照了委托合同当事人的任意解除权。而分析类似问题的更合理的着眼点应当是信托目的：设立长期信托的目的是为了利用受托人的专业能力对信托财产实施延续的、稳定的管理，委托人解除信托的诉请显然与该目标不符，且未征得受托人同意，法院不应当支持。实际上，在将信托目的确定为信托关系的必备要素后，处理信托内部关系时就存在一个重要的规则适用顺序：如果没有相反的强制性规定，反映信托目的的信托文件优先适用，然后是信托法，只有在信托文件与信托法都没有相关规定的情况下，对委托人与受托人之间的关系，合同法方能得以适用。

至于委托人是不是信托关系的必备要素，以下给出几方面的否定理由。首先，一些特定类型的信托不存在委托人，比如推定信托，将委托人作为信托的必要因素缺乏普适性；其次，大部分国家的信托法都规定，在信托设立之后（除了需要撤换受托人等特殊情形），仅基于委托人的身份是无从介入相关信托事务的，而且信托的存续也不受委托人主体资格消灭的影响，证明了委托人在信托关系成立后是超脱于信托的；再者，很多的商事信托可以由受托人发起，甚至信托文件都由受托人拟定，如投资基金，委托人只是被动地提供信托财产。据此可以认为，没有委托人的合同因缺少缔约当事人而无法成立，但对信托关系的存续，委托人并非必需，《信托法》第52条就规定信托不因委托人的死亡或解散而终止。这个观点在处理知识产权信托或其他财产信托、权利信托的纠纷时很有现实意义。比如，我国的

---

① 参见（2004）沪高民二（商）终字第 226 号判决书。

知识产权信托已渐成气候，音乐著作权信托几乎成为行业惯例，著作权的保护有一个较长的期限，如果信托关系随着委托人的死亡而终止，无疑将违背保护知识产权利益的初衷。虽然，我国的一些法院在审理此类案件时已经秉持这样的态度，[①] 进一步阐明理由，厘清信托关系必备要素的范围依然是有益的，因为这些要素凸显了信托法与合同法的联系与差异。

（三）用合同法的标准评价信托当事人的行为

信托各方关系的中心是受托人，实践中最重要的问题就是如何界定受托人的注意义务。《信托法》第25条仅笼统地规定："受托人应当遵守信托文件的规定，为受益人的最大利益处理信托事务。受托人管理信托财产，必须恪尽职守，履行诚实、信用、谨慎、有效管理的义务"，留下了极大的解释空间。尽管法院在审理的过程中将这些案件列为信托纠纷，却有不少依旧按照委托代理合同的方式进行裁判，在解释受托人的注意义务时直接将信托受托人与委托代理人的职责混同。[②] 在委托代理关系中，委托人可以随时向代理人发出指示或变更指示，代理人应当服从并遵照指示处理受托事务；信托关系中，委托人在信托成立后不得变更信托文件的内容，受托人按照信托文件或者法律的规定管理、处分信托财产，享有充分的自主权，委托人不得干预受托人正常处理信托事务的各项活动。[③] 相比之下，委托代理关系中的代理人职责较为消极，其注意义务的标准也相对宽松；而信托关系中的受托人享有更广泛的积极权力，同时也负有为受益人的最大利益以各种合理方式管理、处分信托财产的义务，受信责任显得更重。根据信托案件的实际情况，需要合理划定受托人适当行为的边界，倘若受到委托合同思维定式的影响，参照代理人行为的"消极标准"来要求受托人，自然难以适应权力与风险均衡的基本原则。

四 从理论到现实：规制重心的错位

如果要全面地考察我国《信托法》的实施现状，前文中数字统计所揭示的一些现象是无法回避的：首先，信托案件的数量是贫乏的，然而纠纷并非不存在，甚至具有一定公众影响力的信托纠纷也不鲜见，最后却不是通过法律途径解决。司法裁判是定纷止争的终极保障，法院立案数量少并

---

① 参见（2004）京高民终字第627号判决书。
② 参见（2008）豫法民二终字第120号判决书。
③ 参见何宝玉《信托法原理研究》，中国政法大学出版社，2005，第19页。

不一定意味着法制环境完善，通过诉讼得到处置的纠纷数量在某种程度上反而可以说明行业对法制的信任、法制对行业的支持。其次，在非"信托纠纷"的审理中直接适用《信托法》条文的频率反而多于"信托纠纷"，但主要用来解释某个具体的法律关系，核心的判决依据则是《合同法》、《公司法》、《知识产权法》或金融规章等其他法律文件。再者，在审理"信托纠纷"时，判决所涉及的《信托法》条款只集中在十余个，且裁判文书的说理依然表现出对《信托法》之外其他法律、规章的依赖。可以认为，《信托法》在当下的适用力是极为有限的。

（一）商事信托兼营业信托在实践中占据支配地位

英美最早的信托是从私人生活领域开始兴盛起来的，时至今日，商事信托（Commercial Trust）仍未能在这些国家中对无偿私人信托（Private Trust）形成压倒性的优势。所以，英美的信托法是以私人信托为蓝本的，商事信托一般通过特别立法来调整。而我国历来没有私人信托的传统，移植信托法的主要目的就是借鉴其在资产管理上的灵活性，信托在激活资本市场、创新金融工具方面被寄予很大的期望。《信托法》实施多年所推进的也只是商事信托，即委托人为了私人的营利性目的向受托人转移信托财产并获取对价，由受托人对信托财产实施积极的管理、运用，进而追求受益人利益增长的信托。与英美法系私人信托相近的民事信托甚至连萌芽发展的端倪都未显现。同时，从受托人的身份来看，我国的信托又属于营业信托，聘请专业机构充当受托人。由于现阶段的非机构受托人在专业能力和职业操守上都有欠缺，机构受托人得到了重点扶植并不断巩固其支配地位，委托人在选择受托人时逐步以对信托公司的经营资格审查代替了对受托人能力的甄别，进而令信托活动的开展严重依赖信托公司这样的专业受托人。

近期，中国信托业协会发布了全国信托公司截止 2013 年第一季度的主要业务数据（见下表），[①] 对信托财产的来源、功能、运用方式及投向进行了分类统计。从来源上看，我国的信托财产全部通过集合资金信托、单一资金信托与管理财产信托三种途径取得，其中资金信托的比例接近 94%，说明绝大部分的信托行为带有投资的属性。从功能上看，接近一半的信托财产为了特定融资目的而募集。另外是供受托人用于投资活动，但投资功能与融资功能的差别仅在于受托人运用资金的方向，对于委托人而言并无

---

①　数据引自中国信托业协会官方网站，http://www.xtxh.net/sjtj/15547.html，访问时间 2013 年 5 月 20 日。

本质不同，提供信托财产均属于有偿的商业投资行为；只有在金额比例最小的事务管理类信托中可能出现民事信托，但现实中极少出现真正的民事信托。而且，从信托财产的运用方式和投向来分析，委托人在很大程度上也必须依赖信托公司的专业化积极管理行为：信托资金最密集的投向依次是企业、基础产业、房地产、金融机构等，最常见的方式则为贷款、可供出售及持有至到期投资、交易性金融资产投资、长期股权投资等，这些信托活动的内容已远超民事信托那种传统财产管理的范畴，不论是行业或对象的选择还是交易手段的运用，均需要较高的专业能力，并不适合一般的个人投资者自行从事。所以，信托业界的最新统计数据也再次佐证了前文的观点：商事信托兼营业信托在我国的实践中占据主导地位。

信托资产		87302.23 亿元			
1. 按来源划分			2. 按功能分类		
集合资金信托	余额	209477921.87 万元	融资类	余额	425909622.90 万元
	占比	23.99%		占比	48.79%
单一资金信托	余额	609438060.82 万元	投资类	余额	294760337.92 万元
	占比	69.81%		占比	33.76%
管理财产信托	余额	54211161.95 万元	事务管理类	余额	152457183.85 万元
	占比	6.21%		占比	17.46%
资金信托		81891.60 亿元			
1. 按运用方式划分			2. 按投向划分		
贷款	余额	379619410 万元	基础产业	余额	211147676 万元
	占比	46.36%		占比	25.78%
交易性金融资产投资	余额	76184896 万元	房地产	余额	77017852 万元
	占比	9.30%		占比	9.40%
可供出售及持有至到期投资	余额	142057436 万元	证券市场（股票）	余额	25665877 万元
	占比	17.35%		占比	3.13%
长期股权投资	余额	71187880 万元	证券市场（基金）	余额	7680855 万元
	占比	8.69%		占比	0.94%
租赁	余额	1196946 万元	证券市场（债券）	余额	57621425 万元
	占比	0.15%		占比	7.04%
买入返售	余额	16002835 万元	金融机构	余额	77201770 万元
	占比	1.95%		占比	9.43%

续表

资金信托		81891.60 亿元			
1. 按运用方式划分			2. 按投向划分		
存放同业	余额	54078548 万元	工商企业	余额	227217331 万元
	占比	6.60%		占比	27.75%
其他	余额	78588032 万元	其他	余额	135363196 万元
	占比	9.60%		占比	16.53%

（二）欠缺针对性的《信托法》与商事实践脱节

商事信托与传统的私益信托存在十分明显的差异，比如信托行为的对价性、信托管理方式的商业性、受益权的流通性等，[1] 这使得美国《信托法重述》（Restatement Trusts）第二版与第三版都明确将商事信托排除在其适用范围之外，[2] 而另行颁布专门的法律文件，[3] 日本 2006 年修订的《信托法》则是在商事信托的基础上构建一个鼓励发展民事信托的统一平台。[4] 相形之下，我国的《信托法》借鉴了英美私人信托的理论与规则，却未体现商事信托的特点，当下在民事领域又几乎毫无用武之地，看似"超越民商"，实则脱离实践，令一些常见的商事信托纠纷在立法中找不到有针对性的处理规则。

举一个有代表性的例子，许多人对《信托法》实施之初发生的"金新乳品信托计划"案记忆犹新，该案中的受托人不仅违反了单独保管信托财产的义务，而且将信托财产转划给关联人使用，其行为已经构成对忠实义务的违反，投资行为的失败也显然违背谨慎、有效管理信托财产的注意义务。虽然该案的案情与责任明晰，但最后并未诉诸司法程序，而是用政府行政干预的方式解决。有两项因素对当事人的影响很大：第一，投资者根据《信托法》无法确定索赔的标准，使得诉讼发生困难；第二，《信托法》所规定的受益人救济方式及范围有限，本案中原本应当作为信托财产的股

---

① 参见刘正峰《美国商业信托法研究》，中国政法大学出版社，2009，第 29～44 页。

② Restatement（Second）of Trusts，§1，comment b；Restatement（Third）of Trusts，§1，comment b；Restatement（Third）of Trusts，§5，comment i.

③ 最新的代表立法是美国统一州法委员会制订的《统一法定信托实体法》（Uniform Statutory Trust Entity Act，2009）。

④ 参见土桥正《日本信托法上的商事信托》，载华东政法大学《2011 年亚洲企业法制论坛论文集》。

权此时已登记于受托人的关联人名下，受益人无法直接追索。① 然而，这些问题在国外的商事信托规则体系中都是可以找到合理解决途径的：对第一个困难，法院可以赋予受益人请求赔偿的选择权，如果受托人运用信托财产从事经营行为，受益人可以请求获得较高的利息，或请求获得受托人取得的实际收益；如果受托人没有保持信托财产的独立并与自己的财产混同，受益人则可以请求一个合理的利润额。② 针对第二个困难，受益人可以行使"追踪权"（Equitable Right to Trace），而且遵循"对受益人有利"的原则。我国的《信托法》缺少这样符合商事信托特点的规则，进而对实践中的复杂纠纷"鞭长莫及"。这就可以说明为什么《信托法》条文的适用力较低：在解释、适用信托规范的环节上固然存在着一定的问题，但随着我国理论与实务界对信托概念的理解加深、对信托规则的娴熟把握，裁判水平必然会逐步提高，可是立法与经济实践脱节所导致的制度供给不足却是通过法律解释难以逾越的障碍。

（三）行政规章和上位法之间存在冲突

我国的立法机关并非不清楚商事信托、营业信托在实践中的地位，也曾经设想将"信托关系"与"信托业"分别立法，但至今未能实现。目前的《信托法》以信托关系为中心，基本不涉及信托机构的相关内容，显然无法满足规制信托公司的强烈需求。③ 为弥补这个缺失，监管部门颁布了《信托公司管理办法》（2002 年制订，2007 年修订）和《信托公司集合资金信托计划管理办法》（2007 年制订，2009 年修订），形成了"一法两规"的格局，即信托行为以《信托法》为规范，信托机构以"两规"为依据。从内容上看，"两规"确实对信托业起到了一定的规制效果：《信托公司管理办法》对机构受托人的资质与行为进行了较为具体的约束；《信托公司集合资金信托计划管理办法》除了确立信托公司与资金保管银行共同作为受托人的地位之外，还分别细化了它们的受托义务，并且新增了受益人大会制度。

尽管"两规"对完善信托的制度环境确实有较大的积极意义，但毕竟只是监管部门的行政规章，效力层级较低，一些场合中反而会给解释、适用《信托法》带来困惑。比如，委托人与受托人在信托合同中为受益人约

---

① 参见康锐《论我国〈信托法〉的法律适用困难》，《河北法学》2006 年第 2 期。

② R. pearce & J. Stevens, The Law of Trusts and Equitable Obligations, Butterworths, 1995, p. 443.

③ 参见王连州《〈中华人民共和国信托法〉的前世今生》，《信托周刊》第 62 期。

定保底条款，《信托法》对保底条款未作禁止，但《信托公司管理办法》对信托业务中的保底约定持否定态度，法院常据此判决保底条款无效。[1] 但是，最高人民法院《关于适用〈中华人民共和国合同法〉若干问题的解释（一）》第 4 条明确指出："合同法实施以后，人民法院确认合同无效，应当以全国人大及其常委会制定的法律和国务院制定的行政法规为依据，不得以地方性法规、行政规章为依据。"所以，违反部门规章的合同约定须由缔约人承担行政责任却未必无效。再如，监管部门规定信托公司的股权结构变化须经其批准，但股权转让合同的效力并不受制于行政规章中所要求的审查许可，如果股权转让合同生效而监管部门对信托公司的股权转让不予批准或者未及时批准，那么就引发了新的股东资格纠纷。[2] 可见，"两规"在发挥正面作用的同时也容易与其他的上位法发生冲突，催生法律适用或解释上的错乱。

结　语

在相当长的时间里，我国的信托行业是依靠"银信合作""政信合作"这样的"粗放"模式而发展的。然而，2010 年以后的各种行业统计都显示，中国的信托业正在逐步弱化历史和行政因素的影响，悄然地走向"市场化"，目前的快速增长势头是巨大的资产管理市场和金融资本市场需求所决定的。我们很难想象，随着行业规模激增而行政干预退出后，缺乏完善制度环境的信托行业会是怎样的境况。短时间内，修改我国的《信托法》抑或制订《信托业法》都是难以完成的任务，那么准确适用《信托法》、合理并前瞻性地解释《信托法》就理所当然地成为了保障信托发展的可行路径。

---

[1]　参见（2004）沪一中民三（商）初字第 97 号判决书。

[2]　参见（2010）陕民二终字第 09 号判决书。

商法框架下的私法自治理论探微

陈　煜[*]

【内容摘要】私法自治在商事法律规范是以任意性规范作为载体，以强制性规范为边界。但二者所追求的法益目标存在客观差异，加之私法自治的自身局限，造成商法框架下自治与管制难以调和之矛盾。为实现二者在制度上的融合，就必须区分商事法律规范形式要件和实质要件，构建绝对自治与相对自治之商事效力体系，以确立私法自治在商法框架内的法律地位。

【关键词】私法自治　规范形式　自治局限　有机融合

民商事法律是以私法自治原则为规范蓝图，构筑起商业活动和经济生活的基本秩序，明确商事法律规范制定和实施的理论依据和思维起点。私法自治，旨在维护个人意志的表达自由，是私法体系中保障私权实现的核心要件和内容。在民商事法律体系中，私法自治这一概念，既包含了民事法律基本原则的科学内涵，也涵盖了商事法律规范的理论前提和要素。

在商事活动中落实私法自治原则，需要民商事法律规范以意思自治为核心，设计和安排体现自治的规范范式，有效地适用到商事活动当中。然而公司僵局、破产重整困境等商事现象的出现，表明在特定商事领域中，私法自治仍囿于具体规范的局限，难以施展其功能和作用。探究私法自治的理论内涵，明确商事法律规范下的私法自治边界，势必有助于商事立法、司法活动的有效展开。以现行法律制度中既存的具体法律规范为视角，重新审视私法自治的理论与实践，以寻求私法自治与管制的融合，对于破解商事法律规范中自治与管制制度失调现象，不失为一种尝试。

＊　中国社会科学院法学所 2012 级民商法博士研究生。

一 承载私法自治的商事规范形式

以自治为核心，是私法赖以生成和塑型的根基。[1] 所谓私法自治，又称为私人自治，是指民事、商事主体通过其意思表示自主形成法律关系的法律原则。保障民商事主体的意思表示得依照自我意志自由进行，需要民商事法律规范在抽象原则的基础上，以形式平等主义、自治目的独立的伦理要件为前提，对具体的民商事法律关系加以规范，并体现出作为私法所具有的自治品格。[2] 私法自治强调私人之间的权利义务关系应取决于民商事主体自由的意思表示；进行意思表示的个人，其表达意志的自由受到法律的保护。一方面，是免受他人干预作出自主决定的消极保护，表现为合法意思表示所具有的当然效力；另一方面，得请求公权力机关保护个人意思表示实现的积极保护，表现为民事主体得向公权力机关主张民事权利的实现。

"民商法在社会经济生活中得到广泛的运用，将不仅使其真正成为经济生活的宪章'，而且也必将是制衡国家权力、保障人民权利的重要工具。"[3] 私法自治作为民商事法律的根本原则之一，确立了民商法所应当具有的私法品性，以及对民商事法律行为进行法律评价的逻辑起点，是构建社会经济生活秩序所必不可少的伦理基础。这不意味着私法自治原则自身具有明确的规范内容，也并不能借由自治原则直接对具体的法律事实的效力加以评判。[4] 私法自治原则所包含的规范客体，实为以意思表示为核心的民商事法律行为。无论从民商事行为的构成，还是到民商事法律关系中权利义务的实现，处处可见自治原则的贯彻和体现。私法自治的适用，需要借助于具体的法律规范进行实践与操作，方能将抽象的形式平等主义和独立的自治目的在千差万别的民商事活动中得以有效实施。

具体而言，以规范形式贯彻和保障实施，是私法自治之实现最为重要的途径，并表现为民商事法律中具体的自治规范。自治规范是由自治行为和自治效力两个方面构成。自治行为是指民商事主体得以依照意思表示设立、变更、终止的具体民事法律行为。自治效力是指自治规范所规定的自治行为的生效要件。在商事活动中，公法对于市场秩序的调整和干预必须通过和私法规范的"接轨"方式实现，将常态的民事关系和特别的商事关

---

[1] 参见钟瑞栋《民法中的强制性规范》，法律出版社，2009，第 2 页。

[2] 参见易军《私人自治与私法品性》，法学研究，2012，第 68 页。

[3] 余能斌：《民法典专题研究》，武汉大学出版社，2004，第 17 页。

[4] 详见《民法通则》第 4 条。

系、民商事关系和"前置于民商事关系或以民商事关系为前置事实的公法关系"连接起来。① 这就需要民商事法律规范合理设置自治效力，以保障法律适用和规范操作行之有效。

自治规范明确自治效力，这在商事法律规范中，通常是以"二分法"进行考量：即以自治规范的效力形式不同为划分，表现为任意性规范和强制性规范两个类型。② 任意性规范允许民商事主体经由平等的协商得以对其权利义务关系作出安排或调整，其意思表示的内容即成为当事人权利义务关系的依据。在发生民商事纠纷时候，法院应依照该意思表示的内容对权利义务关系进行裁判。商事自治规范主要由商法任意性规范进行概括性赋权，至于具体如何约定，法律一般不加干涉，但可能会加以引导。所谓引导，即授权行规范，是指授予当事人明确的权利义务范围，其适用仍与任意性规范相同，即当事人得依照授权性规范的内容实施行为，或不得为之。③

强制性规范可分为广义的强制性规范和狭义的强制性规范。所谓广义，凡法律规范有强行力，皆为强制性。即依照法律规范，民商事主体得以为或不为，皆有法律明令和强制力保障。④ 所谓狭义，多指禁止性规范，即法律规范明确禁止行为的发生，或对其给予否定的效力评价。反之，在法律没有否定评价的情况下，该行为有效。

二　商事法律规范中的自治边界

如果说私法自治承担的职能，是提供商事主体充分的自治空间，得自主意愿进行有效的意思表示。那么，管制干预的目标，就是为自治效力设定边界，解决商事活动中自治"失灵"现象。可以说，研究私法自治的内涵与边界，是探究自治与管制两个不同价值取向的制度间如何调和、接轨的一条基本线索。在观察私法自治和国家管制这两个对立目标时，前者要建立一般、长期的结构，后者则是就特定事物作具体、一时的权衡。⑤ 商事法律规范中，以任意性规范和强制性规范界定自治行为的效力要件，目的是为准确地划分私法自治与公法管制的功能承担，进而划分自治和管制边

---

① 苏永钦：《民事立法与公私法的接轨》，北京大学出版社，2005，第14页。
② 参见董淳锷《商事自治规范司法适用的类型研究》，《中山大学学报》2011年第6期。
③ 参见朱庆育《私法自治与民法规范》，《中外法学》2012年第3期，第463页。
④ 参见史尚宽《民法总论》，中国政法大学出版社，2000，第13页。
⑤ 参见苏永钦《民事立法与公私法的接轨》，北京大学出版社，2005，第16页。

界，以及实现公、私两类制度间的"接轨"。

1. 任意性法律规范确立自治空间

具体到商事领域中来，任意性规范保证自治效力，旨在充分赋予当事人充分的意思自治空间，确立和保障私法自治在商事活动中的适用。

一方面，任意性规范提供了广阔的自治选择空间。在商事法律规范中的私法自治，绝非仅局限于原则性的规范指导，或是在法官适用商事法律规范过程中对裁判理应的法理补充。相反，商事法律关系作为特别的民事关系，更需要充分、合理的自治空间，目的在于提供具体规范适用的选择空间。例如，《公司法》第72条"公司章程对股权转让另有规定的，从其规定"；以及第67条"自然人股东死亡后，其合法继承人可以继承股东资格；但是，公司章程另有规定的除外"。公司章程记载公司法人集体意思表示，在股权转让、股东资格的继承、公司组织、风险承担、收益分配等方面享有排除具体法律规范的自治效力。

另一方面，授权性法律规范在明确具体自治范围内授予当事人享有自治权能。授权性规范是对自治空间加以具体限定，为明确当事人权利义务范围，其适用属于"得为之"的任意性规范类型，以明确当事人享有进行自主决定的意思自治空间。例如《企业破产法》第61条确立的债权人会议的自治职权范围，包括了管理监督、计划协议、财产方案等，以保证债权人主导的破产程序得以进行有效的意思自治；又例如《公司法》第37条规定"有限责任公司股东会由全体股东组成。股东会是公司的权力机构，依照本法行使职权"。

任意性规范，及其类型下的授权性规范确立自治空间，体现私法的品质和特性，即民商事主体享有"得为之"的私法权利，以贯彻私人意志，实现私法权益。这类规范职能，在于赋予当事人积极行使权利的自治基础，也为自治规范的实践，提供了充足的空间。正是为了法律能够给予自治行为一个合乎市民生活预期的评价，才需要将任意性规范作为私法自治的规范基础进行成文规定。旨在将民商法的基础扩大，为法律适用提供充分的选择空间，而不是由法律规范背后的立法者代替私人进行选择。

2. 强制性法律规范界定自治边界，管制"非理性"自治

滥用自治行为并造成民商事主体权益损害的情形屡见不鲜。这不仅源于商事活动中的民商事个体往往缺乏经验和技术上的"经济理性"，另外市场失灵现象也会将宏观的市场性、制度性、政策性风险转移至微观的商事主体之上。单行的商事法律规范的立法意图正是在于限制"失控"或"滥

用"的自治行为发生，明确商事领域中的私法自治边界。

如何把公法的规范效力适当地延伸到私法领域中来，以协调现代国家管制和个人自治二者之间的"矛盾"，这需要合理、科学地对自治行为划定边界。商事法律规范中的强制性法律规范正是公权制衡私法自治的职能承担者，意在实现对具体商事行为作出"应为之"、"不得为之"的范围限定。例如，《公司法》第 20 条第 1 款规定，公司股东应当遵守法律、行政法规和公司章程，依法行使股东权利，不得滥用股东权利损害公司或者其他股东的利益；不得滥用公司法人独立地位和股东有限责任损害公司债权人利益。以及第 22 条第 1 款规定，公司股东会或者股东大会、董事会的决议内容违反法律、行政法规的无效。又例如，《企业破产法》第 16 条规定，人民法院受理破产申请后，债务人对个别债权人的债务清偿无效。

以商事强制性规范的进行列举，不难看出商事法律规范的自治效力范围边界不同于一般民事法律规范中自治效力边界。与《民法通则》第 58 条、《合同法》第 52 条的规定相比，商事法律规范中强制性规范内容显然更为具体和明确。但就法律规范的形式和功能而言，无论是对商事行为的强行性或禁止性命令，还是对一般民事行为效力的否定性评价，商事强制性规范的功能是明确商事活动中自治行为边界和自治行为效力，并由此凸显出商事强制性规范对私法自治边界的界定。

3. 现行商事法律规范中自治与管制的接轨

任意性规范与强制性规范分别承担着实现自治、管制之规范功能。前者需要当事人充分行使自治权能，以实现自治目标；后者则需要国家公权力进行管制和干预。在同一商事部门法中，要兼顾自治与管制两项价值目标不同制度的现实，不仅需要自治边界合理明确、自治效力体系科学，立法者还需要为公权管制设立具有"操作性"的介入要件，以及界定干预行为的作用范围，确保干预行为的适度。立法者在构建市场交易机制时，考虑到自治不能、自治不当等情形，而以国家行政管制、司法裁判等公权介入方式，保障多数人的基本商事利益；在这类立法中，立法者不能只从自治的角度出发，也不能只从管制的角度出发，两者各有其独立意义，不能偏废却又相互为用，必须在同一部门法里把这两种规范作政策理念上和规范技术上的缝合。① 以形成自治与管制、任意性规范与强制性规范的有效"接轨"。

---

① 参见苏永钦《民事立法与公私法的接轨》，北京大学出版社，2005，第 10 页。

具体而言，自治、管制接轨的规范形式表现为强制性规范前置、商事自治的司法救济两个类型。

首先，所谓强制性规范前置，是指法律规范中自治行为生效需具备的资格要件。例如《公司法》第 23 条的有限责任公司设立的条件，设立有限责任公司应当依照该规定，符合设立条件方能通过登记主管部门的设立批准；以及《公司法》第 25 条的公司章程必要记载事项，同样也是有限责任公司设立发起人必须对该事项进行意思表示，并在章程文件中进行记载，公司章程方能生效。强制性规范前置，旨在保障商事秩序能够在合理、规范的框架内持续和运行。

其次，商事自治的司法救济实为后置于私法自治的公权干预，是指商事自治当事人得以借助司法权力解决私法自治过程中的商事困境，补救当事人受到的损害，恢复正常的市场秩序。例如《公司法》第 183 条规定，公司经营管理发生严重困难，继续存续会使股东利益受到重大损失，通过其他途径不能解决的，持有公司全部股东表决权百分之十以上的股东，可以请求人民法院解散公司。上述对于破解公司僵局的规定，可视为自治参与者对发生自治困境的商事经营行为提请的司法救济，旨在借助公权干预，终止商事法律关系，停止或弥补商事自治不能或无效所造成的经济妨害（妨碍）或损害；同样情形也出现在《企业破产法》第 87 条的规定中，重整计划符合法律规定者，债务人或管理人可向法院申请强制批准重整计划。当债权人会议无法就企业重组事项达成一致时，债务人、管理人得向法院申请，通过重整计划的强制批准，干预重整自治，完成自治困境下的商事特别程序，实现商事自治的司法救济。

三　双重法益下私法自治的局限

任意性规范与强制性规范承担了不同的商事规范职能，为自治规范提供可操作性。通过前置、后置的方式，将任意性规范与强制性规范进行效力划分，能够实现自治、管制二者各自的功能，并达到接轨的效果。在具体实践中，置于自治行为前后的商事规范，能否以科学、合理的方式设置效力层级和生效要件，将直接影响到私法自治在商事法律活动中的实践效果。

（一）双重法益的内涵和联系

自治、管制接轨的目标，在于既实现私法的公平正义，又提高国家管制效率。以法益对象作为视角，不难看出二者在规范制度层面，所追求的法益存在着显著差异。一方面，私法自治保障个体意思表示之自主性，实为市场经济生活之前提和基础，更是一般性的民商事原则。从目的角度来说，保证商业活动的发展符合社会发展规律，并促进社会人均资源占有水平的提高，仍然是商事法律体系的最为基本的价值目标，其法益应当是社会公共利益，具有普遍性特征。该价值目标的实现，离不开私法自治这一基本民商事原则的贯彻与落实；另一方面，管制和干预旨在限制"非理性"自治，弥补市场失灵的制度性风险和缺陷，并通过强制性规范的设置，明确对自治行为的界定，以及对自治行为的干预，其法益应为个体的、特别的法益，具有个别性。从二者的法益位阶来看，私法自治的法益是社会经济生活的一般秩序，适用于民商事活动的一般个体和行为；管制和干预旨在贯彻国家意志，并针对自治失灵、失控等特殊情形进行调整。在一般的商事法律适用过程中，私法自治效力应优于管制干预效力；在特定范围内，管制干预则对自治进行强制性地补充、限定、否定或救济。

（二）私法自治的现实局限

其中，管制干预手段的演变，与市场经济的发展阶段相互对应。改革开放以来的市场经济蓬勃发展得益于从"计划"到"市场"在制度宏观上的调整，也展示出在关于社会公正的起点和社会发展的目标有机统一。特别是社会主义市场法律体系的建立，对于市场经济的发展起到了极大的促进和保障作用。对于转型中的社会形态而言，依靠优势资源发展的经济模式或多或少存在着机会主义的色彩，甚至造成了显著的分配差异，但是国民经济整体持续的增长仍然彰显出"特色模式"的特征及其合理性。对于缺乏系统完善的商业体系的过渡型社会而言，调节市场失灵的"有形之手"依然是实现市场管治效果的不可或缺的途径。

这也意味着，国家管制在商事法律规范中的实施和贯彻，存在着现实的合理性。同时通过强制性规范对自治效力加以界定，并干预商事活动和自治行为，正是管制实现的重要途径。以《破产法》第87条为例，当债权人会议无法就重整事项达成一致，债务人或管理人得向法院申请强制批准重整计划。而在上市公司的破产重整案件中，不难发现为保障上市公司"壳资源"，法院基本都会强制批准重整计划。由此可见，管制干预的合理性逻辑在于，商事强制性规范得以干预自治的方式实现市场宏观管制目标，以及干预个别自治行为，以弥补市场发展过程中所欠缺的"经济理性"基础。同时反映出国家意志主导的潜在意识形态。

另外，造成私法自治局限的，不仅是管制干预的现实合理性，还源于商事秩序的稳定性之要求。商事法律规范一方面要积极实现国家意志的贯彻与实施，加强对商业市场秩序的管制；另一方面，对私法自治空间的丰富和扩展，亦需要避免陷入到"自治困境"当中。事实上，我国经济市场仍需要宏观的规范加以规制和引导，以迎合快速发展的市场需要。一旦自治行为缺少有效限制，自治滥用、自治失灵同样也会阻碍市场整体的效率和秩序。

（三）　双重法益目标下的自治规范困境

由于国家意志在商事活动中长期处于主导地位，不可避免地形成了自治效力体系呈现一分为二的现象。在这样的单一模式下，任意性规范不足以有效地应对、处理复杂的商事自治困境；而强制性规范则带有浓重的干预色彩，在多方商事纠纷中，司法裁定的社会公信力常常成为舆论诟病的对象。这对于身处公司僵局、企业破产等各种自治困境的商事主体来说，显然是十分不利的。

如果在商事活动中进行充分自治的条件已经丧失，就得依靠公权干预来解决自治困境。则公权力往往是以社会效益标准、多数人的利益标准来干预当事人的个体利益，而非社会公共利益。两者法益的位阶、大小、高低之有别是显而易见的；公权力的干预，从宏观看是对自治原则的突破，从微观看是对具体自治行为的否定，正体现自治规范要兼顾双重法益所必须面对的局限性。双重法益下自治规范的局限，在国家管制干预呈现主导的强势情形下，势必造成私法自治的功能和作用的限制和萎缩，并制约了商事主体的主观能动性和市场活力，弱化了私法应当自治的本质属性。

消除自治规范的局限，显然需要在立法上寻求解决路径，从而在顶层制度设计上求得根本性的破解。如同学者在对民商合一和分立的讨论中所提出的设问："实事求是地结合我国民商法实践，寻找切实可行的方案，为我国商法发展提供可靠的、适合我国国情的理论支持"，"除去分立和合一，我们就不能有其他选择和设计吗？"①

双重法益的比较分析引出自治规范局限性的根本命题，即如何配置自治规范、划分自治效力。为兼顾自治、管制二者之法益目标，仅仅从"自治为先或管制为先"的思路中寻找非此即彼的答案，将难以满足现代社会对于利益共赢的根本需要。

---

① 参见邹海林《中国商法的发展研究》，中国社会科学出版社，2008，第9页。

四　私法自治在商法规范中的融合

传统的私法自治理论，原理局限于自身内涵及范畴。其理论设计也主要基于民事主体与主体之间的法律适用；而商事法律规范则需要应对更为复杂和特殊的商事情形。这其中包括商事内部的集体行动，也包括市场宏观管制与干预。管制理论更多地是从行政法理论延伸与阐释，与自治理论形成"两张皮"，互不搭界，各行其是，并呈现制度理论上的失衡状况。

自治与管制在同一商事法律框架内融为一体，需要扩大私法自治理论对于商事复杂性和特殊性的支持空间。以融合为目标，确立自治效力体系，以实现不同于强制、任意规范体系的解释功用。

所谓融合，实为自治原则与管制目标真正达到制度上的有机统一。而唯有合理、科学地设置自治规范，有限度地配置必要、不可或缺的强制性规范，方可实现整体制度的协调与平衡，从而提升自治的主导地位，强化自治的效力和功能。而如此庞杂的制度设计和安排，并非一朝一夕即可实现。透过现象，观察和思考矛盾背后的形式与内容、实体与程序的对立统一关系，在理论上探究私法自治理论在商法规范中的融合，对于顶层制度设计和安排具有重要价值和意义。

（一）　实现融合的基本前提

私法自治理论在商法规范中的融合，需要突破民商事法律的形式主义。民商事法律的形式主义，也称之为法律行为的"形式的规范"设置，往往忽略当事人意思表示本身。[①] 特别在商事便捷原则、商事外观原则和商事主体持续原则等商事法律原则的适用中，更表现出商事行为的形式评价高于对自治内容的实体评价。然而，就现行的民商事法律规范来看，却已存在与形式主义相反的现实经验，即在特定情形下，私法自治的实体内容具有优于商事程序的适用效力，例如《公司法》第 20 条第 1 款对公司法人格否认的规定。即在特定的商事情形下，自治效力可以突破商事法规中形式主义的限定。这样看似繁杂的效力划分，恰恰对自治与管制的接轨，有着深远的意义。

私法自治理论在商法规范中的融合，需要重新审视自治行为的实体内容与商事程序的形式要素之间的关系。笔者认为，私法自治在商事法规中的适用，应以自治规范的实体内容和程序形式两项效力要件加以区分对待。

---

① 参见钟瑞栋书《民法中的强制性规范》，法律出版社，2009，第 66 页。

其一，以私法自治的内容为实体性效力来源。在缺乏充分理由支撑的情形下，商事立法创设的自治原则与司法裁判的理由依据，几乎只用空洞的公式推论，让人无法意会究竟斟酌了哪些因素，各自给予了何种评判，以至于每个裁判只解决了个案争议，一般很难从中了解契约的界限到哪里为之，对于提升可预见性几乎没什么帮助。[①] 因而，商事法律规范的适用要符合私法自治的实体正义标准，就需要商事法律规范拥有足够的自治空间。换言之，需要在商事法律规范中，明确民事法律责任的可预见性，以保证自治的合法性和有效性，实现商事主体预期的法律效力。之所以强调商事活动中的民事法律责任，是为了将民事规范效力有效贯彻到商事活动中来，旨在保障民事权益在具体商事领域中通过自治行为得以有效实现。

其二，程序性规范的形式性效力要件。与私法自治的实体性内容相对应的，是商事规范中的各项程序性规范。无论是商事主体的设立程序，还是特别的商事法律程序，抑或是商事主体的救济法律程序，商事法律规范自身具有显著的程序性的要求。商事程序的内涵，本质与公法程序正义相同，规范的目的在于追求符合程序正义要求的结果。差别在于，商事程序追求程序结果的正义标准，在涉及权益纠纷时，自治行为是否具有效力取决于民事法律的实体规范；而商事行为是否生效，还须取决于是否符合商事规范的程序性要件。以公司设立为例，发起人就设立事项起草和签署协议，具有自治效力，为有效的共同表意行为。但在不符合公司法就公司设立规定的形式要件情形下，该协议不具有公司法上的章程效力，仍仅为记载集体意思表示的协议。

（二）以绝对自治与相对自治区分自治效力

私法自治理论在商法规范中的融合，需要将私法自治的行为效力与商事程序的形式要件两者有机衔接。私法自治的行为效力与商事程序的形式要件，二者衔接必须合乎自治与管制之调和目的，否则将难以达到维护和改善市场秩序之目标。因此，基于上述内在逻辑的分析基础，私法自治在商事规范中的融合，就必须考虑到私法自治效力体系的层级划分。在区分实体效力要件和程序效力要件的基础上，私法自治的效力体系应包括了绝对自治和相对自治两种类型。

首先，绝对自治是指在具体商事法律规范中，自治行为具有排他性效力。例如《公司法》中以但书形式规定的公司章程具有排除法律规范适用

---

① 参见苏永钦《以公法规范控制私法契约》，《人大法律评论》2010 年第 1 期。

的效力。绝对自治下的自治行为享有优先适用的效力，发生于商事法律规范中的涉及自治权益的特定情形。以《公司法》为例，公司章程是记载法人组织集体意思表示的自治性文件，在涉及公司股权转让、股东资格的继承、公司组织、风险承担、收益分配等方面享有排除具体法律规范适用的自治效力。在企业《破产法》中，公司破产重整程序中，重整计划是由债权人会议协商、表决并通过的自治性文件，对于公司破产重整的实体性事项，在债权人表决一致通过的情形下，重整计划具有自治优先效力。

其次，相对自治是指在具体商事法律规范中，自治行为具有优先适用效力，但在特定情形下，当事人得依照程序性规范请求公权力介入，以强制性规范来设立、变更或终止自治行为。相对自治的效力受公权力的管制干预影响，管制和干预下的自治行为生效与否需兼顾商事程序性规范的形式效力要件。例如，公司无法设立时，发起协议不具备商事程序性效力；或是在破产重整程序中，当债权人会议的部分分组无法达成对重整计划草案的同意，表决两次均不通过的情形下，债务人或管理人得依照《破产法》第87条的规定，向法院申请强制批准重整计划草案，以强制手段令重整计划生效。

区分绝对自治和相对自治的意义在于：在商事法律程序性规范的框架下，构建具体的自治手段，充分保障自治实践。要合理规范自治手段，就应当在绝对自治和相对自治的理论基础上，加强手段与目的之间的逻辑关联：即调和自治与管制之效力之矛盾，详尽地设置商事程序框架下的私法自治的实体规范内容。

从微观角度来讲，完善商事规范中的私法自治效力，是从私法自治角度，为民商事法律行为寻找准确的规范依据；从宏观角度而言，即实现更为科学的经济生活秩序。经济秩序的构建属于庞大的社会系统工程，非依赖成文法律法规即可全然实现。然而商事法律规范对于市场功能的实现不可或缺，主要在于对社会活动的参与者明示合理的市场预期，并对社会活动给以合乎预期的指导和评价。此功能的实现，非其他社会规范可效仿或替代。

（三）　明确商事私法自治原则的法律地位

私法自治理论在商法规范中的融合，需要"以自治为主导、以管制干预为补充"之市场化思想。在制度和规范设计安排中，尽可能明确界定两者的边界和功能，实现"各行其是、互为补充"的立法目标。

在市场资本加速流动，证券市场、金融市场蓬勃发展的今天，商事活动已经在信息技术的影响下融入百姓生活的方方面面。信息时代的经济生活，既包含了特定的生产经营、运输销售等营利性营业行为，也涉及每个人的吃穿住行与安居乐业。对于进行网络消费的购物者而言，进行买卖交易的对象已经不再是传统意义的拥有特定经营资格的"商人"，也可能仅是依托于网络交易平台的交易集群中的个体。正所谓"民中有商、商中有民""民商自治、经济繁荣"，而单一强调商事法律的管制目标和管制功能，并不利于社会经济的繁荣和发展。完善自治与管制的调和关系，才能真正帮助一般民事主体更放心地参与到社会经济活动中来。即便参与者存在着"非理性经济人"或"不完全理性经济人"的情形，设计适当和可操作的管制干预制度能够帮助自治主体在合理的可预见和可掌控的范围内，准确、合理地解决和处理自治困境难题。

以私法自治的理论为线索，探寻和完善商事法律规范中自治与管制的融合机制，提高商事法律规范的立法水平和功能作用，以确保市场经济的生产力和创造力水平，是成熟市场经济体制的基本的内在要求。私法自治能够为市场经济的发展，提供法律制度上的指引，提供可行的操作机理，以解决商事自治困境之问题。

附　　录

"商法规范的解释与适用"学术研讨会

时间：2013 年 5 月 26 日
地点：中国社会科学院法学研究所办公楼三层会议室

开幕致辞

致辞人：陈甦[*]

　　陈　甦：感谢大家在百忙之中抽出时间来参加我们的会议。为了把会议开好我们也准备了一些材料。由于工作原因，一些学者的名字没印在上面，这是我们工作的失误，我在此表示歉意。不过对于我们这个主题，我们可以把它解释进来（笑声）。开这个会，我们注重于实质内容，形式上我们可以简单一些，不设开幕式主席和嘉宾了。不过回头想想，开头的话总是要有的，所以让我来做这个开幕式仪式的东西。后来我想，我们这个社会不管追求什么样的内容，仪式还是要有的。尤其是我们学习法律这个专业，有些东西有一个仪式还是很有必要的。

　　今天会议的主题是"商法规范的解释与适用"，为了选择这个题目，我们商法室的几位还是很费心琢磨的。起的这个题目也是不太好做研讨。这个题目经过征求意见，发给大家之后，很多学者也都写了论文来。当然，论文的范围比较广，也不完全限制在解释与适用的范围内。后来看呢，这也属于我们的论文与主题之间的解释。对我们这个主题进行扩大解释，凡

---

　　[*]　中国社会科学院法学研究所研究员。

是与商法有关的，再广阔一点与法律有关的，都属于我们今天研讨的范围。关于这个主题，也不算开幕式的致辞了，我先来谈一些自己的心得体会吧。

第一，我们为什么在现在这个阶段要研究商法规范的解释问题。我想可能有这样几个因素：一是虽然我们的法律体系建设在立法方面还需要不断加强和完善，但另一方面对于现行法律的运用可能更为重要一些。因为我们已经有了许多法律。我们研究商法规范的解释问题，第一个是将法律的确定性，或者说对于法律的认识放在一个应有的地位。像我们研究法律的人，对于法律的尊重是最重要的，因为法律既是我们的研究对象，也是我们遵守的对象，只有尊重它的权威，它才能得到有效的实施。说到法律的确定性，我想人人都知道。在本科学习的时候讲到法律的特点时都有讲到。但实际上在我们的研究和应用中，其实有一个现象还是值得关注的，就是我们对法律确定性的重视程度可能还不如对于合同确定性的尊重。因为我们在一些实务中一遇到具体问题的解决时都要遵循合同当事人的本意，不管当事人有多高的水平，其意思表示有多么复杂，我们都在追求这个。但是，在我们的研究中似乎对于法律的确定性没有给予同等的地位。好像我们遇到任何法律问题都是法律制定有问题造成的，认为问题可能在法律本身，所以这也是为何立法研究如此兴盛的原因。当然，立法问题从来都是重要的，我们现在加强对法律解释的研究并不是说法律不重要，并不像一些学者说的，是不是现在立法没有必要研究了，我们只要关注解释就行了。我想不是的，而是应当把解释论放在它应有的地位。

二是通过对法律解释论的研究，建立学术界和实务界沟通的桥梁。我们经常在跟一些法官和律师接触的时候听他们说，你们学者的文章写得都很好，但是总觉得不现实，不好用。其实仔细看看，我们学者研究的中国法律都是很现实的，很多的建议也是很重要很可信。但是实务界的朋友说这个不现实，可能觉得我们学者研究的往往是立法论的问题，法律适用的时候就比较难办，在遇到问题时总不能说我们去把法律修改一下来解决这个问题，它只能在既有的法律体系下来研究法律的适用问题。所以我们想让我们的研究更有实用价值，解释论也是必不可少的。

在为什么研究的第三个方面，我觉得是不是可以通过这个研究对于法学领域的创新有一个更深刻的认识。什么叫我们法学研究的创新？通常我们理解创新就是与以前有所不同，而且对于我们做法律的，好像有一个指标，通常对于现行制度的不足地方提出新的建议，对没有的制度进行引进，也就是主要将立法建议作为是否创新的标志。当然，立法建议肯定是创新。

但对于我们法学研究来说，是否把创新主要限定在这个方面，还是值得商榷的。像法律专业，教授有几万，学生有上百万，从事实务的做研究的更多，如果我们做得创新都是立法建议，那么法律的确定性可能就真的无从谈起了。所以究竟什么才叫创新？如果一个人的论文中，没有一条立法建议，可否叫做有创新的科研成果？这个我们要反过来想一想。所以通过这个研究我想除了让我们对一些具体的法律解释有自己的看法外，对于法学研究法学创新的认识也会有意义。这是我谈的第一个大问题。

第二，我想谈一下我们解释的对象是什么。我们的主题用的是商法规范，没用商法，我们解释的对象是什么？通常认为我们解释的都是法律文本，也有的观点要更广泛一些，认为一是解释法律，另外对于当事人或者应用者意思的解释也是我们解释对象的重要内容。但现在如果我们再仔细探讨一下，我认为我们解释对象应当包括的范围非常广。对法律的解释首先应探求立法者本意，当然，也是立法者的意思，或者国家的意思。对于章程的解释，也考虑制定者的意思，包括合同的解释也是这样。所以我想商法规范是不是有个更广泛的意思。因为所谓的解释就是既定意思的确切的内容，是对这样的过程我们来进行解释，至于它的载体，可能是法律也可能是章程、合同或者其他的，这个范围可能就更广泛一些。这个我也没有做过什么研究，只是在一些日常的，比如有时候做一些案子论证，在座的各位老师可能也参加过，就发现很多很有意思的东西，可能在我们的研究之中是有所忽略的。比如就拿合同来说，大家都知道合同的制定、运用或者审判中对合同的判断和处理，大家的经验都是有的，但确实其中有一些规律性的东西我们不能忽略，比如合同的名称和它的内容之间的关系，有时候就不是那么简单的。当事人选择的合同名称，选择的合同内容可能不一样。有的合同比如一方是卖方一方是买方，我们看了以后认为是买卖合同，但根据权利义务的内容可能不是这样。还有，我们现在学习的合同，不管是民商法上的合同还是其他的，往往是一些有名合同，比较单一化纯粹化，但实践中的合同往往要复杂得多。可能把很多合同关系写在一个合同文本上，或者把一个合同关系写在很多合同文本上，那是不一样的。像我们经常会遇到的经销合同，有人说是长期供货合同或买卖合同，其实想起来是很复杂的。有长期买卖关系，也有委托关系比如代为修理，也有代为广告宣传的关系，还有知识产权的关系，还有组织方面的关系，所以这样的合同可能更复杂。这样复杂的合同之间的效力关系如何？他们之间的关联性如何？是否一个合同无效就导致另外一个合同无效？这也是很复杂的内容。这个也是合同解释中的一个内容。

　　还有的可能是我们在法律的规定和学习中没有说明的一些东西，但我们在遇到一些具体合同时要进行理解。我就遇到过一个案子，是一个房屋租赁合同，所有条款跟租赁合同是一样的，只有一个租金条款写的很有意思，是按照承租人每年收益的百分之五来缴纳。这个案子一审二审一直到最高院都是按照租赁合同来处理的。后来我看了我觉得可能这不叫租赁合同。因为虽然法律没有规定，但通常理解租金应当以物为标准来进行收讫，而收益的百分比是以承租人的行为为标准来收讫的。所以这个合同在我来看可能是一个合作合同，只不过是以房屋的出租作为条件而已，这样的话后来的处理我认为可能更好一些。所以，在实践中我们面临的问题可能很复杂，但是我们解释的对象无论是法律、章程还是一个合同，他们之间是有关联性的。因为要解释章程或合同的内容可能要考虑到法律、它的法律效力、它们之间的联系，另外对于法律的一些内容的解释我们要借助合同中一些具体的事例反过来做一些证明，所以我想我们对商法规范的解释范围可能做一些扩大更好。

　　第三，我想谈一下我们做商法规范的解释与适用，方式在哪里。我有一个体会，我们一说到研究法律解释，大家觉得有什么可研究的。关于如何解释、解释的方法、解释的种类，作为一般规则来讲，大家可能会觉得这很难创新了。像目的解释、文本解释、扩张解释以及限制解释等，就这一层的知识我们都是很充分的，想有所创新可能极度不易。解释不管怎么样，从经验层面上如何运用法律来看，似乎有没有这个研究也没有什么影响，法官也好律师也好我们讲课也好还有一些企业实践也好，在经验层面上对于法律如何适用似乎也没有什么问题。但是我想我们面临的一个问题是，我们一般的研究跟具体的经验之间这个中间层次的支持还是不够充分。所以我想关于这个研究我们是否更多的是进一步地完善和丰富我们中间层次的支持。就是在我们法律领域的一般性研究和具体的经验之间建立一个连接的方式：它们之间是如何连接的，中间有什么规律性的东西。如果能成为一个体系研究的话，我想我们有关解释方面的研究将更有实用性也更有学术价值。

　　这些都是我的一些体会，也是应商法室的要求，让我先谈谈体会，起个带头作用。我想这个带头只是时间次序在先，在座各位都是商法学界卓有成就的专家学者，你们在各自的领域也都是学术带头人。今天我们小小的会议室能够请到如此大容量的专家过来，这样的知识上的大容量，是非常难得的。这说明各位在学术研究和实践中对法学所一直是非常关照，在此我代表法学所再次感谢各位，希望各位一如既往的支持法学所的发展，包括我们商法室的发展。另外我也祝今天的会议取得圆满成功，希望各位在今天的发言中都有精彩的演说，对此我们也是充满期待。谢谢大家。

主题发言

主持人： 张广兴①
报告人： 石少侠②、孙宪忠③、管晓峰④、赵旭东⑤、叶林⑥、刘凯湘⑦、赵万一⑧、邹海林⑨
评议人： 李永军⑩、陈甦

　　张广兴： 谢谢陈教授的主旨发言。下面我们开始主题发言，每位报告人的发言时间是15分钟。下面有请石教授做报告。

　　石少侠： 几个月前我接到社科院法学所的通知，我对这个题目——规范的解释与适用非常感兴趣，就列了几个小标题。但由于这段时间我处于过渡时期，心有余而力不足，很想就这个题目认真准备做个发言，但是由于方方面面的工作，没有心思想更多事儿。但是我今天带几个博士过来，希望他们有机会好好听一听。

　　关于解释的问题，为何非常重要，因为所有从事法律的，从事司法工作的，从事法律教育工作的，甚至包括从事仲裁工作的，都离不开解释问题。法律适用本身就是解释。包括法官判决的撰写，包括仲裁员裁决书的拟定，实际上都是在解释法律。今天我想说明什么问题，一说到法律解释，已经形成一种传统的解释模式。包括在公司法适用上，最高人民法院为了

---

①　中国社会科学院法学研究所研究员。
②　国家检察官学院教授。
③　中国社会科学院法学研究所研究员。
④　中国政法大学民商经济法学院教授。
⑤　中国政法大学民商经济法学院教授。
⑥　中国人民大学法学院教授。
⑦　北京大学法学院教授。
⑧　西南政法大学民商法学院教授。
⑨　中国社会科学院法学研究所研究员。
⑩　中国政法大学民商经济法学院教授。

公司法的贯彻实施，现在已经出台了《公司法解释（三）》，第四个司法解释已经研讨多年，虽然没有正式经过审判委员会的通过，但在网上已经讨论了很多，我估计法官在适用过程中可能也会援引。尽管它是意见稿，但也是有指导作用的。在谈到解释时经常遇到的问题就是立法解释和司法解释的关系。怎么看这个问题？我举个简单的例子。《公司法》尽管2005年修订时在座的许多参加过国务院法制办的研讨，在开始阶段就请各位专家去参加研讨，一直到法工委都在研讨，但还是有遗落，我认为比较大的一个，举例说，就是设立中公司合同的效力，英美法中叫先公司合同的效力。我在2005年立法研讨的过程中，在有的场合我曾经动议过。为什么考虑这个问题，因为我在过去实践中遇到这样的事情，十几年前就碰到这种案子。我是希望《公司法》能有规定，但很遗憾的是没有被立法机关接受。虽然没有立法但司法实践中又发生，必须有规则，那么最高人民法院的《公司法解释（二）》就做了解释。在公司设立过程中，以发起人的名义，或者以公司名义对外签订合同，效力如何判断的问题。我们《公司法解释（二）》搞得比较透彻，大概用了四五条来解决。但这就产生了一个问题，解释到底解释什么？刚刚陈教授也说了，把解释对象搞清楚，法律、章程、当事人合同，都是解释对象。像这样的解释就没有对象，因为法律没有规定。只是基于学理解释在做司法解释，要说有的话，也就有学理解释，没有立法规定。有人说这种解释越权了。我的看法是徒法不能自行。凡是在法律实施过程中涉及适用规则的，立法没有说清楚的，最高人民法院有权利有义务也有责任把它说清楚。立法问题不止这一个，我们看公司法司法解释，除了司法解释一涉及很简单的溯及力问题、适用问题之外，其他的很多解释就解释对象来说可能法律是没有规定的，实际上这种司法解释起了弥补立法不足的作用，我认为是非常必要的。不要过于强求说必须有法律规定，然后由于法律规定比较原则比较概括才能展开解释，我认为现在不能过分强调是立法应当完成任务还是司法解释应当完成任务。司法必须做解释。

再一个是解释对象的问题。我个人认为商法的解释对象大概还不以其他法部门的法源为限，重要的比如商习惯法，还有跟商业有关的行政法，都涉及解释问题。现在非常遗憾的是法源本身就混乱了，解释就很难办。混乱在什么地方呢？在我看来，商法不仅仅以公司、票据、海商、破产、保险、证券为限，包括稍后出台的很多规范性文件，我认为都属于商法规范。现在乱了，行政法规这块几乎没有顾及。早在2003年的时候我们就注意到这个问题，所有商行为，商务部几乎都有一些行政规范，包括屠宰，包括美容理发，方方面面都有一些规定，这些规定在我看来都是商法。非常遗憾的是规范法条林立，但没有统一解释。所以说我们要尽快搞一个商事通则，也是基于这个考虑。不能总这么乱下去，要有个通则，要规范，包括商务部的行政立法。

张广兴：其实我觉得研讨会，每个人在正儿八经说十分钟二十分钟可能还没有这种即兴的效果好。我参加过一些研讨会，后来大家吵起来了，这样的效果是最好的。刚才石教授谈了最高法的司法解释的根据问题，法律规范的根据问题，还谈了一些商行政法律规章怎么样纳入商法规范，这都是很重要的问题，石教授开了个好头。下面请孙教授发言。

孙宪忠：其实说到商法规范的解释与适用，自从接到这个作文题目后我已经思考了一段时间了，但是我思想的切入点是，我希望商法的解释还是应当以民法的基础为基本工具。

为什么要说这个问题呢？首先我承认商法本身是一个很有理论性也很有实践性的这样一个学科，商法中呈现出的一些知识确实已经能够证明自己的独立性，尤其在我们国家已经有了足够强大的生命力，在这个过程中也出现了这样一些商法理论，强调对民法的剥离。当然，制定商法典不是这个意思，我所说的是这样一种观点，有些人认为商法制定本身与民法是渐行渐远。比如过去商法强调国家管制、公共权力利用的这些理论，现在商法主要强调应用客观原则，强调方便快捷、及时解决诉讼这些价值；民法主要强调意思表示真实、当事人的意思自治。这些基本出发点都有比较大的差别。所以很多老师提出来，应该在民法中寻找理论上的元素，或者说寻找自己基本解释的工具。看到这些观点我结合自己的学习和研究，我提出商法的解释和适用遵循民法规则这样的观点。

那么我的理由在哪儿呢？从我自己来看，商法是民法的晶莹，而不应是民法之外的东西，商法知识本身是民法精华的所在。我最近参加一些讨论，包括最高法的一些案件，商法案件本身常常很复杂，有时候涉及债权、物权、所有权、股权，有时涉及的法律关系主体特别多，法律关系要从个体来讲，也非常多。但是，讨论来讨论去我发现，分析这些案件最简单的道理，还是要用法律关系的学说。法律关系的学说是民法中最基础的理论，所以商事案件不管复杂到哪里去，股权不管定义为一种成员权也好或者是特别债权也好，或者从不同角度分析直接把它叫做请求权也好，不管怎么说，都是民法上体现私法自治特色的一种权利。而且这种权利在民法体系中加入了法律关系之后，跟公司本身所有权的关系又呈现出不同。股权代表成员这方面的利益跟公司治理本身有很大关系，但是他自己本身又可以与别的主体发生法律关系，比如转让，股权质押。不管怎样复杂，它离不开法律关系的学说。所以民法上分析法律关系的手段对于公司法律规则的适用和理论解释可以说是最为基础的。

第二，民法基本权利的划分对于商法，尤其对于公司法本身也同样具有强大的解释力。在民法上将民事权利区分为支配权和请求权，支配权强调以自己单方面的意思就能实现权利目的，请求权需要借助于相对人的意思表示，请求权人和被请求权人的意思表示结合，才能实现法律上的权利。像这种最基本的划分，在民法上很基础，用到知识产权上是没有问题的，用到商法上其实也是没有问题的。商法上的那些权利，我们从市场经济体制的规则下来看，不管怎么说，从权利的享有、行使、到最后的实现，也无非就是要体现当事人意思的形成和权利实现关系的理解。所以分析商法上很多纠纷，说到底把权利区分开，也要借助这个理论。利用了这样的理论，这些商事案件我认为也都不是很难分析。

除此之外，像商法中强调客观表示等等，虽说我们表面上没有把意思自治归结出来，但是我们说客观主义的精神本身还是建立在意思自治的基础之上的。所以民法上的意思表示这些理论无非要求它用客观的精神给他一个解释，我的理解是这样。现在一些商法老师的理论，想跟民法做切割的这样一个设计希望还是再多思考一下。

张广兴：孙教授从一个比较宏观的角度切入我们今天的主题。商法与民法的关系，这个问题我们今天讨论的也很多，当然也有各种各样的看法。我认为从商法规范的解释这个角度来说呢，孙教授的观点跟我们会议论文的第一篇曾洋教授的观点似乎不太一致。可惜由于会议安排，曾洋教授要下午才能过来，不然你们可以吵一吵。（笑声）下面我们有请管晓峰教授给我们作报告。

管晓峰：我来讲一讲对商法规范解释的理解吧。因为从事多年商法教学，我有一些体会，拿来跟大家汇报一下。我非常同意刚刚石老师的说法，对于法律，无论是法官的判决还是老师在课堂上的讲授，都是对法条的解释。不但是对法律的解释，还是对章程、对契约的解释。一个法条、契约和章程都已经是固定的几千字放在那里了，如果把一个已有的规定套用在后来发生的行为之上，就需要解释。如果解释接近于立法本意、合同本意或者章程本意，这个解释就是成功的。如果不太符合，甚至是与原意相反，这个解释就不太成功。一些冤假错案就是这样形成的。一些对合同的理解有争议，结果争议反而造成更多事实上的不公平，有时候也是解释造成的。当然这都是从人心为善这个角度说的，没有讨论故意违法这种情况。即便大家都是遵从法律的，这里也有一个解释的问题。我们学界不能进行司法解释也不能进行立法解释，只能进行学理解释。我跟同学们讨论的时候也说，学理解释应该从四个层面去看待。

一是从司法政策的方面去理解。我们学法律并不是孤立的学逻辑，而是应把法律放在外面的社会生活中、经济生活中去，所以有一个司法层面的解释。比如对于公司法里的知情权，一旦股东和公司之间发生争议，实际上是公司管理层发生争议：股东想了解公司信息，管理层不允许，当然也就变成了公司不允许。这里面还有更深层的意思：管理层是大股东所委派的或形成的。这里有一个冲突。股东看了信息之后，有可能泄露公司的商业秘密，这是一个表象。实际上有可能看到大股东在利用公司形式谋取不正当利益。所以公司不允许他查看。这里就有一个司法政策的问题。如果司法政策保护了股东的利益，使知情权充分行使，那么受益的就是股东一方。如果按照权利和义务的相对应的角度来看，就有可能有一个受损方，受损方有可能是公司。公司法的司法政策在这里就是为了保护公司的就业和税收，所以就要自觉不自觉地维护公司利益。如果司法政策让股东受益了，可能公司受损，如果让公司受益了，可能股东受损。在这样的价值取向的平衡之下，司法政策就采取装糊涂的态度。也就是说不但为股东行使知情权设置了门槛，而且还把它解释成了只能查公司账簿，不能查公司的原始凭证。但我们知道我国的实践中，公司普遍都有两本账，因此查阅公司账簿对于股东行使知情权而言意义不是太大。那么怎么办呢？有个司法政策在这里的，维护了公司的利益就等于维护了公司的就业和税收了。如果公司受损，它就不能承担这个责任。这个司法政策是我们的教科书没有写上去的。因为有些东西是只能口述，不能写成文字的。但作为一个方法应该告诉同学的。

第二个层面是对法理的理解。当法条、章程或契约本身对已经的规定跟现实情况不太相适应的时候，怎么解决？依法理。法理归根结底就是两点：公平和正义。这个解释呢，很大程度上是死马当作活马医的解释，因为已经没有办法了，就依法理来解释。法理解释有时候解释得通，有时候写论文可以解释，但寻求法院救济时不被采纳。即便是不采纳，我们也要去主张。我常跟同学们说，你是法科学生，在从事法律活动时，伴随的一个义务是宣扬法律理念。不是刻意宣扬，而是在行为中附加提到。现在发生争议了，正好做一个宣扬法律理念的解释。

第三是对立法宗旨的理解。比如说《公司法》对公司担保的规定，公司不能对股东提供担保。这里就是一刀切的规定。《上市公司条例》规定上市公司不得对外提供担保。这里的立法宗旨是，如果公司对股东提供担保的话，很可能首先为大股东提供担保，就为大股东掠夺公司利益提供了合法的机会。但这样一刀切，同时也把公司有可能得到的商业利益损失掉。比如说一个股东不是大股东，但该股东对公司发展很重要，该股东就以此条件，你给我提供担保我就可以给公司提供一个销售渠道或者技术使用许可。这个商业机会虽然很重要，但由于公司法一刀切的缘故，这个机会就可能损失掉。这里的立法宗旨是不让公司对股东提供担保去掏空公司，而现在的股东担保不但不掏空公司，而且是对公司利益的一种增值。对这种公司担保的，我认为在公开透明的情况下，应该允许。这一点也是对孙教授刚刚讲到的，商法跟民法的冲突，其实是没有冲突的，这里也要考虑民法上的公平的立法旨意。

第四个是对文义的理解。商事法应该是广义的，包括商事合同和商事章程，文义的理解就是文字是怎么规定的。比如私募基金正在成为我国重要的投资形式和资金来源，而私募基金中我们可以看到很多不公平之处。这种不公平从民法上来说是没法解释的，因为这与民法上的公平、平等相悖。特别是对赌协议，如果用文义去解释，这个赌是非法的，私募基金是跟公司签订合同——我给你投入资金，如果达到预期目的，我就可以得到多少股份，如果达不到预期目的，你要赔我多少钱。不管是输还是赢，都是赚钱的。从文字上去理解，商事活动一定是有亏有赢的。从这个角度看，与公司签订的对赌协议是无效的，它不符合赌的原理。后来把它解释成是与股东签的协议，这就可以了。股东愿意赠送给私募基金，法律无权干涉。而如果是公司赠送，会损害其他股东的利益，法律就要保护了。对文义的理解，我们从事教学的，拓宽一些思路，不要机械地理解。

这就是我的思路。报告完毕，谢谢大家。

张广兴：看来晓峰教授的发言是比较精彩。前面我也没让大家鼓掌（笑声）。晓峰教授从四个方面讲了商法规范的解释问题，认为无论如何符合本意是判断解释正确与否的唯一标准，这个本意既包括规范的本意也包括当事人的本意，做了一番精彩发言。下面有请赵旭东教授做发言。

赵旭东：今天的主题我有一个感想，从这个角度说一下我的体会，就是公司法司法解释作为裁判规范的定位与功能。公司法是商法中非常重要的部分，整个商法的司法解释没有比公司法更多的了。所以从公司法的司法解释入手，做一种具体的理论探讨，对于商法规范的解释应当是具有普遍性的。我想从司法解释作为裁判规范的定位与其应有的功能这个视角做一番分析。

我想谈三点，第一，司法解释属于裁判规范，而不是行为规范。这个问题使我想起来在《公司法解释（三）》颁布后，有一次我们学校举行一个报告会，当时几位教授就一个问题有所探讨。有的学者说，《公司法解释（三）》，包括《公司法解释（二）》，有些地方规定得不清楚，没有规定这个地方应该怎么做，不应该怎么做，说得太简单。讨论这个问题的时候我马上提出了一个问题：作为一个司法解释，它要不要规定当事人应该做什么，不应该做什么，或者应该怎么做？司法解释是否只是一个裁判规范，不应该是行为规范？裁判规范和行为规范，这是法律规范一个基本的类型划分。所谓行为规范告诉人们应该做什么不应该做什么，具体来说表现为权利、义务、责任，以及行为后果。而裁判规范只是针对当事人之间的争议，针对当事人的诉求，对司法机关应该如何裁判所作的规定。因此，无论从对象上，还是从内容上，司法解释作为一种裁判规范，跟法律作为一种行为规范都是不同的。所以我们对司法解释的评判和适用应当按照裁判规范来认识它，更好地设计它。

第二个认识是，公司法的司法解释，它表现出裁判规范的特点。这一点在看公司法司法解释的时候，我们的感触是特别直接的，它是非常典型的裁判规范。具体有以下几点。

一是它是以审理案件纠纷为目的，它直接指向当事人的诉讼请求和法院的裁判标准。几乎每一条都用了这样一种表达方式：当事人要求怎么样，人民法院支持还是不予支持。也不知从什么时候起，我们最高法的司法解释几乎都形成了这样一种解释模式。最早不是这样的，最早时候的司法解释更像立法，规定了应该怎么做不应该怎么做。后来从什么时候起我没有考究，司法解释做了一个非常明确的定位，它只解决：你要求什么，我可否支持你，不管你在法院之外怎么做。这是真正的裁判规范，是以纠纷的解决为目标和宗旨。当然，并不是说这个裁判规范没有引导人们行为的作用，它会反作用于人们的行为——人们知道裁判的后果，会对自己的行为作出相应的调整。这是另外的效用。但作为裁判规范本身，它只解决裁判问题。

第二个特点是公司法的司法解释是典型的以实践为导向。它的所有内容几乎都是面对实践中的各种纠纷的，纯学术的纯理论的公司法上一般的号召性口号性的东西，司法解释中是没有的。这样一个定位就不要求其系统性。这跟立法所要求的全面系统、所有法律关系都要有所考虑有所规定不一样。它是有什么争议就解决什么争议。没有的根本不管。它并没有系统全面的特点，而完全是针对司法实践中一般问题的普遍性突出性代表性进行了相应的规定。

第三个特点是公司法司法解释不以法律部门的划分作为一种方式。它的司法解释的信息是跨越法律部门和法律理论的，可能都很难分清它到底是什么法的司法解释。比如公司法司法解释，绝大多数是原理，可能不是公司法原理，而是合同法原理，尤其是在股东出资责任和股权转让的问题上，都是合同法规则在公司关系中的适用。当然，还涉及物权法和侵权行为法原理。虽然名字叫公司法司法解释，但我认为它是司法案件当中与各种法律部门综合运用的典型。从这个角度来说，刚刚孙教授的观点我还可以做一点回应：不见得商法的解释一定要以民法作为基础。曾洋教授的论文里第一页就写了，民法不是商法解释的当然基础。我感觉这个问题呢，孙教授的观点有点民法下位主义。民法和商法的关系，应该是普通法和特别法的关系，这个调子已经定了。其一般的原理和价值理念应当是相通的。因此，在原理和价值理念方面以民法来解释商法是一点问题都没有的。但反过来讲，民法问题的解释有时候反过来也要借助于商法，对民法上的规范的解释有时候可能也要借助其他法律部门。比如说，民法中关于法人的四个条件，什么叫依法成立，什么叫独立财产，什么叫独立责任，解释这里的概念可能会自然而然延伸到公司法。这正是法律解释中系统解释的方法。从这一点上来说，法律部门之间存在相互的密不可分的联系。解释的时候也有规范的依托。所以孙教授的观点这一半我是支持的。

我要说的第三个问题是公司法司法解释的能动性与越权之间的冲突问题。这是对法律解释包括商法解释，大家经常纠结和困扰的问题。一方面最高法院不断出台解释，我们上课、案件处理都要依赖司法解释；另一方面我们又对司法解释抱有一种怀疑甚至抵触，觉得解释出来后不得不用，对它处于一种复杂的心理。因此，我认为重要的在于怎样正确地面对司法解释，尤其是怎么样看待司法机关在法律适用中通过司法解释这样一种能动的司法，司法机关的定位与是否越权的问题。这里面有三个经常提到的舆论。

一是司法解释过多过滥的情况。一个法律跟着很多个司法解释，公司法有三个，以后还可能有四个五个，这就产生了司法解释是否过多的问题。我认为从供求关系来说，我们目前的司法解释相对于实践中大量复杂的要审理的案件，并不是过多的，不是供过于求，而是供不应求。法律规范的短缺是中国司法实践常态性的建设，不是有很多法条没用，而经常是很多案件没有法条可以援引，这是最大的问题。从这个角度来说，表面上看我们的解释过多，我认为一点都不多。多不多就是看供求关系，看是否需要，如果需要，那就不是多，因此也谈不上滥。原因是什么，这个大家分析的很多了，很明显的，第一，中国的立法历来以简要著称，就不用说它的法律漏洞有多少了；第二，我们的国家是变革中的国家，社会生活发展变化特别快，所以规则往往很难跟上现实；第三，我们的立法解释长期休眠缺位，无所作为，本来该它干的活交给了司法解释。因此再多的司法解释也觉得不够。

二是司法解释是否越位和越权的问题。是否司法解释超越了它的权利，替代了立法，实际上发挥着立法的功能。这个问题怎么看？理想状态下，司法机关最好严守自己司法裁判的职能范围。但是我们不能过于苛求，这实际上也脱离了现实。为什么呢？这里面有很多原因，第一，是否越权，这个本身就是一个非常模糊，很难精确界定的。我们司法解释这么多的条款，哪一个是越权的，这个要看怎么解释越权，法律解释的边界范围在哪儿。如果按照法律解释方法的一般界定，尤其是当把法律精神、法律原则作为法律解释的基础和方法的时候，可以说几乎所有的法律解释都在合法的范围内。因为根据法律原理和法律精神，如果把民法通则的几个基本原则拿出来解释所有法律的时候，任何一个解释都可以放在那个范围内，都可以说我就是在法律范围内来解释。从这一点来说越权和不越权是界定的问题。举个例子，公司法当中能否强制公司进行利润分配。这个问题司法解释草案中曾经有，现在没有出来。如果司法解释规定了，法律中没有规定，这是否是越权呢？但这个问题是存在的，我要对它做裁判的规范，可以说是在民法或公司法的基本框架下进行解释，不越权。又比如说股东除名权的问题，长期以来我们就争论，公司法是没规定可以把股东除名，但《公司法解释（三）》就是规定除名了，算不算越权。可以说这不越权，因为根据公司法的原理，股东不履行出资义务就可以限制他的权利，限制包括除去股东资格，因此这取决于如何理解越权。完全越权的情况及其少见，只有法律明确规定这样，而司法解释完全做相反规定，改变法律，这是越权。因此，关于越权的问题是很难精确界定的。第二，在立法缺位的情况下，在处理案件无法可依的情况下，司法机关能否弥补法律的不足和空白，确立一个裁判规则。我想这样的越权可能是必要的。因为即便没有这样的规范，法院的法官也是要处理案件的，我们都知道一个基本规则是法官不能以没有法律依据为由拒绝裁判。既然要裁判，又没有法律依据，那就只能自行其是。与其让每个法院的每个法官自行其是，还不如集中全国法院的法官的智慧，形成一个统一的对法律理解的标准，这更能消除司法不统一和司法不公的弊端。因此是值得肯定的。

三是司法解释和个案解释以及指导性案例之间的关系。有人说不太赞成司法解释，主张用指导性案例和个案解释的方式慢慢取代统一的司法解释。我认为这两个之间不是替代关系，应当是互补关系。尽管指导性案例有它的作用，个案解释也有它的独特作用，但他们跟统一的司法解释的作用是不可同日而语的。个案的解释包括指导性案例，不过是在个别案件中小范围的法院法官的理解，它跟全国法院统一出台的司法解释通过了调研，总结各个地方的经验，凝聚多数人的智慧和共识，并经过严格理性的论证形成的裁判规范，从质量上和成熟度上是不可同日而语的。所以从这一点说，如果要追求司法的公正，司法解释的作用能更大地拉近我们对终极目标的追求。

这就是我对司法解释作为裁判规范从它的定位和功能的一些粗浅的认识。谢谢大家。

张广兴：旭东教授对于司法解释的性质和功能做了一个比较系统详细的阐述，特别在揲到司法解释的功能时候，对十立法提出了一些看法，本来我们国家宣布社会主义法制体系已经建成，我们还没高兴起来呢，这一盆凉水又让我们对中国立法产生了是否建成的疑惑。下面请叶林教授做报告。

叶　林：我想讨论一下万福生科的案件。这个案件非常简单，就是上市公司虚假陈述，证监会在查证以后做了比较重处罚，对上市公司所得没收返还，对主要人员警告及罚款。另外两个比较重要的一是保荐人平安证券被处罚，另外一个是在处罚的过程中实际控制人拿出了三千万作为赔付的保证，同时平安证券拿了三个亿作为赔付基金。就是这样一个案件。这个案件之所以有意思，一是在法律解释方面它有许多特点可以归为创业板的第一例。二是第一次有上市公司受如此严厉的惩罚。另外在赔付方面有如此特殊的安排。这是这个案件的特点。我相信这个案件的处理过程也是法律解释问题。行政机关怎样按照他自己的逻辑在法律运用过程中对于公司法、证券法或者其他法律规则的安排，所以我觉得是一个非常有意思的话题。针对这样一个案件本身我想谈几点意见。

第一，关于实际控制人的责任问题，我认为这是个解释论的问题。实际上孙教授刚刚谈了一个一般的道理，就是法律解释应当遵循法律关系学说，但是我认为法律关系的学说不是民法学特有的，而是整个法解释过程中都应当遵循的东西。对于法律关系学说存在着两种理解，一是我把它称之为形式意义上的法律关系。所谓形式意义上的法律关系，比如说，不论当事人签订什么样的合同，多数情况下总会给定一个法律关系的称谓，至于名不副实或者实不符名是另外一回事。另外一种情形是我将它称之为实际存在的法律关系。实际存在的法律关系本身是需要在理论与现实，立法与案件的穿梭中逐渐确定出来的。因此，我们真正掌握的法律关系的本质并不是给定的特定法律关系。因此产生了这样的问题，我们在运用法律关系学说进行商法规范的解释的时候到底是用实际存在的法律关系还是用形式意义上的法律关系。

第二，法条的不完整性是我国现行法律的通病。刚刚旭东讲了行为规范和裁量规范，实际上我们现在在立法起草的过程中法律规范都是被大家共同接受了的表达方法，因此它本身的科学性是值得质疑的，包括缺乏意义，包括缺乏假设，包括缺乏条件，包括缺乏手段结果，这种情况在中国法律上非常普遍地存在。因此产生了法条的不完整性。要考虑这样两个因素，一是我们要不要看实质的法律关系；二是我们要不要承认既有法条的法律关系。在这种情况下，我认为我们还要考虑一点，现有的法律，现有的商业交流，通常我们不会把它归结到买卖，不会归结到租赁，而是通常以一个复杂的模型作为讨论的基点，因此很难用单一的规则去做解释。所以面对这样争议最大的复杂性交易，我们应当怎样去运用法律。

回到我们刚刚说的万福生科的案件。以前我们在追究信息披露的法律责任时，上市公司做了信息虚假披露，上市公司去承担责任，当然如果涉及发起人的话，发起人承担责任。如果这里面还有其他人的话，再让他们去承担责任。但是这个案件中用了一个词叫实际控制人。实际控制人这个概念在公司法中我们也有用到，另外在其他的实务中我们会有所用到，但是在法条上并不这样说。但在这个案件中一个非常特殊的地方，龚家要用你名下三千万股的股份质押到投资者保护公司，当然这是叫协商的结果，作为预先赔付的一个担保。我认为这样的一个做法实际上是把上市公司的法律责任以某种方式转嫁到了我们所说的实际控制人身上。而在解释这个问题的时候我认为要做一个非常重要的考虑，孤立的按法律关系去解释的话会导致荒谬的结果。这个荒谬表现在所有上市公司承担虚假信息披露的责任的时候都面临着，实际上是由公司现有股东为请求赔偿的原告做补偿的问题，换句话讲，是部分股东去赔偿另外一部分股东，这是一个非常不公道的结果，甚至可能会形成自己赔偿自己的结果。所以在这个案件中才会提出一个实际控制人的概念。所以我认为在法律解释过程中除了要坚持所谓的法律关系的学说之外，我们还要针对刚才的那些特点，提出英美法中提出的另外一个解释规则——黄金法则，也就是说按照法律规则的逻辑进行解释的时候会产生荒谬的结果，这时候我们一定要通过一种机制，使这种荒谬不会存在。而这个案件中我认为反映的是实质法律关系的理论，同时通过黄金法则的引入矫正了法律关系解释学说的缺点。

当然这个解释如果成立的话，诱发出一个非常重要的问题，我们到底如何看待公司的本质。我们把它当作实在说，拟制说，工具说，或者其他。我觉得在这个案件中至少提出了这样的疑问。所以可能民法学界大家已经不会再去讨论法人本质到底是什么学说的问题，但是这个案件我认为它不是那么坚强地支持法人实在说理论，而是以某种方式看到了法人本身是一个工具。正像最高人民法院在案例指导中所提到的四川那个案件，最高人民法院说那三个公司因财政混同承担连带责任的时候，实际上我们看到它已经用了实际控制人的概念，用了财产混同的概念，最后用了一个诚实信用原则，加上参照《公司法》第20条的规定做出的一个裁决。在这个意义上讲，我认为法院可能在类似这样的案件中有一个思想，我们不会拘泥于法律关系的一个形式，而会探究法律关系的本质，与此同时我们更可能会采取一种别样的工具包括我所说的黄金法则的这样的规则来归位案件处理。这是我讲的案例的第二点，实际控制人责任的问题。

第三个我想讲一下法律应用过程中的政策问题。我相信无论是在法院的案件审理过程中，还是我们刚刚说的万福生科的案件处理过程中，都出现了一个很特殊的情况：法院审理过程中经常会考虑到一些很复杂的社会性的问题，当然，法官该不该考虑，我觉得是大家可以探讨的一个地方。在这个万福生科的案件中，我们曾私下讨论过，证监会准备对当事人进行处罚，但他们所顾虑的第一件事是，处罚严重的后果是什么，会不会因为处罚严重而最后公司没有钱了，投资者最后在民事赔偿的过程中得不到补偿，这是他们关心的第一个问题。所以他们问我说，叶老师根据你的理解，能不能预测一下最后民事赔偿部分的额度有多大。我说这个问题不可预测，因为在中国的诉讼制度下不是说所有投资者都能得到赔偿，而是谁当原告谁去主张才能得到赔偿，而且还涉及因果关系的问题、损失的证明问题等，所以我说这是不可预测的。但现行法律中至少有一个问题需要去考量，就是行政处罚可能占用的赔偿金额，事实上使得民事赔偿无法实现。当然，法律上讲的一个规则是先民事赔偿后行政处罚，但是在实务中如果先缴入国库再从国库中拨付出来进行民事赔偿，理论上是说不通的，实务上是做不到的。因此无论是法官的审理过程还是行政机关的处罚过程，必须尊重这个事儿。否则的话就会出现，判决可能是胜诉了，或者法院判决的过程异常艰难，最后没有办法法院可能要花几年的时间去协调当事人进行和解，以所谓的皆大欢喜的方式来了结这个事儿。实际上所谓皆大欢喜是很奇怪的，并非真的欢喜而是没有办法，老百姓是被迫接受而不是心甘情愿接受这个事儿。所以我觉得法律本身的缺点在于，可能在法条设计的过程中，对于它基本的想法和构造就没有充分的理解，比如说无论操纵市场还是内幕交易我们都提到了赔偿的问题，但是这个赔偿规则到底是什么，难道你只宣誓了一个要承担赔偿责任，这个赔偿责任就能自动发挥作用？不可能的。谁是原告不知道，怎么证明因果关系不知道，赔偿损失指向的部分是哪些也不知道，这个条款本身我的理解就是没有构成要件，就只是一个宣誓一个政策。在这样的法律条款限制存在的情况下应该怎么办？在这个案件中可能比较特殊的地方在于，平安证券最后同意拿出三亿元作为赔偿基金，但它没有说自愿的意思是什么，是真的自愿还是假的自愿。我们法律界也很多人参加了这个项目，在赔付金建立的过程中说他主动地提出这样一个方案，这个主动的意思是行为的主动还是内心的主动，我认为是一个可以讨论的问题。我在证监会做课题的时候也专门讨论过行政和解该怎么办，实际上我们是这样一个想法，赔付的问题是很重要的，证监会要不要以某种行政和解的方式建立起一个不同于制定法上所说的赔偿责任的机制。当然，这个问题到底是立法问题还是个司法解释的问题，抑或是单纯的法律运用的问题，我认为证监会在处理这个案件时把我们几年前研究的成果都用到了。因为我们承认一点，行政机关在作出行政处罚，就像人民法院在作出判决一样，是有自由裁量权的因素在里面，这里面有一个认罪态度好与不好的问题。三亿元钱的赔偿基金在某种程度上是换取了一个认罪态度较好的认识。于是我们可以在别的地方采取一些适度宽松的政策，而不是永久地不让平安证券作为保荐人。这是一个很特殊的情况，因为这个事情确实是创业板的第一次，而且刚上市就出这么大的问题。所以我觉得在这一点上来讲，行政机关和司法机关在案件处理的过程中事实上都保留着相当程度的自由裁量部分，尤其是在法律条款不完整的情况下，发生的概率很高。于是在这个案件当中，事实上所谓的主动推出的先行赔付基金在骨子里是在行政压力下产生的结果。于是在中国的实践中或是理论中，至少在这个案件中所呈现出来的东西是，证监会试图通过一个案件以某种方式宣誓出我们存在着一种在文本之外的另外一种民事赔偿的设定机制，就是先行赔付金。如果这个机制真的建立起来以后，我相信对于整个证券法和公司法的赔偿制度将会有一个翻天覆地的改变。

当然，这是一个个案，但这个个案的影响是非常深的，而且我相信这个案件表明了证监会在处理以后类似问题上的态度。所以在证监会对外发布的文稿当中用了这样的表达方法："中国证监会利用市场化机制保护投资者的合法权益，对市场违法主体主动先行补偿投资者损失持积极支持态度。"我认为它很明确地表达了证监会在先行赔付问题上的立场。如果这个理由是成立的，我们应该反思一下，在整个法律执行的过程中，法院是个相对被动的机关我们暂且不论，但对于行政机关来说，的确存在着一个行政的地位是什么，行政能不能和解这样的基本的制度安排。我去年在上海开会，讨论到准备重新启动行政和解这个项目的时候，会有一些部门的障碍存在。但是我觉得任何一个行政机关，包括商标的问题也好，万福生科的案件也好，还是其他案件也好，我觉得我们事实上是有一个行政和解的东西藏在后面只是没有显露出来。而法制化的一个很重要的内容是把这种不规范的老百姓看不到而事实上存在的约束性规范显露出来，变成一种制度化的常态。所以我觉得在整个法解释的过程中可能我们要顾及到的问题，除了在文本和实质性的法律关系之外，还应该顾及到政策性因素。这是在中国现有法治环境下的考量。我觉得这一点上立法机关有很大的责任，我个人的一个评价是立法机关在整个立法上是懈怠的。它没有用一个合理的方式把商业交易过程中所需要的法律正当地表达出来，而用很多含混的不明确的字眼或者是错误的表述传递给公众，然后把责任推卸给了行政机关和司法机关。因此在这个过程中，对于一个存在较大理论缺陷的规范，而且立法规范与现实需求相冲突的情况下我们怎么去做法律解释，我认为这个问题还有很长的路要走。所以我不觉得过分强调某种单一解释工具，是恰当的工具，而要能动地运用多种解释工具来适应这种法律残缺下交易关系复杂化，实质法律关系存在的情形下的解释。这是我的看法。谢谢大家。

张广兴：谢谢叶林教授，叶林教授从个案引发了深刻的全面的思考，下面由刘教授作报告。

刘凯湘：我想谈一个问题就是商事司法解释应该遵循什么样的原则。除了按照我们对解释论的一般理解之外，针对商事规范的解释原则我觉得还是有特殊的地方。我大概归纳出这么四个原则。

第一个是尽量尊重法律原意，同时顺应立法政策。第二个是要立足我们法律的司法实践经验。第三个是要尊重学理通说的原则。最后一个是要协调好民商法之间的关系原则。针对这样四个原则，我仅就后面两个原则，一个是学理通说的问题，一个是关于民商事关系的问题，谈自己的一些想法，前面两个就不谈了。

对于商事司法解释，不管是公司法的还是其他的比如破产法的保险法的等，我个人感觉我们国家目前所制定的一些商事司法解释，总体上是体现了这样四个原则。其实我觉得不仅仅是商法，整个的民商事司法解释，或者说私法的司法解释，都基本体现了这几个基本原则。我们在进行商事规范的司法解释的时候怎样体现这些原则，遵循这些原则，从而使得我们的司法解释达到它应有的功能，我想还是有些工作需要做的。也需要我们学者从法理研究的层面为最高法院提供一些参考意见。我觉得今天我们这个会应该多请一些法院的人尤其是最高法院的人，请他们来听听一些建议或者想法。

我现在想以《公司法解释（三）》的一些规定，对学理通说和民商事原理的相互关系问题来作些评价。第一个，什么是通说。第二个，是不是在任何情况下通说都必须尊重，有的通说可能是形成多数人的暴政，可能是以讹传讹的，这种通说可能是要改变的。这是通说里面的两个问题。

关于设立中公司的合同问题，《公司法解释（三）》里面也有好多条文涉及这个问题，总的来说我认为还是尊重了通说。我们以第 2 条为例，第 2 条是设立中公司合同的两种情形，一种是以公司的名义签订合同，一种是发起人以自己的名义为公司设立的合同，也就是说发起人是为了设立公司但是是以自己的名义与第三人订立合同。那么这个怎么办？它做了两个基本的解释，第一个就是说相对人可以请求发起人承担合同责任，人民法院应当支持。这遵循了民法中的基本原理——合同的相对性原理：你跟我签了合同，尽管你是为了公司的利益，但你是以自己名义签的，仍然自己承担责任。所以这个是相对性原理。接着第二句话，公司成立后对于前款规定的合同予以确认或者已经实际享有合同权利或者履行合同义务，合同相对人请求公司承担合同责任的，人民法院应予以支持。这句话本身是没有问题的，因为它首先遵循一个意思自治原则：公司尽管是以发起人自己的名义签订合同，但是以公司名义认可了或者默认了，实际享有合同权利或者履行合同义务这是以行为默认。这是意思表示的推定原理，也是民商法的一个通说。相对人可以直接请求公司承担合同责任，也是没有问题的。

　　但是，《公司法解释（三）》有一个很大的遗漏在里面，尽管它填补了《公司法》里面的很多漏洞，但这个解释仍然不够。这个不够是不是对于通说的理解没有把握呢？比如说，解释里讲的是公司成立后对前款合同予以确认就怎样，如果不确认怎么办呢？如果实际享有或者实际履行了，也可以找公司承担责任，那么如果既没有确认，也没有推定的意思表示，怎么办？但是合同确实是为了公司设立签订的，这个目的是很清楚的，而且也可以证明。是不是必须公司进行了追认或者以行为推定，才意味着公司承受了合同的权利义务？我认为如果相对人能够证明这个合同确实是以公司利益，为了公司设立而签订的，现在公司已经成立了，相对人就有一个选择，或者选择发起人，或者选择公司承担责任。从民法的角度来讲，这个相当于间接代理，根据间接代理的原理，相对人可以继续告公司，但仍然可以告发起人。接下来还有一个问题是，在这种情况下，发起人与公司是不是有一个连带责任问题。

　　所以从目前的解释来看，仅限于公司进行追认的时候，包括明示的追认和默示的追认，相对人才能以公司作为对方当事人起诉，从反对解释来说其他情况就不能对公司起诉了。这恐怕一个是对相对人的保护不利，另一个是没有遵循合同法上所讲的间接代理的原理或者连带责任原理。所以这个解释应该是不够充分的。前面的解释是尊重了学理通说的，但是不够，有很大的漏洞在里面，还没有把这个问题解释清楚。

　　第二个关于第20条出资义务，包括撤回出资后的返还义务，是不是应当受诉讼时效的约束、限制的问题。这个是在民法上有很多讨论的。现在的理论通说还是认为这种对出资义务的请求权，即公司作为债权人对未履行出资义务的股东或者出资后又抽逃出资的返还请求权不受诉讼时效的限制，第20条也遵循了这样的原理。我认为这是非常好的。旭东教授刚刚讲的，公司法司法解释都是从裁判规则的角度，从人民法院不予支持的角度来作规定的。如果公司或者其他股东请求履行出资责任或者返还义务，未出资或者抽逃出资的股东以过了诉讼时效为由进行抗辩，人民法院不予支持，这是一个裁判规则。但是仅仅作为一个裁判规则可能还不够，我们在弥补法律漏洞进行司法解释的时候，可能还需要一种行为规则，因为我们的立法漏洞太多了。我认为甚至可以从正面来规定，公司或公司股东对于未履行出资义务或者抽逃出资的股东的返还请求权或不受诉讼时效的限制，直接这样来表述。不说法院支不支持的问题。但是这样是不是还是有一个民法基本原理的问题，就是权利的失效原则。当然，救济途径方面仍需讨论。如果这样的话，比如说股东应缴出资 100 万元，实缴 80 万元，还有 20 万元没有缴付，公司和其他股东都拖着，拖个十年二十年要这 20 万，这是不是有一个权利失效的原则问题。在合理期限之内，这个期限可以再长一些，但是如果永远可以这样做，值得商榷。我认为还是有一个权利失效原则的。这里是不是应当体现，这个履行出资义务不受时效限制是不是绝对化了。

现在实践中争议比较大的就是第 26 条。我们这个法树立立法政策比如说名义股东问题，承认代持合同的有效性问题，这些都是值得认可的。但是名义股东未经实际出资人的同意，把股权转让、质押或者以其他方式处分，实际出资人请求处分行为无效的，人民法院可以参照《物权法》第 106 条善意取得的规则。从这一条可以看出司法解释在尽量遵循民法中的一些规则甚至是规定，但问题在于《物权法》第 106 条的前提是无权处分，无权处分才有善意取得的可能性，如果有权处分就是不需要借助善意取得的。那么名义股东所为的处分到底是不是一个无权处分。我们现在是承认背后出资人也就是隐名股东的实际权利的，但这是不是说名义股东就不是权利人了，只有隐名股东才是权利人了？对于实际出资人的权利的承认到了这种程度，以至于否认名义股东的股权，把它当做一种无权处分，我觉得这样是走到极端了。

还有前面讲到的通说可能需要纠正的问题。像旭东讲的关于强制分红的问题，如果股东通过章程、决议或者股东协议确实约定了多长时间内不进行分红，一个股东说你必须分红，最后强制分红了。从通说来看，根据意思自治，是可以做这个决定的。但是根据实际情况，在股东协议里面已经签字了，当然某些股东也可能在股东决议上投了反对票，但如果章程或者股东协议作了约定呢，后来能不能反悔？是讲究通说还是讲究意思自治？以前是不能反悔的，现在说可以，可以请求强制分红。我觉得像这种通说某些意义上是有些问题的，不能绝对化。就像以前讲合同法的司法解释的时候，关于代位权的问题，如果法院经过审理认为代位权之诉是成立的，那么次债务人到底怎么履行，是赋予债务人以受领权还是赋予债权人以受领权。按照通说，有一个入库规则，就是说如果代位权之诉成立，次债务人也只有向债务人偿还，只有债务人能受领的，而不能直接归于代位权诉讼的原告。那么代位权诉讼对于债权人来说有什么意义呢？让债务人搭诉讼的便车，而且两个法律关系都没有解决。所以后来我们就解释成债权人有直接受领的权利。直接受领后，债务人与次债务人之间，债权人与债务人之间的法律关系全部消灭了，这样适用起来也没有什么问题。所以有的通说恐怕是有问题的。我认为强制分红的这种解释不符合目的惯例，不符合意思自治。所以我的结论是，我们的商事司法解释对于商法通说的尊重和处理问题，对于商法原理和民法原理的相互关系问题，怎样做的更好一些，使得我们商事规范的解释不仅作为裁判规则使得个案公正，甚至能够推动我们商事法学理论的进步，民商法相互关系的协调。《公司法解释（三）》是在做这方面努力的，所以像刚刚旭东讲的合同法的物权法的侵权法的很多东西，司法解释想把它统合起来，更体现一种民商合一的思维。尽管我个人对于民商合一不一定是很赞同的，但我认为这个理念是非常好的。我就谈这些吧。

张广兴：谢谢刘教授慷慨激昂的发言。下面请赵教授作报告。

赵万一：感谢给我这样一个机会，这个题目给我们很久了，但是因为时间关系我没有准备，没准备的原因有两个，一个是稍微有一点忙，另一个是对这个题目思考了很久，一直不知道该写什么，可能这个题目出的比较高深。我就简单对这个题目进行一下解读。

那么这个主题"商法规范的解释与适用"可能涉及四个问题。第一个是解释什么，第二个是为什么要解释，第三个是谁解释，第四个是怎样解释。

解释什么，刚才陈教授说了是解释商法规范，商法规范可能有几个问题，第一它是商法规范不是商事规范，那么它应当是以法律形式表现出来的规范。第二个比较困惑的是什么是商法规范，哪些属于商法规范，因为中国是民商合一。无论立法机关还是司法机关都没有给出我们一个答案：什么属于商法规范，怎么样来判断商法规范。我的一个基本理解是，可能有的同事不太同意，所谓商法规范就是直接调整市场经济关系的商法规范。我也曾经写过一篇文章，是为了回应吴邦国委员长关于社会主义法制体系的建设，题目是《商法在市场经济法律体制中如何作用》，一个基本的观点就是商法可能是唯一直接调节生产经济关系的法律制度，文章也做了一些论证。包括民法在内，都不是直接调整市场经济关系的，因为我认为它不应当直接调节市场经济关系，它实际上是为市场经济关系提供一些基础和保障。我还有一个观点，也可能是民法学者不太同意的观点，就是民法给人治病，不应跟市场经济联系过于密切，应当尽力剥离民法和市场经济的关系。我认为市场经济关系的交易规则应当都属于我们这里的商法规范。这是第一个观点。

第二个观点是为什么要解释。为什么要解释商法规范，首先解释学上为什么要对法律进行解释。刚才几位专家谈到的，解释的原因可能是立法的条文有异议，立法条文有漏洞，还有不合理——法律适用结果有可能导致法律适用出现偏差。除了这个之外我们要研究为什么要对商法规范进行解释。除了法律解释的一般要求之外，我认为对商法规范进行解释可能还有几个原因。一个是商法所调整的社会经济关系主要是利益关系，利益关系又非常复杂，另外就是商法调整的社会关系的高度变动性，不稳定性。另外还有一个就是商法规范有它独立的要求，也就是我们所讲的商法独立性。另一个不同的观点就是，我虽然一直承认商法是民法的一个特别法，但是我认为商法无论从实体上来看还是从程序上来看应当有它独立的存在价值。比如我写过一篇文章，我论证了一下为什么要实行商事审判独立，因为我们在原来的研究中可能对商法独立性谈的比较多，对商事审判的独立性谈的比较少。法律规范的适用，商法规范的解释与适用，特别是法律的适用它主要就是一个司法适用过程，那么司法适用过程的一些解释规则和审判规则，之所以我们要把商事独立出来就是因为它和一般的审判行为特别是和民事审判行为不一样。这是第二个观点。

第三个观点，谁解释。有立法解释有司法解释，司法解释包括普遍性的司法解释，也包括个别性的司法解释。个别性的司法解释主要是通过审判形式实现的，虽然说审判行为不是法律适用的唯一的形式，但是审判行为是实现法律功能的一个主要手段。商事审判和一般的审判相比，我认为一般的审判特别是民事审判它主要是由法官来承担审判任务的，但是商事审判在很多国家除了专职审判人员以外可能还有一些商人参与，也就是说商事审判的解释主体和适用主体，除了法官之外可能还包含了商人对这种审判行为的干预。

最后一个问题是怎么解释。怎么解释实际上是解释规则问题。我一直在思考，商法解释和一般的法律解释有没有什么不同。从《合同法解释（二）》开始——虽然对我们现在的《合同法》是商事合同还是民事合同有争议——到《公司法解释》，它所体现的一些解释原则和解释要求我认为和传统的解释内容和解释方法都有很大不同。比如说《合同法解释（二）》我们在做最后讨论的时候很多人谈到，这种对合同有效的扩大解释，在原来的法律解释里面可能用的比较少，这实际上是一个解释理念的问题。另外就是包括《公司法解释》，把现在的很多法律规定比如物权法合同法担保法统一，通过《公司法解释》的方式糅合在一起，这种解释方式在一般的民事法律里也比较少。所以商法规范的解释有哪些自己的特点，有哪些自己的解释规则，我们为什么要对商法规范的解释和适用拿出来进行一个单独研究，这是值得思考的。

另外除了刚才凯湘教授的四个解释原则之外，我还主张商法上效率优先原则。在民事审判当中，在民事司法解释当中我们可能更多强调当事人之间权利与义务的分配是否合理，风险和收益是否相匹配。但是，在商法的解释当中我们可能更多考虑的是，这个审判行为、这个规范的适用是否有利于社会财富的增加，是否有利于经济效益的获取，包括我们对合法不合法的认识。

另外还有一个，在审判行为当中，在商事审判当中我们比较强调效率的稳定性。除非是不认定无效没有其他解决途径的情况下，我们一般不轻易认定行为无效，我们可以通过效率举证等其他方式来维护行为的稳定性。最主要的原因是由于商事交易的复杂性，商事的连锁交易或者说连续交易，基于一个商事交易可能产生众多的交易关系，所以在商法规范的解释与适用问题上，第一，它有研究的必要，第二我们可能通过这个研究总结出商事规范的解释和适用与一般的法律解释和适用有什么区别。如果说商事规范的解释和适用与一般法律相同的话，我们就没有必要对它进行专门的研究了，我们找研究法理的人把这几个问题研究一下就可以了。谢谢大家。

张广兴：谢谢张教授，下面由邹海林教授作报告。

邹海林：首先感谢大家对这个议题发表了很多不同的看法，我还是想就这个议题说一些我自己的想法。比如解释什么，为什么解释，解释方法，解释场景等，但时间不够。刚才听了大家的讨论以后，我有些感想，所以我转化议题。我现在讲的观点可能和有些学者有所不同，也许能引起争论，我也希望引起争论。

我在想究竟为什么用"解释"这样一个词，这个词究竟在什么语境下用，我们每一个在座的讲到解释的时候都会说法律解释，都会讲民法解释，甚至我们可以扩张，民法商法的关系，法律关系，这个边际非常大。实际上我们会议的主题是解释与适用，所以我们的会议就把议题限定在一个非常小的范围，那就是为适用法律而解释，它的目的是在于这里。基于这样一个目的我们就要讨论解释的语境问题。

我思考的一直是这样的一个问题，因为目前我们所看到的，学理解释和司法解释非常多，至于立法解释，刚才旭东教授提到了，20 世纪 50 年代可能有立法解释，现在没有了。所以在我们眼中学理解释和司法解释成为我们解释法律的常态。这就给我们研究法律解释的提出了一个问题，究竟什么是法律解释？我想有这么多法律解释的学者出了这么多专著和论文，他们都给法律解释下了一个最基本的定义：与案件事实相结合，为了解决争议而对法律文本进行的阐述和说明。这个定义是非常清楚的，但是在我们这些场景下我们在说的时候是不清楚的。我们讲学理解释的时候往往是在推论，基于某些设定的事实来推论，根据我们的经验，像陈教授讲到的，在经验和学术之间会不会有一个中间层次的问题。实际上我们在解释的时候解释学已经提供给我们很多的方法，为什么解释这个问题已经告诉我们了，要与案件事实相结合；解释什么，解释肯定是规范，规范包括的范围很广了，但是不限于制定法的文本；解释方法有很多种，我们民法的解释也告诉我们了，像文义解释等等。问题现在就出在我们究竟应该怎样对待民法解释学在中国商事审判或者商事法律适用过程中的应用问题。问题在这里。

我们现在法学创新也好，观念创新也好，手段创新也好，就是没有很好地解决这样一个衔接问题。这个没有很好的解决充分表现在我们的司法解释，替代了我们中国商事审判当然包括民事审判司法实务中的法律解释的过程，好像我们的司法解释是出于我们的好多法律有不完备的地方，是原则的抽象的模糊的不清楚的，甚至没有规定的，所以要通过司法解释这样一个手段完成这样一个过程，起到补充法律有缺陷这样一个作用，当然在一定程度上这个作用确实是好的。但是这个作用最终的结果是什么，有很多法理学家早已经研究过了，司法解释最大的功用在于统一裁判尺度，但是相反它已经让法官具有依赖性，法官判案他就基于那些司法解释所谓的，暂且说它是裁判规范，先不说它有没有行为规范的价值。基于它裁判规范的功能，直接判，这成了我们依法审判中的一个常态。那么这样的结果是什么，很可能是错的。因为他没有运用解释这个语境，解释意味着什么，解释就是适用具体案情的时候才有解释的必要。刚才一位学者说得好，法官不能因为没有法律规定拒绝受理或裁判案件。这是在什么意义上来讲的呢？这不是有没有法的问题，是在讲法律的适用要通过解释过程来完成。任何法律上的缺陷通过解释都能够达到目的，不可能出现解释不了最后无法裁判案件的情形。这就是在司法领域里面出现的一个最基本的逻辑，所以我们为什么说民法解释不能超越民法解释的范畴。没错，民法解释学的方法同样适用于我们的商事，没有任何差异，应该遵循，关键是我们如何用这个方法。

这就是我刚才想到的凯湘教授举的例子，公司设立合同的问题，这也是我们少侠教授一来就说的问题，他们不约而同说了这个事儿，人民法院司法解释说到一个"公司确认的"，凯湘教授马上疑问出来了，没确认怎么办？这就是案情。如果它作为裁判规范人民法院就会简单地按照确认把它判下去，如果没有确认，它如果是作为一种解释方法，在遇到某一个股东没有确认就去法院提起诉讼了，法院通过法律解释可以得出以公司作为被告的结论，它不限于已经确认这样的场景，它是完全可以通过解释来完成的。而司法解释替代了这种过程，这样就很麻烦。另外刚刚旭东教授提的强制分红问题，凯湘教授说强制分红是通说，我觉得好像不一定是通说，是否是通说我们暂不讨论，关键是强制分红的问题没有具体案情。我们坐在桌子上讨论设想的这种方法，好像一看这个现象我们上市公司基本上不强制分红，证监会要求大家强制分红，这个逻辑好像是对的。但这个逻辑跟具体案情相对应的时候不一定对，如果法律规定强制分红是可以的，可不可以法律不需要规定，法律哪怕没有规定，如果在遇到小股东请求公司分红的时候，案情特殊，法官基于法律解释，基于法律的目的，基于文义，基于其他的一些方法，他能得出结论，这个案件中公司应当分红。这个结论我们不能说他错。

所以我一向认为，最高人民法院的司法解释太多太滥，而不是不够。最高人民法院的司法解释在这个过程中制造了许多新的不确定，它没有解决文本问题。实际上我们的法律文本永远不可能把所有的社会关系写得清清楚楚，而这个通过法律解释是能够完成的。所以说中国如果真的能够把法律解释的方法，法律适用的方法运用得当，个案裁判解释法律的过程可能要比司法解释优越很多，因为它针对的是具体案件，针对的是法官的主观能动性，针对的是法律价值的判断，所以它做出的结论一定要比最高人民法院司法解释要好。所以刚刚旭东教授讲，下级法院提了很多案件，经过众多的法官讨论形成了一个意见。可再多的案件，再多的法官讨论，也是有选择性的，而且最高人民法院司法解释最大的特点是基于一些具体的设定的案情进行解释，所以解释的时候已经不能得出一个一般性的结论。如果我们的最高人民法院司法解释都严格限定在一个案情中，我觉得还可能会有错。也许作为一般方法它没有错，但现在的结果恰恰不是。因此，法官审案子的时候有没有法律规定，没有法律规定的话有没有司法解释，这全部是逻辑上和法律适用上的一大误区。因为我们没有弄清楚什么是法律解释，法律解释是法律适用的一个必备过程。最后如果我们在解释的语境上来对待商法规范的话，可能会得出很多不同的结论。当然不能说某个结论一定是对的，某个结论一定是错的。我说司法解释过多过滥取代了法官在个案中的裁判，这个说法也不一定对。可能最高人民法院就觉得不对，因为最高人民法院要解决裁判尺度啊等等问题。这些问题出在哪里，是我们的法律本身造成的么？可能不是。没有法律，不要紧，可以基于一般的法律原则，法律的一般规范，可以基于生活的法观念，完全可以通过法官在个案中作出解释，得出一个裁判的结论。

这就是我在这里想说的。希望引起共鸣，谢谢大家。

张广兴：下面由李永军教授来做评议。

李永军：我来参加这个会，可能我的研究领域跟大家不太一样，虽然也搞破产和票据，但主要是在民法领域，所以今天受到邀请来参加这个会议非常高兴。我先表个态：对于民商合一还是民商分离这个问题，我不是太在乎，因为它只是一个形式问题，从来商法都是有其独立的价值的，对于商法的独立性，我一直都是充分肯定的。今天大家的发言启发了我，我讲两个问题。

第一个是规范解释，什么是规范，这个是首先要搞清楚的。我们讲的规范到底是法律规定的规范还是别的一些规范。现在我们研究所的一位博士在写一个论文，关于规范的分类，把规范分为两类，一类是一级规范，即法律规定。但在民法和商法中有一个很大的问题，就是允许当事人自治，法律授权当事人可以约定。那么当事人的约定是不是规范，或者说属于二级规范，对于这个我也有点不同意见。但是一级规范和二级规范的关系，在解释上应注意，当事人之间的合同，按照《法国民法典》的规定，依法成立的契约在当事人之间具有相当于法律的效力，这是非常清楚的。它在当事人之间的确有这种效力，法官在解释一级规范，也在解释二级规范，它本身对当事人有很大的约束力，有时候法律授权当事人约定的二级规范还可以超越一级规范，所以这种我觉得还是有一定的意义。

第二个问题是一级规范和二级规范的关系。我们在解释二者之间的关系的时候，是否一级规范二级规范之间有一个原则性的规定。比如说，自治的底线，当事人约定的底线在什么地方。这是需要去解释的。比如说旭东讲到的问题，股东决议可以开除股东资格，这算是个二级规范，这个二级规范的效力有没有违反一级规范的底线，这样做对于公司法中股东地位的规定有没有一个超越。就是说我们必须找出一级规范对于这个问题的限制在哪里。是不是说对于一个股东，其他股东认为不行，做出一个决议就把他开除了，这样有没有效力。美国是承认这个东西的，中国争议是比较大的。这就是说底线在哪儿。

第二个问题我就讲，我们谈到一些问题比如合伙的问题，上次开一个论坛的时候，王涌教授就主张给合伙一个法人的地位。我就思考，为什么要给合伙一个法人的地位。有自然人有法人有合伙，每一种主体类型都有其条件和强制性规定，为何一定要给合伙一个法人地位呢？这个东西必须找到底线。从历史的发展来看，合伙本来就是作为一个不受审查的自由体存在。法律就是要给它一个强制，只能当被告，不能当原告，只能全部决而不是多数决。它是要给合伙一种惩罚。而法人从来没有全票决的决议方式，比如说哪个有限公司或者股份公司规定必须全票制？那如果公司某个常任理事一票否决的话公司就没有办法进行活动了，这是不利于公司活动的。本来这样一个后果是当年为了限制它，让它接受审查，所以给了一个特殊的惩罚。今天破坏了这个东西之后，也就是说它的底线就没有了。

再一个关于强制分红的问题，如果一个公司永远不分红，那么投资的意义是什么呢？现在的一些上市公司每次都是配股，永远不给你分红，那么《公司法》规定的投资收益的意义，股东投资的目的和价值就没有了。你说这个合理不合理！我认为这种东西从价值判断上应当找到这个底线。除了这个之外民法还有一个典型的例子，现在已经遇到很多了：一个人去坐船，结果在船上失踪了。过了几年后宣告死亡。宣告死亡后他就拿着宣告死亡的通知书到法院起诉要求死亡赔偿。这个问题就出来了，导致死亡之后的赔偿和宣告死亡的死亡是不是一回事？能不能拿着宣告死亡的东西要求死亡赔偿？也就是说民法规范的死亡包不包括宣告死亡？在我看来肯定不包括。因为宣告死亡实际上生死状况是不清楚的，而那个死亡赔偿一定要以实际死亡作为起码的界限。我想这个在解释中必须要找到这种规范的底线和最初的意义才能得出结论，否则好多争论可能是没有意义的。

当然，解释学的问题本身是非常复杂的问题。从伽达默尔开始的解释学，法理上的诠释学现在是玄而又玄的东西，而我们的民法和商法却是要实用的。我们跟法理学的很大的不同，我认为是：法理学一定要把简单问题复杂化，但是民商法学一定要把复杂问题简单化来处理问题，这是我们的出发理念。我们的解释学不能划到法理学的伽达默尔解释学上去。如果那样的话我们将把简单问题复杂化，不利于问题的解决。

我就说这些，非常感谢。

张广兴：非常感谢李永军教授。下面由陈甦教授做评议。

陈　甦：我听了各位的发言很受启发，时间到了我简单说一下。

印象最深的是赵旭东教授关于司法解释的解释，他对司法解释主要是赞扬，另外认为现在还是不够。我想说的很有道理，不过还有一个原因是不是你参加司法解释的制订比较多呀（笑声）。不过在这里我有一点不同看法。旭东教授说只要司法解释不违反基本的原则就不算越权，这好像有点太宽泛了。因为我觉得除了诚实信用原则之外，其他原则在运用中在不同情形下都是有不同选择的，而不同选择的依据可能是不同适用范围直接决定的。如果说不违反诚实信用原则都可以，那这跟立法是一样的。如果是违反别的原则怎么办呢？可能还值得斟酌。比如说《婚姻法》解释有一个亲子鉴定的问题，如果一方提出亲子鉴定，另一方不同意的话，就认定为接受不利后果，岂有此理。比如一个女人领着一个孩子说是刘德华的孩子，请求亲子鉴定，刘德华不同意，法院就判决这是刘德华的孩子，可以这样吗？这就涉及最基本的原则是怎么选择的，这个我觉得还是应该拉近一点，跟要解释的最近的规范中是不是有需要解释的，不违反才可以。这是一个问题。

第二个，我可能想的远一点，我觉得在司法解释中让他少制订一些行为规范，对司法独立是有好处的。尽管我们国家不太讲究这个事情。我一直在琢磨，之所以允许司法机关独立，是它放弃了政策和规则的制订权作为代价的，如果司法既能够制订规则调整一般性的利益关系，凭什么让司法独立。我想这在整个社会机制的建设中是有选择的。

第三个也是旭东教授讲的：如果司法解释做的太多，会不会使立法机关变得更懈怠——反正我只是简单制订规则，最高人民法院就把它补充得很好，这样一来，立法的时候会不会有依赖性。当然这只是个问题提出来，我们没有作过实际调查。我觉得这里也有个假定的问题，刚才邹海林教授也说了，司法解释过多会使各级司法机关在裁判当中的主观能动性变低，一些律师和学者的主观能动性也是降低的。这里有一个假定，跟我们上访机制中的假定差不多，认为高级法院比下级法院的水平更高。我认为这个假定是不成立的。上诉并不是说高级法院水平更高，只是说还有一次救济的渠道。当然，可能从实际情况上看，最高法院的总体水平是比下级法院要高，但是制度建设不能以此为基础。

叶林教授讲了一个具体的案例，让我特别有启发，讲到一个黄金原则，希望以后多加阐释。好像用一个好的前提解释来解释会产生一个荒谬的结果。这个问题确实在解释中是值得我们注意的。

凯湘教授讲了四个原则，为了节约时间今天只讲了两个。他举了个例子很有意义，关于公司设立，这个尤其是在中国，公司设立很多行业是先许可，后登记，所以公司设立合同将来的履行是个大问题。一个公司没等成立呢，要有专业人员，就要签订雇佣合同；要有必要的设备，就要签合同买设备。这些都够了，去登记一般都能登记下来。但是也可能登记不下来，那登记不下来怎么办？还有发起人选择的管理人员，等公司成立了新的公司股东不认可，公司既不履行也不确认，这时候让发起人履行，发起人其实也没有办法履行。这个确实是值得我们研究。

管教授讲了四个比较抽象的层次，我认为也非常好。总之我认为我们上午的发言都是比较充实，是非常有意义的。谢谢大家。

后　　记

　　为推进商法学科的繁荣与发展，促进商法学者相互间的交流，中国社会科学院法学研究所于 2013 年 5 月 26 日在京召开"中国商事法的结构模式与制度创新"论坛。本届论坛的主题是"商法规范的解释与适用"，具体议题包括商法规范的解释论基础、商法规范的解释方法、商法规范的解释与适用标准、商法规范的解释在立法中的应用、商事司法的裁判方法等。

　　来自中国社会科学院法学研究所、北京大学、中国人民大学、中国政法大学、西南政法大学、吉林大学、国家检察官学院、南京大学、华东政法大学、西北政法大学、河南大学、扬州大学、河南财经政法大学等学术机构的三十余位专家学者，以及最高人民法院的法官参加了本次论坛。论坛由中国社会科学院法学研究所、国际法所联合党委书记陈甦研究员致开幕辞并发表演讲。与会学者围绕本次论坛的主题，就法律解释的基本方法、法律适用中的政策问题、民商法规范解释的关系、司法解释制定与适用中的问题、公司法的司法解释及其他解释论议题等，进行了深入且细致的交流和研讨。中国社会科学院法学研究所商法研究室主任邹海林研究员做了总结发言，肯定了商法规范解释与适用的重要性以及本次研讨会取得的成就，并对与会专家学者表示了感谢。

　　中国商事法的结构模式与制度创新论坛每年都举办专题研讨会，并将研讨会的成果编辑整理，公开出版，以丰富商法理论研究的成果，促进中国商事法的制度创新。

图书在版编目（CIP）数据

商法规范的解释与适用/陈洁主编. — 北京：社
会科学文献出版社，2013.10
（中国法治论坛）
ISBN 978 - 7 - 5097 - 5125 - 1

Ⅰ.①商…　Ⅱ.①陈…　Ⅲ.①商法 - 法律规范 - 法律
解释 - 中国 ②商法 - 法律规范 - 法律适用 - 中国　Ⅳ.
①D923.995

中国版本图书馆 CIP 数据核字（2013）第 235554 号

·中国法治论坛·
商法规范的解释与适用

主　　编 / 陈　洁

出 版 人 / 谢寿光
出 版 者 / 社会科学文献出版社
地　　址 / 北京市西城区北三环中路甲 29 号院 3 号楼华龙大厦
邮政编码 / 100029

责任部门 / 社会政法分社（010）59367156　　　责任编辑 / 郭瑞萍　芮素平
电子信箱 / shekebu@ ssap. cn　　　　　　　　 责任校对 / 李　敏　卫　晓
项目统筹 / 刘晓军　　　　　　　　　　　　　 责任印制 / 岳　阳
经　　销 / 社会科学文献出版社市场营销中心（010）59367081　59367089
读者服务 / 读者服务中心（010）59367028

印　　装 / 三河市尚艺印装有限公司
开　　本 / 787mm × 1092mm　1/16　　　　　 印　　张 / 24.5
版　　次 / 2013 年 10 月第 1 版　　　　　　　字　　数 / 424 千字
印　　次 / 2013 年 10 月第 1 次印刷
书　　号 / ISBN 978 - 7 - 5097 - 5125 - 1
定　　价 / 79.00 元